Am 22. Februar 1790 findet in einer kleinen Dorfkirche bei Jena die Trauung des damals 30jährigen Friedrich Schiller mit der 23jährigen Charlotte von Lengefeld statt. Schiller hat die Lengefelds zwei Jahre zuvor kennengelernt, als er noch mit Charlotte von Kalb liiert ist und an eine ménage à trois denkt. Auch von den beiden Schwestern Lengefeld fühlt er sich gleichermaßen angezogen, und als er sich für Charlotte entschieden hat, schrieb Schiller ihr: »Was Karoline Dir voraus hat, mußt Du von mir empfangen; Deine Seele muß sich in meiner Liebe entfalten, und mein Geschöpf mußt Du sein...« Charlotte fügt sich in diese Vorstellung und bekennt: »... ich wollte Schiller seine ganze Freiheit lassen und nichts für mich selber wünschen.« – Dennoch wird Charlotte mehr für ihn sein als die sorgende Hausfrau, denn ihr verdankt es Schiller, daß er in die Weimarer Gesellschaft eingeführt wird.

Kienes »Porträt einer Frau in ihrer Welt« macht den Leser nicht nur mit dem Leben von Schillers Lotte bekannt, sondern er bezieht auch Schiller als eigentliche Hauptperson gebührend mit ein; und er vermittelt ein detailliertes Bild von der damaligen Epoche, die eine Zeit empfindsamer Hingabe an die Seelenfreundschaft gewesen sei. Darüber hinaus gibt er das ganze Weimar jener Zeit wieder, mit Genauigkeit wie mit großer Liebe am selbst nebensächlichsten Detail.

Hansjoachim Kiene, geb. 1923, war Buchhändler, zeitweise Dolmetscher, ab 1949 Verlagsvertreter, seit 1980 Antiquar in Solingen.

Hansjoachim Kiene

Schillers Lotte

Porträt einer Frau in ihrer Welt

Fischer
Taschenbuch
Verlag

6.–7. Tausend: März 1998

Ungekürzte Neuausgabe
Veröffentlicht im Fischer Taschenbuch Verlag GmbH,
Frankfurt am Main, Januar 1996

Gesamtherstellung: Clausen & Bosse, Leck
Printed in Germany
ISBN 3-596-12898-6

Inhalt

1. Kindheit und Jugend

»... Endlich heilte meiner Liebe Wunden
die wohltät'ge Zeit;
Und mein Herz hat wieder Ruh' gefunden,
aber, glaube, nicht Vergessenheit.«
(Aus Lottes Tagebuchaufzeichnungen)

Wenn Klein Lotte zwischen ihrer Schwester Karoline und ihrer Cousine Amalie hockte und, mit für ihr Alter erstaunlicher Fingerfertigkeit, Papierpüppchen ausschnitt, bot sie das Bild eines wohlbehütet-zufriedenen Kindes, eingehüllt in die Fürsorge der Familie.

Das achtjährige Lottchen, Liebling ihres Vaters, des Oberforstmeisters von Lengefeld, tobte freilich noch viel lieber draußen in der freien Natur herum, wozu eine geradezu paradiesische Umgebung förmlich einlud. Kam sie also bei gutem Wetter besonders auf ihre Kosten, so liebte ihre um drei Jahre ältere Schwester Karoline viel eher die traute Atmosphäre des Hauses, das Sichversenken in die Lektüre eines Buches, ja, das Nachspielen von daraus entnommenen Szenen und Begebenheiten. In der noch etwas älteren Cousine Amalie fand sie darin eine eifrige, willige Partnerin.

Die drei Kinder waren sich in dieser Zeit oft selbst überlassen. Ihre junge Mutter und Tante, die geborene Luise Juliane Eleonore Friederike von Wurmb, hatte, achtzehnjährig, den um achtundzwanzig Jahre älteren Carl Christoph von Lengefeld, Oberforstmeister am Schwarzburgisch-Rudolstädter Hof, geheiratet, einen Mann, der durch einen mit neunundzwanzig Jahren erlittenen Schlaganfall am linken Bein und am rechten Arm gelähmt war. Man hatte ihn, als Amtsnachfolger seines Vaters, zur Leitung des Rudolstädter Forstwesens bestimmt. Und da er sich durch die Lähmung ohne fremde Hilfe nicht fortbewegen konnte, begleitete ihn, neben einer Anzahl Forstgehilfen, seine Frau in die ausgedehnten Wälder und Marken. Sie nahm diese Dienst- und Inspektionsfahrten ihres Mannes als angenehme Abwechslung. Und die Anwesenheit ihrer Nichte Amalie, der sie die Kinder Charlotte und Karoline guten Gewissens anvertraute, beruhigte sie.

Die Lengefelds bewohnten den Heisenhof, den sie vom weimarischen Oberstallmeister Josias Friedrich von Stein gepachtet hatten. Den Steins gehörte außerdem das nahe gelegene Gut Kochberg, auf dem Charlotte von Stein, die Freundin Goethes, oft hohen Besuch aus Weimar empfing. Noch häufiger allerdings hatte sie Lottchen Lengefeld bei sich zu Gast, ihr Patenkind, das mit ihrem jüngsten Sohn Fritz, dem Liebling, Wahl- und Wunschsohn Goethes, spielen durfte. Die Freundschaft zwischen den beiden, Lotte und Fritz, hielt übrigens ein Leben lang.

Auf Luise von Wurmb, die Halbwaise, die mit ihrer Mutter in einfachen Verhältnissen auf Gut Wolkramshausen gelebt hatte, war Lengefeld durch seinen Herrn, den Fürsten Johann Friedrich von Schwarzburg-Rudolstadt, aufmerksam geworden, ja, wahrscheinlich hatte der die Verbindung sogar gefördert. Denn Luise, oft Gast im Rudolstädter Schloß, etwa gleichaltrig mit den Töchtern des Fürsten, sollte nach Möglichkeit eine Partie machen, die den Mangel an familieneigenem Vermögen ausglich. Das hieß, daß sie in ihren Ansprüchen, was Statur und Gesundheit des künftigen Gatten betraf, von vornherein nicht allzu wählerisch sein durfte. Mit anderen Worten, ein Mann kam in Frage, der in gesicherter Position eine Versorgung garantierte. Und unter solch »günstigen« Voraussetzungen waren eben Mängel anderer Art zu übersehen.

Trotzdem, wenn man bedenkt, daß Luise schließlich diesem so wesentlich älteren Manne folgte, als er bereits durch die Lähmung als außergewöhnlich behindert gelten mußte, kann man ermessen, in welchem Maße früher auf Ausrichtung der Heiratswünsche nach den Erwägungen der Familie geachtet wurde. Es gab so gut wie keine Einspruchsmöglichkeiten der Betroffenen, wenn die Eltern, aus Standes- oder Vermögensrücksichten, oft jedoch aus beidem zusammen, ihre Wahl für die Kinder getroffen hatten.

Zweifellos hat diese, Luise von Lengefelds eigene Eheerfahrung mit einem zunächst ungeliebten, doch achtenswerten, dann durchaus geschätzten, ja verehrten Mann später ihre Entscheidung zur Verheiratung ihrer älteren Tochter Karoline beeinflußt.

Warum sollte schiefgehen, so muß sie wohl gedacht haben, was im eigenen Zusammenleben mit einem behinderten Mann, der noch dazu ihr Vater hätte sein können, geklappt hatte?

Aber Karoline war nicht Luise; und die gute Frau von Lengefeld mußte

Luise von Lengefeld, geborene von Wurmb, Mutter Charlottes und Karolines von Lengefeld

eines Tages begreifen lernen, daß es, außer einer guten Versorgung, für eine junge Frau ganz andere Dinge geben konnte, die ihr Glück oder Unglück ausmachten.

Im Falle des Ehepaares Lengefeld führte das Zusammenleben jedenfalls zu einer Art Achtungsehe, in der, so muß man annehmen, auch die soviel jüngere Partnerin den notwendigen Grad an Zufriedenheit erreichte.

Luise, so heißt es, war ihrem Manne durchaus zugetan, sie umhegte ihn gebührend, wirtschaftete sparsam und bezog einen starken inneren Halt aus einer unerschütterlichen Frömmigkeit. Sie lebte nach festgefügten Grundsätzen, streng im Rahmen herkömmlicher Konventionen, alles Bemühen ausgerichtet auf das Wohl ihres Mannes und die Zukunft ihrer Töchter. Ihrer geradlinigen, stets auf Haltung und Stil bedachten Lebensweise wegen nannte man sie, schon bald auch im weiteren Familienkreise, die »Chère mère«, was gewiß nicht ohne leichten Spott gemeint war.

Später, nach dem frühen Tode ihres Mannes, des Vaters der nun erst zehn- und dreizehnjährigen Schwestern Charlotte und Karoline, war sie zwar eine strenge, aber doch verständnisvolle Mutter, die durch eigene bewahrte Jugendlichkeit mitzuempfinden vermochte.

Carl Christoph von Lengefeld starb einundsechzigjährig im Jahre 1776. Er hatte, über die Grenzen Rudolstadts hinaus, als ein außerordentlich tüchtiger Fachmann auf dem Gebiete des Forstwesens gegolten. Ja, als einen Höhepunkt seiner beruflichen Erfolge hatte er natürlich stets das Angebot Friedrichs des Großen an ihn betrachtet, sich der preußischen Marken anzunehmen. 1763, von Friedrich nach Leipzig gerufen, kam es dort zu dem Gespräch zwischen beiden, in dem der König ihm die hohe Stellung anbot, zu einem Jahresgehalt von sechstausend Talern. Als Lengefeld zögerte, habe der König immer wieder auf seine Zusage gedrängt. Der aber konnte sich nicht entschließen, Rudolstadt zu verlassen. Er schätzte die »freiere Art«, in der man mit dem heimischen Fürsten umging, und er liebte seine Heimat. Zu seiner endgültigen Entscheidung, die Stellung beim König von Preußen nicht anzunehmen, mag auch die durch die Lähmung verursachte körperliche Unbeholfenheit, die zeitweise zu Hilflosigkeit führen mußte, beigetragen haben.

Bis kurz vor seinem Tode jedenfalls war Klein Lottes Stammplatz, nach eingenommener Mittags- oder Abendmahlzeit, auf dem Schoß des Vaters. An ihn geschmiegt, lauschte sie seinen Geschichten oder den Schilderungen, die Arbeit des Tages betreffend. Stets heiter, zu Scherzen aufgelegt, dabei geduldig und zielstrebig in seinen Anordnungen, bildete er den absoluten Mittelpunkt im Hause der Lengefelds. Die junge Mutter Luise schaute eher bewundernd zu ihrem Mann auf. Sie selbst, noch recht unfertig, unreif und unsicher, überließ dem Oberforstmeister die Erziehung der Töchter.

Ein Hauslehrer sorgte vor- und nachmittags für Unterricht in den allgemeinbildenden Fächern. Eine Zeitlang wirkte auch ein französischer Sprachmeister auf die Kinder ein. Und selbst in körperlicher Ertüchtigung mußten sich die kleinen Mädchen üben, was durch Laufen, Spielen und Tanzen erreicht wurde. Charlotte selbst berichtet später in ihren Erinnerungen, daß sie, außer am Herumtoben draußen in der freien Natur, weder am Lernen noch an der Tanzstunde besondere Freude hatte. Der Unterricht in Französisch war ihr zuwider.

Der kluge Vater hatte schon bald erkannt, was seinen Töchtern not tat. Er kam zu unterschiedlichen Einsichten. Auf Nesthäkchen Lotte mußte ein milder Zwang zum Lernen ausgeübt werden, während Karoline, die schon recht früh zu Schöngeisterei, ja Frömmelei neigte, auf den Boden der Tatsachen zurückzuführen war.

Lengefeld selbst, ein gerader Charakter, trotz seiner schweren Behinderung ein innerlich zufriedener Mensch, lebte nach der Maxime: die

Pflicht tun, rechtschaffen handeln, in Gott den Vater aller Dinge sehen, die Familie umsorgen, den Besitz erhalten, wenn möglich mehren, aber auch die Annehmlichkeiten des Lebens nicht auslassen. Seine Liebe zur Natur übertrug sich in besonderem Maße auf Tochter Charlotte. Wenn am Spätnachmittag die Unterrichtsstunden der beiden Schwestern beendet waren, lief sie nach draußen, tobte bei gutem Wetter auf den benachbarten Wiesen, in den Büschen und Waldstücken herum. Vom Heisenhof aus hatte man einen Blick auf die sich in der Ferne aufreihende Bergkette des Thüringer Waldes und zur Weißenburg, in der Lotte in ihrer kindlichen Vorstellung »ein altes Schloß« sah. Gegenüber, auf der anderen Straßenseite, begann schon der Garten der Ludwigsburg, des Wohnsitzes des Fürstenhauses. In ihm gab es an den Rändern der Spazierwege holzgeschnitzte Figuren, und in einem Wasserbassin saß ein wohlgenährter Neptun mit dem obligatorischen Dreizack. Auch ein Labyrinth, einen Irrgarten, dessen schmale Gänge durch hohe Hecken begrenzt waren, bot der fürstliche Park. Lotte fürchtete sich vor ihm, seitdem sie sich einmal in ihm verlaufen hatte und nur durch lautes Rufen schließlich von der Schwester aus ihrer Bedrängnis erlöst werden konnte.

Am liebsten spielten die Kinder an den Abhängen des Schloßberges, machten Erkundungsgänge zwischen den Holunderbüschen zu Waldstücken und kleinen Nebenarmen der Saale.

An Sonn- und Feiertagen erging sich die Familie auf dem Saaledamm, dem damals beliebtesten Spazierweg der Rudolstädter Gesellschaft. Die von hohen Kastanienbäumen flankierte, schattige Flanierallee zeigte an solchen Tagen die haute volée der Stadt im Glanz der neuesten, bis Rudolstadt vorgedrungenen Modeschöpfungen.

An Nachmittagen mit schlechtem Wetter, so berichtet Charlotte selbst: ». . . setzte ich mich still in einen Winkel und hörte Karolinen und Amalien zu, die eine Art dialogisierter Romane spielten; eine war immer eine Heldin des Stücks und statt zu erzählen wie es geschehen sei, dramatisierten sie die Geschichte. Dieses hatte unendlichen Reiz für mich. Ich saß dabei und hörte alles an und war begierig wie es enden würde. Wie alle Romane und Theaterstücke so endete sich dieses auch immer mit einer Heirat.«

Nach dem gemeinsam eingenommenen Abendbrot durften die Kinder noch bis gegen neun Uhr bei den Eltern sitzen. Und wenn sie nicht in eine meist belehrende Unterhaltung mit dem Vater verwickelt wurden, dann las die Cousine vor.

Eine willkommene Unterbrechung des täglichen Einerleis war für die

Kinder die Zeit der Ernte. Dann mußten sie helfen, zum Beispiel beim Einmachen der Früchte, beim Legen des Obstes oder, wenn alle Hände gebraucht wurden, zur Einlagerung des Gemüses.

Sosehr Lotte später in ihrer Ehe das Tätigsein liebte und unermüdlich beschäftigt sein konnte, so wenig mochte sie sich als Kind »anstellen« lassen. Sie sagte selbst, als Kind sei sie faul gewesen, unlustig, wenn es um irgendeine Art von Arbeit ging.

Hin und wieder kam auch jemand zu Besuch, und der Tag verlief ganz anders. Man saß länger zusammen beim nachmittäglichen Kaffeetrinken oder auch nach dem Abendbrot. Am interessantesten waren freilich von Besuchern gegebene Reiseberichte. Dann hingen die Mädchen förmlich an den Lippen der Erzähler, konnten sich nicht satthören und waren traurig, wenn der Gast wieder aufbrechen mußte. Sahen sie doch in ihrer Vorstellung hinter den dunklen Bergrücken in der Ferne eine Welt voller Abenteuer, bevölkert mit den Gestalten, den Helden und Hauptfiguren ihrer Märchen- und Sagenlektüren.

Sonntags ging man in die Kirche; der Vater machte seinen Besuch bei Hofe. Die Mutter wurde dort donnerstags empfangen. Lotte erzählt, daß sie sich stets darauf freute, ihre Mutter anzuschauen, wenn sie sich für den Besuch zurechtmachte. Sie so herausgeputzt, in festlicher Robe bewundern zu dürfen, hinterließ bei dem Kind nachhaltigen Eindruck.

Vom Tod des Vaters im Jahre 1776 wurde die Familie zwar nicht gänzlich überrascht, denn er war durch seine Lähmung stets anfällig und leidend gewesen, doch maßlos erschreckt.

Lengefeld starb in der Nacht gegen ein Uhr.

Das Ereignis, von nächtlicher Dunkelheit, flackerndem Kerzenschein, den Schritten hastig ein- und ausgehender Dienerschaft, von Klagetönen der Mutter begleitet, prägt sich den verschreckten Kindern unauslöschlich ein. Und schon bald bekommen sie auch die Folgen zu spüren. Die erst zweiunddreißigjährige Witwe Luise von Lengefeld, in wirtschaftlichen Dingen zwar unerfahren, merkt doch recht schnell, daß sie im Heisenhof nicht bleiben kann. Die Zahlung der Pacht wird ihr auf die Dauer nicht möglich sein, andererseits geht es den Steins nicht so gut, als daß sie auf den Zins verzichten könnten. Es heißt also, zu entscheiden zwischen einer möglichen Rückkehr auf das Gut ihrer Eltern, Wolkramshausen, was finanzielle Probleme ausschlösse, und einem Bleiben zugunsten einer besseren Erziehung und Versorgung ihrer Töchter. Sie entschließt sich für Rudolstadt. Allerdings muß sie in eine billige Wohnung in der Vorstadt ziehen.

Zunächst verbraucht sie, ohne eine Übersicht zu gewinnen, das kleine angesammelte Vermögen ihres Mannes und gerät bald in eine finanzielle Zwangslage. Drei Jahre sind vergangen, und es erscheint ihr, die sich nach außen hin als Adlige weiter verpflichtet fühlen muß zu repräsentieren, jedoch nicht weiß, woher sie dazu die Mittel nehmen soll, wie ein Geschenk des Himmels, als der aus guter Rudolstädter Familie stammende Freiherr von Beulwitz um ihre sechzehnjährige Tochter Karoline wirbt.

Friedrich Wilhelm Ludwig von Beulwitz ist vierundzwanzig Jahre alt, reich, zuverlässig und ehrgeizig. In der Aussicht, ihn zum Schwiegersohn zu bekommen, muß Luise von Lengefeld eine göttliche Fügung gesehen haben, denn was konnte sie sich, ihrer Meinung nach, besseres wünschen, als ihre Tochter einem Mann zu geben, der sich sowohl eines tadellosen Rufes erfreut, als auch reich ist. Die erschreckte Karoline wird mit dem Hinweis beruhigt, daß man sich zunächst nur verloben werde; ans Heiraten sei vorerst nicht gedacht.

Beulwitz fügte sich und gab auch zu verstehen, daß er später Platz genug für die ganze Familie haben werde. Neben dem geräumigen Vorderhaus gehörte den Beulwitzens auf demselben Grundstück, weiter hinten am parkähnlichen Garten gelegen, ein hübscher kleiner Pavillon, in den dann Frau von Lengefeld mit Lottchen ziehen könnte.

Ja, was Lotte betraf, so hatte auch da die Mutter bereits ihren Plan. Zusammen mit Patentante von Stein, die als Tochter des Hofmarschalls von Schardt selbst von Kind an für das Hofleben erzogen worden war, steuerte sie hier die Stellung eines Hoffräuleins an. Frau von Stein war, bevor sie heiratete, selbst Hofdame bei der Herzogin Anna Amalia gewesen und wünschte nun eine solche Aufgabe für Lottchen bei der jungen Herzogin Luise geradezu herbei. Lotte profitierte in vieler Hinsicht von der Zuneigung Frau von Steins. Die große Dame der Weimarer Gesellschaft beherrschte die Formen, kannte sich aus in den Lebensgewohnheiten und bewegte sich mit der Sicherheit der Geachteten und Eingeweihten. Ihre geistigen Anlagen und Fähigkeiten waren beachtlich. Wie man weiß, stand sie annähernd zehn Jahre lang im Mittelpunkt von Goethes Denken und Handeln. Auch ihn, den Großen am Weimarer Musenhof, lernte Lotte zuerst bei einem Aufenthalt in Kochberg kennen. Er war damals schon der Angehimmelte und Angestaunte. Später, 1788 aus Italien, sandte er ihr sogar Grüße.

Nun war der Posten eines Hoffräuleins im Grunde wenig erstrebenswert. Aber es ging ja Frau von Lengefeld auch da wieder um die Versorgung. Die allerdings war dann gesichert durch ein mäßiges Jahresgehalt nebst einem Ruhegeld im Alter.

Selbstverständlich hatte man Wohnung und Verpflegung im Schloß frei, aber das ständige Zur-Verfügung-Stehen, die Aufgabe auch des winzigsten Eigenlebens, der dauernde Kampf um Positionen, um Gunst und Wohlwollen, verbunden mit dem sich entwickelnden Hang zur Intrige, schafften den Opportunisten par excellence. Trotz solch ernüchternder Aussichten gab es stets mehr Bewerberinnen um das Hofdamenamt, als Plätze vorhanden waren. Das lag wohl auch daran, daß ein sonst ziemlich aussichtslos im Rennen liegendes, adliges Fräulein ohne Vermögen, eben am Hofe noch auf einen Ehemann unter den Hofchargen hoffen konnte.

Das noch sehr kindliche Lottchen begreift um diese Zeit recht wenig von alledem. Sie wird auch nicht gefragt, wird vielmehr, wie stets, als unmündiges, kleines Dummerchen behandelt, dem man schon jetzt und mit sanftem Nachdruck die »Tugenden« beibringen möchte, die einem späteren Hoffräulein wohlanstehen, nämlich Sanftmut, Zurückhaltung, Anpassungsfähigkeit, freundliche Aufgeschlossenheit.

Dagegen ist Frau von Lengefeld, im Gedanken an eine Hofdamenlaufbahn ihrer Tochter, ganz bei der Sache. Sie selbst liebt den Hof. Ein Wegziehen aufs Land, nach Wolkramshausen, hätte ihr viele der kleinen Freuden genommen, auf die sie ungern verzichten wollte. Der Klatsch im höfischen Kreis, die kleinen Feste, die Neuigkeiten aus der großen Welt, die schließlich auch bis zum Rudolstädter Hof vordrangen, das unvermeidliche Spiel um Gunst und Gefälligkeit, um Einfluß und Geltung – sie mochte sich dem, was mindestens die Hälfte ihres Lebens ausmachte, nicht entziehen.

So versuchte sie denn von Anfang an in diesem Sinne auf Lotte einzuwirken.

Karoline und Charlotte entwickelten sich zu ganz verschiedenen Persönlichkeiten. Während die überdurchschnittlich intelligente, begabte ältere Schwester, stets zu Schwärmerei und leidenschaftlicher Hingabe an eine Idee bereit, ihre hohe Sensibilität nur mühsam zu zügeln vermochte und sich als eine stark aktive Natur allem Schönen und Geistreichen zuwandte, zeigte Lotte ein ruhiges, zurückhaltend-abwartendes Wesen mit ausgeglichenem Temperament. Bald auch empfänglich für Eindrücke auf dem Gebiet der Kunst und der Literatur – sie malte ein wenig und spielte Klavier –, ließ sie doch eher dies alles langsam auf sich einwirken, um es dann erst zu verarbeiten und zu beurteilen. Sie war still, behutsam, ja schüchtern, daran gewöhnt, daß für sie gedacht und

Silhouette Charlottes von Lengefeld

gehandelt wurde. In Gesellschaft hörte sie lieber zu, als daß sie sich am Gespräch beteiligte. Oft gab sie Anlaß zu ungeduldigem Tadel für die lebhafte Schwester, wenn sie sich gar zu passiv zeigte.

Dieser große Unterschied in der geistigen und charakterlichen Anlage der beiden Schwestern hatte später in seiner Wechselwirkung fast die Kraft verschwörerischen Zusammengehörigkeitsgefühls. Das zeigte sich um so mehr, je älter die Schwestern wurden, und auch jetzt schon, wo sie zu jungen Mädchen heranwuchsen. Die ganz gewiß bedeutendere Karoline gab aus der Fülle ihres inneren Erlebens. Sie fand in der jüngeren Schwester eine stets aufnahmebereit gestimmte Partnerin, die gewissermaßen den Gegenpol bildete, innerhalb eines magnetischen Kraftfeldes. Auch in ihrem Äußeren unterschieden sich die Schwestern voneinander. Charlotte, ein bißchen pummelig, dunkelblond, ganz großäugige Sanftmut, wirkte eher beruhigend als aufregend, vielleicht sogar ein wenig langweilig. Später sagte man ihr nach, sie verstehe unnachahmlich zu schmollen, einen Schmollmund von sonst unerreichbarer Wirkung zu ziehen.

Bei der kaum größeren, geistsprühenden Karoline spiegelte ein lebhaftes Augenpaar in einem ovalen, zur Blässe neigenden Antlitz das gefühlvolle, den Pulsschlag hochtreibende Innenleben wider. Sie war, wenn auch nicht schön, so doch eine interessante Erscheinung mit dem Flair des Aparten.

Nicht von ungefähr also hatte sie die Aufmerksamkeit des Herrn von Beulwitz erregt. Von der Bedeutung der Ehe hatte sie eine verschwommene Vorstellung. In den vielen gelesenen Büchern gab es die aufopfernde Hingabe, heldischen Edelmut oder schurkisches Fintisieren. In Gedanken an ihren verehrten Vater konnte es für sie zunächst nur Hilfsbereitschaft geben. Unter dem Einfluß der Erklärung ihrer Mutter, mochte sie, nicht ohne ein Gefühl des Stolzes auf ihr selbstloses Verhalten, Genugtuung empfinden darüber, daß sie nun durch ihre Einwilligung in eine Verlobung mit Beulwitz die Familie vor Armut und Trostlosigkeit schützte. Hinzu kam die Aussicht auf eine Reise in die französische Schweiz.

Frau von Stein hatte nämlich, wohl wissend, daß, wie an allen deutschen Fürstenhöfen so auch am Weimarer, die französische Sprache dominierendes Verständigungselement sein sollte, zu einer solchen Reise geraten. Beherrschen des Französischen gäbe Lotte einen Vorsprung vor anderen Bewerberinnen.

Und während noch Luise von Lengefeld über die Krux der Finanzierung einer solchen Reise nachdachte, meldete Baron von Beulwitz beflissen seine Bereitschaft dazu. Ja, er könnte die Familie im Rahmen einer Dienstreise hinbringen und auch nach etwa einem Jahr – so lange Studienzeit werde man brauchen – wieder abholen.

Dieser Vorschlag wurde begeistert aufgenommen, und in der Familie begann man sich mittels entsprechender Reisebeschreibungen und geschichtlich-kultureller Darstellungen auf das Ziel der Reise, das herrlich am Genfer See gelegene Vevey, einzustellen.

Am 22. April 1783 ist es dann soweit.

Allein bis Stuttgart braucht die Reisegesellschaft, bestehend aus Frau von Lengefeld, ihren beiden Töchtern und Herrn von Beulwitz, elf Tage. Doch dies auch, weil man sich Zeit nahm.

Reisen gegen Ende des 18. Jahrhunderts war eine Strapaze besonderer Art. Sowohl in den Postkutschen, in den Ordinaripostwagen, wie in den Extraposten sah man »Marter- und Klapperkästen«. Etwas angenehmer fuhr es sich in den Equipagen, die sich natürlich nur die ganz vornehme Welt leisten konnte. Wenn Georg Christoph Lichtenberg, der berühmte Zeitgenosse Schillers und Charlotte von Lengefelds, schrieb: »Reisen, mein Lieber, macht mich gesund, das weiß ich aus Erfahrung. Ich bin nie gesünder, als wenn mich das Posthorn aus dem Schlaf weckt«, dann muß er in der Tat von robuster Natur gewesen sein – wenigstens zeitweise –, der kleine, verwachsene Gelehrte.

Nun, man mußte das in Kauf nehmen, denn schließlich hatten Reisen zu jener Zeit – sie kamen ja erst so richtig in Mode – ganz andere Vorzüge. Wenn man von Weimar aus vierzehn Tage brauchte, bis man die Grenze Italiens erreichte (wie Goethe zum Beispiel), dann verschaffte einem dieses langsame Vorankommen, von Ort zu Ort, doch die mannigfaltigsten Eindrücke von Land und Leuten. Man war einfach gezwungen, sich mit dem, was am Wege lag, geschah, Beachtung heischte oder Reaktion verlangte, zu beschäftigen. Und man wünschte dies. Denn es war immer auch eine Reise zu anderen Menschen, nicht nur zu Landschaften und Sehenswürdigkeiten. Reisen war ein unmittelbares Erlebnis, ein Abenteuer. Und es wurde trotz der schwierigen äußeren Bedingungen immer populärer.

Allerdings, der Kostspieligkeit wegen war es noch ein besonderer Luxus. Ihn konnten sich eigentlich nur Adlige und wohlhabende Kaufleute leisten, Patrizier, Söhne aus begüterten Häusern. Abgesehen von Badereisen, die man, natürlich auch nur in diesen Kreisen, versteht sich, der Gesundheit wegen zu unternehmen begann, war das Ziel solcher Vorhaben, den Bildungshorizont zu erweitern, fremde Sitten und Gebräuche zu studieren, Sprachen zu lernen. Es galt, die Urteilsfähigkeit zu schulen und in Kontakt mit Land und Leuten Erfahrungen der verschiedensten Art zu sammeln. Natürlich reiste man auch aus geschäftlichen Gründen. Und Reisen war eben in Mode gekommen, weil, war man zurückgekehrt in die heimatliche Umgebung der Salons und Gesellschaften, Bälle, Redouten, Vortrags- und Musikabende, so war man einer aufmerksamen Zuhörerschaft sicher, stand für eine Weile im Mittelpunkt des Interesses.

Und was die Strapazen ganz allgemein betrifft: Nicht auf jeder Reise mußten Wagenräder brechen oder die Wege durch Regengüsse unpassierbar werden – es gab ja in ganz Europa, mit Ausnahme Englands, kaum eine einzige richtige Fahrstraße. Und auch das Mißgeschick der Eva König, Lessings Braut, fünf Tage in einem elenden Ort ganz in der Nähe Bambergs zubringen zu müssen, nur weil der Main über die Ufer getreten war, durfte eher als Ausnahme gelten.

Es war am 2. März 1783, als gegen sechs Uhr abends der Reisewagen die württembergische Landeshauptstadt erreichte. Hier wollte man ein paar Tage bleiben, um sich umzusehen und auch um Frau Henriette von Wolzogen zu besuchen, eine Tante Luise von Lengefelds.

Frau von Wolzogen hielt sich in Stuttgart auf, der Ausbildung ihrer Söhne wegen, welche Zöglinge der Hohen Karlsschule, der Akademie des Herzogs Karl Eugen, waren. In diese ursprünglich »Militärische Pflanzschule« genannte Einrichtung des Landesfürsten war von 1773 bis 1780 auch Friedrich Schiller gepreßt worden. Aus jener Zeit stammte seine

Bekanntschaft mit eben dieser Henriette von Wolzogen, die Schiller vor nun fast einem Jahr dazu verholfen hatte, dem Einflußbereich des autoritär herrschenden Herzogs Karl Eugen zu entkommen.

Und seltsamerweise wurde Frau von Wolzogen nicht etwa von der Rachsucht Karl Eugens verfolgt, noch hatten ihre vier Söhne in der Karlsschule darunter zu leiden, daß die Mutter dem Fahnenflüchtigen Schiller Asyl in Bauerbach gewährte, einem kleinen thüringischen Landsitz in der Nähe Meiningens, wo er unter dem Pseudonym »Dr. Ritter« lebte und arbeitete. Im Gegenteil, Frau von Wolzogen genoß geradezu eine bevorzugte Behandlung durch den Despoten. Sie durfte nämlich mit der ganzen Familie Lengefeld nebst Bräutigam Beulwitz die Karlsschule besuchen, durfte ihre Söhne sehen und durfte ihren Verwandten die Einrichtungen der Akademie zeigen. Erstaunlich, denn vor allem Damenbesuch war sonst strikt verboten. Schiller selbst sagte darüber: »Die Tore dieses Instituts öffnen sich, wie man weiß, Frauenzimmern nur, ehe sie anfangen interessant zu werden und wenn sie aufgehört haben, es zu sein.«

Zweifellos wußte der Herzog vom Asyl Schillers in Bauerbach. Doch mit der Unberechenbarkeit des Tyrannen vergab er Gunst oder Haß.

Zunächst machte es sich Frau von Wolzogen zur Aufgabe, ihren Verwandten Stadt und Umgebung zu zeigen und sie sowohl zur Hohen Karlsschule als auch nach Ludwigsburg zur Festung Hohenasperg – mit dem Gefangenen Schubart –, nach Schloß Hohenheim und schließlich zum Lustschloß Karl Eugens, der Solitude, zu führen, wo auch Schillers Eltern wohnten.

In ihrem Bericht über die »Reise nach der Schweiz – Fragment eines Tagebuchs« erwähnt Lotte mit keinem Wort die Schillers. Friedrichs älteste Schwester, Christophine, allerdings, sprach später von einer »lieblichen Erscheinung Charlottens, die, in ihrem blauen Jäckelchen«, Eindruck auf sie gemacht habe.

Eingeprägt hatten sich dem Fräulein von Lengefeld andere Dinge, von denen sie in ihrem Tagebuchfragment erzählt. Über die Akademie sagt sie: »Den 7. (Mai) früh besahen wir die Bibliothek und sahen dann die Akademisten essen ... Elf große Zimmer sind für die Bücher bestimmt. Die Einrichtung der Akademie ist sehr hübsch. Aber es macht einen besonderen Eindruck auf's freie Menschenherz, die jungen Leute alle beim Essen zu sehen. Jede ihrer Bewegungen hängt von dem Winke des Aufsehers ab. Es wird einem nicht wohl zu Mute, Menschen wie Drahtpuppen behandelt zu sehen.« Oder über die Festung Hohenasperg: »Der Weg hin war nicht schön und der Eingang ist grausenvoll. Man muß durch drei

Henriette von Wolzogen, mütterliche Freundin und Gönnerin Schillers

lange, düstere Tore, die durch die Steilheit des Weges noch fürchterlicher sind... wir sahen bei ihm (dem Kommandanten der Festung) den unglücklichen Schubart, der schon einige Jahre da ist (Schubart mußte zehn Jahre, von 1777 bis 1787, auf der Festung verbringen). Er spielte uns auf dem Klavier, und er spielte unaussprechlich schön, mit so vielem, unbeschreiblichem Ausdruck. Wie schade, daß so viele Talente in diesen Mauern eingeschlossen bleiben müssen.«

Rückblickend auf die Stuttgarter Tage muß freilich vermerkt werden, daß sie weniger für Charlotte als für ihre Schwester Karoline schicksalsträchtig waren. Sie lernte in Wilhelm von Wolzogen einen achtzehnjährigen Jüngling kennen, der viel später ihr zweiter Mann werden sollte. Wilhelm, der seit zwölf Jahren Karlsschüler war, empfand, obwohl er in

Karoline schon die an Beulwitz Versprochene sehen mußte, von dieser ersten Begegnung an eine im Laufe der Jahre wachsende Zuneigung. Es entspann sich zwischen beiden ein Briefwechsel, der, vor allem von seiten Wilhelms, von Jahr zu Jahr herzlicher, inniger geführt wurde.

Am 13. Mai trifft die Reisegesellschaft in Zürich ein. Man ist begeistert von der Stadt und ihrer herrlichen Lage. Mit einem Empfehlungsschreiben Goethes macht man einen Besuch bei Johann Kaspar Lavater, dem weit über die Grenzen der Schweiz hinaus berühmten philosophisch-theologischen Schriftsteller, der als Pfarrer in Zürich lebt. Man wallfahrtet von überall her zu ihm, der, seiner fast mystischen Religionsschwärmerei und seiner seelenvollen Einfühlsamkeit wegen, vor allem auf Frauen eine starke Anziehungskraft ausübt. »Man kann nichts von ihm sagen, sondern muß sich nur seinem Gefühle, das sich nicht mit Worten ausdrücken läßt, überlassen«, schreibt Charlotte in ihrem Tagebuch. Karoline vermerkt: »Seine edle, liebenswürdige Gestalt steht noch vor mir. Er erhob über das Leben, öffnete ein anderes, in welchem er selbst atmete, kindlich, klar, natürlich, nicht trübend die kleinen Freuden der Erde.« Lavater schreibt sich in Luise von Lengefelds Stammbuch ein, bevor die Familie Abschied nimmt. Ein Briefwechsel wird vereinbart und für einige Jahre aufrechterhalten.

Schließlich, am 22. Mai, nach genau einem Reisemonat, erreicht man Vevey. Die vier Wochen täglichen Zusammenseins mit Beulwitz haben in Karoline einiges verändert. Was sie bereits geahnt, gefürchtet hatte, glaubt sie nun als gegeben nehmen zu müssen. Ihr Verlobter ist zwar ein zuverlässiger, zupackender Mann, jedoch absolut unfähig, sich außergewöhnlichen Eindrücken, besonderen Erlebnissen, tieferen Empfindungen aufzuschließen. Was bei ihr selbst von überwältigender Wirkung ist, nämlich das Erlebnis, zum Beispiel, des Rheinfalls zu Schaffhausen, das grandiose Schauspiel der Natur, wechselnd mit romantischer Idylle, findet bei ihm keinen Widerhall. Er bleibt stets der nüchterne, korrekte, unerschütterlich-pausbäckige Landedelmann.

In Karoline zittert's ein wenig bei dem Gedanken an eine endgültige Verbindung mit Beulwitz. Die Mutter dagegen, die diese Reise in vollen Zügen genießt, ist fast ein bißchen neidisch auf ihre Tochter. Sie ist begeistert von der weltmännischen Großzügigkeit ihres zukünftigen Schwiegersohnes, der ihr jetzt diese herrlichen Reiseeindrücke bietet, Befriedigung von Wünschen, die sie sich in ihrer eigenen Ehe nicht erfüllen konnte. Sie gratuliert sich innerlich zu ihrer Entscheidung, Beulwitz für Karoline akzeptiert zu haben. Freilich mag sie dabei mit manch schmerzlichem Gefühl an ihre eigene Ehe mit dem so viel älteren und gelähmten Lengefeld gedacht haben.

Für ein ganzes Jahr wurde das freundliche Städtchen am Genfer See Heimat für die Familie von Lengefeld. Die Mädchen schlossen Freundschaften, unter anderem mit Julie May, der Nichte des Landvogts Lentulus, die später den Landvogt von Werdt heiratete. In einem geselligen Kreis unternahm man Ausflüge und hatte regelmäßige Zusammenkünfte, Kaffeenachmittage und Abendgesellschaften. Ziel einiger Exkursionen war natürlich auch das Berner Oberland mit seinen Gletschern und vor allem Rousseaus Zimmer auf der Petersinsel im Bieler See. Julie May und Lotte schlossen regelrecht Freundschaft, die sich später auch in vielen Briefen ausdrückte.

Im Vordergrund aller Aktivitäten stand für Lotte natürlich das Studium der französischen Sprache; daneben lernte sie auch im Englischen dazu. Ihr Lehrer, ein M. Fauconnier, der den Jesuitenorden verlassen hatte, um heiraten zu können, gab sich große Mühe. Aber Lotte war noch recht kindlich, und es dürfte ihr schwergefallen sein, sich inmitten der gebotenen Abwechslungen immer wieder aufs Lernen zu konzentrieren. So lenkte sie, wo irgend möglich, ab aufs Klavierspiel und aufs Zeichnen, zu dem sie plötzlich Lust verspürte.

»Einmal glaubte ich in der Schweiz zu lieben«, schrieb sie später, und es gibt mindestens zwei Gedichte, die ganz offensichtlich in Erinnerung an dieses Erlebnis entstanden sind.

Unter »An * * * 1785« heißt es in dem einen:

O wie oft erwacht in meinem Herzen
liebevoll dein Bild;
Statt der Freude fühl' ich bittre Schmerzen
Und mit Sehnsucht meine Brust erfüllt.
Jener Stunde dacht' ich weinend immer,
Da ich einst dich fand;
Dachte dein beim sanften Abendschimmer
Oft an meines blauen Flusses Strand.
Endlich heilte meiner Liebe Wunden
Die wohltät'ge Zeit;
Und mein Herz hat wieder Ruh' gefunden,
Aber, glaube, nicht Vergessenheit.

Die Neunzehnjährige gedenkt wehmütig einer Liebe, die sie mit siebzehn erlebte. Natürlich haben solche Verse weder formal noch inhaltlich Ewigkeitswert. Sie sind Erzeugnisse eines schwärmerischen Jungmädchenherzens.

Indessen, Karoline, stets auf der Suche nach Abwechslungen, durchstreifte die nähere Umgebung am liebsten zu Pferde. Sie unternahm Bootsfahrten, arrangierte Picknicks und riskierte, mit neugewonnenen Freunden, kleine Bergtouren.

Dann, eines Tages, geschah etwas, das man später auf ein mutwillig genommenes Bad im eiskalten Wasser des Genfer Sees zurückführte. Die zarte, übersensible Karoline hatte sich ein Gesichtszucken geholt, mit dem sie viele Jahre zu tun haben sollte. Ein merkwürdiges, unregelmäßig auftretendes, ruckartiges Verziehen des Gesichts führte zu einer Verzerrung des Gesichtsausdrucks in eine Art Grimasse. Als man sich in ihrer Umgebung daran gewöhnt hatte, sprach man einfach vom »Zucken«, das sie wieder mal habe. Der wahre Grund für dieses nervöse Leiden könnte ganz gut zu suchen gewesen sein in der Idee, die Karoline beherrscht haben mag, sich durch Krankheit einer Heirat mit Beulwitz entziehen zu können. Wäre es nicht möglich, daß er freiwillig auf sie verzichtete, wenn sie ihm durch Krankheit nicht mehr attraktiv genug erschiene? So mag sie gedacht und eine Zeitlang gehofft haben.

Das Jahr in Vevey war wie im Fluge vergangen. Der Zweck der Reise schien erfüllt. Lottchen hatte wesentliche Fortschritte im Französischen gemacht; das nun erreichte Sprachvermögen sollte den Anforderungen des Hofes genügen.

Man rüstete zum Aufbruch, zur Rückkehr nach Rudolstadt. Schweren Herzens wurde Abschied genommen vom schönen Genfer See, von dessen Ufern man Erinnerungen mitnahm, die für Jahre reichen sollten und die helfen mußten, den langweiligen Rudolstädter Alltag wieder einigermaßen zu ertragen. Auch die Rückreise, im Mai 1784 angetreten, sollte gemächlich verlaufen. Man besuchte einige bekannte Familien, deren Wohnsitze in der Nähe des Rückweges lagen. Zuvor hatte man sich ein Wiedersehen mit Lavater in Zürich angelegen sein lassen. In Speyer überraschte man die Schriftstellerin Sophie von Laroche, die einstmals die Jugendgeliebte Wielands gewesen war und die jetzt, als Frau des kurtrierischen Kanzlers, die Zeitschrift »Pomona, für Teutschlands Töchter« herausgab. Karoline nahm die Gelegenheit des Kontaktes zu dieser berühmten Frau, ihr später ihre Erinnerungen an die Schweiz – Tagebuchaufzeichnungen über Erlebnisse während des Schweizer Jahres – anzubieten, und Frau Laroche übernahm den Beitrag. So sah sich Karoline schon bald in der genannten Zeitschrift gedruckt, was sie zu weiteren schriftstellerischen Versuchen ermutigte.

In Mannheim lockte das Nationaltheater, und schließlich sollten ja dem damals bereits bekannten Schiller, dem Dichter der »Räuber«, Grüße überbracht werden. Grüße von seinen Eltern, die man auf der Solitude besucht hatte, und natürlich von Frau von Wolzogen.

In diesen Junitagen des Jahres 1784 – genau am 6. Juni – will man also den Herrn Theaterdichter kennenlernen, man will den sehen, von dem man nicht nur in Mannheim und Stuttgart spricht, sondern dessen Name bereits mit Achtung und Neugier im thüringischen Weimar, im sächsischen Dresden und Leipzig und bald auch schon im gärenden Paris genannt wird.

Dieses erste Zusammentreffen der Lengefelds mit Schiller war nichts als ein flüchtiges Kenntnisnehmen voneinander.

Während man von seiten Charlottes und Karolines der bevorstehenden Bekanntschaft mit neugierigem Interesse entgegengesehen hatte, war sie für Schiller völlig überraschend gekommen. Von einem Gang an die frische Luft zurückgekehrt, fand er zu Hause die Visitenkarten eines Herrn von Beulwitz und der Damen von Lengefeld vor, mit dem Hinweis, daß die Herrschaften kurz vor ihrer Weiterreise stünden und daß sie Grüße von Frau von Wolzogen und seinen Eltern überbringen wollten. Erfreut und überrascht eilte Schiller zum Gasthof, wo sich die Reisegesellschaft bereits im Aufbruch befand. Man wechselte noch ein paar Worte miteinander, ohne beiderseits nachhaltigen Eindruck zu hinterlassen bzw. zu empfangen. Förmlichkeit und Kühle herrschten vor, was nicht verwundern konnte.

In ihrem 1830 erschienenen Erinnerungswerk »Schillers Leben« vermerkt Karoline: »Seine hohe, edle Gestalt frappierte uns, aber es fiel kein Wort, was lebhafteren Anteil erregte... Es wunderte uns, daß ein so gewaltiges, ungezähmtes Genie ein so sanftes Äußeres haben könne. ›Fiesco‹ und manche Gedichte der ›Anthologie‹ hatten uns angesprochen. Gern hätten wir dies geäußert; aber unser Zusammensein war zu kurz, als daß sich ein Gespräch hätte entfalten können.«

Nach ihrer Heimkehr drängte die Chère mère, so nannten die Kinder und später auch der weitere Familienkreis ein wenig scherzhaft-spöttisch Frau von Lengefeld, ihrer korrekt-konventionellen Art sich zu geben wegen, auf eine nun zu vollziehende Heirat ihrer Tochter mit Herrn von Beulwitz.

Im September 1784 wurde die Ehe geschlossen. Sie stand von vornherein unter dem verhängnisvollen Vorzeichen von Karolines Abneigung. In dem eintönigen, rückständigen und noch so sehr von der Welt abgeschlossenen Rudolstadt, in dem ja auch der Hof in altmodischer Förmlichkeit fast erstickte, wurde sie sich bald noch stärker der Tragweite dieser Fehlentscheidung, zu der man sie so sehr gegen ihr Gefühl und ihre Überzeugung gedrängt hatte, bewußt. Die Monate leichtlebiger Freiheit in Vevey waren dahin; hier hockte man förmlich aufeinander, und der zur Pedanterie neigende Karrierebeamte von Beulwitz ging ihr auf die Nerven. So ergab sich zwangsläufig ein noch innigerer Kontakt zur Schwester und zur eigenen Familie, zumal man ja auch fast zusammen wohnte. In Karoline vollzog sich eine Wandlung. Sie geriet mehr und mehr in eine resignative Stimmung, die sie sogar eine Zeitlang zu Selbstmordgedanken trieb. Das ging – glücklicherweise – vorüber. Vielleicht war es die Nähe des Weimarer Hofes, waren es die Bemühungen Frau von Steins, die Schwestern in die Veranstaltungen des dortigen Hofes mit all den glänzenden Festen und Lustbarkeiten einzubeziehen. Abwechslung und Anregung gab es freilich auch durch gemeinsame Interessen auf literarischem Gebiet.

Den Winter 1784/85 durfte Charlotte im Steinschen Hause in Weimar verbringen. Nun sollte ja recht bald der Plan der Baronin von Stein, Lotte der jungen Herzogin von Weimar als Hofdame näherzubringen, verwirklicht werden. In der Tat, der Winter 1784/85 war für Lotte ein Schweben von einem Fest ins andere. Ihren Schweizer Bekannten schildert sie den Glanz der Ereignisse mit dem Enthusiasmus des Erfülltseins. Natürlich vergaß sie nicht mitzuteilen, daß sogar der berühmte Goethe ihren Schlitten geführt und daß sie das Wohlwollen des Herzogs Karl August gewonnen hatte.

Im nächsten Jahr ist wieder alles ganz anders.

Die beiden Schwestern sind sich noch nähergekommen. Lotte sieht, wie Karoline sich quält, wie sie, mühsam genug, versucht das Beste aus ihrer Ehe mit dem ungeliebten Mann zu machen. Man spinnt sich ein in die Wonnen gemeinsam genossener literarischer Freuden; auf Zeichenstunden folgen musikalische Übungen und sogar Sprachstudien werden begonnen, oder besser fortgesetzt, in wehmütiger Erinnerung an ein glücklich verbrachtes Jahr in der Schweiz. Dabei trägt alles Tun den Stempel des Ungewissen, Unbestimmbaren. Es ist, als harrte man einem Ereignis entgegen, als erwarte man eine Erlösung, eine Befreiung aus verwunschenem Dasein. Die Besuche auf dem Steinschen Gut Kochberg, etwa eine Stunde Wegs nach Norden, bieten willkommene Unterhaltung. Frau von Stein bringt Freunde aus Weimar mit, und Sohn Fritz, den Goethe ja besonders liebt und fördert, um dessen Erziehung und Ausbildung er sich kümmert, ist oft heißgeliebter Mittelpunkt unbeschwerter Ausgelassenheit.

Doch der Winter 1785/86 beginnt trübe. Gewisse Ereignisse überschatten den gewohnt geruhsamen Gang des Lebens der Lengefelds. Jener Bruder der Frau von Lengefeld, der sich in einem Brief an seine Schwester so lobend über deren Bemühen ausdrückte, den Töchtern eine gute Ausbildung zu verschaffen (»Es freut mich, daß die Möpsgens so schön Französisch lernen...«), war plötzlich gestorben. Er hatte zuletzt in Batavia gelebt, und von dorther erhielt man die Todesnachricht, verbunden mit der Eröffnung, er habe der Familie sein Vermögen vermacht. Von dieser Hinterlassenschaft blieb dann allerdings sehr viel weniger übrig, als Frau von Lengefeld gehofft hatte. Denn es tauchten plötzlich hohe Forderungen auf, die aus dem Nachlaß erfüllt werden mußten. Das verursachte Sorgen um die finanzielle Situation der Familie, zu denen sich überraschend gesundheitliche gesellten. Charlotte bekam ganz plötzlich mit einem Augenleiden zu tun, das ihr, allerdings erst sehr viel später, viel zu schaffen machen sollte. Und auch Schwester Karoline und die Mutter kränkelten. Ein unangenehmer, nicht recht bestimmbarer Druck bevorstehenden, schwer abwendbaren Unheils lag eine Zeitlang über allem Wirken der Familie, bis, gewissermaßen mit dem Höhersteigen der Sonne, der Horizont sich aufhellte und einen nicht gar so hoffnungslosen Ausblick erlaubte. Denn nun, nahm man alles zusammen, standen die Dinge doch nicht ganz so schlecht, wie man zunächst befürchtet hatte. Ja, man entschloß sich für den Sommer 1786 zu einem Badeaufenthalt in Karlsbad.

Anfang Juni reiste man ab; und die Schwestern Lengefeld waren natürlich besonders glücklich über die Unterbrechung ihres Rudolstädter Einerleis. In Karlsbad gab es dann eine überraschend fröhliche, fast unbeschwerte und sogar erholsame Zeit. Zusammen mit Frau von Stein und Goethe, die sich, wie verabredet, in diesen Wochen ebenfalls in Karlsbad zur Kur aufhielten, verbrachte man anregende Stunden und Tage.

Doch Rudolstadt war unvermeidbar, und eines Tages mußte man dorthin zurück.

Es galt das Versprechen der jungen Herzogin Luise, Charlotte als Hofdame zu sich zu nehmen; aber erst mußte sich die Möglichkeit dazu ergeben. Das heißt ganz einfach, ein Einrücken Lottes in diese Position konnte stattfinden, wenn ein Platz für sie frei wurde. Und noch war es nicht soweit. Hinzu kam vielleicht auch, daß die Herzogin von Anfang an am Weimarer Hof wenig eigene Initiative entfaltete. Im Gegensatz zu ihrer Schwiegermutter, der großen Anregerin Anna Amalia, die mit dem Scharfblick der Menschenkennerin, dem natürlichen Charme und sicherem weiblichem Instinkt viele der großen Individualisten jener Zeit in Weimar um sich zu versammeln wußte, schloß Luise sich von Anfang an ab. Zwischen Karl August und ihr war nicht das notwendige harmonische Verhältnis, das zum Aufblühen ihrer hohen geistigen Anlagen hätte führen können, entstanden. Im Gegenteil, die ungestüme, derbe, ein wenig kraftmeierische Art des jungen Herzogs stieß sie ab und veranlaßte sie, sich mehr und mehr in sich selbst zurückzuziehen, zumal sie sich durch Erziehung und Veranlagung zu strengster Beobachtung des Ranges und Standes veranlaßt fühlte. Talent und Geist rangierten für sie erst nach Stand und Würde. Als noch ganz junge Darmstädter Prinzessin hatte man in ihr mit Recht eine dem Edlen, Guten zuneigende, feiner Empfindungen fähige, schwärmerische Seele gesehen, die durch den schöngeistigen Kreis ihrer Mutter, der »großen Landgräfin« Karoline, Einblick hatte in die Ansichten und Werke Goethes, Herders, Klopstocks. Möglich, daß die so entgegengesetzten Temperamente der beiden Ehegatten die im Grunde gewünschte Annäherung verhinderten. Der sinnenfrohe, lebenshungrige Herzog jedenfalls, der an ihr das Weiche, Schmiegsame, die sinnliche Wärme der Frau vermißte, tröstete sich mit wilden Festen, derben Jagdgesellschaften und kleinen Liebeleien an der Seite zärtlicherer Freundinnen.

Mit ihrem Mann sollte Luise zeit ihres Lebens nicht glücklich werden, und ganz gewiß war dieses stets kühle Verhältnis mit daran schuld, daß sie oft kränkelte, daß sich körperliche Leiden einstellten, die in Bädern auskuriert werden sollten, und daß sie eigentlich ohne Unterbrechung in Behandlung eines ihrer Ärzte war.

Dieses Sich-mehr-und-mehr-Auseinanderleben führte schließlich zu einem völligen Bruch zwischen beiden Ehegatten. Seiner, des Herzogs Leidenschaft zur Gräfin Werthern, folgte bald ein enges, eheähnliches Verhältnis zur schönen Engländerin Emilie Gore, die durch ihre Bildung und vornehme Zurückhaltung sogar Luises Duldung fand. Ende der neunziger Jahre, allerdings, schloß der Herzog eine regelrechte Nebenehe mit der Sängerin und Schauspielerin Karoline Jagemann. Daraus entstand ganz offiziell eine zweite Familie, deren Existenz anzuerkennen

Herzogin Luise schließlich gezwungen war. Nebenfrauen nebst Nebenfamilien zu haben und sie ganz öffentlich zu unterhalten war damals, unter den regierenden Fürsten, durchaus keine Seltenheit. Sie mußten, auch von den Nächstbetroffenen, geduldet werden. Und das Volk hatte ja ohnehin nichts dreinzureden.

Und so etwa dürfte es sich an jenem milden Spätsommertag des Jahres 1786 auf dem Steinschen Schloßgut Kochberg abgespielt haben:

Unter den Gästen waren die hübsche kleine Schwägerin Frau von Steins, Sophie von Schardt, die Herder die »Liebe Unschuld« nannte, Karoline Herder, Frau von Imhoff, Charlotte von Lengefeld und der Major Karl Ludwig von Knebel. Am Nachmittag hatte man noch im sonnendurchfluteten Garten gesessen; jetzt wehte ein kühles Lüftchen, und man zog sich zurück, um am wärmenden Kaminfeuer ein Glas Roten zu genießen und dabei zu plaudern. Die Gesellschaft kam in Stimmung, und die kleine Sophie von Schardt begann ein Lied zu summen, in das alle einstimmten. Lieder wie Höltys »Rosen auf den Weg gestreut« oder »Üb immer Treu und Redlichkeit« verschönten den Abend.

Es war das erste Mal, daß Lotte, nun fast zwanzig Jahre alt, spürte, daß ein Mann sie unverhohlen anhimmelte, ihr unmißverständlich den Hof machte: Karl Ludwig von Knebel.

Der frühere Erzieher des Prinzen Constantin in Weimar hatte seinerzeit die Bekanntschaft zwischen Goethe und dem Erbprinzen Karl August vermittelt. Knebel und Goethe waren eng befreundet, ja, Goethe nannte ihn seinen »Urfreund«. Knebel, immerhin inzwischen 42 Jahre alt, machte an diesem Abend große Anstrengungen, die Gunst Lottchens zu erringen. Er sah sie zum ersten Mal in diesem Kreis, und ihre jugendliche Frische, ihr mädchenhafter Charme müssen ihn einfach bezaubert haben.

Doch Lotte war ganz Abwehr. Sie sah in Knebel einen zwar liebenswürdigen, aber schon etwas vertrottelten, älteren Herrn, von dem man wohl wußte, daß er eine ausgezeichnete Bildung besaß, dichtete und die alten Lateiner übersetzte, dem sie aber als Mensch kaum mehr als förmliche Höflichkeit entgegenzubringen vermochte. Natürlich bemerkte die inzwischen recht ausgelassen gewordene Gesellschaft die Bemühungen Knebels und die betroffen-verlegene Reaktion Lottes, so daß schließlich Patentante von Stein eingriff, um Lottchen aus ihrer mißlichen Lage zu befreien. Sie löste die Runde auf, es war spät genug, man ging schlafen.

Schattenriß mit Luise von Imhoff, Karl Ludwig und Henriette von Knebel und dem schottischen Hauptmann Heron

Wenige Wochen später müssen wir uns eine ganz ähnliche Szenerie vorstellen. Der Major von Knebel bemühte sich noch immer hartnäckig um das Fräulein von Lengefeld, obwohl er längst die Aussichtslosigkeit seiner Avancen hätte bemerken müssen, war ausgerechnet er es, in dessen Gefolge den Damen zwei Schotten vorgestellt wurden: Lord Inverary und dessen jüngerer Bruder, Kapitän Heron.

Denn an diesem Sonntagnachmittag war man in großer Gesellschaft nach Kochberg gekommen, einer Einladung Frau von Steins zur herbstlichen Kaffeetafel folgend. Knebel, der sowohl in Weimar als auch in Jena lebte, hatte dort die Bekanntschaft der beiden Schotten gemacht und sie, kurzentschlossen, mit nach Kochberg gebracht.

Goethe war bereits auf dem Weg nach Italien.

Die Gastgeberin, Frau von Stein – so muß man annehmen –, konnte wohl zunächst nicht verhindern, daß der Major von Knebel an Lottchen Lengefelds Seite Platz nahm, brachte es dann allerdings fertig, den jungen, eleganten Kapitän Heron an Lottes andere Seite zu praktizieren, wo der sehr höfliche, gewandte Kapitän vom ersten Augenblick des Kennenlernens an versuchte, seine Tischnachbarin in eine leichte, zwanglose Plauderei zu ziehen. Lotte, stets ein wenig befangen, zurückhaltend und durchaus auch mundfaul, reagierte zunächst kaum. Es muß schwer für Heron gewesen sein, sie aus der Reserve zu locken.

Von Kind an hatte sie sich ja an die Rolle der Zuhörerin gewöhnt. Zwischen ihrer Mutter und der lebhaften, diskutierfreudigen Schwester war sie immer das kleine, unbedeutende, zwar liebenswerte, aber absolut unwichtige Lollochen gewesen. So kostete es sie gewiß Überwindung, sich die rechten Antworten einfallen zu lassen. Sie war einfach nicht selbstbewußt genug, um frei und meinungsfroh zu reagieren. Heron jedoch gab nicht auf. Vielleicht war es gerade die schüchterne, unbeholfene Zurückhaltung, die ihn reizte. Er verstärkte seine Bemühungen, und schließlich fand man sich wohl in der Tat in einem Gespräch über die verschiedenen Lebensweisen in den beiden Vaterländern. Als dann Heron auf bestimmte englische Schriftsteller zu sprechen kommt, etwa Richardson mit seinen sentimental-psychologischen Romanen »Pamela« oder »Sir Charles Grandison«, ist Lotte ganz Ohr und Aufmerksamkeit. Den kennt sie, und da kann sie eine Meinung äußern. Einer ihrer Dichterlieblinge, Alexander Pope, wird, wie sich herausstellt, auch von Heron geschätzt, und nun ist man plötzlich doch mitten drin in einer angeregten Unterhaltung.

Als Lottchen am Abend nach diesem herrlich verplauderten Nachmittag ins Bett geht, muß ihr noch lange Herons Bild vor Augen gestanden haben. Und zweifellos wünschte sie sich ein Wiedersehen.

Schneller als sie gehofft, geht dieser Wunsch in Erfüllung. Auf Einladung Frau von Steins verbringt Lotte, von Neujahr 1787 an, die ganze Karnevalszeit in Weimar. Zusammen mit ihrer besten Freundin Friederike von Holleben schwebt sie von einem Fest ins andere, und Heron wird ihr Dauerpartner. Ohne besondere Verabredung treffen sie sich auf den verschiedenen Veranstaltungen, Redouten, Assembleen. Der elegante, weltmännische Heron, unbekümmert, sicher in höfischen Umgangsformen, gewandt und mit solidem Allgemeinwissen ausgestattet, macht mittlerweile nachhaltigen Eindruck auf Lotte. Auch am Hof nimmt man die im Entstehen begriffene Beziehung zur Kenntnis, ja, des allgemein guten Ansehens Herons wegen fördert man sie sogar. Doch die schöne Zeit geht zu Ende. Die letzten Karnevalsveranstaltungen klingen aus, Lotte muß zurück nach Rudolstadt. Kaum zu Hause eingetroffen, überbringt ein Bote des Herzogs einen ausgestopften Reiher (englisch: heron = Reiher), gekleidet in die Uniform eines Kapitäns. Als Geschenk für ihre »englische Gartenanlage« ist das Paket vom Herzog persönlich beschriftet. Überrascht nimmt die Familie des angehenden Hoffräuleins das Präsent entgegen. Karl August, der sich gern über Lottes zwar offene, aber doch sehr zurückhaltende, schüchterne Art mokiert, beginnt sie mit dem Kapitän zu necken. Nun, für alle weiter nichts als ein Anlaß zum Schmunzeln.

Doch die beiden haben nun wirklich Feuer gefangen. Billetts werden gewechselt. Lotte erlebt ihre erste, große Liebe.

Am zweiten Osterfeiertag trifft Heron überraschend in Rudolstadt ein. Er wird der Familie vorgestellt; die Chère mère und die »Frau«, wie Schwester Karoline seit ihrer Verheiratung im engeren Kreis genannt wird, lernen ihn kennen. Später, auf einem Spaziergang zum Saaledamm, so heißt es, habe sich der Offizier Lotte erklärt. Er liebe sie, aber er müsse in Kürze an einer Regierungsexpedition nach Indien teilnehmen, wisse deshalb nicht, wann er zurückkommen könne, und durch die Verpflichtung zum Dienst in Übersee sei alles vage und unbestimmt.

In wehmütiger Abschiedsstimmung tauscht man letzte Geschenke aus. Sie gibt ihm ihre Silhouette, er überreicht ihr eine Ausgabe der Werke Alexander Popes. Ja, die Trennung scheint unabwendbar und endgültig.

Aus Neuwied am Rhein schickt Heron einen ersten Brief, in dem er abermals eine Liebeserklärung abgibt. Mit Datum vom 2. August 1787 schreibt er aus Rotterdam.

Es sind die letzten Zeilen, die sie von ihm erhält, und man hat den Eindruck, als ringe er mit sich um eine endgültige Entscheidung zwischen Pflicht und Neigung. Sie schreibt ihm noch einmal nach London, und damit ist die Korrespondenz zwischen beiden beendet.

Der Fall Heron ist nicht recht klar geworden. Es mag sein, daß man seitens seiner Familie eine so frühe Bindung nicht wollte, denn der jüngere Sohn adliger Familien war nach damaligem schottischem Erbrecht so gut wie mittellos. Auf der anderen Seite glaubt man zu wissen, daß Frau von Lengefeld gerade um diese Zeit für Charlotte eine vorteilhafte, standesgemäße Verbindung in Rudolstadt ins Auge gefaßt hatte, was aber am hartnäckigen Widerstand ihrer Tochter scheiterte. Es ist also durchaus möglich, daß die so schnelle Trennung der beiden Liebenden herbeigeführt wurde, sowohl durch den Eingriff der Familie Lord Inverarys als auch durch ein Einwirken der Chère mère. Schließlich, Frau von Stein könnte ebenfalls beteiligt gewesen sein.

»T'is sure the hardest science to forget«, schreibt Charlotte im Herbst des Jahres in ihr Tagebuch. Ihre Eintragungen aus dieser Zeit wechseln zwischen wehmütigem Sich-Erinnern, Resignation und schwachem Hoffen. »Nein, nicht vergessen sollen wir, sondern stark die notwendigen Übel der Trennung tragen! Denn sie ist hoffentlich nicht ewig.« Aber allem Hoffen zum Trotz – es gab kein Wiedersehen. Ein letztes Lebenszeichen erhielt Knebel aus Madras. Heron schrieb unter anderem: »Do you ever see or hear about *Rudolstadt*? There is a charm in the very name. O days, happy days, days of whose happiness I was not aware, but my friend we must labour this.«

Viel später hörte man, er sei in Ostindien tödlich verunglückt. Aber niemand konnte genaue Auskunft geben.

Lotte lebt noch lange mit der Erinnerung an Heron. In ihren Aufzeichnungen vom Frühsommer des folgenden Jahres (1788) liest man: »Spülst du denn, o Zeit, mit deiner Welle über jede Freude des Lebens? Löschest aus die lieblichen Bilder? O ihr vergangenen Freuden, bleibt denn nichts von euch als der Schmerz, daß ihr nicht mehr zurückkehrt? Dies dachte ich eben, als ich einige Briefe durchging. O warum ist doch unser Geist in so enge Schranken gebannt, warum können wir nicht die Winde durchschneiden, die Meere in einem Augenblick überfliegen, daß das Herz die Nähe einer freundschaftlichen Seele deutlich fühlen könnte...«

Uns mag heute eine solche Darstellung von Empfindungen des Herzens zu grüblerisch überspannt, zu gefühlsbetont erscheinen. Es war die Audrucksweise der Zeit, in der das Schwärmerische, das Seelenvolle zum Element der Verständigung erhoben wurde; unter den Gebildeten, den Belesenen herrschte eine Art Seelenkult, den man extremistisch entwikkelte.

Noch immer also hatte sie das Bild ihres schottischen Kapitäns vor Augen, obwohl sich um diese Zeit bereits andere, zukunftsträchtige Ereignisse in ihren Rudolstädter Lebensbereich einschoben. Das Jahr 1788 sollte für Charlotte von absoluter Bedeutung für ihr künftiges Geschick, ja für ihr Lebensglück werden.

Doch blenden wir zunächst noch einmal ein halbes Jahr zurück.

Aus Mitteilungen Schillers an seinen Freund Körner und aus Karoline von Wolzogens Erinnerungen in »Schillers Leben« wird folgende Szenerie wahrscheinlich: 6. Dezember 1787. Es dämmert bereits an diesem feuchtkühlen Spätherbsttag. Nebel näßt die kahlen Bäume vor den niedrigen Häuserfassaden der Neuen Gasse in Rudolstadt. Aus kleinen Fenstern enger Bürgerstuben dringt schwacher Kerzenschein nach draußen. Im Haus der Lengefelds ist man im Begriff vom Nachmittagskaffee aufzustehen, als rasch sich verstärkendes Pferdegetrappel das Näherkommen von Reitern ankündigt. Die Schwestern stürzen zum Fenster und erkennen die Umrisse zweier in lange Wettermäntel gehüllte Reiter.

Karoline öffnet die Tür und erkennt einen der beiden, obwohl er sein

Gesicht im hochgeschlagenen Mantelkragen zu verbergen sucht. Es ist Vetter Wilhelm von Wolzogen. Stürmische Begrüßung. Doch wer ist der andere? Der Vetter nennt den Namen Schiller und meint, daß er ihnen ja nicht ganz unbekannt sein könne, nachdem sie ihn auf ihrer Rückreise aus der Schweiz, im Sommer 1784, in Mannheim besucht hätten. Ja, sie erinnern sich; und der Name Schiller führt selbstverständlich auf der Stelle zur Assoziation mit den Begriffen »Theaterdichter«, »Schriftsteller«. Wilhelm bittet, ihnen seinen Freund am Abend vorstellen zu dürfen. Natürlich, man beschließt, die nächsten Stunden zusammen im Hause der Familie Lengefeld zu verbringen. Die Schwestern sind glücklich über die bevorstehende Abwechslung, denn man ist auch gespannt auf den inzwischen noch bekannter und berühmter gewordenen Dichter Friedrich Schiller. Und während die beiden Freunde sich im Gasthof »Zur Gabel« ein wenig frisch machen, bereitet man bei den Lengefelds einen gastlichen Rahmen für den so überraschenden wie willkommenen Besuch vor.

Sieht man einmal von der naturgemäß mehr beobachtenden Rolle der Chère mère ab, so kann man sagen, daß der Abend für alle Beteiligten ein Gewinn wurde. Man unterhielt sich ausgezeichnet – auch Lotte, die sich bei solchen Anlässen eher still und wortkarg zeigte, beteiligte sich lebhaft an den Gesprächen mit wechselnden Themen. In der Hauptsache dürfte man über Schillers literarische Arbeiten gesprochen haben. Den »Don Carlos«, den sie noch nicht kannten, versprach er ihnen zu schicken. Zwischendurch spielten die Schwestern Klavier, was Schiller besonders beeindruckte. Wilhelm, der seit Jahren einen regen Briefwechsel mit der von ihm heftig verehrten Karoline führte, war glücklich, in ihrer Nähe zu sein.

Als dann die Stunde zum Aufbruch nahte, äußerte der stets leicht erregbare, zur Begeisterung neigende Schiller enthusiastisch seine Absicht, wenn möglich den kommenden Sommer in der Gegend um Rudolstadt zu verbringen.

Sowohl von der Landschaft als auch von der Familie von Lengefeld fühlte er sich angezogen. Noch halb in der Tür fügte er hinzu, daß er, wenn's erlaubt sei, gern an einem der nächsten Sonntage den Lengefelds einen weiteren Besuch abstatten wollte.

Dazu kam's allerdings nicht.

In seinen Briefen an Freund Körner kommt jedoch zum Ausdruck, wie sehr die Bekanntschaft mit der Familie von Lengefeld in ihm nachwirkte.

2. Schiller

»... und die nähere Bekanntschaft mit den weimarischen Riesen – ich gestehe Dir's hat meine Meinung von mir selbst – verbessert.«

(Schiller an Körner)

Mit dem Gang seiner Geschichte, mit dem Entstehen seiner Werke sind zwar immer wieder die Namen geliebter Frauen verbunden, die entscheidenden Impulse, die den Ausschlag gebenden, fördernden Einflüsse jedoch, kamen von Männern. Das begann mit einem gewissen »Verschwörertum« auf der Hohen Karlsschule, während seiner Internatszeit. Acht Jahre Internatserziehung drückten einen ersten Stempel auf. Die Jugendfreunde, darunter vor allem Streicher, hielten bedingungslos zusammen. Später kam es zur Beeinflussung und Förderung durch den Intendanten Heribert von Dalberg, der, trotz seines zeitweise eher zurückhaltend-berechnenden Benehmens, Schiller in Mannheim zu außergewöhnlicher Leistung anspornte. Wieland, Herder, Knebel wirkten auf ihn. Und schließlich hatten den maßgeblichen Einfluß Körner, Wilhelm von Humboldt und Goethe.

Wie schon eingangs erwähnt, schnell hingerissen von der Schönheit einer Frau, von deren Fähigkeit zu beseelter Hingabe an ein hochgestecktes Ziel, war er auch stets geneigt, sich zu verlieben. Seine Zuneigung zu Frauen wie seine Freundschaft zu Männern hatte immer etwas Unbedingtes, Ausschließliches; und je mehr er sich fortreißen ließ von der Macht der Gefühle, um so stärker entwickelte sich in ihm die Kraft zum Schöpferischen.

Schiller war im Juli 1787, hochverschuldet, mit geliehenem Geld nach Weimar gekommen, um den gefeierten Goethe zu sehen, ihn zu beeindrucken, aber auch, um Herzog Karl August persönlich zu danken für empfangene Wohltaten.

Ihn reizte außerdem die Wirklichkeit um die bereits lorbeerbekränzten Köpfe der drei »Weimarer Riesen« Goethe, Herder, Wieland kennenzulernen, sie abzuschätzen und sich selbst an ihnen zu messen. Und schließlich, und vielleicht nicht zuletzt, zog ihn eine andere Charlotte an den Weimarer Musenhof, die Charlotte aus Mannheimer Tagen, mit der er, seit seinem Fortgang, einen heftigen Briefwechsel geführt und deren Wiedersehen er heiß herbeigesehnt hatte.

Der erste Teil der zweitägigen Reise in der Postkutsche von Dresden nach Weimar, bis Leipzig, war kurzweilig verlaufen. Die Gespräche mit der Frau des Buchhändlers Schneider, die zum Leipziger Verleger Göschen fuhr, verkürzten die Zeit, milderten die Strapaze.

Dann, auf dem weit beschwerlicheren Weg über Naumburg bis Weimar, waren ihm, der er im heftigen, unregelmäßigen Rumpeln des Wagens die Zeit halb wach, halb schlafend, halb dösend, halb träumend hinter sich bringt, noch einmal die Bilder seines Lebens, die Stationen seines Strebens und Hoffens erschienen.

Da steht der Vater vor ihm, der kleine, untersetzte, kantige Hauptmann der württembergischen Infanterie, in seiner blau-weißen Uniform, an der der kleine Fritz stets besonders den Offiziershelm in der geschwungenen Form der Schützenhaube mit der gekrümmten Spitze obendrauf bewunderte.

Später, als Werbeoffizier, trug er meist den hohen Stoffhut mit Schirm, der ihn zwar größer machte, den Fritz aber längst nicht so imponierend fand. Ach ja, der Vater, ein strenger, unerbittlicher Erzieher, wollte aus seinem Sohn Friedrich etwas ganz Besonderes machen, etwas, das er selbst leider nicht hatte werden können. Er war in großer Armut aufgewachsen, hatte sich alles selbst beibringen müssen. Mit beachtlichen geistigen Gaben ausgestattet, litt er sein Leben lang darunter, einer ungenügenden Ausbildung wegen nicht wirklich wissenschaftlich arbeiten zu können. Trotzdem waren ihm Niederschriften gelungen, die Erfahrungen aus Feldzügen und Reisen enthielten und die damals sogar vom Hofbuchdrucker Cotta verlegt worden waren.

Neben ihm sieht der Sohn die Mutter, eine fromme Frau mit stark pietistischer Neigung, die den Kindern mit Liebe und Güte die Härten des Vaters erträglich zu machen sucht. Zunächst ist da ja nur seine zwei Jahre ältere Schwester Christophine. Sieben wird er, als die Mutter Luise zur Welt bringt, und, während er, achtzehnjährig, noch hinter den Mauern der Karl Eugenschen Hohen Karlsschule schmachtet, erfährt er von der Geburt Karoline Christianes, die man später Nanette nennt.

Schillers Vater, Johann Kaspar Schiller, als Leutnant

An die Zeit in der Lorcher Dorfschule, die er mit fünf Jahren besucht, erinnert er sich nur schwach. Aber der Pfarrer Moser, bei dem er schon bald Latein lernt, beeindruckt ihn, und zwar so nachhaltig, daß er ihm später in seinen »Räubern« den Part des unerschrockenen Pfarrers gibt. Gewiß ist seine stark aufkommende Neigung zur Theologie auf den Einfluß dieses Mannes zurückzuführen.

Mit dem nach Ludwigsburg versetzten Vater geht die Familie vom Land in die Stadt, und die nun folgenden sieben Jahre Lateinschule werden ihm zu einer Zeit harten Lernens. Ganz abgesehen von den jährlich in Stuttgart zu absolvierenden Examina, die der Strebsame jedoch meist mit Bestnote besteht.

Als begabter Schüler gemeldet, wird er zur neugegründeten, soge-

Schillers Mutter, Elisabeth Dorothea, geborene Kodweiß

nannten Militärischen Pflanzschule des Herzogs, auf der Solitude bei Stuttgart gelegen, eingezogen. Gegen den eigenen Wunsch und den der Eltern, die ihn viel lieber, seinen Neigungen entsprechend, zum Theologiestudium geführt hätten. Karl Eugen, der Herzog, befiehlt's, dagegen ist nichts zu machen. Zumal bei Weigerung der Vater sofort seine Stelle hätte verlieren können. Der dreizehnjährige Fritz fügt sich also, auch um die Existenz der Familie keiner Gefahr auszusetzen.

Und nun beginnt für den Jungen, genau ab 16. Januar 1773, die schwere Zeit der Einordnung in die Regularien der Hohen Karlsschule, wie sie später heißt. Dort geht es streng militärisch zu. Ausgang, zum Beispiel, gibt es nur unter Bewachung. Normalerweise sind weder Ferien noch Urlaub möglich. Betrachtet man die Bedingungen, die damals in der Hohen Karlsschule herrschten, aus unserer heutigen Sicht, so könnte man auf die Bezeichnung »Militärisch organisiertes Lerngefängnis« kommen.

Karl Eugen, der sich selbst um alles in der Anstalt kümmerte, hatte sich auch zum Rektor der Schule gemacht. Die Leitung dieser »Militärischen Pflanzschule« wurde zu seinem Lieblingsspielzeug. Er herrschte, wachte und urteilte. Ja, er war allgegenwärtig, und sofern ihn nicht seine einflußreiche Mätresse Franziska von Leutrum, die spätere Gräfin von Hohenheim, beschäftigte, mischte er sich sogar verkleidet unter das Aufsichtspersonal und machte heimliche Beobachtungen. Er allein, zum Beispiel, bestimmte bei Vergehen das Strafmaß. Jede kleinste Mißachtung eines Gebots, einer Vorschrift, wurde geahndet. Bei guter Laune konnte ihm ein Witz oder eine dröhnende Lachsalve genügen; meist jedoch gab es Stockschläge oder Halbierung der Verpflegungsration. Manchmal griff er sogar selbst zu und verabreichte die verordneten Schläge.

Er betrachtete sich als Vater seiner Eleven und diese damit als sein Eigentum. Nicht nur für die Zeit der Ausbildung an der Schule, nein, eigentlich vom Eintritt an fürs ganze Leben. Denn diese »Pflanzschule«, die den Absolventen eine völlig kostenlose Ausbildung gab, sollte den dem Fürsten genehmen Nachwuchs an Beamten und Offizieren liefern.

Und das war der Tagesablauf an der Akademie, mit dessen minütlicher Gängelei vermutlich nicht einmal der Drill in den preußischen Kadettenanstalten konkurrieren konnte: Nach dem, selbstverständlich beaufsichtigten, Wecken – fünf Uhr, im Winter um sechs, wurden auch alle weiteren Abläufe von Unteroffizieren kommandiert und überwacht. So das Bettenmachen, das Waschen, das Anziehen, der Marsch zum Frühappell, von dort zum Frühstück in den Speisesaal. Der Unterricht begann um sieben Uhr, dauerte bis elf. Es folgte die sogenannte Propreté, die Reinigung der persönlichen Sachen, der Uniform etc. Danach hieß es Fertigmachen zum Mittagsappell im Speisesaal, wozu die Paradeuniform getragen wurde. Übrigens mußte Schiller sein rotes Haar stets mit Puder bestäuben, weil der Herzog diese Haarfarbe nicht leiden konnte. Am frühen Nachmittag dann Exerzieren und öfter auch Spaziergang – bewacht, versteht sich. Von zwei bis sechs Uhr abends Unterricht mit darauffolgender Propreté. Was an Zeit bis zum Abendessen übrigblieb, mußte zum Lernen und Aufarbeiten behandelter Stoffe verwendet werden. Auch diese Zeit des »Nachstudierens« wurde selbstverständlich kontrolliert.

Sofort nach dem Abendbrot führte man die Eleven in die Schlafsäle, wo sie in ihren Betten quasi auf Befehl einzuschlafen hatten.

Man sieht, die äußeren Bedingungen waren hart; denn auch Besuche von draußen, selbst solche nächster Verwandter, wurden nur auf besonderen Antrag, mit stichhaltiger Begründung – und auch dann erst nach persönlicher Entscheidung des Herzogs – genehmigt oder abgelehnt. Seine jüngere Schwester Nanette sah Schiller zum ersten Mal, als sie schon drei Jahre alt war.

Der Unterricht an der Schule umfaßte die Fächer Geschichte, Naturkunde, Mathematik, Griechisch, Französisch, Englisch, Italienisch. Schließlich Sport mit Fechten, Reiten und Tanzen.

Und natürlich die Jurisprudenz, die für die späteren Beamten des Landes von besonderer Wichtigkeit war. Nach dem juristischen Fachstudium, zu dem sich Schiller zunächst durchgerungen hatte, legte man größten Wert auf eine gute philosophische Ausbildung.

Die Unterrichtssprache war Latein.

Im ersten Jahr klappte es noch einigermaßen. Dann ließen seine Leistungen mehr und mehr nach. Die Juristerei lag ihm nicht. Der Stoff war ihm zu trocken. Und insgeheim hoffte er immer noch, eines Tages seinen Traum, Theologie zu studieren, verwirklichen zu können.

Ein wenig kam ihm das Schicksal zu Hilfe, als gegen Ende des Jahres 1775 die Karlsschule nach Stuttgart verlegt wurde. Dieser Umzug erhielt einen sehr festlichen Rahmen, und als besonderes Geschenk an seine Untertanen, gewissermaßen zur Feier dieses Ereignisses, ließ Karl Eugen ein neues Lehrfach, die medizinische Fakultät, einrichten.

Zusammen mit seinem Jugendfreund und Studienkollegen von Hoven meldete er sich nach heftigen inneren Kämpfen dann doch als einer der ersten zum Medizinstudium. Und bald wurde er von seinen Lehrern für einen der besten Schüler gehalten, der sich durch gute Leistungen Preise erwarb. Nachdem Schiller während der ersten Karlsschuljahre sehr oft krank gewesen war, einmal sogar acht Wochen lang in der Krankenstube liegen mußte, fühlte er sich nun wesentlich besser. Das Studium der Medizin machte ihn freier; der Dichter erwachte in ihm, er holte Atem zu ersten lyrischen Ergüssen, zu klopstockschen Entzückungen. Ein schwärmerisch-feuriger Geist, fähig zu enthusiastischen Lobpreisungen eines Gottes, der mahnt und verzeiht, fähig aber auch zu ebenso leidenschaftlicher Verdammung irdischer Tyrannei, wie sie sich damals noch in den Feudalherrschern der Länder Deutschlands verkörperte, beflügelte ihn zu außerordentlichen Leistungen. Es war die verhältnismäßig kurze Zeitspanne des Sturm und Drang, in die Schillers frühe dichterisch-dramatische Arbeiten einmündeten.

Man las nun, was man erwischen konnte. Natürlich beeinflußten die Werke Shakespeares, die Schriften Herders, Wielands »Agathon«, Bürgers Gedichte, Klingers Dramen und vor allem Goethes »Werther« die Jünglinge. Schubarts respektlos-satirische Schriften weckten Begeisterung, brachten allerdings dem Verfasser eine Verurteilung zu zehn Jahren Haft auf dem Hohenasperg ein. Ihm verdankte Schiller den Stoff zu einem Stück, das ihn über Nacht berühmt machen sollte: »Der verlorene Sohn«, in die Literaturgeschichte eingegangen als »Die Räuber«.

Schillers Begeisterung übertrug sich auf gleichgesinnte Freunde. Mit den Eleven Scharffenstein, von Hoven, Petersen, Dannecker, Zumsteeg wurde diskutiert und geprobt; man bereitete Theateraufführungen vor, erging sich in literarischen Versuchen und philosophischen Streitgesprächen. Man hatte sogar vor, gemeinsam einen zweiten »Werther« zu schreiben. Doch daraus wurde nichts. Jede Privatlektüre war übrigens verboten, doch half man sich untereinander, bildete gegenüber den Bewachern eine verschworene Gemeinschaft.

Bei alledem war freilich eine Schwierigkeit zu überwinden, die die Statuten der Karlsschule dem Verkehr der Schüler miteinander auferlegten. So durften beispielsweise die adligen mit den bürgerlichen Akademisten offiziell keinen Kontakt haben. Übertretungen dieses Gebots wurden streng geahndet. Schon in der Kleiderordnung drückte man die Zugehörigkeit zum entsprechenden Stand aus, was für die Bürgerlichen von verletzender Wirkung sein mußte. Selbst beim Essen, an der Mittags- oder Abendtafel, durften die an den Tischen der Bürgerlichen Sitzenden mit der Mahlzeit erst beginnen, wenn ein adliger Mitschüler das Zeichen dazu gab. Und ein weiterer, für unsere heutige Betrachtungsweise noch lächerlicher wirkender Unterschied war zu beachten: Der adlige Akademist hatte die ihm vom Herzog dargebotene Hand zu küssen, der bürgerliche – gebeugten Knies – nur den Rocksaum. So konnten die erwähnten, gemeinsam durchgeführten Unternehmungen der Schüler verschiedenen Standes nur mit besonderer Genehmigung des Herzogs stattfinden – soweit man nicht »außerhalb der Legalität« zusammentraf.

Trotz weiterhin labilen Gesundheitszustands stand Schiller häufig nachts heimlich auf, und, getrieben von dem Wunsch zu dichten, zu schaffen, zu gestalten, notierte er Einfälle oder las in den von ihm verehrten Dichtungen der Zeit. Es war in den Jahren, in denen er an den »Räubern« schrieb, mit vielen Unterbrechungen freilich. Die Nacht, die Stille, vielleicht auch die nächtliche Stimmung zum Konspirativen, Verschwörerischen, beflügelte seine Phantasie. Oft meldete er sich krank, nur um den Vorteil der Lampe im Krankenrevier genießen zu können. Bei überraschender Visite des Herzogs lag ein medizinisches Buch griffbereit. Er mußte sich besonders in acht nehmen. Denn inzwischen war sein Vater Verwalter der Hofgärtnerei auf der Solitude geworden. Ein Posten, den er bei schlechter Führung seines Sohnes – wie die Dinge damals vom Herzog gehandhabt wurden – wieder hätte verlieren können.

Per Ende des Jahres 1779 rechnet der Zögling Schiller mit der Anerkennung seiner Prüfungsarbeit als Abschluß der Akademiezeit. Jeweils am 14. Dezember, dem Tag der Stiftungsfeier, werden die Arbeiten der Schüler gewürdigt – akzeptiert oder abgelehnt. Mit seiner »Philosophie der Physiologie« hofft er zu reüssieren, zu glänzen. Ergebnis: Anerkennung einer guten Leistung, jedoch insgesamt Ablehnung wegen allzu aggressiv-polemischer Spitzen gegen die »gesicherten Erkenntnisse« etablierter medizinischer Autoritäten. Allerdings wird sämtlichen Medizinern dieses Jahrgangs die Qualifikation versagt, wohl weil noch Zulassungsfragen mit der Landesbehörde zu klären waren. Dies wirkt zwar mildernd, bleibt aber doch eine herbe Enttäuschung für den Zwanzigjährigen, der sich bereits frei, der lästigen Fesseln der Karlsschule entronnen, wähnte.

Bei diesem Stiftungsfest übrigens sieht Schiller zum erstenmal in seinem Leben den von ihm so verehrten Goethe. Der berühmte Dichter war, zusammen mit dem jungen Weimarer Herzog Karl August (incognito als Baron von Wedel) als Ehrengast geladen. »Wie gern hätte ich mich ihm bemerkbar gemacht«, erzählte Schiller später, wenn er von seiner Zeit auf der Hohen Karlsschule berichtete. Zur Prüfung nach Jahresfrist legt der Kandidat zwei Dissertationen vor. Eine rein medizinische, lateinisch abgefaßte Arbeit und eine in erster Linie philosophische Studie (Druck bei Cotta) mit dem Titel »Versuch über den Zusammenhang der tierischen Natur des Menschen mit seiner geistigen«.

Diese wesentlich reifere Arbeit findet die Zustimmung des Prüfungsgremiums.

Aufgrund dieses insgesamt bestandenen Examens wird er am 14. Dezember 1780 aus der Karlsschule entlassen.

Das zusätzliche Jahr freieren Studiums hatte aus ihm einen selbstbewußten, bestimmteren jungen Mann gemacht, der den prüfenden Autoritäten mit Gelassenheit, ohne Furcht, entgegengetreten war. Nun also schien das Tor zur Welt geöffnet.

Was aber bringt ihm die neue Wirklichkeit?

Mit Bitterkeit erinnert er sich der Entscheidung seines Herzogs. Karl

Eugen, der in ihm, wie in allen anderen Eleven seiner »Pflanzschule« sein Eigentum sieht, macht ihn kurzerhand zum Regimentsmedikus beim Grenardierregiment Augé. Die knapp fünfhundert Soldaten dieser Einheit sind krank und lahm, invalid, behandlungsbedürftig – weder einsatzfähig noch verfügungsbereit. Der junge, nach Freiheit dürstende Mediziner erhält nur den Rang eines Feldschers und muß – für 18 Gulden im Monat – täglich vormittags die halben Krüppel des Regiments behandeln. Dazu hat er sich regelmäßig und pünktlich auf der Wache zu melden.

Ja, er darf nicht einmal Zivilkleidung tragen, was für die zunächst geplante Errichtung einer privaten Praxis unerläßlich gewesen wäre. Der Herzog befahl die Uniform; und die beiden Zivilanzüge, die Schillers Vater zu einem für seine Verhältnisse hohen Betrag dem Sohn hatte anfertigen lassen, hängen nutzlos im Schrank.

Mit neuem Zwang, neuem Druck zur Subordination greift Karl Eugen in das Leben Schillers ein. Ohne förmlich um Urlaub zu bitten, darf er auch jetzt nicht einmal seine Eltern auf der nahe liegenden Solitude besuchen. Etwa die Stadt ohne Erlaubnis zu verlassen hätte gegen die vom Herzog angeordneten Bestimmungen verstoßen.

So eingezwängt in neue Verbote und die absolute Abhängigkeit vom Landesfürsten, stürzt sich der junge Feuerkopf, nach Absolvierung des täglichen, lästig gewordenen Dienstes, in die Vergnügungen, die das kleinbürgerliche Stuttgart zu bieten hat. Halb Boheme, halb Saufbruderschaft mit gleichgesinnten Kumpanen, füllen die Abende und halben Nächte.

Quartier hat er bei der Hauptmannswitwe Luise Vischer am »Kleinen Graben« gefunden. War sie's, die Schiller zu den sinnlich-phantastischen Gedichten »Oden an Laura« inspirierte? Über sein wirkliches Verhältnis zu ihr ist nichts Näheres bekannt. Nie jedoch verläßt ihn diese rastlose Besessenheit, dichten zu müssen; während der letzten Akademiejahre trieb sie ihn zur Fertigstellung der »Räuber«, und jetzt findet sie Ausdruck in den »Oden an Laura«.

Acht Jahre Unterdrückung haben ihn weder kleinzukriegen noch anpasserisch zu machen vermocht. Im Gegenteil: »Was sie ersticken sollte, fachte sie an«, die Begeisterung, die Leidenschaft für alles dichterische Wirken. Inmitten einer Welt der Reglementierung war, wie es später hieß, das »kühnste Jünglingsdrama der Weltliteratur« entstanden: »Die Räuber«.

Sie sollten nun gedruckt werden. Mehrfach geändert und umgearbeitet, glaubte er jetzt die wirksamste Fassung des Stückes erreicht zu haben. Aber es fand sich kein Verleger, der es, gegen Honorar, herausgebracht hätte. So ließ er es kurzerhand auf eigene Kosten drucken – mit geliehenen hundertfünfzig Gulden. Er hoffte, mit dem Erlös aus achthundert Exemplaren bald seine Schulden zurückzahlen zu können, aber dies war der Beginn einer langjährigen Verschuldung, die ihm noch sehr zu schaffen machen sollte.

Mit welcher Begeisterung nahm man die ersten Druckbogen in Empfang! Er und seine Freunde – die meisten waren ebenfalls gezwungen gewesen, als ehemalige Karlsschüler in Stuttgart zu bleiben – feierten das Erscheinen dieses Werkes schon als einen Triumph über Fürstenwillkür und Unterdrückung. Sie glaubten, ihr Vorhaben »Wir wollen ein Buch machen, das aber durch den Schinder absolut verbrannt werden muß«, sei bereits geglückt. Statt dessen gab es weitere Schwierigkeiten.

Die an den Verleger und Buchhändler Schwan in Mannheim gesandten Druckbogen fanden zwar dessen Aufmerksamkeit, aber dem sonst durchaus gutwilligen Förderer junger Talente schien die Herausgabe zu gewagt. Dennoch, offensichtlich von der besonderen Begabung des jungen Autors überzeugt, fühlte er sich veranlaßt, die ersten Teile des Stückes dem Intendanten des Mannheimer Nationaltheaters, Wolfgang Heribert von Dalberg, dem Bruder des Koadjutors Freiherrn Carl von Dalberg in Erfurt, vorzulesen.

Erstes Ergebnis: ein interessantes Thema, mit Begabung entwickelt, Umarbeitung notwendig.

Nachdem Dalberg die neue Fassung gelesen hat, erlebt der junge Dichter eine erste frohe Überraschung: Der Intendant bittet ihn um eine letzte Bearbeitung des Stückes für die Bühne (Schiller hatte ursprünglich an einen Roman in Dialogen gedacht).

Wie besessen geht er ans Werk, aber Dalberg verlangt immer neue Umarbeitungen, Änderungen. Schließlich sogar eine Zeitverlegung der Ereignisse ins ausgehende Mittelalter. Dies scheint Schiller zunächst nicht akzeptabel, weil ja die Wirkung des Stückes in den Forderungen des Tages, in der Gegenwart liegen mußte. Dalberg aber will möglichst wenig riskieren; mit dem benachbarten Landesfürsten, an dessen Hof er wohlgelitten ist, darf er es nicht verderben. Da der gewiegte, sehr geschickt agierende Intendant den jungen Dichter außerdem zu weiteren Arbeiten an neuen Stücken ermuntert, nimmt dieser die Änderungs- und Streichungswünsche schließlich an. Von einem »buntfärbigen

Ding, wie die Hosen des Harlekins« spricht Schiller später, bei Betrachtung dessen, was dabei herausgekommen war.

Dieses »buntfärbige Ding« jedoch hat bei seiner Uraufführung in Mannheim, zu der es am 13. Januar 1782 kommt, einen sensationellen Erfolg. Das Publikum, zunächst reserviert, still, gebannt, gerät sehr bald in wachsende Erregung. Nach Berichten eines Augenzeugen heißt es: »Das Theater glich einem Irrenhause, rollende Augen, geballte Fäuste, heisere Aufschreie im Zuschauerraum... fremde Menschen fielen einander schluchzend in die Arme...«

Von dem Logenplatz aus, den Dalberg für ihn und seinen Freund Petersen hatte reservieren lassen – sie waren heimlich und ohne Urlaubsschein nach Mannheim gekommen –, erlebt Schiller mit eigenen Augen und Ohren den Triumph seines Stückes. Tränen der Freude, der Erregung hat er in den Augen. Halb betäubt vom Jubel, vom Applaus der Menge, halb überwältigt von der Wirkung des eigenen Stückes, löst er sich aus der stürmischen Umarmung, mit der ihm auch Petersen seine Begeisterung bekundet.

Wann jemals ist er wieder so glücklich über das Ergebnis einer Arbeit gewesen?

Nach dem in Mannheim erlebten Erfolg seiner »Räuber« mußten er und Petersen zunächst sehen, daß sie unbemerkt wieder hinter die Mauern der Karlsschule gelangten. Das klappte. Die ihm längst leidgewordenen Geschäfte in Stuttgart setzte er nun mit Widerwillen fort. Mehr Zeit allerdings widmete er den Recherchen zu einem geplanten neuen Stück: »Die Verschwörung des Fiesco zu Genua«. Um diese Zeit etwa kann er auch seine »Anthologie auf das Jahr 1782« herausbringen, im Selbstverlag, wodurch er sich weiter verschuldet. Zwischendurch arbeitet er, des Geldverdienens wegen, als Redakteur an den in Stuttgart erscheinenden »Nachrichten zum Nutzen und Vergnügen«. Dazwischen kommt die Aufforderung Karl Eugens an ihn, nun die medizinische Doktorarbeit zu schreiben. Der Landesfürst nämlich, dessen Militärakademie durch ein Diplom Kaiser Josephs II. zur Universität erhoben worden war, wünscht nun auch von den bereits entlassenen Schülern nachträglich den Erwerb der Doktorwürde.

Schiller ignorierte diese Aufforderung. Ihn fesselt die Arbeit an seinem zweiten Drama, am »Fiesco«. Von diesem werdenden Stück glaubt er, daß es den Erfolg seiner »Räuber« noch übertreffen könne. Ein Irrtum, wie man weiß. Dalbergs Verhalten, besonders seine Einstellung zu diesem Stück, trug sehr zu seiner Enttäuschung bei.

Als ihm Ende Mai die Gelegenheit günstig scheint – der Herzog war für ein paar Wochen zum Kaiser nach Wien gereist, um dort seinen Dank für die Erhebung der Akademie zur Universität abzustatten –, fährt er ein zweites Mal, und wieder ohne Urlaubsschein, nach Mannheim. Dieses Mal sogar in Begleitung zweier Damen, die, so ist es vereinbart, die Gelegenheit haben sollen, eine Aufführung seiner »Räuber« zu sehen. Henriette von Wolzogen und Luise Vischer, seine Wirtin, nehmen die Strapazen der Reise auf sich. Es ist diese Frau von Wolzogen, die ihm später zu einem Refugium in Bauerbach verhilft.

Die Tage in Mannheim verlaufen ganz nach seinem Geschmack. Dalberg läßt ihn verwöhnen. Die versprochene Aufführung der »Räuber« findet zwar, gewisser Personalschwierigkeiten wegen, nicht statt, aber er fühlt sich so frei in Mannheim, im Kreise gleichgesinnter Theater- und Literaturfreunde, daß ihm die Stadt, im Vergleich zu Stuttgart, wie das Paradies erscheint. Dalberg spricht dann sogar von einer möglichen Anstellung, was den Abschied ein wenig versüßt.

Nach seiner Rückkehr ins Schwäbische gibt es bald eine böse Überraschung. Dem Herzog war von der unerlaubten Reise »mit zwei Weibsbildern« berichtet worden. Ergebnis: vierzehn Tage Arrest; außerdem wird ihm strengstens verboten, je wieder Verbindung mit dem »Ausland« aufzunehmen, womit Mannheim gemeint ist.

In mehreren Schreiben wandte er sich nun an Dalberg, mit dem vorsichtigen Hinweis auf dessen Anstellungsversprechen. Denn jetzt ist er entschlossen, Stuttgart für immer zu verlassen, um außerhalb des Bannkreises Karl Eugens zu fruchtbarer, literarischer Arbeit zu gelangen. Das Versteckspielen hatte er gründlich satt. Vor allem aber war ihm die erzwungene Tätigkeit als Regimentsmedikus derart zuwider geworden, daß ihn nur noch der Gedanke an Flucht zu beflügeln vermochte.

Seinen »Fiesco« hatte er fast beendet. Jedoch: Dalberg schwieg. Er mußte wohl erfahren haben, daß er, der ihm selbst von seiner Arreststrafe geschrieben, den Zorn des Herzogs erregt hatte. Als vorsichtiger und bei Hofe erfahrener Mann unternahm Dalberg wohl zunächst nichts, um erst einmal abzuwarten, wie die Dinge sich entwickelten.

Inzwischen braute sich aber ein neues Gewitter zusammen. Gegen die Stelle in den »Räubern«, wo Spiegelberg im Zusammenhang mit Graubünden vom »Athen der heutigen Gauner«, »der hohen Schule der Spitzbuben« spricht, wird in einer Hamburger Zeitung protestiert. Der Artikel gelangt – gezielt – in die Hände des Herzogs, der Schiller auf der Stelle nach Hohenheim ruft, um ihm zu befehlen: »Bei Strafe der Kassation

Wolfgang Heribert von Dalberg, von 1778 bis 1803 Intendant des Mannheimer Nationaltheaters

schreibt er keine Komödien mehr!« Ja, er dürfe, wenn überhaupt, nur noch medizinische Arbeiten veröffentlichen.

Enttäuscht und gedemütigt bittet er in einer Eingabe noch einmal, auch weiterhin literarische Arbeiten veröffentlichen zu dürfen, erklärt er sich bereit, jede gewünschte Zensur über sich ergehen zu lassen.

Karl Eugen weist das Schreiben ungeöffnet zurück und untersagt jeden weiteren Versuch einer Bittschrift.

Die sich nun wieder verstärkende Kränklichkeit macht ihm zu schaffen. Ärger und Unzufriedenheit, das Gefühl der Machtlosigkeit gegenüber einem despotisch, willkürlich herrschenden Souverän bereitet ihm ständig auch körperliches Unbehagen. Sicher liegen zudem die Ursachen für diese auflebende Anfälligkeit auch in den Härten und Zwängen der Karlsschulzeit begründet. Die Erkenntnis, zur Wehrlosigkeit verurteilt zu sein, erscheint ihm unerträglich. Jedenfalls reift in ihm endgültig der Entschluß, Stuttgart zu verlassen.

Mit seinem Freund, dem Musiker Andreas Streicher, wird ein Fluchtplan entworfen, der glücklicherweise schon sehr bald – ja überraschend schnell – seine Ausführung findet. Die Gelegenheit soll sich bieten anläßlich eines großen Festes, das auf der Solitude zum Empfang des russischen Großfürsten Paul, des späteren Zaren, vorbereitet wird. Man wählt die Nacht zwischen dem 22. und 23. September 1782, in der besondere Lustbarkeiten auf dem Gelände des Schlosses geplant sind.

Die Rechnung geht auf. Die beiden Freunde rollen gegen zehn Uhr abends in einem Wagen, beladen mit Koffern und einem kleinen Klavier, der Täuschung wegen in die falsche Richtung. Das Eßlinger Tor, wo der Wachhabende, Leutnant Scharffenstein, ein Freund, Dienst tut, dürfen sie ungehindert und ohne Paßkontrolle passieren, nachdem sie sich als »Doktor Wolf« und »Doktor Ritter« ausgegeben haben. Im Morgengrauen passieren sie die Grenze zur Kurpfalz.

Die Spannung schwindet, sie atmen auf.

Die Flucht wird nun zu einem für seine Zukunft folgenreichen Ereignis. Er läßt Heimat und Beruf zurück, setzt ganz auf seine Kraft, seine Phantasie, seine Eingebung als Theaterdichter, mit nichts anderem in der Hand als der vagen Zusage Dalbergs, ihm vielleicht durch Anstellung zu helfen. Wichtigstes Gepäckstück ist der inzwischen fast fertiggestellte »Fiesco«, mit dem er Dalberg zu beeindrucken hofft.

Der jedoch feiert als einer der Gäste des Herzogs Karl Eugen auf der Solitude und weiß noch nichts von dieser Flucht. Am nächsten Tag allerdings ist sie Stadtgespräch in Stuttgart.

Der ihm von seinem ersten Besuch her bekannte, durchaus zugetane Regisseur Meyer empfängt die beiden Flüchtlinge, und man beschließt eine Lesung des neuen Stückes, zu der auch einige Schauspieler, darunter Iffland, gebeten werden. Zur größten Überraschung der beiden Freunde löst sich die Gesellschaft schon nach dem zweiten Akt auf – freilich erst als die bereitgestellten Erfrischungen verzehrt sind. Der empörte Streicher fordert von Meyer eine Erklärung, und der Regisseur eröffnet ihm, daß er nach dieser »Vorstellung« ernstliche Zweifel habe, ob denn »Die Räuber« überhaupt Schillers Werk seien, weil es ihm einfach unmöglich erscheine, daß derselbe Schiller, der »Die Räuber« geschrieben, »etwas so Gemeines, Elendes gemacht haben sollte«.

Später erkennt man, daß allein die Art des Vortrags die Lesung verdarb. Sein schwäbischer Dialekt, seine offenbar dilettantische Art der Rezitation, hatten den Eindruck völlig verfälscht.

Denn noch in dieser Nacht liest Meyer das Stück selbst und kommt zu der Überzeugung, daß es sich in der Tat um ein Meisterwerk handelt, »weit besser gearbeitet als ›Die Räuber‹, jetzt wollen wir«, sagt er am nächsten Tag, »alles in Bewegung setzen, um es bald auf's Theater zu bringen«.

Dieses Lob gibt neue Hoffnung. Auf Anraten Meyers schreibt er noch einen Brief an Herzog Karl Eugen, in dem er beteuert, nicht endgültig und für immer der Heimat fernbleiben zu wollen, sondern hoffe, von seinem Fürsten die Erlaubnis zur Schriftstellerei zu erhalten. Über seinen Regimentskommandeur Augé befiehlt ihm nun der Herzog zurückzukommen, man werde Gnade walten lassen.

Doch gewiß zu Recht ist er mißtrauisch. Er denkt an das Schicksal seines schwäbischen Landsmannes Schubart, auf der Festung Hohenasperg. Nach Mannheim dringende Gerüchte sagen zudem, der württembergische Landesfürst sei begierig, seinen ungehorsamen Untertan zu bestrafen, die Auslieferung zu verlangen.

Das war schlimm, denn er hatte ja alles auf Mannheim gesetzt. Von Dalberg mußte er sich getäuscht fühlen. Der Intendant war nämlich, nach seiner Rückkehr aus Stuttgart, ganz im Hintergrund geblieben. Offenbar wollte er vorsichtig taktieren, denn dieser Schiller galt immerhin als Deserteur aus dem Machtbereich eines befreundeten Fürsten.

Auch wirtschaftlich sah er sich nun in einer schier ausweglosen Lage. Mit den Erlösen aus dem »Fiesco« hatte er gehofft, alle alten Schulden zu tilgen und seinen Unterhalt mühelos zu bestreiten. Statt dessen mußte er sich, völlig mittellos, entschließen, die Stadt zu verlassen.

Heribert von Dalberg zeigte sich übrigens auch im späteren Verlauf seiner Zusammenarbeit mit ihm unbeständig, wechselhaft. Zeitweise war er ihm, dem jungen, unerfahrenen Künstler, fast väterlicher Förderer und Anreger. Dann wieder ließ er ihn rücksichtslos fallen, trotz Kenntnis seiner verzweifelten Situation.

Mit Streicher nach einem mühevollen zweitägigen Fußmarsch in Frankfurt angekommen, schildert er in einem Brief an Dalberg seine desperate Lage und bittet um einen Vorschuß auf seinen »Fiesco«. Die Antwort ist niederschmetternd. Dalberg läßt ihm durch Meyer mitteilen, daß das Stück in seiner jetzigen Form nicht genüge und daß er deshalb auch keinen Vorschuß zahlen könne. Aus Geldmangel – die Freunde leben kurze Zeit von einem Betrag, den Streichers Mutter aus Stuttgart geschickt hatte, eigentlich für ihres Sohnes Weiterreise nach Hamburg – verlassen sie das teure Frankfurt und quartieren sich in dem billigen Gasthof »Viehof« in Oggersheim bei Ludwigshafen ein.

Inzwischen ist es November geworden, und eine weitere Enttäuschung steht bevor: Der umgearbeitete »Fiesco« wird abermals von Dalberg abgelehnt, ein Vorschuß abermals verweigert.

Als sich dann, ein paar Wochen später, in der Gegend ein württembergischer Offizier nach ihm erkundigt, vermutet man die Häscher Karl Eugens und muß sich mit neuen Fluchtplänen befassen. Nun, in größter Bedrängnis, entsinnt er sich der schon früher einmal ausgesprochenen Einladung Frau von Wolzogens, ihr kleines Gutshaus in Bauerbach in Thüringen, in der Nähe Meiningens gelegen, als Zufluchtsort aufzusuchen. Dazu entschließt er sich. Und zum Glück kann er, vor seiner Abreise nach Bauerbach, dem Mannheimer Verleger Schwan noch seinen »Fiesco« als Buchausgabe verkaufen. Denn mit dem Geld muß er zunächst die Gasthausschulden und dann die Reise nach Bauerbach – sie dauert immerhin sieben Tage – bezahlen.

Streicher mußte zurückbleiben; sein Geld war verbraucht, nach Hamburg konnte er nicht mehr, also versuchte er, sich in Mannheim als Klavierlehrer und Konzertpianist durchzuschlagen.

In Bauerbach beginnt eine Zeit fruchtbaren Schaffens. Als Dr. Ritter – vorsichtshalber ist er incognito gereist und hat den Namen beibehalten – sieht man in ihm im Dorf einen inmitten von Bücherstapeln arbeitenden Gelehrten. Durch Empfehlung Frau von Wolzogens hatte er bald die Bekanntschaft des Meininger Bibliothekars – seines späteren Schwagers Reinwald – gemacht, der ihn mit allem, was seine Buchbestände hergaben, versorgte. Auf die Dauer jedoch litt Schiller unter der Einsamkeit in Bauerbach. Was ihm zunächst als der Inspiration förderliche, reine Idylle willkommen gewesen, ödete ihn, den an Gesellschaft und lebhaften Gedankenaustausch Gewöhnten, mehr und mehr an. So geschah es fast unter dem Zwang der Verhältnisse, daß er sich, bei einem Besuch seiner Gönnerin, der Frau von Wolzogen, Hals über Kopf in deren hübsche siebzehnjährige Tochter Charlotte verliebte. Er umwarb sie leidenschaftlich, fand jedoch keine Erwiderung seiner Gefühle. Lange hoffte er, sie doch noch für sich gewinnen zu können; erst die verständnisvolle Mutter mußte ihm später vorsichtig beibringen, daß das Herz ihrer Tochter anderweitig vergeben war.

Dort in Bauerbach übrigens hatte er, in Begleitung Henriette von Wolzogens, wohl im Januar 1783 deren damals einundzwanzigjährige Nichte, Charlotte Marschalk von Ostheim, kennengelernt, eine jugendliche Schönheit, deren ausdrucksvolles Antlitz reichfallende, langwallende braune Haarfülle umrahmte. Diese spätere Charlotte von Kalb sollte schon bald besonderen Einfluß auf ihn gewinnen, eine Jahre währende, stürmische Leidenschaft zu ihr sollte sich entwickeln. In jenen Tagen allerdings hatte er nur Augen und Sinn für Charlotte von Wolzogen.

Auch Reinwald riet ihm nun, Bauerbach für eine Zeitspanne zu verlassen, um in anderer Umgebung wieder frei zu werden. Dalberg war durch ihm zugegangene Berichte von einem entstehenden bürgerlichen Trauerspiel abermals auf Schiller aufmerksam geworden. Er schrieb ihm kurzerhand, ihm doch so bald als möglich »Luise Millerin« für sein Theater zu überlassen.

Schiller, elektrisiert, tatendurstig, fährt nach Mannheim, und dort kommt es überraschend zu einem schnellen Einvernehmen. Herr von Dalberg bietet ihm den Posten eines Theaterdichters in fester Anstellung auf ein Jahr. Beginn 1. September 1783, bei einem Gehalt von 300 Gulden und der Verpflichtung, innerhalb dieses Jahres drei Stücke zu liefern.

Schiller ist glücklich. Er will nun beweisen, was er kann. Doch da packt ihn, den aufs Schaffen, aufs Dichten Versessenen noch am selben Tag eine Krankheit, die man damals als kaltes Fieber bezeichnete; es ist eine malariaähnliche Seuche, die so grassiert, daß viele der Infizierten sterben. Schiller bekämpft die Krankheit mit allzu radikalen Mitteln; wie man heute meint, habe er in diesen schweren Wochen zuviel des Guten getan, als er die Medikamente in viel zu starken Dosen mißbrauchte, nur um schnell wieder arbeiten zu können. Ja, die Roßkuren, die er sich selbst verschrieb, könnten, so meint man heute, durchaus der Grund für seine spätere Anfälligkeit, vielleicht sogar die Ursache für seinen frühen Tod gewesen sein.

Endlich, am 11. Januar 1784, konnte man den »Fiesco« »mit allem Pomp« und quasi zur Eröffnung des Karnevals erstmals in Mannheim auf die Bretter bringen – mit mäßigem Erfolg. Und im April war es dann soweit mit »Luise Millerin«, inzwischen gedruckt und bei Schwan erschienen. Am 13. April 1784 gab man die Uraufführung in Frankfurt, am ersten Messetag. Auf Anraten des damals schon berühmten Schauspielers Iffland – der auch selbst Stücke schrieb – unter dem neuen Titel »Kabale und Liebe«. Die Mannheimer Erstaufführung von »Kabale und Liebe«, sehr erfolgreich, zwei Tage später.

Doch Schiller sollte in Mannheim einfach nicht glücklich werden.

Charlotte von Wolzogen,
Tochter Henriette von Wolzogens

Schon nach der mäßigen Aufnahme des »Fiesco« hatte er an seinen Freund Reinwald, den Bibliothekar in Meiningen, geschrieben: »Republikanische Freiheit ist hierzulande ein Schall ohne Bedeutung, ein leerer Name – in den Adern der Pfälzer fließt kein römisches Blut.«

Die Öffentlichkeit zog sich, wie er es empfand, von ihm zurück, man sah in ihm bald mehr einen Vertreter des Aufruhrs als einen kühnen Verfechter revolutionärer Gedanken und – wo sich die beschränkte, kleinbürgerliche Geruhsamkeit plötzlich gestört fühlte – den »württembergischen Deserteur«, der in Mannheim fast zur Persona non grata wurde. Selbst die Schauspieler rückten von ihm ab. Plötzlich war er ihnen zu schwierig. Freilich fanden sie bei ihrem Kollegen Iffland, dem Verfasser leichter, gefühlvoller Theaterstücke, dankbarere Rollen mit mühelos-wirkungsvollen Auftritten.

Charlotte von Kalb,
geb. Marschalk von Ostheim,
Freundin Schillers

Weiteres Mißgeschick verfolgte ihn. Er, der, wie gesagt, nie hatte rechnen können, mit Geld einfach nicht umzugehen verstand, wurde plötzlich, alter Stuttgarter Schulden wegen, hart bedrängt. Es wäre zu einem Skandal gekommen, hätten ihm nicht seine Mannheimer Wirtsleute, der Maurermeister Hölzel und seine Frau, in letzter Minute geholfen. Er vergaß ihnen das nie. Viel später, als er von einer Notlage der beiden erfuhr, revanchierte er sich.

Die insgesamt prekäre Situation, in die Schiller jetzt geraten war, hatte ihren besonderen Grund darin, daß Heribert von Dalberg keinerlei Anstalten machte, seinen Vertrag über den 1. September 1784 hinaus zu verlängern. Im Gegenteil, er riet ihm, zurückzukehren zu einem sicheren Broterwerb: Er solle sich doch wieder der Medizin widmen, die er ja studiert habe. Dieser eher demütigende Vorschlag war für Schiller natürlich alles andere als ein Ansporn.

Bald sieht er sich in einer schier ausweglosen Lage.

Doch nun erscheint, es ist Mai 1784, gewissermaßen als Stern in dunkler Nacht, wieder jene Frau auf der Bildfläche, die er im Januar 83, in

Bauerbach, zum erstenmal als Charlotte, Freiin Marschalk von Ostheim, kennengelernt hatte.

Sie ist inzwischen die Frau des Majors von Kalb geworden. Wie bereits erwähnt, eine auffallende Erscheinung, ja, eine Schönheit mit großen, seelenvollen Augen, verführerisch lockendem Mund, das bleiche Oval des ebenmäßigen Gesichts umrahmt von einer Fülle hellbraunen, üppig fallenden Haares.

Im Januar 83 hatte ihr Schiller wenig Beachtung geschenkt, weil seine Aufmerksamkeit damals der Tochter seiner Gönnerin, Charlotte von Wolzogen, galt, jenem jungen, siebzehnjährigen Mädchen, das seine Neigung möglicherweise überhaupt nicht richtig bemerkt hatte.

Die nun erst vollzogene Bekanntschaft zwischen beiden führt zu einem innigen Verhältnis, in das Charlotte von Kalb all ihr Empfinden, ihr Sehnen, ihr Verlangen einbrachte und das Schiller aufschloß, ihn zu neuen Ideen, zu Bildern und Einfällen inspirierte.

Charlotte, die schon als Kind Vater und Mutter verloren hatte, stammte aus altem, reichem Adelsgeschlecht. Nach dem frühen Tod ihrer Eltern in der Verwandtschaft herumgestoßen, entwickelt sie sich zu einem scheuen, verschlossenen jungen Mädchen. Sie beginnt früh zu lesen. Neben der Lektüre der Zeit, wie etwa Gerstenbergs »Ugolino«, Shakespeare und Voltaire, auch Bekehrungs- und Weltgeschichten, die Bibel und sogar den Koran.

Das treibt sie zu extremen Empfindungen. Mal fühlt sie sich ganz als elementares Naturgeschöpf, dann wieder erschauert sie in mystischer Versenkung. Stets empfänglich für das »große Erlebnis«, das »große Gefühl«.

Mit zweiundzwanzig, im Oktober 1783, wird sie dem ungeliebten Major Heinrich von Kalb vermählt.

Mit willenlosem Gleichmut folgt sie einem zwar braven, doch engstirnigen Berufssoldaten, beugt sich, die Schwärmerin, den kühlen Berechnungen ihres Vormunds. Von Landau, der Garnison ihres Mannes aus, geht sie im Mai 1784 nach Mannheim.

Charlotte, die begierig ist, diesen jungen, fünfundzwanzigjährigen, vorwärtsstürmenden Theaterdichter, der mit den »Räubern«, »Fiesco« und »Kabale und Liebe« gerade Erfolg und Ruhm erntet, näher kennenzulernen, spürt sofort eine heftige Zuneigung. Sie erkennt in Schiller einen Mann von außerordentlicher Begabung, den hochfliegende Pläne, große Ideen, ein begeisterungsfähiges Temperament zu ungewöhnlichen Leistungen beflügeln können. Neugier und emotional empfundene

Freundschaft verwandeln sich in Liebe. Mehr und mehr spürt sie, daß sie diesem Mann Muse und Ansporn sein möchte. Ihm, der sich allzusehr mit den Widrigkeiten des Lebens herumschlagen muß und dabei in Gefahr gerät, die große Linie zu verlieren.

So greift sie ein in sein Leben. Verschönt zunächst seine bescheidene Wohnstätte, umgibt ihn mit dem Zauber weltläufiger, freierer Lebensart, schafft eine Atmosphäre gepflegter Zweisamkeit. Schiller ist fasziniert.

Zum ersten Mal in seinem Leben spürt er, daß er einer Frau in leidenschaftlicher Hingabe verfallen könnte. Erst nach und nach erkennt er die andere Seite im Wesen Charlottes, die schon in Mannheim, spätestens kurz vor seiner Abreise nach Leipzig, an eine Scheidung von ihrem ungeliebten Mann und an eine Verbindung mit Schiller denkt.

Im September 1784 wird ihr erster Sohn Fritz geboren.

Schiller leistet Hilfe. Am Tag der Geburt weicht er nicht von ihrer Seite. Er sorgt für einen Arzt, als es zu Komplikationen kommt. Alles geht gut. Charlotte vergißt ihm dies nicht. Als nämlich im Dezember des Jahres Herzog Karl August von Weimar dem Darmstädter Hof einen Besuch abstattet, sorgt sie dafür, daß Schiller dort den ersten Akt seines »Don Carlos« vortragen darf. Am nächsten Tag verleiht ihm Karl August den Titel eines »Weimarischen Rates«, eine Geste, die gerade in jenen Wochen, in denen Schiller durch des Mannheimer Intendanten schnöde Behandlung, durch anhaltende Geldsorgen und durch Ärger mit Mannheimer Schauspielern auf einem Tiefpunkt angelangt ist, sein Selbstbewußtsein stärkt. Ja, er braucht diese Aufmunterung dringend, denn es kommt sogar zu Schauspielerintrigen gegen ihn.

Eine immer wieder aufflackernde Kränklichkeit macht ihm zu schaffen und inmitten all dieser Verwirrung: mal Balsam, mal Bitternis – die herb-süße Liebesgeschichte mit Charlotte von Kalb. Denn inzwischen weiß er, daß sie, von Launen geplagt, unfähig zu letzter Hingabe, abrupt von einem Extrem ins andere fällt. Exaltierter, geistiger Höhenflug wechselt in einen Zustand dumpfer Ausweglosigkeit und wirkt damit sehr oft ernüchternd und hemmend auf Schillers Gedankenwelt.

Als Antwort auf die Ablehnung der dem Intendanten Dalberg vorgeschlagenen »Mannheimer Dramaturgie« (einer von Schiller geplanten Monatsschrift über Geschichte und Repertoire des Mannheimer Theaters) beschäftigt er sich nun mit der Herausgabe einer eigenen Zeitschrift, einer »Rheinischen Thalia«, für die er jedoch keinen Verleger findet. In seiner Unerfahrenheit glaubt er, die Monatsschrift durch Subskription aufbauen zu können. Er wendet sich mit einem detaillierten Programm an die gesamte deutsche Öffentlichkeit – ohne die Resonanz, die er erhoffte. Im ersten Heft der »Rheinischen Thalia«, das erst im März 1785 erscheint, ist übrigens sein im Juni 1784 vor der Deutschen Gesellschaft gehaltener, berühmt gewordener Vortrag »Vom Wirken der Schaubühne auf das Volk« unter dem Titel »Die Schaubühne als eine moralische Anstalt betrachtet« in überarbeiteter Form abgedruckt. Mit diesem Vortrag, der zu den hervorragenden Arbeiten Schillers gehört, bricht er eine Lanze für das Theater, von dem er weiß, »was eine gute stehende Schaubühne wirken kann«, so der eigentliche Titel dieser bedeutenden Rede zur Anerkennung des Theaters als »moralische Anstalt«.

Gerade noch rechtzeitig vor einem neuerlichen Aufstand seiner Gläubiger erhält er von der Deutschen Gesellschaft, deren Mitglied er seit Januar 1784 ist, ein Darlehen über 132 Gulden, rückzahlbar nach sechs Monaten. Die dringendsten Zahlungen kann er leisten, doch ist seine finanzielle Situation alles andere als rosig. Seit den Stuttgarter Tagen, seit er den Druck seiner »Räuber« mit geliehenem Geld finanzierte, mußte er sich mit größeren und kleineren Schuldenlasten herumschlagen. Nie ist er ganz frei von dieser Sorge, und hinzu kommt ein labiler Gesundheitszustand.

Es muß wohl mit der wachsenden Unordnung in seinen Verhältnissen zu tun haben, daß es mit dem »Don Carlos« nicht mehr recht vorwärtsging. Er sah sich von allen Seiten bedrängt, und, sosehr er sich zu Charlotte hingezogen fühlte, so sehr spürte er doch auch, wie sie beide in einen Konflikt mit dem Gewissen gerieten.

Wie aus dieser Verstrickung herausfinden?

Seltsamerweise entsinnt er sich erst jetzt, im Dezember 1784, nach gut einem halben Jahr, eines Briefes und einer Geschenksendung mit vier kleinen Porträts, einer seidenen Brieftasche nebst der Vertonung eines Textes aus seinen »Räubern«, die ihm im Frühsommer des Jahres 1784, aus Leipzig kommend, zugesandt worden waren. Die Absender: Unbekannte Verehrer.

Lag die Einladung nach Leipzig auch schon über ein halbes Jahr zurück, vielleicht konnte sie ihm noch nützen. Und in der Tat, in den vier Absendern, in Christian Gottfried Körner, Ludwig Ferdinand Huber, den Schwestern Dora und Minna Stock, fand er Freunde, die ihm halfen, aus einem unentwirrbaren Knäuel von Schwierigkeiten, aus dem Mannheimer Alptraum, herauszufinden, um zunächst einmal, frei von der Last des täglichen Broterwerbs, für gut zwei Jahre unbeschwert arbeiten zu können.

Wenn er sich auch von Leipzig und Dresden aus seiner drückenden Schulden nicht entledigen konnte und wenn auch seine Trennung von Frau von Kalb zunächst nur zu einer vorübergehenden Beruhigung seines seelischen Gleichgewichts führte – die nun folgenden Jahre in Leipzig und Dresden wurden zu den sorglosesten seines Lebens. Dazu hatte er das Glück, in Körner den entscheidenden Förderer, großzügigen Mäzen, aber auch den unbestechlichen Kritiker zu finden, dessen er so dringend bedurfte.

Der um drei Jahre ältere Dresdner Oberkonsistorialrat hatte sich, als Privatdozent der Philosophie und der Rechte und als Reisebegleiter eines Grafen auf einer Europareise, profunde Bildung aneignen können. Als Besitzer eines großen, ererbten Vermögens war es dem völlig Unabhängigen möglich, seinen Neigungen zu leben. Die Liebe zur Kunst fand, unter anderem, nun ihre Entsprechung in seiner Freundschaft zu Schiller, dem er nicht nur wirtschaftlich half, sondern, aufgrund seiner hohen Intelligenz und seines urbanen Verstandes, Anreger und kritischer Beobachter sein konnte. Zwar selbst nicht schöpferisch veranlagt, war doch sein Urteil für den jungen Dichter schon bald unentbehrlich geworden. Und sein Takt, sein zurückhaltendes Mäzenatentum, hatten es Schiller leichtgemacht, all die Wohltaten ohne qualvolle Skrupel entgegenzunehmen.

Wahrscheinlich hatte Schiller in den Jahren 1785 bis 1787 wirklich die unbeschwerteste Zeit seines Lebens.

Neben der Fortführung seiner »Thalia« und einigen Prosaerzählungen waren die zwei Jahre ausgefüllt mit der Arbeit am »Don Carlos«. Es entstand das hymnische Gedicht »An die Freude«. Aber es kam der Tag, an dem er spürte, daß ihm Dresden auf die Dauer nicht genügen konnte. Und die bittere Erkenntnis, daß er es noch immer zu keiner eigenen Existenz gebracht hatte, vielmehr abhängig war von Körners großzügigen Freundschaftsbeweisen, belastete ihn zusätzlich. Also mußte ein Absprung gefunden werden.

Nach Weimar hatte er schon eine Zeitlang geschielt. Mit dem Ehrgeiz des von seiner Sache Besessenen, mit dem Wunsch, sich auch dort bestätigt zu finden und mit der Sehnsucht nach Charlotte von Kalb im Herzen (schon im April hatte sie ihn gebeten, nach Weimar zu kommen), riß er sich los, im Juli 1787. Und es war wie damals in Bauerbach, als er nur für ein paar Wochen nach Mannheim wollte, um dann in die Idylle des Wol-

Minna Körner,
geborene Stock,
die Frau Christian Gottfried Körners

zogenschen Gutes zurückzukehren – in die Nähe seiner damals so geliebten Charlotte von Wolzogen. So wie er in Mannheim blieb, hielt es ihn nun in Weimar und Jena, obwohl er ursprünglich den Intendanten Schröder in Hamburg besuchen wollte...

War's so an jenem frühen Abend in Weimar? Vom Gasthof zum Erbprinzen aus, wo er abgestiegen ist, eilt Schiller zu Charlotte von Kalb, die ihn, mit Tränen der Wiedersehensfreude in den schönen Augen, empfängt. Der kleine Fritz, ihr dreijähriger Sohn, spielt mit einem bunt angestrichenen Holzpferdchen, das eine hübsch gearbeitete Galakutsche über den welligen Holzfußboden des geschmackvoll möblierten Zimmers zieht. Fritz muß einen artigen »Diener« machen, dem Gast die Hand geben, bevor die Jungfer ihn mit nach draußen nimmt. Es ist ein Wieder-

Christian Gottfried Körner,
Freund Schillers,
Oberappellationsgerichtsrat;
später, 1815, Staatsrat
im preußischen Innenministerium

sehen, das nach einem anfänglichen »Gepreßtsein« – wie Schiller bald darauf an seinen Freund Körner schreibt – in so glücklicher Grundstimmung verläuft, »daß ich mich schon in der ersten Stunde unseres Beisammenseins nicht anders fühlte, als hätte ich sie erst gestern verlassen«. Noch am selben Abend wird der bereits damals in Mannheim gehegte Plan eines Zusammenlebens zu dritt in Dresden besprochen. Zu dritt, das bedeutet, daß man entschlossen ist, mit dem Einverständnis des Majors von Kalb, Charlottes Mann, ein solches Dreierverhältnis zu wagen.

Herr von Kalb, der in französischen Diensten am Zweibrücker Hof auf eine Karriere hofft, wird für September in Weimar (Kalbsrieth) zurückerwartet. Und dann will Schiller mit ihm sprechen.

Dora Stock, Verlobte Ludwig Ferdinand Hubers;
Schwägerin Christian Gottfried Körners

Ja, man ist sich sehr einig in diesen ersten Tagen des Wiedersehens in Weimar. Das war nicht immer so – und es wird auch nicht dauern.

Doch jetzt ist er – wieder einmal – Charlotte von Kalbs ständiger Begleiter.

Sie macht ihm ihre Verbindungen zum Hof und zu den Großen des Weimarer »Musenhofes« nutzbar und versteht es, ihn taktvoll mit den Gepflogenheiten, den Formen des dort üblichen gesellschaftlichen Umgangs vertraut zu machen. Schiller ist natürlich enttäuscht, weder den Herzog (er ist nach Berlin und in die Niederlande gereist) noch Goethe, der in Italien weilt, anzutreffen. Er wird zwar von Wieland und Herder empfangen, aber es entsteht kein besonders herzlicher Kontakt zu bei-

Ludwig Ferdinand Huber, Schriftsteller, Freund Schillers

den. Wieland zeigt sich entgegenkommender; Herder ist zurückhaltend, verschlossen. Er kennt Schillers Schriften nicht, er geht mit ihm um »wie mit einem Menschen, von dem er nichts weiß, als daß er für etwas gehalten wird«. Zum »Don Carlos« allerdings äußert er sich bald als erster in Weimar anerkennend.

Überall ist Goethe gegenwärtig, der, nachdem er sich 1775 entschlossen hatte, in Weimar zu bleiben, eine Reihe bedeutender Köpfe in die kleine Residenzstadt holte, sie damit zum eigentlichen »Musenhof« machte. Freilich hatte auch die recht glückliche Art der Herzoginmutter Anna Amalia ihren Anteil. Sie verstand es, Individualisten wie Herder, Wieland, Bertuch, Musäus, Einsiedel, Knebel – um nur einige zu nennen – zusammenzuhalten. Goethe sprach von den »Weimarischen Partikuliers«. Während Anna Amalias Regentschaft waren die kulturellen Einrichtungen aufgeblüht. Doch sollte man sich nicht darüber täuschen, daß

Schiller nach einem Ölgemälde von Anton Graff, 1786

diese Institutionen in erster Linie von Kreisen des Adels und des gehobenen Bürgertums genutzt werden konnten. In Weimar regierte Herzog Karl August über einen Kleinststaat mit etwa insgesamt 100 000 Einwohnern. Alles war doch auf dürftige Verhältnisse zugeschnitten, die Stadt mit ihren 6000 Seelen war winklig, schmutzig, ein »Mittelding von Hofstaat und Dorf«, wie Herder es nannte. Übrigens, auch Herder war von Goethe als Superintendent und Hofprediger nach Weimar geholt worden. Und Herder war es, der, bei all seiner Nüchternheit, von Goethe in den höchsten Tönen schwärmte.

Karl August war also abwesend, ihn konnte Schiller erst später um eine Audienz bitten. Dagegen lud ihn die Herzoginmutter Anna Amalia schon bald nach Tiefurt ein, zusammen mit Wieland, der ihn als Vertrauter Anna Amalias einführen sollte.

Alles ging glatt. Nach Wielands Meinung hatte Schiller sogar einen Achtungserfolg errungen. Der aber war nicht so positiv beeindruckt.

Wenn er auch die ungekünstelte Art, der man sich in Anwesenheit der Herzoginmutter hingeben darf, erleichert zur Kenntnis nimmt, so hat er doch andere Vorbehalte. »Sie selbst hat mich nicht erobert«, schreibt er an Körner, »ihre Physiognomie will mir nicht gefallen. Ihr Geist ist äußerst borniert, nichts interessiert sie, als was mit Sinnlichkeit zusammenhängt, diese gibt ihr den Geschmack, den sie für Musik und Malerei und dergleichen hat oder haben will ... Sie spricht wenig, doch hat sie das Gute, keine Steifigkeit des Zeremoniells zu verlangen, welches ich mir auch trefflich zunutze machte.« Dieses erste, wohl etwas voreilige Urteil über die Herzoginmutter wird später von ihm revidiert. Er nennt sie dann »eine Dame von Sinn und Geist«. Trotzdem, als er zur Aufführung einer Operette, die für einen geschlossenen Kreis im Tiefurter Schloß gegeben werden soll, nicht eingeladen wird – ja die Herzoginmutter nur Charlotte von Kalb »mit zu wählender Gesellschaft« bittet –, kann er seinen Ärger nicht verhehlen: »Jetzt hab ich sie vollends satt, und ich freue mich, ihr Beweise davon zu insinuieren.«

Wie er, nach ersten Eindrücken, die Weimarer Hofgesellschaft sieht, und vor allem Frau von Stein, schildert er im selben Brief, einen Abschnitt später: »Dieser Tage habe ich in großer, adeliger Gesellschaft einen höchst langweiligen Spaziergang machen müssen. Das ist ein notwendiges Übel, in das mich mein Verhältnis zu Charlotten gestürzt hat – und wieviel falsche Kreaturen kommen einem da vor. Die beste unter allen war Frau von Stein, eine wahrhaftig eigene, interessante Person, und von der ich begreife, daß Goethe sich so ganz an sie attachiert hat. Schön kann sie nie gewesen sein, aber ihr Gesicht hat einen sanften Ernst und eine ganz eigene Offenheit. Ein gesunder Verstand, Gefühl und Wahrheit liegen in ihrem Wesen. Diese Frau besitzt vielleicht über tausend Briefe von Goethe, und aus Italien hat er ihr noch jede Woche geschrieben. Man sagt, daß ihr Umgang ganz rein und untadelhaft sein soll.«

Inzwischen hat Schiller, durch Vermittlung Charlottes, eine kleine Wohnung bei Frau von Imhoff, der Schwester Frau von Steins, an der Esplanade bezogen. Sie hat ihm auch einen Bedienten besorgt, so daß er, was ihm eigentlich gar nicht paßt, durch ihn beim Adel und den »ersten Bürgerlichen« seine Karten abgeben lassen kann, zu den – wie Charlotte sagt – unerläßlichen Vorstellungsbesuchen, die er als »Weimarischer

Rat« zu absolvieren habe. Er soll sich strikt den gesellschaftlichen Geboten fügen, soll die geforderten Rücksichten nehmen, um in den Formen der Etikette ein voll akzeptiertes Mitglied der Weimarer Gesellschaft zu werden. Dies geht ihm gegen den Strich, gegen seine Vorstellung von der naturgegebenen Würde des Menschen. Und es hindert ihn an fruchtbarer Arbeit. Andererseits hat er in diesen ersten Wochen in Weimar die Vergleiche ziehen können, derentwegen er nicht zuletzt gekommen war. Vergleiche zwischen sich und den Großen. Sein gesundes Selbstwertgefühl, nur selten unterbrochen von hypochondrischen Anwandlungen, hat ihn zwar nie verlassen, aber nur eine Prüfung dieser Persönlichkeiten von Mensch zu Mensch, an Ort und Stelle, konnte Gewißheit verschaffen. Ob wirklich Gewißheit, in so kurzer Zeit, möge dahingestellt bleiben. Schiller war später oft gezwungen, seine ad hoc gefällten Urteile zu mildern, ja sogar ins Gegenteil umzuwandeln. Jetzt findet er sich jedenfalls bestätigt.

»Bis jetzt habe ich«, schreibt er an Körner, »wo ich mich zeigte, nirgends verloren... Und die nähere Bekanntschaft mit diesen weimarischen Riesen – ich gestehe Dir's – hat meine Meinung von mir selbst – verbessert.«

Es bleibt bei fast täglichem Zusammensein mit Charlotte. Sogar der Hof respektiert das Verhältnis der beiden, das einen eheähnlichen Charakter angenommen hat. Man geht zusammen spazieren, man wird zusammen eingeladen. Charlotte, die zur Hofgesellschaft gehört, reicht ihn bei allen wichtigen und unwichtigen, ihr bekannten Chargen herum. Widerwillig schaut er hinter die Kulissen und ist ernüchtert über die »flachen Kreaturen«, über Kammerherren und Hofdamen, gespreiztes Getue, unehrliches Gehabe.

Man wird sich fragen, wie es in der zweiten Hälfte des 18. Jahrhunderts möglich war, in einer Kleinstadt wie Weimar so sehr gegen die Konvention der Ehe zu verstoßen, wie die beiden es taten. Nun, am Verhalten der beiden Liebenden nahm in ihren Kreisen kaum jemand Anstoß, wenn es auch nicht ohne zudringliche Neugier vermerkt wurde. Ja, die Verbindung wurde fast eher gefördert als nur geduldet. Man gab sich solchem Tun im Weimar jener Jahre ungeniert hin. Es war ja die Zeit der Seelenfreundschaften, die bei Adel und Großbürgertum durchaus zum »guten Ton« gehörten. Empfindsamkeit, Liebe, Gefühl – man trennte sie von den Verpflichtungen einer Ehe; ja, die Ehe als Band der Liebe galt eigentlich als Ausnahme. Adel und gehobene Stände lehrte die Konvention, die Zukunft der Linie zu sichern. Im Bürgertum wollte man den

Wohlstand erhalten, wenn möglich mehren. Es galt die Auffassung Wilhelm von Humboldts zur Ehe: Sie sei im allgemeinen kein Bund der Seelen. Er selbst hatte allerdings das Glück, mit seiner Frau, der geborenen Karoline von Dacheröden, das Beispiel eines überaus glücklichen Ehebundes zu geben.

Die Epoche erlaubte, die Ehe mit anderen Augen zu betrachten, nämlich als eine Form des Zusammenlebens, die nicht unbedingt verpflichtete. Wo sie früher als unauflösbar und unantastbar galt, machte man jetzt Zugeständnisse an das Gefühl, an die Empfindsamkeit, an Regungen der Seele, die die gefühlvollere Zweisamkeit oder auch Dreisamkeit quasi legalisierte. Die eheliche Treue stand nicht hoch im Kurs. Sieht man einmal ab von solch Freundschaften der Seele, solch empfindsam-schöngeistigen Schwärmereien, so blieb doch auch eine Reihe von Verhältnissen, die durchaus eheähnlichen Charakter hatten. Und natürlich war längst nicht immer auszumachen, wo die Seelenfreundschaft endete und die Liebe mit allen ihren Konsequenzen begann.

Im übrigen hatte man das bewunderte Vorbild von Rousseaus »Neuer Héloise«, in der er die umschwärmte jugendliche Julie zusammenleben läßt mit ihrem Gatten Wolmar und ihrem früheren Geliebten St. Preux – glücklich, versteht sich.

So weich und anschmiegsam sich Charlotte in den ersten Wochen mit Schiller gezeigt hatte, so unbeschwert-lustig sie sich gegeben, so reizbar, zerfahren und mißgestimmt wirkte sie jetzt oft, und Schiller wußte nicht, wie er's deuten sollte. Gewiß, es lag eine Spannung über allem. Schiller korrespondierte mit dem Major von Kalb. Doch nichts entschied sich. Ja, die Antworten von Kalbs erstaunten ihn. An Körner schreibt er: »Seine Freundschaft für mich ist unverändert, welches zu bewundern ist, da er seine Frau liebt und mein Verhältnis mit ihr notwendig durchsehen muß.«

Überraschend, wie Schiller, trotz seiner Leidenschaft für Charlotte von Kalb, die Augen auch immer wieder in andere Richtungen schweifen läßt.

Er sucht eine Frau zum Heiraten. Denn mehr und mehr ist ihm in diesen Wochen klargeworden, auf welch unsicherem Boden er sich bewegt, nicht zuletzt, was seine finanzielle Situation betrifft.

Was hatte er denn. Er besaß den Titel eines Rates von Karl Augusts Gnaden, der bestenfalls seinem Ansehen in einer nach Titeln aufgeteilten Gesellschaft nützte. Er war Mitglied der »Deutschen Gesellschaft« in Mannheim. Die Herausgeberschaft der »Thalia«, die Mitarbeit am

»Teutschen Merkur« und auch die spätere Mitgliedschaft bei der Jenaer »Allgemeinen Literatur-Zeitung« brachten ihm, außer Mehrbelastung und gewissem Ansehenszuwachs, herzlich wenig. Neben seinen Arbeiten an weiteren Dramen, am »Abfall der Niederlande«, am »Geisterseher« widmete er sich dem Studium der Geschichte. Aus seinen bisher fertiggestellten Stücken »Die Räuber«, »Fiesco«, »Kabale und Liebe«, der Buchausgabe des »Don Carlos« (bei Göschen) zog er wenig Gewinn. Es langte hinten und vorn nicht, im Gegenteil, er hatte den Buckel voll Schulden.

Körner riet ihm dringend zur Heirat mit einer vermögenden Frau. An Charlotte von Kalb, die ihn durch ihre Launen Wechselbädern aussetzte, begann er zu zweifeln.

Sechs Tage in Jena ist er Gast Professor Reinholds, des Schwiegersohns Wielands. Die Universitätsstadt gefällt ihm. Er spürt das Fluidum der freieren, ungezwungeneren Art des Umgangs miteinander. Und Reinhold, der in Jena Kants Philosophie lehrt, weckt sein Interesse an diesem Philosophen.

»Daß ich Kanten noch lesen und vielleicht studieren werde, scheint mir ziemlich ausgemacht«, schreibt er an Körner. Und tatsächlich, Schillers Hinwendung zur Philosophie Kants beginnt gewissermaßen mit seinem Besuch in Jena.

Jedenfalls ist's ihm »in einem fremden Ort noch nie so behaglich gewesen«, schreibt er weiter an Körner, ganz glücklich aber könne er nirgends sein, weil er nirgends die Zukunft über der Gegenwart vergessen könne.

Dieser Brief vom 29. August 1787 ist noch in anderer Hinsicht interessant. Er beweist, daß auch Schiller der menschlichen Neigung zum Klatsch erlag. In den sechs Tagen Jena hat ihm jedenfalls Reinhold das Herz über seinen launischen Schwiegervater ausgeschüttet.

Er berichtet Körner: »Wieland, ob ihm gleich Reinhold unter allen Menschen der liebste ist, hat diesen durch üble Launen und abwechselndes Anziehen und Zurückstoßen eigentlich aus Weimar getrieben. Heute hab' er ihn für einen großen Geist und morgen für einen Esel erklärt. Niemand als Wielands Frau, die alle Ungewitter abwartet, kann in seiner Atmosphäre dauern ... Was ihn zum Beispiel an die alte Herzogin (Anna Amalia) attachiert, ist die Freiheit, die er sich bei ihr erlauben darf – neben ihr auf dem Sofa zu schlafen. Man sagt, er soll ihr schon auf das heftigste widersprochen und einmal das Buch an den Kopf geworfen haben. Ich kann nicht bezeugen, ob das letztere wahr ist, wenigstens sieht man die Beule nicht mehr.«

Zwischendurch lenkt er die Aufmerksamkeit Körners noch einmal auf Weimarer Spezialitäten. Herder, zum Beispiel, und seine Frau geraten des öfteren in Streit. Sie wohnen dann beide getrennt voneinander in ihren Etagen, und Briefe laufen »Treppe auf, Treppe nieder, bis sich endlich die Frau entschließt in eigener Person in ihres Ehegemahls Zimmer zu treten, wo sie eine Stelle aus seinen Schriften rezitiert mit den Worten: ›Wer das gemacht hat muß ein Gott sein und auf den kann niemand zürnen!‹ Dann fällt ihr der besiegte Herder um den Hals und die Fehde hat ein Ende.

Schlechter sind diese Gottheiten bestellt, wo sie wieder an die Sterblichkeit grenzen. So weiß man zum Beispiel, daß Fleischer und Schneider Hunderte an sie zu fordern haben, und zwar seit acht und zehn Jahren. Einer Magd, die aus dem Dienst geschickt wurde, und welche ihren sehr hoch angelaufenen Lohn forderte, setzte die Frau Generalsuperintendent höchst eigenhändig eine Rechnung von allem zerbrochenen Küchengeschirr auf, daß nur noch zwei oder drei Taler zu bezahlen übrig blieben. Preiset Gott, daß ihr nicht unsterblich seid!«

Reinhold deutet, bevor Schiller wieder abreist, die Möglichkeit einer Berufung an die Jenaer Universität an. Schiller nimmt diese Verheißung mit gemischten Gefühlen auf. Noch immer sieht er ja Weimar oder auch Jena als eine zeitlich begrenzte Phase. Zuflucht in einer akademischen Wissenschaft zu finden, das könnte er sich vielleicht für später aufheben. Allein, von dem Vorzug zu hören, den Jena vor anderen Akademien habe, daß nämlich mehrere sächsische Herzöge über sie zu sagen hätten, was den Professoren besondere Unabhängigkeit gewähre, machte ihn nachdenklich.

Zurück in Weimar tritt Schiller, den stets nach Umgang, Gespräch, Diskussion und Unterhaltung – zumindest abends, nach getaner Arbeit – gelüstet, der neugegründeten Mittwochsgesellschaft nichtadeliger Damen und Herren bei.

Auch darüber berichtet er nach Dresden.

Meist finden sich, unter anderen, neben Wieland mit Frau, das Ehepaar Bertuch, der Kammerrat und Prinzenlehrer Ridel, die Geheimratstochter Karoline Schmidt und die Sängerin und Schauspielerin Corona Schröter ein.

Schiller betritt, zum Beispiel, den kleinen Saal und bleibt am Spieltisch Wielands stehen, um ihn zu begrüßen. Zwischen beiden herrscht schon ein etwas lockererer Ton. Er, Schiller, sähe ihn stets nur Kartenspielen, meint Wieland, da müsse er wohl schlecht von ihm denken; aber schließ-

Christoph Martin Wieland, nach einer Kreidezeichnung von Anton Graff

lich sei ja sein Leben überhaupt nur ein Spiel. Gut, so solle man doch übers Spiel reden, meint Schiller, und nachdem ihm Frau Bertuch ihre Karten überlassen hat, sitzt er mittendrin in der Whist-Runde. Whist, ein Vorläufer des Bridge, im allgemeinen zu vieren gespielt – die beiden einander Gegenübersitzenden spielen zusammen gegen die anderen beiden –, ist eins der beliebtesten Kartenspiele in der Mittwochsgesellschaft. Schiller läßt sich aus über den »tiefen Geist des Whistspiels«; Erfahrungen werden ausgetauscht, man frozzelt und geistreichelt, kommt aufs Politische und wieder ins Private. Wielands Frau steht plötzlich am Tisch und versucht, ihren Mann zum Nachhausegehen zu bewegen. Der aber ist in so angeregter Stimmung, daß er dies zum Anlaß nimmt, sich erst einmal über die Ehe ganz allgemein auszulassen, um dann auf sein spezielles, eigenes Ehelos zu kommen. Auch in Schillers Augen ist die Wieland zwar »häßlich wie die Nacht, aber brav wie Gold und bis zur kindlichen Einfalt natürlich und munter«; und sie ist ein so gutmütiges, nachgiebiges Geschöpf, wie er's braucht, um zufrieden zu sein mit sich und seiner Umgebung. Im späteren Verlauf des Abends wechseln die Whist-Runden. Schiller kommt auch mal zwischen Karoline Schmidt, die Tochter des reichen Geheimrats und Kanzlers der Landesregierung (die hübsche Nichte von Klopstocks Fanny) und Corona Schröter, die Sängerin und Schauspielerin, zu sitzen. Mit beiden steht er bereits in gesellschaftlicher Verbindung, was nicht bedeutet, daß er sie besonders schätzt. Wenn Körner, wohl mehr im Scherz, auf eine mögliche Heirat mit der einen oder der anderen hingewiesen hatte, so weiß er längst, daß beide nicht in Frage kommen. Die Schmidt wäre zwar eine gute »Partie«, aber auch nur das. Zu einem solchen Kompromiß ist Schiller nicht bereit. Die Schröter, inzwischen immerhin fast siebenunddreißig, muß dereinst wirklich schön gewesen sein. Die Jahre hätten sie noch nicht ganz verwüsten können, meint er in einem früheren Brief an Körner, und außerdem werde sie, was ihre geistigen Gaben angehe, überschätzt.

Der Geheimrat Schmidt allerdings lud Schiller mehrmals in sein Haus ein. Sah es doch eine Zeitlang so aus, als habe auch er eine Verbindung seiner Tochter mit Schiller gewünscht. Nach ausgiebigem Spiel setzt man sich dann in der Regel zu einem abschließenden Souper zusammen und geht gegen Mitternacht auseinander.

Wie oft mögen in den engen Gassen Weimars die vom guten Essen und Trinken angeregten, etwas zu lauten Heimweggespräche ein hohles Echo gefunden haben.

Mit den ins Land gehenden Wochen wird das Verhältnis zwischen Schiller und Wieland noch herzlicher. Schiller bewundert den jugendlichen Geist dieses Mannes, der ja mit seinen vierundfünfzig Jahren damals schon zu den Alten gehörte. Wieland ist mittlerweile von seinem jungen Freund so angetan, daß er ihm erweiterte Mitarbeit am »Teutschen Merkur« und Nachfolgerschaft als »präsumptivem Erben« anbietet. Er will die Zeitschrift zu einem »herrschenden Nationaljournal« machen, und Schiller soll ihm dabei helfen.

Und Schillers Überlegungen gehen, wie oft in letzter Zeit, auch im Zusammenhang mit der Familie Wieland, wieder einmal in Richtung Heirat. Er schwärmt vom Wielandschen Haus. Er sieht in allen Wielands gute Menschen, durchaus auch von Verstand, Regsamkeit und Eigenart her. Fast findet er sich schon der Familie zugehörig, und er sieht seine

Corona Schröter (Selbstbildnis), Hof- und Kammersängerin, von Goethe nach Weimar geholt

sich ständig verbessernden Beziehungen in der Hoffnung auf Wielands Lieblingstochter Wilhelmine aufgehen, allerdings ohne sie zu kennen und ohne daß Wilhelmine selbst davon wüßte.

Im November schreibt er an Körner – und diese Zeilen geben auch seine Vorstellung von dem wieder, was er von einer künftigen Frau erwartet: »Ich glaube, Wieland kennt mich noch wenig genug, um mir seinen Liebling, seine zweite Tochter nicht abzuschlagen, selbst jetzt nicht, da ich nichts habe. Das Mädchen kenne ich nicht, gar nicht, aber siehst Du, ich würde sie ihm heute abfordern, wenn ich glaubte, daß ich sie verdiente. Es ist sonderbar, ich liebe die herzliche, empfindende Natur, und eine Kokette, jede Kokette kann mich fesseln.

Jede hat eine unfehlbare Macht auf mich, durch meine Eitelkeit und Sinnlichkeit. Entzünden kann mich keine, aber beunruhigen genug... Bei einer ewigen Verbindung, die ich eingehen soll, darf Leidenschaft nicht sein, und darum habe ich bei diesem Falle mich schon verweilt. Ich kenne weder das Mädchen, noch weniger fühle ich einen Grad von Liebe, weder Sinnlichkeit noch Platonismus – aber die innigste Gewißheit, daß es ein gutes Wesen ist, daß es tief empfindet und sich innig attachieren kann, mit der Rücksicht zugleich, daß sie zu einer Frau ganz vortrefflich erzogen ist, äußerst wenig Bedürfnisse und endlich viel Wirtschaftlichkeit hat.«

Man sieht, in Schiller war einiges vorgegangen. Inzwischen achtundzwanzig Jahre alt, sehnte er sich nun heftiger als je vorher nach einer bürgerlichen, häuslichen Eixstenz. Die insgeheim in Erwägung gezogenen möglichen Verbindungen brachten allesamt Schwierigkeiten mit sich. Ja, er mußte einfach unsicher sein in der Verwirklichung dessen, was ihm seine Wunschvorstellungen vorgaukelten, eben weil ihm zu jeder möglichen Lösung die wirtschaftliche Grundlage fehlte.

Der mittlerweile gute Kontakt zu Wieland, Schmidt, Bertuch, ja auch Herder, den er im Grunde am höchsten von allen einschätzt, und anderen in Weimar bringt ihn auf den Gedanken, Körner mit seiner Frau, der geborenen Minna Stock, nach Weimar zu holen, wo er den Posten eines Hofrats einnehmen könnte. Wieland meint, daß dies bei Hofe zu vermitteln wäre. Schiller ist begeistert von dieser Idee, aber Körner äußert sich zurückhaltend. Man rechnet in Dresden, im Gegenteil, noch immer mit Schillers Rückkehr. Inzwischen ist er sich nicht mehr so sicher, zurückzugehen. Er hat in letzter Zeit gut arbeiten können. Und, seitdem er sich seinen Tag so einteilt, wie es ihm behagt, unabhängig von zunächst durch Charlotte aufgezwungene gesellschaftliche Verpflichtungen, fühlt er sich wohler in Weimar.

Die unerwartet gute Resonanz, die seine Geschichte des »Abfalls der Niederlande« allenthalben ausgelöst hatte, legte ihm den Schluß nahe, eine Sammlung unter dem Thema »Verschwörungen und Rebellionen« zu erarbeiten. Ja, er glaubte eine Zeitlang, auf diese Weise müheloser zu Anerkennung und Ruhm gelangen zu können als »mit dem größten Aufwand meines Geistes für die Frivolität einer Tragödie«. Dies war ein Irrtum, den er auch bald einsah.

Aus dieser immerhin fruchtbaren Schaffensphase löst er sich, widerstrebend, um zwei seit längerem bestehenden Einladungen zu folgen: zur alten Freundin Henriette von Wolzogen in Bauerbach und zur Lieblingsschwester Christophine in Meiningen, die inzwischen die Frau seines Freundes, des Bibliothekars Reinwald, geworden ist. Nach einigen Tagen in Meiningen besucht er von dort aus das ganz in der Nähe liegende Bauerbach. Die »neuen, kostbaren Empfindungen«, die Wiederkehr der »Gefühle meiner Kindheit und frühen Jugend«, die er von dem Besuch in Bauerbach erhofft hatte, stellen sich nicht ein.

Enttäuscht verläßt er den Ort, in dem er 1782/83 einmal einsiedlerisch glücklich war. Und er verläßt ihn zusammen mit Wilhelm von Wolzogen, dem Sohn seiner Gönnerin, den er dort überraschend antrifft. Er lädt Wilhelm für ein paar Tage nach Weimar ein, was Wolzogen unter der Bedingung akzeptiert, daß man vorher seinen Cousinen in Rudolstadt einen Besuch mache, ein kleiner Umweg, auf den er aber nicht verzichten wolle. Zunächst aber zieht man von einem Gut zum andern. Mit Meiningen und Bauerbach zusammen hält man sich insgesamt zwölf Tage in der Gegend auf.

Über die Begegnung mit der Familie von Lengefeld in Rudolstadt berichtet Schiller seinem Freund Körner schon einen Tag nach seinem Wiedereintreffen in Weimar: »In Rudolstadt habe ich mich auch einen Tag aufgehalten und wieder eine recht liebenswürdige Familie kennen lernen. Eine Frau von Lengefeld lebt da mit einer verheirateten und einer noch ledigen Tochter. Beide Geschöpfe sind (ohne schön zu sein) anziehend und gefallen mir sehr. Man findet hier viel Bekanntschaft mit der neuen Literatur, Feinheit, Empfindung und Geist. Das Klavier spielen sie gut, welches mir einen recht schönen Abend machte. Die Gegend um Rudolstadt ist außerordentlich schön. Ich hatte nie davon gehört, und bin sehr überrascht worden.«

Er schreibt auch, daß er nun, zurück in Weimar, den Major von Kalb gesprochen habe. Er sei ganz der alte, zeige offenbar nicht einmal Verwunderung über sein Verhältnis mit des Majors Frau. »Ich weiß nicht, ob die Gegenwart des Mannes mich lassen wird, wie ich bin. Ich fühle in mir schon einige Veränderung, die weiter gehen kann.«

Es scheint, daß der Besuch bei den Lengefelds in Rudolstadt den Plan eines Zusammenlebens mit den Kalbs, zu dritt, zumindest verdrängte. Mag sein, daß Schiller durch diese Begegnung das Abnorme seines Verhältnisses zu Charlotte von Kalb und ihrem Mann klar wurde. Zu einer Entscheidung drängt niemand.

Schiller arbeitet. Abends ist er noch manchmal mit den Kalbs zusammen. Man gibt sich unbeschwert. Es ist Karnevalszeit. Sie hat früh eingesetzt dieses Jahr, 1788. Fastnacht fällt schon auf den 5. Februar.

3. Lotte und Schiller

».. . Wie gern entsagte ich manchen Entwürfen für die Zukunft, um des Vergnügens willen, Ihnen näher zu sein. . . «

(Schiller an Lotte)

Es ist der Karnevalssamstag, 2. Februar des Jahres 1788. Seit Ende Januar bewohnt Lotte von Lengefeld eines der Gästezimmer Frau von Imhoffs, der Schwester Frau von Steins. Die Stein hat Lotte, die noch immer unter dem so plötzlichen Weggang des Kapitäns Heron, ihrer ersten großen Liebe, leidet, ja, noch Hoffnung auf ein Wiedersehen mit ihm hegt, nach Weimar geschickt, damit sie im Trubel des Karnevals Ablenkung und Abwechslung finde. Anfang Januar hatte ihr die Patin noch geschrieben: »Verjagen Sie ja die trüben Wolken aus Ihrer Seele!«

Lotte, inzwischen im zweiundzwanzigsten Lebensjahr, kostet es noch immer Überwindung, sich den lauten, oft so gewollt lustigen Veranstaltungen anzuschließen. Doch sie zwingt sich einmal mehr, ihre Schüchternheit, ihre Abneigung vor großen Gesellschaften abzulegen und läßt sich mitreißen. Außerdem soll sie sich ja bei all diesen Hoffesten der Herzogin zeigen, die man damit an ihr Versprechen, Lotte zum Hoffräulein zu machen, erinnern will. Auch Friederike von Holleben, ihre beste Freundin, ist wieder dabei.

So geht man, und ganz ähnlich muß es sich abespielt haben, am Abend des 2. Februars mitten hinein in den närrischen Zauber des Weimarer Karnevals. Das Redoutenhaus ist mit Hunderten von Wachskerzen erleuchtet. Und während sie noch die Stufen hinauftrippeln, dringen aus den hell in die Nacht hineinscheinenden Rechtecken der Fenster die Klänge eines kleinen, chorisch besetzten Orchesters. Unwillkürlich machen die beiden jungen Damen größere Schritte, Festesfreude, Neugier, Tanzlust treiben sie an. Vor der Schwelle zum Saal aber machen sie halt.

In ihren Augen spiegeln sich Überraschung und Entzücken. Ein herrlich farbenfrohes Bild bietet sich ihnen. Das Gewimmel ist vollkommen. Staatskleid und Pierrot, Schäferin und Schäfer, die farbige Uniform, die bunte Seidenrobe beherrschen die Szene. Und den Bedienten im Saal wird's schwergemacht, die Erfrischungen an den Mann zu bringen. Es ist fast kein Durchkommen.

Kaum haben sie den Saal betreten, werden sie bereits von Jägern und Kammerjunkern umringt. Vor dem Orchester versucht ein Tanzmeister, sich Gehör zu verschaffen. Angesichts seiner lebhaften Gestik, die ein wenig an eine am Faden zappelnde Spinne erinnert, beginnt sich die Menge zu ordnen, und schon finden sich auch die Mädchen an der Seite eines Kavaliers.

Es ist Karneval. Die sonst strenge Etikette hat, Gott sei Dank, das Nachsehen. Man gibt sich locker und närrisch. Außer zum höfischen Menuett bewegt man sich in mäßig raschen Dreh- und Gleittänzen. Der Ländler, Vorläufer des Walzers, ist besonders beliebt an solch einem Abend. In den Tanzpausen verbergen sich erhitzte Gesichter hinter gewaltigen Fächern, die in ihrer Buntheit den Farbenzauber der Kostüme noch übertreffen. Und da, als Lotte mitten in einer angeregten Unterhaltung mit Freundin Friederike aufblickt, sieht sie in die lachenden Augen eines Mannes, der sie offenbar schon eine Weile beobachtet: Schiller. Ein Wiedersehen, das beide überrascht. Lotte macht Friederike mit dem Herrn Dichter bekannt, und man plaudert und plaudert. Einmal außerhalb des häuslichen Kreises von Mutter und Schwester, frei von aller gouvernantenhaften Beobachtung, lockert sich die sonst so schwere Zunge Lottes. Man erinnert sich Mannheims, vor allem aber Rudolstadts, seines Erscheinens dort mit Vetter Wilhelm von Wolzogen. Lotte fragt, warum er denn seine Ankündigung, an einem der dem Besuch folgenden Sonntage noch einmal nach Rudolstadt zu kommen, nicht wahrgemacht habe. Er sei mittendrin in einer Arbeit, einem geschichtlichen Thema, das ihn außerordentlich beschäftige, nicht loslasse. Als er hört, daß Lotte bei Frau von Imhoff wohnt, erzählt er, daß er dort, nach seinem Eintreffen in Weimar im Sommer letzten Jahres, auch ein paar Monate logiert habe und dadurch die Schwester der Frau von Stein ebenfalls gut kenne.

Ob man sich vielleicht dort wieder einmal sehen könnte? Das mögen beide gedacht haben.

Alles bleibt offen. Schiller kann es, nach einer solch kurzen Bekanntschaft – und als Bürgerlicher – nicht wagen, eine Verabredung vorzuschlagen. Doch an diesem Abend bleibt man einander nah, lacht zusammen und ist vergnügt.

Schon möglich, daß Lotte, jedenfalls in diesen Stunden, ihren Kapitän Heron völlig vergaß und daß Schiller keinen Gedanken für Frau von Kalb hatte.

Fastnachtsdienstag ist Schiller für kurze Zeit im Hause der Frau von Imhoff. Lotte tanzt auf dem letzten der Karnevalsfeste und weiß nichts davon. Ein Treffen wäre ohnehin nicht möglich gewesen, auch der vielen Einladungen und Verpflichtungen wegen, die Lotte zu erfüllen hatte. Dieses Frühjahr 1788 sollte in Weimar eine Art Vorlauf für sie sein, zum endgültigen Eintritt in die Stelle einer Hofdame.

Schiller hat Eindruck gemacht auf das Fräulein von Lengefeld. Schon weil er sie offensichtlich ernst nimmt. Einerseits kann er nicht wissen, daß sie noch immer in einem wehen Herzen das Bild ihres schottischen Kapitäns trägt. Und Schiller fühlt sich irgendwie angezogen von dem noch kindlichen Charme dieses Mädchens, das in seiner Natürlichkeit, ohne Ziererei und Getue soviel Frische und Jungfräulichkeit ausstrahlt. Ihr schmeichelt auch die Art, mit der er ihr begegnet. Ihr, die zu Haus noch immer als kleines Dummerchen behandelt wird, tut soviel Aufmerksamkeit wohl. Gewiß ist sie sich in diesen Tagen noch keineswegs irgendeiner Wirkung auf Schiller bewußt, und wahrscheinlich ist ihr Verhalten ihm gegenüber noch ohne jede Art von Berechnung.

Dagegen scheint in Schiller einiges vorzugehen. Wie stark erinnert er sich des Dezemberabends in Rudolstadt, wo er zusammen mit Wilhelm von Wolzogen einen so harmonischen Abend inmitten einer Familie verbrachte, in der rundherum alles zu stimmen schien. Bot etwa die Familie von Lengefeld das Vorbild für die »feinen, wohltätigen häuslichen Empfindungen« in einer »bürgerlichen und häuslichen Existenz«, nach der er sich sehnte? Noch wußte er nichts von der Not Karolines, die neben ihrem nüchternen Beulwitz das Leben einer enttäuschten, unverstandenen Frau führte, die sich gewissermaßen für wirtschaftliches Wohlergehen, für die Möglichkeit standesgemäßen Auftretens ihrer Familie in den Kreisen des Hofadels, geopfert hatte. Beulwitz war ja so reich, daß er, nur um Karoline besitzen zu können, dies alles übernommen hatte und bereit war, weiter dafür zu bezahlen. Daß sich Beulwitz seinerzeit dieses Mangels an seelischer und geistiger Übereinstimmung mit Karoline durchaus bewußt gewesen sein muß, beweist ein Brief, den er ihr, noch in der Verlobungszeit, schrieb. Darin heißt es nämlich: »Wie könnte ich Ihnen zumuten, wenn ich auch nur ganz allgemeine Hochachtung vor Ihnen hegte, Ihre Hand einem Menschen zu geben, der Ihnen zuwider ist, und von dem Sie wissen, daß Sie mit ihm mißvergnügt leben würden? Alles Gefühl der Menschlichkeit, Nächstenliebe und meine eigene müßte ich verloren haben, wenn ich mich verleiten ließ, Sie zu etwas zu überreden, was Sie mit so vieler Überzeugung verabscheuen.« Hier gibt er deutlich genug zu erkennen, daß er die Situation durchschaute. Um so unverständlicher sein Beharren auf dieser Verbindung, die schon bald nach Rückkehr aus der Schweiz, im September 1784, eingegangen wurde und von der sich der doch intelligente, recht welterfahrene Mann schon damals hätte sagen müssen, daß sie zum Scheitern verurteilt sei. Denn er brachte es nun auch nicht fertig, seine junge Frau in beide Hände zu nehmen, sie zu führen, ihr als dem geliebten Ehepartner unbedingte Loyalität zu beweisen. Nein, ausschließlich seinen beruflichen Interessen lebte er, gab sich, der er wahrscheinlich auch erotisch plump und wenig einfühlsam war, nur seinen Geschäften hin.

Und die Chère mère? Bedauerlicherweise hatte sie nichts anderes im Sinn als die hervorragende Versorgung ihrer Tochter, von der allerdings die ganze Familie profitierte.

Nein, soviel Friede und Harmonie, wie Schiller in die Familie Lengefeld hineindachte, ja wünschte, war dort nicht vorhanden. Das sollte er erst später erfahren.

Seltsamerweise finden in diesen Tagen auch Charlotte von Kalb und Lotte von Lengefeld Gefallen aneinander. Ohne zunächst zu wissen, wie sehr sie ihre eigene Beziehung zu Schiller gefährdet, begünstigt die Kalb manch Treffen Schillers mit Lotte. Doch bald reist sie mit ihrem Mann, für die Dauer der Dienstferien, auf eins ihrer Güter, später nach Kalbsrieth. Sie wird also bis Mai nicht in Weimar sein, bis auf einen kurzen Zwischenaufenthalt im April. Schiller vermißt die Frau, die ihm, trotz des Aufkommens manch quälender »Stimmungen«, fehlt.

Zu seiner neuen kleinen Freundin, Lotte von Lengefeld, kann er nicht einfach gehen, obwohl er ihr doch vieles sagen möchte. Man beginnt also mit der Übermittlung von »Billets«, wie man damals sagte, Briefchen, deren erstes, von Lotte an Schiller gerichtet, die Ermunterung zu einem Besuch im Hause der Frau von Imhoff ausdrückt. Zu solchen Begegnungen kommt es nun einige Male. »Die Tage haben für mich einen schönern Schein, wo ich hoffen kann, Sie zu sehen, und schon die Aussicht darauf hilft mir einen traurigen ertragen«, schreibt er Mitte März an Lotte. Aber alles, was er ihr gegenüber äußert, ist verhalten, reserviert. Nun, auch die Form zwingt ihn dazu.

Ja, dieses Mal ist es anders. Das freundlich-zurückhaltende Mädchen, dessen bescheiden-schüchternes Auftreten zweifellos mit seiner allgemeinen Unsicherheit zusammenhängt, übt eine starke Anziehungskraft auf ihn aus. Es ist nicht Leidenschaft, die ihn treibt, nicht stürmisches Begehren. Es ist die noch vage Hoffnung, in Lotte vielleicht den Menschen gefunden zu haben, der sich ihm eines Tages ganz widmen, den er ganz besitzen könnte, jenes »Medium«, das ihn »für die Freude stimmt und mein erstarrtes Wesen wieder durchwärmt«. Hatte er doch bisher ausschließlich die Bekanntschaft von Frauen gemacht, die Erfahrung besaßen, die ihn zu dominieren versuchten, reife, kundige Damen mit erlebnisträchtiger Vergangenheit. Abgesehen nur von der damals ebenso naiven, siebzehnjährigen Charlotte von Wolzogen.

Denkt man aber beispielsweise an die schöne, schwarzhaarige Henriette von Arnim, die Tochter einer beim sächsischen Hofe wohlgelittenen Offizierswitwe, die er, damals im Januar 1787 in Dresden, auf einer Karnevalsredoute kennengelernt hatte, so muß man sich erinnern, daß er sich dort förmlich zum Hanswurst machen ließ. Als Zigeunerin verkleidet, hatte sie ihm aus der Hand eine glückliche Zukunft gelesen. Er war berauscht, überwältigt vom Charme des jungen Mädchens, von den freimütig gewährten Gunstbezeigungen der feurigen Dame. Sein Herz stand in Flammen. Er übersah, daß er nicht der einzige war, der um sie warb und dem sie ihre Huld zeigte. Auch Karoline von Wolzogen berichtet in ihrer Schiller-Biographie über diese Affäre: »Der Mutter schien die Eroberung eines schon damals als ausgezeichnet anerkannten Dichters zu schmeichlen und die Gewalt der Reize ihrer Tochter zu verbürgen. Der unerfahrene, leidenschaftliche Jüngling wurde von diesem Zaubernetze umstrickt, das jedoch nur Eitelkeit gewoben hatte. Wenn das gute Kind auch selbst herzlicher Zuneigung fähig war, so mußte sich ihr Gefühl doch immer nur der auf Effekt und Glück berechneten mütterlichen Ansicht unterwerfen... Die Geliebte hatte ihrem Freunde Weisung gegeben, daß, wenn er Licht in einem gewissen Zimmer sehe, er nicht ins Haus kommen dürfe, weil sie da in Familiengesellschaft sei. Seine Freunde wußten, daß sie dann von der Mutter begünstigtere Anbeter empfing.«

Die Existenz zweier Nebenbuhler, eines Bankiers und des Grafen Waldstein-Dux, von denen er zunächst nichts wußte, deren Vorhandensein ihm jedoch seine Freunde signalisierten, veranlaßten ihn zu verstärkten Bemühungen um Henriette. Er kaufte wertvolle Geschenke und

Henriette von Arnim, Freundin Schillers

geriet dadurch in neue Schulden. Gutes Zureden seiner Freunde, doch von diesem Mädchen zu lassen, halfen zunächst nichts. Seine Verliebtheit verwirrte ihn. Die Liaison beeinträchtigte seinen Arbeitseifer. Die neue Leidenschaft lähmte ihn. Fast jeden Abend verbrachte er in Gesellschaft Henriettes. Zwar litt er selbst unter diesem Zustand, aber er konnte sich nicht lösen.

Bis schließlich die Körners ein Machtwort sprachen und ihn mit sanfter Gewalt veranlaßten, sich ins Städtchen Tharandt, nahe Dresden, zurückzuziehen. Er sollte dort Abstand gewinnen. Immerhin, als er dann, noch nicht ganz befreit von dieser Leidenschaft, im Mai 1787 nach Dresden zurückkehrte, hatte er das Restmanuskript zum »Don Carlos«

Margarete Schwan, Tochter von Schillers Verleger- und Buchhändlerfreund Christian Friedrich Schwan in Mannheim

im Gepäck. Dem während der Tharandter Zeit erfolgten Briefwechsel mit Henriette von Arnim (soweit überliefert, der größte Teil ist verlorengegangen), ist zu entnehmen, daß es zu einer Verstimmung kam, die schließlich eine Abkühlung der Gefühle bewirkte. Ja, auch Henriette soll darunter gelitten haben.

Oder die schöne »Schwanin«, Margarethe Schwan, die Tochter seines Verleger- und Buchhändlerfreundes Christian Friedrich Schwan, die er in Mannheim im Schwanschen Hause kennen- und lieben lernte – an Abenden, an denen er im Beisein des Vaters aus seinen Stücken vorlas. Hier hat vorübergehend gewiß auch das Herz Margarethes für Schiller geschlagen. Allerdings wußte sie sehr gut ihre äußeren Vorzüge ins rechte Licht zu setzen, so daß Schiller bald ihren Reizen erlag. Selbst die damals in ihm brennende Leidenschaft zu Charlotte von Kalb konnte ihn von seinen Bemühungen um Margarethe nicht abhalten. Später, bald nach seiner Ankunft in Leipzig, bat Schiller in einem Brief an Schwan sogar um die Hand der Tochter. Es war der zweite Heiratsantrag seines Lebens (den ersten hatte er in Bauerbach bei Henriette von Wolzogen für deren Tochter Charlotte abgegeben). Schwan lehnte ab, ohne Margarethe zu verständigen. Der Verleger gründete diese Absage »auf das mildernde Motiv, daß seine Tochter bei der Eigentümlichkeit ihres Charakters sich zu Schillers Gattin nicht passe«. Die Verbindung brach ab. Doch kam es, nach Schillers Heirat, wieder zu losen, freundschaftlichen Kontakten. Man sah sich sogar Jahre später in Heidelberg, schwelgte gemeinsam in Erinnerungen. Margarethe starb schon bald an den Folgen einer Geburt.

In der Tat, mit Lotte von Lengefeld ist das alles anders. Freilich ist auch

Schiller inzwischen ein anderer geworden. Noch Anfang Januar 1788 schrieb er an Körner: »... aber mein Schicksal muß ich innerhalb eines Jahres ganz in der Gewalt haben und also für eine Versorgung qualifiziert sein... Es ist wahrscheinlich, daß ich einen Ruf nach Jena bekommen werde, vielleicht innerhalb eines halben Jahres, aber ich werde die schlechten Bedingungen, die man mir machen muß, dazu benutzen, ihn nicht anzunehmen und auch nicht ganz abzuschlagen. Ich werde mir einige Jahre wenigstens retten, bis ich gesehen habe, ob ich durch den Merkur existieren kann. Ist dieses, so bedarf es keiner Versorgung. Aber ich muß eine Frau dabei ernähren können, denn noch einmal, mein Lieber, dabei bleibt es, daß ich heirate.«

Verständlich, daß Freund Körner nach solcher Lektüre alarmiert ist. Zwar teilt er auf Körners insistierendes Fragen mit, daß er noch völlig ungebunden sei, doch des Freundes nüchterner Verstand reimt sich die Dinge zusammen. Nach Schillers plötzlich so prosaischen Erwägungen, die Existenz, die Versorgung betreffend, kann es sich wohl kaum um ein vermögendes Mädchen handeln. Diese Überlegung beunruhigt Körner noch mehr, doch Schiller bleibt verschlossen. Und das muß er wohl, und zwar gegenüber jedermann. Denn man weiß natürlich von Schillers Schulden, und man wußte auch, daß die Lengefelds zum armen Hofadel gehören. Und außerdem ist er selbst sich seiner Sache ja noch längst nicht sicher.

Natürlich kann er zunächst nicht wagen, in irgendeiner Form um Lotte zu werben. Aus verschiedenen Gründen. Was ist er denn, ein armer, stellungsloser Poet, Bürgerlicher dazu. Er besitzt nichts, lebt in einer kleinen, möblierten Wohnung. Aussicht auf eine eigene, halbwegs gesicherte Existenz besteht nicht. Muß er da nicht geradezu besessen nach einem Ausweg suchen, nach einer Möglichkeit, diesem Teufelskreis endlich einmal zu entweichen?

Muß er nicht in der Aussicht auf eine Berufung nach Jena eine Art rettenden Strohhalms sehen, der ihm sowohl zu Ansehen beim Adel und damit zur Heiratsfähigkeit als auch zu einer, wenn auch kleinen, so doch festen, regelmäßigen Einnahme verhilft? Körner befürchtet eine emotionale Tat seines Freundes und rät ihm dringend, kühlen Kopf zu behalten. Er glaubt, daß sich Schiller zu neuen, großen dichterischen Leistungen nur dann wird aufschwingen können, wenn er sich durch eine reiche Heirat von allen Schulden und all dem störenden, lästigen Kleinkram befreit.

Ostern fällt auf den 23. März. Man verabredet ein Treffen im Hause

Frau von Imhoffs. Und als sich am frühen Nachmittag Schiller einfindet, sitzt man bald zu dritt am Kaffeetisch, bespricht die verschiedenen Aufführungen, die man in der »Komödie« gesehen hat, äußert sich über den neuesten Klatsch, der natürlich in dem kleinen Weimar mit seinen vielen Individualisten blüht wie sonst kaum irgendwo, und man ist neugierig auf Schillers Arbeit, seine Pläne, seine Rezensionen, die er nun regelmäßig für den »Merkur« und die »Allgemeine Literatur Zeitung« schreibt. Im Schauspielhaus, allgemein »Komödie« genannt, in dem der Direktor Bellomo dreimal in der Woche mit seiner Truppe spielt, sahen sich die beiden öfter als bei Frau von Imhoff, freilich getrennt voneinander sitzend, aber gewiß mit Blicken sich verständigend.

Man spricht auch über Bücher, und Schiller darf es übernehmen, Lotte mit Lesestoff zu versorgen. Natürlich hört sie auf seinen Rat. Neben Robertsons »Geschichte von Schottland« bringt er ihr Henry Fieldings »The History of Tom Jones, The Foundling« mit. Es könnte durchaus eine Absicht Schillers gewesen sein, Lotte die beharrlich-standhafte Figur der Sophie Western in Fieldings achtzehnteiligem Roman vorzuführen, die ohne Rücksicht auf Stand und Familie Vorbild unbeirrbarer Liebe ist. Oft werden mit den vermittelten Büchern Briefchen getauscht, und die anfangs recht steifen, förmlichen Mitteilungen enthalten bald herzlichere, wärmere Töne.

Aber an diesem Ostersonntag werden auch Ostereier versteckt – und auch für Schiller. Noch bevor andere Gäste kommen, muß er sie suchen. Die drei haben ihren Spaß dabei, wenn auch alles noch recht förmlich zugeht. Wieder in seinem Junggesellenheim angekommen, stellt er fest, daß er die Ostereier vergessen hat. Nicht schlimm, denkt er wohl, im Gegenteil, ein Anlaß zur Aufrechterhaltung der Verbindung zu Lotte. Im nächsten Billet berichtet er von seiner Vergeßlichkeit und kündigt an, daß er sie sich noch holen werde, die Ostereier.

Gegen Ende März schreibt er an Wilhelm von Wolzogen: »Fräulein von Lengefeld ist noch hier und in der Tat meine liebste Gesellschaft.« Lotte hofft, möglichst lange in Weimar bleiben zu dürfen.

Und wie noch bis um die Mitte unseres Jahrhunderts vor allem die Mädchen mit dem Poesiealbum unter dem Arm von einer Freundin zur anderen wanderten, um sie zu sinnigen Eintragungen zu veranlassen, so ließ man auch damals Gedanken, Verse, Widmungen ins sogenannte Stammbuch schreiben. Lotte tut das Naheliegende, sie bittet Schiller um einen Eintrag in ihr Stammbuch. Gern ist er dazu bereit. Aber warum schreibt er das Gedicht, das unter dem Titel »Einer jungen Freundin ins

Stammbuch« später – ein wenig korrigiert – in sein Werk aufgenommen wird, auf die Rückseite einer von Charlotte von Kalb an ihn gerichteten Liebeserklärung? War es Absicht? Geschah es, um Lotte nachdenklich, eifersüchtig zu machen, oder unterlief ihm einfach ein Fauxpas? Man weiß es nicht. Lotte äußerte sich nicht dazu.

Das Gedicht hat nicht den für derartige Zwecke üblichen Charakter, ganz abgesehen davon, daß sich Schiller selten nach irgendwelchen Gepflogenheiten oder gar »Vorlagen« richtete. Es enthält eine Art Kennzeichnung dessen, was er an ihr bewundert, was ihm an ihr gefällt und wo er, fast mit ein bißchen Neid in der Stimme, die »Majestät der Unschuld und der Tugend« besingt:

Ein blühend Kind, von Grazien und Scherzen
Umhüpft, so Freundin spielt um dich die Welt,
Doch so, wie sie sich malt in deinem Herzen,
In deiner Seele schönen Spiegel fällt,
So ist sie nicht. Die stillen Huldigungen,
Die deines Herzens Adel dir errungen,
Die Wunder, die du selbst getan,
Die Reize, die dein Dasein ihm gegeben,
Die rechnest du für Reize diesem Leben,
Für schöne Menschlichkeit uns an.
Dem holden Zauber nie entweihter Jugend,
Dem Talisman der Unschuld und der Tugend,
den will ich sehn, der diesem trotzen kann.

Froh taumelst du im süßen Überzählen
Der Blumen, die um deine Pfade blühn,
Der Glücklichen, die du gemacht, der Seelen,
Die du gewonnen hast, dahin.
Sei glücklich in dem lieblichen Betruge,
Nie stürze von des Traumes stolzem Fluge
Ein trauriges Erwachen dich herab.
Den Blumen gleich, die deine Beete schmücken,
So pflanze sie – nur den entfernten Blicken!
Betrachte sie, doch pflücke sie nicht ab.
Geschaffen, nur die Augen zu vergnügen,
Welk werden sie zu deinen Füßen liegen.
Je näher dir, je näher ihrem Grab!

Und wie findet Lotte eigentlich diesen Schiller?

An Vetter Wilhelm von Wolzogen hatte sie noch im März geschrieben: »Er gewinnt immer mehr bei näherer Bekanntschaft. Sein Plan ist, diesen Sommer einige Monate hier (in Rudolstadt) zu wohnen, da habe ich denn eine Wohnung in Kumbach für ihn ausgedacht, da werden wir, hoffe ich, manchen friedlichen Abend in seiner Gesellschaft verleben – wenn Sie doch auch mit uns wären! Er hat so einen leichten Umgang, den doch sonst Menschen von seinem Kopfe nicht haben, und ist so einfach und gut, daß man gar gern mit ihm umgehen mag.«

Und wirklich, Schiller ist entschlossen, den Sommer über ein paar Monate in der Nähe Rudolstadts – und damit nahe den Lengefelds – zuzubringen.

Wenn Lotte ihm ein kleines, sauberes Quartier vermitteln könnte – natürlich will sie, aber noch während sie's ihm zusagt, weiß sie, daß ihre Schwester dabei helfen müßte, und daß die Mutter davon zunächst nichts erfahren dürfte.

Die Familie möchte nun Lotte wieder zu Haus haben. Da bietet sich ihr die Gelegenheit, mit zurück nach Rudolstadt genommen zu werden, und zwar für Sonntag, 6. April.

In ihrem Brief an Schiller vom Tage vorher, in dem sie die Abreise ankündigt, schwingt Bedauern über ein so unerwartet schnelles Auseinandergehen mit. Trost gebe ihr die Aussicht auf sein Kommen im Sommer.

Schiller, sich plötzlich leer und verlassen fühlend, denn auch Charlotte von Kalb ist ja noch nicht wieder in Weimar, schickt Ende der Woche einen langen Brief nach Rudolstadt, in dem er wehmütig und erinnerungsträchtig Zuneigung bekundet. »Wie beneide ich Ihre Familie um alles was um Sie sein darf«, vermerkt er, und »könnte ich hoffen, daß von der Glückseligkeit Ihres Lebens ein kleiner Anteil auf meine Rechnung käme, wie gern entsagte ich manchen Entwürfen für die Zukunft, um des Vergnügens willen, Ihnen näher zu sein.«

Schiller erlaubt sich, am Schluß des Briefes noch einmal an die besprochene Wohnung in der Nähe Rudolstadts zu erinnern. Die notwendigen Möbel und, wenn möglich, auch die tägliche Kost möchte man doch in die Wohngelegenheit mit einzubeziehen versuchen.

Die seit einigen Monaten eingeschlagene Richtung zur Erarbeitung geschichtlicher Themen setzt Schiller fort. Auch am wenig geliebten, aber beim Leserpublikum sehr gefragten »Geisterseher« arbeitet er weiter. Und, um endlich von seinen Schulden bei Frau von Wolzogen loszukommen, stellt er Wechsel aus, deren termingerechte Einlösung er verspricht.

Hubers lange herbeigesehnten Besuch erhält er in dieser ersten Woche nach Lottes Abreise. Sein Freund aus Dresdener Zeiten ist unterwegs nach Mainz, wo er bei der sächsischen Gesandtschaft eine Stelle als Legationssekretär antreten soll. Weil Schiller Freund Huber unbedingt Charlotte von Kalb vorstellen will, reiten beide nach Gotha, wo man die Kalbs um diese Zeit vermutet. Mitten in einem großen Diner, »unter zwölf unbekannten, steifen Gesichtern«, wie Schiller später an Körner schreibt, läßt Charlotte die beiden abweisen. Es kommt zu keinem Treffen. Die gnädige Frau ist abgelenkt und fühlt sich indisponiert. Am 12. April ist sie zwar mit ihrem Mann wieder in Weimar, aber Huber war längst, von Gotha aus, weitergereist.

Kaum den Fuß über die heimische Rudolstädter Schwelle gesetzt, muß Lottchen – oft auch noch zärtlich Lolo oder Lolochen genannt – von ihren Erlebnissen in Weimar berichten. Schwester Karoline saugt begierig all diese Nachrichten auf und vernimmt mit besonderem Interesse Schillers Absicht, auf einige Zeit in der Nähe Rudolstadts arbeiten zu wollen. Ja, eigentlich sind die Schwestern von der Aussicht, den Dichter bald in der Nähe zu haben, begeistert. Aber wo bringt man ihn unter? Lottes in Weimar geäußerte Absicht, ihm die Gärtnerwohnung in Kumbach, gegenüber, am rechten Saaleufer gelegen, frei machen zu lassen, wird verworfen. Man erinnert sich, daß dorthin sehr oft Hofgesellschaften kommen, um Abwechslung und Zeitvertreib zu finden. Das wäre zuviel Unruhe. Gewiß das Gegenteil dessen, was Schiller sucht. Also käme vielleicht das Dorf Volkstädt infrage. Es liegt allerdings ein bißchen weiter ab, aber immer noch so nah – vielleicht eine halbe Stunde zu Fuß –, daß man sich oft genug sehen könnte, meinen die Schwestern.

Und dort ist nun, glücklicherweise, der Kantor Unbehaun, Besitzer eines vor dem kleinen Ort gelegenen Hauses, bereit, den Dichter aufzunehmen. Alle von Schiller erbetenen Bedingungen können erfüllt werden.

Schon am 24. April schildert Lotte Lage und Beschaffenheit der gefundenen Wohnung. »Die Stube, die ich für Sie bestimmte, ist nicht sehr groß, aber reinlich«, schreibt sie, ... »eine Kammer daneben, wo das Bette stehen kann, und auch eine für den Bedienten nicht weit davon.« Eine Frau, die im Hause wohnt, wird ihm Kaffee kochen und, wenn notwendig – falls bei schlechtem Wetter das Essen nicht aus Rudolstadt geholt werden kann –, ihn auch sonst verpflegen. Wie das Ganze nun aber der Chère mère beibringen?

Die Schwestern wollen's drauf ankommen lassen. Wenn Schiller wirklich kommt, wird er die Form wahren und einen offiziellen Besuch bei den Lengefelds und den Beulwitzens machen. Und dann wird sie sich mit den Tatsachen abfinden müssen.

4. Rudolstadt

»In unserem Hause begann für Schillern ein neues Leben...«

(Karoline von Wolzogen in ihrem Erinnerungswerk »Schillers Leben«)

Schiller verläßt Weimar am 18. Mai und trifft am 19. abends gegen halb zehn in Rudolstadt ein. Er steigt ab im Gasthof Zur Gabel. Aber er weiß weder den Namen des Dorfes, in dem er wohnen soll, noch den des Hausbesitzers, dessen Wohnung für ihn gemietet ist. Beides hatte Lotte in ihrem Brief nicht genannt. Zunächst läßt er sich's im Gasthof schmecken, packt nur das Nötigste aus und geht bald schlafen. Am nächsten Vormittag schickt er eine Nachricht zum Hause der Lengefelds, in der er Lotte um den Termin für seine Vorstellung bei der Familie bittet. Er habe auch Briefe von Freundinnen aus Weimar bei sich, die er übergeben möchte.

Schon für ein paar Stunden später wird er zu den Lengefelds gebeten. Die Chère mère, Lottchen, Schwester Karoline mit ihrem Mann, dem Herrn von Beulwitz, erwarten ihn im Salon des Beulwitzschen Hauses. Nach recht förmlicher Begrüßung übernimmt, wie immer, Karoline die Gesprächsführung. Die belesene, kluge, durchaus geistreiche, lebhafte Frau von Beulwitz macht auf Schiller einen besonderen Eindruck. Möglich, daß er bei seinem ersten Besuch in Rudolstadt im Dezember letzten Jahres, zusammen mit Wilhelm von Wolzogen, die Besonderheit im Wesen und Wissen dieser jungen Frau nicht so bemerkt hatte. Schließlich war sie ja an jenem Abend weitgehend von Wilhelm mit Beschlag belegt worden. Und Luise von Lengefeld mit ihren knapp fünfundvierzig Jahren, energisch, eher jugendlich-betriebsam wirkend als witwenhaftschwerfällig, sieht mit den Augen der Standesbewußten auf den ungewöhnlichen Besucher – ein wenig herab. So hatte sie ihn nicht in Erinnerung: groß, ein wenig linkisch in seinen Bewegungen, blaß, mit

Rudolstadt. Nach einer Lithographie von Ludwig Heß, um 1830

Sommersprossen im Gesicht, leicht geröteten Lidrändern und ungepudertem rotem Haar. Jedoch Schillers verbindliche Art, sein Eingehen auf angeschnittene Themen, gefallen ihr. Auch bei Beulwitz findet er, der Kontaktfähige, Resonanz.

In dieser ersten Stunde eines zweiten Sichkennenlernens sieht Schiller seinen Eindruck vom Dezember bestätigt: Die Lengefelds führen in heiterer Harmonie ein glückliches Familienleben. Die zum Schwärmen neigenden, aber doch auch vom Verstand regierten jungen Damen üben, jede für sich, eine bestimmte Anziehungskraft auf ihn aus. Beulwitz zeigt sich zurückhaltend-verbindlich.

Ach, es müßte schön sein, im Kreis dieser Menschen zu leben, in der Nähe zu arbeiten, mit der täglichen Aussicht auf ein Zusammensein. Ob Schiller in diesen Stunden die Wesensverwandtschaft zu seinen Leipziger Freunden empfindet? Menschen dieser Art braucht er, der sich mitteilen muß, der eines Echos bedarf, um schöpferisch sein zu können. Ein Leben ohne Freundschaft könnte er nicht ertragen.

Schiller verabschiedet sich. Er wird in Kürze – das Gepäck ist bereits nach Volkstädt gebracht worden – beim Kantor Unbehaun, seinem neuen Hauswirt, eintreffen.

Zweifellos ist bei den Lengefelds zum Abendbrot für Gesprächsstoff gesorgt. Und natürlich steht Schiller im Mittelpunkt der Unterhaltung. Während der Dauer seines Besuches hatte Lotte, wie stets im Beisein von Mutter und Schwester, fast ausschließlich geschwiegen. Jetzt taut sie auf. Noch einmal werden Erlebnisse, kleine Weimarer Begebenheiten erzählt, charakteristische Reaktionen des Dichters mitgeteilt. Die Tafelrunde ist aufgekratzt. Selbst Beulwitz, der stets unter Karolines Geringschätzung, ja ihrer Nichtbeachtung zu leiden hat, wird heute von seiner Frau ins Gespräch gezogen. Man hofft auf gesellige Tage mit dem Dichterfreund, ja, sogar die Chère mère zeigt Interesse an dem rothaarigen Fremden. Daß der nun ausgerechnet hier, in der Nähe Rudolstadts, arbeiten, schreiben will, muß sie sich freilich von ihren Töchtern erklären lassen. Es soll einfach ein Luftschöpfen für ihn sein, ein Atemholen zu neuer Kreativität. Daß ihn auch eine ihrer Töchter, oder gar beide, hierhergezogen haben könnten, ahnt sie nicht. Im Gegenteil. Ihr Bild von der Familie ist festgefügt. Karoline – wie sie es sieht – gut verheiratet, scheidet sowieso aus. Und Lolo, nun, da hat sie seit kurzem einen gewissen Herrn von Ketelhodt im Auge, Kammerjunker, aus bester Familie, eine hervorragende Partie. Das wäre die Krönung ihrer Bemühungen zur Verheiratung ihres kleinen Lieblings Lotte. Wenn die doch dem verliebten Ketelhodt endlich ein Zeichen von Zuneigung gäbe.

Doch Lotte hat für diesen Herrn nichts übrig.

Da ist ihr fast der alte Kavalier Knebel lieber. Goethes »Urfreund«, der immer wieder auftaucht, um seine Chancen bei ihr abzuschätzen. Er macht sich nach wie vor Hoffnung auf Lotte, die in ihm wohl ein liebenswürdiges, gelehrtes Original, niemals aber einen Partner fürs Leben sieht.

Knebel ist auch befreundet mit den Steins, besonders mit Charlotte von Stein. Beide wissen recht gut, was sie aneinander haben. Wie oft hat man sich nicht schon wechselseitig Mut gemacht, und gerade der Major versteht es, seine verehrte Freundin immer dann wieder in Stimmung zu bringen, wenn sie es am nötigsten braucht. Doch auch er, der leicht Verletzbare, aufbrausende Choleriker, unwirsche Polterer, der sich vom Herzog im Stich gelassen fühlt – er wurde, seiner unkontrollierbaren Arbeitsweise wegen, früh in den Ruhestand versetzt –, der ganz offen den Hof beschimpft und Weimar eine Seelenessigfabrik nennt, bedarf der Beruhigung, des guten Zuspruchs.

Charlotte von Stein kennt ihn nur zu gut; sie weiß, daß er ein verläßlicher Freund ist, daß man, hat man einmal seine Zuneigung gewonnen, auf ihn bauen kann. Oft zu Besuch in Kochberg, dem Landgut der Steins, ist er auch stets geneigt, einen Abstecher nach Rudolstadt zu machen. Winkt ihm dort doch die Augenweide, sein liebes Lottchen von Lengefeld zu sehen.

Fünf Tage nach Schillers Ankunft trifft der Major von Knebel zu einem Besuch in Rudolstadt ein. Es ist der 24. Mai. Am späten Nachmittag schickt Lotte eine Botschaft nach Volkstädt, in der sie Schiller bittet, die Runde mit Knebel, den Beulwitzens und den Lengefelds durch sein Erscheinen zu vervollkommnen. Ach ja, mit dem Major verbinden ihn schon einige sympathische Erinnerungen. Am 29. August letzten Jahres, zum Beispiel – er war ja erst im Juli nach Weimar gekommen –, hatte er mit ihm, in ziemlich großer Gesellschaft, Goethes Geburtstag gefeiert. Sinnigerweise in Abwesenheit Goethes (er hielt sich ja in Italien auf, wo er auch heute noch weilt) und in dessen Gartenhaus. Man war sehr lustig gewesen in jener Nacht, und von Knebel hatte er auch damals schon den Eindruck, daß man mit ihm »Pferde stehlen« könne, wenn's drauf ankäme. Von den ihm nachgerühmten dichterischen Qualitäten allerdings hielt er wohl nicht allzuviel.

Schiller ist froh, die Arbeit zur Seite legen zu können, und macht sich sofort auf den Weg. In Rudolstadt angekommen – übrigens nachdem ihm Kantor Unbehaun den kürzesten Weg dorthin beschrieben hatte – wird er im Beulwitzschen Haus mit Hallo begrüßt. Er spürt, wie ihm eine Welle der Freundschaft entgegenschlägt. Was ist es, das diese Familie so anziehend macht? Der offene, freie Ton, die kluge, geistreiche, lockere Art der Unterhaltung, die, eben noch bei literarisch-philosophischen Betrachtungen verweilend, im nächsten Augenblick überspringen kann auf »Scherz, Satire, Ironie«?

Die Schwestern Lengefeld, vor allem die ältere, Karoline von Beulwitz, lieben es, die Themen ihrer Wahl mit schwärmerischen Akzenten vorzutragen. Überhaupt ist Karoline stets die tonangebende Stimme im kleinen Kreis der Freunde. Dagegen bleibt für Lotte vieles von dem, was in der Runde eines solchen Abends gesprochen wird, schwer verständlich. Sie, die Jüngste, sagt wie üblich wenig, beschränkt sich aufs Zuhören, ist dabei aber durchaus zufrieden.

Knebel bringt wohl die letzten Neuigkeiten aus Jena und Weimar an.

Karl Ludwig von Knebel,
Schriftsteller und Übersetzer.
Preußischer Offizier,
dann Hofmeister beim
Prinzen Constantin
in Weimar (bis 1779).
Vermittelte Goethes
Bekanntschaft mit Karl August

Und Schiller dürfte ein Stück Fortsetzung zur »Geschichte des Abfalls der Niederlande« zum Vorlesen mitgebracht haben. Karoline, in ihrem Element, spürte gewiß bereits eine sich entwickelnde Neigung zu diesem Mann, zu diesem genialen Feuerkopf, dessen Äußerungen, dessen Hypothesen, Meinungen ihr eingehen, zu denen sie aber auch Anhaltspunkte für eigene intelligente Erwiderungen findet. Und ihr Mann, Beulwitz, profitiert ganz bestimmt heute von der guten Stimmung seiner Frau, auch er ist mehr zu Wort gekommen als sonst. Die Bemühungen Knebels um Lottes Gunst sind Schiller nicht verborgen geblieben.

Auch er hört dem gesprächigen Knebel aufmerksam zu, als er beginnt, von der Zeit seines Studiums in Halle und dann von seinem Eintritt in die Preußische Armee zu erzählen.

Durch seinen Bruder Leberecht nämlich, der Leibpage Friedrichs des Großen geworden, war er im Februar 1765 als Junker in das Potsdamer Regiment des Prinzen von Preußen aufgenommen worden. Die sehr bald empfundene Eintönigkeit des Dienstes zu mildern, hatte er später einen Kreis literarisch interessierter Offizierskameraden um sich geschart, in dem man sich mit alter und neuer Literatur beschäftigte und auch lyrische Versuche anstellte. Nachdem er Verbindung zu Boie, dem Herausgeber des »Göttinger Musenalmanachs«, bekommen hatte, mit Nicolai, Moses Mendelssohn und anderen bekannt geworden war, hielt es ihn nicht länger in Potsdam, und – endlich im Juli 1773 – durfte er seinen Abschied vom Soldatenleben nehmen. Nach kurzen Aufenthalten in Leipzig und Weimar, wo er mit einem Empfehlungsschreiben Nicolais an Wieland dessen Bekanntschaft machte, wurde er 1774 dem Weimarer Prinzenerzieher, dem Grafen von Görtz, der die beiden jungen Weimarer Prinzen nach Paris führen sollte, beigegeben. Im Frühjahr 1775 vermittelte Knebel dann in Frankfurt ein Treffen mit dem Dichter des »Götz« und des »Werther«, mit Goethe. Man war so beeindruckt von dem jungen Poeten, daß man ihn noch im selben Jahr nach Weimar holte. Später, nachdem Knebel als Erzieher der Prinzen zu Einfluß beim Hof gekommen war, kränkte ihn besonders seine Zurücksetzung durch den Prinzen Constantin, der nicht ihn als Begleiter für seine Bildungsreise durch Italien, Frankreich und England wählte, sondern seinen Lehrer der Mathematik, den Hofrat Albrecht. Damit begann eigentlich sein Zerwürfnis mit dem Hof, der es im Grunde nicht schlecht mit ihm meinte, denn man gab ihm ein Jahresgehalt von 600 Talern und den Rang eines Majors. Allerdings, Geschäfte für den Hof sollte er nun nicht mehr wahrnehmen.

Ja, nun lebe er in Jena, Gott sei Dank dem Hof fern, in seiner Wohnung im alten Schloß und fühle sich dort wohl. Die große, wenn auch schlecht geordnete Bibliothek entschädigt ihn für manches. Mit seiner Pension, seiner freien Wohnung und nicht zuletzt seinen Bezügen aus schriftstellerischer Arbeit sei er eine beachtenswerte Partie. Das war natürlich auf Lotte gemünzt. Schiller konnte sich sein Teil denken.

Knebels Beziehung zur Damenwelt scheint allerdings bemerkenswert. Es war nämlich zu beobachten, daß sein Auge mit besonderem Wohlgefallen stets auf den ganz jungen Mädchen ruhte. Und mit seinen vierundvierzig war er ja, wenn überhaupt noch, eher ein Partner für die reiferen Jahrgänge. Zu einem wirklich ernsthaften Verhältnis kam es jedoch nicht... Bis, wir greifen vor, 1798, zehn Jahre später; Knebel kränkelte stark und war, nach allem, was man sah, zu einem einzelgängerischen Sonderling geworden – niemand dachte mehr an eine mögliche eheliche Verbindung –, überraschte er die gesamte Weimarer Gesellschaft mit einer spektakulären Tat: Er heiratete, vierundfünfzigjährig, die um siebenunddreißig Jahre jüngere Kammersängerin Luise von Rudorff, genannt das »schöne Rudelchen«.

Luise galt als ein flatterhaft-leichtlebiges Mädchen, von dem es hieß, daß es mit seinen siebzehn Jahren bereits einige Affären hinter sich gebracht habe. So schlimm war es wohl nicht, aber die Klatschsucht der Weimarer machte, wie so oft, einen pikanten Fall daraus. Daß nun ausgerechnet dieser inzwischen, wie es schien, zum eingefleischten Junggesellen gewordene, zur Hypochondrie neigende Major von Knebel das Herz des jungen Mädchens gewonnen hatte, kam einer Sensation gleich.

Natürlich sprach sich die Sache mit Windeseile herum.

Man hatte sich nämlich schon gewundert, daß Knebel sogar während des letzten Winters das luftige Gartenhäuschen vor dem Erfurter Tor weiterbewohnte, anstatt in seine Stadtwohnung zu ziehen. Nun, Fräulein von Rudorff lebte auch in der Gegend, und das erklärte wohl seine plötzliche Liebe zur freien Natur. Seine guten Freunde, darunter Frau von Stein, Goethe, natürlich seine geliebte Schwester Henriette, Charlotte von Kalb, versuchten, bevor es zum endgültigen Eheschluß kam, ihm die Sache auszureden. Sie waren entsetzt und empört, der festen Ansicht, daß eine solche Verbindung nicht bestehen konnte, daß Knebel sich zum Hahnrei machte, der Lächerlichkeit preisgab.

Aber der Major ließ sich nicht umstimmen – und das hatte freilich noch einen anderen Grund, den niemand ahnte. Im Gegenteil, er betrieb unbeirrt die Genehmigung dieses Ehebundes bei der Herzoginmutter Anna Amalia, die auch einwilligte. Ja, sie ließ ihrer Sängerin sogar ein Ruhegehalt von dreihundert Talern zukommen, was zusammen mit der Pension Knebels die Ehe wirtschaftlich festigen konnte.

Goethe war eine Zeitlang sehr verärgert über seinen Freund, dann aber machte er sich einfach lustig über ihn, mit dem Spottvers »An den neuen St. Antonius«:

> Herr Bruder,
> Welch ein Luder
> Bringst Du in Deine Einsiedelei!
> Ohne Zweifel
> Dich versucht der Teufel,
> Gott steh uns bei!

Doch nun wartete Knebel mit einer weiteren Überraschung auf, deren Gehalt ihn wohl mit bewogen hatte, die Rudorff zur Frau zu nehmen.

Der staunenden Weimarer Öffentlichkeit verkündete er eines Tages, daß er mit dem »schönen Rudelchen« bereits Nachwuchs besitze. Vor zwei Jahren nämlich sei das damals fünfzehnjährige Luischen von einem gesunden Knaben entbunden worden – von seinem Sohn also. Das Kind hatten sie nach auswärts gegeben, um Aufsehen zu vermeiden. Jetzt bekannte er sich zu seiner Vaterschaft, und diese Nachricht ließ natürlich die Weimarer Klatschmühlen aufs neue rotieren.

Immerhin, während der ersten Jahre sah es manchmal wirklich nach einem Scheitern der Ehe aus, was niemanden gewundert hätte. Schließlich aber paßte man sich einander besser und besser an. Knebel fand, wenn er mal völlig verzweifelt war, Rat und Trost bei Herder. Für die Sorgen Luischens hatte die Herzoginmutter stets ein offenes Ohr. Sie fühlte sich, nachdem sie die Ehe genehmigt hatte, verpflichtet, zu ihrer Beständigkeit beizutragen.

Nachdem Knebel dann mit Frau und Kind ins idyllisch gelegene, einsame Ilmenau gezogen war, zunächst ein fast auf seine Familie beschränktes, zurückgezogenes Leben führte, sich über die Hofgesellschaft nicht mehr zu ärgern brauchte, klappte die Ehe vorzüglich. Knebel widmete sich ganz seinen Studien, und seine Frau gab sich mit Sohn und Haushalt zufrieden.

Die alten Freundschaften lebten wieder auf, und auch mit Schwester Henriette vertrug er sich wieder. Schließlich zog es ihn doch nach Jena zurück, wo er ja im Schloß über eine Wohnung verfügte. Er wurde sehr alt. Er starb neunzigjährig.

Doch heute, am 24. Mai 1788, ist Knebel ganz bei der Sache. Halb Charmeur, halb Gelehrter kann er immer wieder die Aufmerksamkeit, auch Lottes, auf sich ziehen. Von Schiller nach neuen, dichterischen Arbeiten gefragt, verspricht er, bald Proben davon zu geben. Seine Vorliebe aber ist ja, wie man wohl weiß, die Übersetzung lateinischer Klassiker, besonders des Properz und des Lukrez. (Jahre später wird es sie als Gesamtausgaben geben.)

Und so könnte dieser schöne Abend, in dessen späterem Verlauf Schiller, wie angekündigt, aus der »Geschichte des Abfalls der Niederlande« vorliest, zu Ende gegangen sein: Chère mère drängt milde zum Aufbruch, denn Schiller muß ja noch nach Volkstädt, eine knappe halbe Stunde über einen schmalen Fußweg, der entlang des Flusses an Gärten und Feldern vorbeiführt. Schiller wird länger brauchen. In der Dunkelheit und für ihn, den des Weges noch Unkundigen, gar nicht so einfach zu bewältigen. Die Schwestern begleiten ihn vor die Tür und geben ihm Hinweise auf Tücken des Weges. Lachend, erfüllt von gemeinsam verlebten, frohen Stunden, nimmt man Abschied voneinander. Für den nächsten Tag gibt's schon neue Pläne. Knebel wird bei Schiller in Volkstädt zu Mittag essen. Am Nachmittag wird man zusammen zu den Lengefelds gehen, und für den Abend ist ein Souper im Erbprinzengarten vorgesehen. Alle freuen sich darauf.

Schon diese ersten Tage der Anwesenheit Schillers in Volkstädt verändern das Leben der Schwestern Lengefeld. Die Tatsache, den jungen, gewinnenden Dichter in der Nähe zu wissen, beflügelt ihr Tun. Sie singen auf gemeinsame Unternehmungen, Spaziergänge, Ausflüge zu Plätzen, die sie ihm zeigen werden, zu Veranstaltungen, die man zu dritt genießen könnte. Lotte und Karoline sind sich einig in der Beurteilung dieses Mannes: Er gefällt ihnen. Und seine bescheidene, offene, durchaus auch bestimmte Art bei soviel Verstand, Ideenreichtum und Originalität erstaunt sie, nimmt sie für ihn ein. Natürlich, über allem liegt der Schmelz des Neuen, Ungewöhnlichen, der aber auch das ewige Einerlei im langweiligen Rudolstadt durchbricht. Denn man darf ja nicht vergessen, daß diese kleine, verschlafene Residenz, in der nun die Fürsten von Schwarzburg-Rudolstadt herrschen, im Grunde nichts anderes ist als ein thüringisches Ackerstädtchen, mit etwas über viertausend Einwohnern, umgeben von einer Stadtmauer mit fünf Toren fürs Kommen und Gehen. Aber wer kommt und geht schon? Es gibt ja noch nicht einmal eine feste Fahrstraße durchs Saaletal nach Rudolstadt hinein; und im Ort selbst findet man nur hier und dort mal ein Stück gepflasterten Fuß- oder Fahrweges.

Wir sind in der zweiten Hälfte des 18. Jahrhunderts, in der das Reisen eine beschwerliche Angelegenheit ist. Zwischen Weimar, Jena und Rudolstadt gibt es noch keine regelmäßig verkehrenden Postwagen. Ein einfacher Botendienst mit Briefen und Päckchen, zweimal die Woche, steht zur Verfügung. Wer's eilig hat, muß selbst reiten oder einem reisenden Bekannten sein Gut anvertrauen. Und in diesem, allerdings idyllisch gelegenen, von Höhenzügen umrahmten Saalestädtchen fließt das Leben gemächlich dahin, in seiner Eintönigkeit allenfalls unterbrochen von jahreszeitlich wiederkehrenden Festen.

Da gibt es die Aufmärsche der Königseer und der Leutenberger Schützen, Aufzüge der Jenaer Studenten, der Innungen mit ihren Fahnen oder auch der Grenadiere und Musketiere des Landesfürsten. Es wird natürlich ein Schützenfest gefeiert, und es gibt hin und wieder eine besondere Veranstaltung der Bürgerschaft. Insgesamt bescheidene Anlässe, doch für die Bevölkerung willkommene Unterbrechungen des Alltags. Der Hof und die ihm verbundenen Kreise der Stadt schaffen sich freilich auch Abwechslungen anderer Art. Ähnlich wie in Weimar, aber eher steif, engbrüstig und provinziell, pflegt man die Kunst und die Literatur. Schü-

Haus des Kantors Unbehaun in Volkstädt (Schillerhaus)

ler des Gymnasiums zum Beispiel spielen Theater. Auf dem zu diesem Zweck hergerichteten Schloßhof veranstaltet man Konzerte, und an schönen Sommerabenden dient das malerisch illuminierte Rechteck Aufführungen verschiedener Art. Höfische Tanzfeste wechseln ab mit Lese- und Deklamationsabenden. Diese Darbietungen, diese Zerstreuungen sind allerdings ausschließlich dem sogenannten »Gesellschaftlichen Kreis« der Stadt vorbehalten. Das sind die adligen Familien, die in strenger Abgeschlossenheit gegenüber dem stadtbürgerlichen Patriziat oder dem langsam an Einfluß gewinnenden Offizierskorps und Beamtentum wirken. Dem einfachen Bürger und dem Bauern, der, wie man weiß, noch in gutshöriger Abhängigkeit sein Leben fristet, spendet man, bei gnädiger Laune und zu dem von der Herrschaft von Zeit zu Zeit bestimmten Anlaß, ein Faß Freibier auf dem Marktplatz.

Ja, man könnte sagen, die Zeit stand still in Rudolstadt. Während sich draußen, in der großen Welt, in den Metropolen der Länder und Provinzen, die Einflüsse einer geistesgeschichtlichen Epoche bemerkbar machten, die mit der Bezeichnung »Aufklärung« eine neue Ausrichtung der Denkweisen bewirken sollte, lebten die dreiundzwanzig »hochadligen Familien und besonderen Haushaltungen«, von denen im Jahre 1786 eine Rudolstädter Statistik spricht, im »gottgewollten« Stande des Herrschens und kümmerten sich wenig um das, was draußen vor sich ging, und möglichst schon gar nicht um etwas, das ihre angestammten Rechte hätte beeinträchtigen können. Man war durch den Dienst bei Hofe und durch verwandtschaftliche Beziehungen eng miteinander verbunden, vergab untereinander die Pfründen und sah auf eine standesgemäße Fortsetzung der Generationen.

»Der Ort, wo wir lebten«, schreibt Lotte in ihren »Erinnerungen aus den Kinderjahren«, »war klein, der gesellschaftliche Ton soweit hinter anderen Orten in der Nähe zurück, daß es einem späterhin dünkte, man sei fünfzig Jahre noch zurück in allem, was gesellschaftliche Bildung betraf.« Dies mochte auch auf andere Bereiche zutreffen. Durch ihren einjährigen Aufenthalt in der Schweiz, durch ihre Reiseerfahrung und durch frühzeitig geweckte Freude am Lesen mögen die beiden Schwestern, trotz dieser Rudolstädter Einsamkeit, einen Hauch des großen Aufatmens in der Welt verspürt haben.

Als Knebel am Mittag des folgenden Tages bei Schiller in Volkstädt eintrifft, ist man dort bereits beschäftigt mit der Herrichtung eines guten Essens. Und mit einer Flasche Roten dürfte Schiller seinen Besuch willkommen geheißen haben. So sitzt man wohl zunächst bei einem Gläschen beisammen; Unbehaun ist stolz, einen so berühmten Mann wie Schiller in seinem Haus beherbergen zu dürfen, und es gefällt ihm, daß er durch die Anwesenheit des Dichters auch mit anderen Großen des Weimarer und Jenaer Kreises zusammenkommt.

Man setzt sich zu Tisch und nimmt auch anschließend den Kaffee im Hause des Kantors. Das schöne Wetter lädt bald zu einem Gang nach draußen ein, wo Schiller und Knebel die herrliche Umgebung des kleinen Ortes, den Blick auf das Rudolstädter Schloß über der Stadt, die malerisch-sanften Windungen der Saale durch saftige Wiesen und von alten Pappeln beschattetes Buschwerk bewundern. Die Gegend lockt zu ausgiebigen Wanderungen. Schiller wird dies tun, sobald er sich noch besser eingelebt hat und sobald er die verlockenden Ziele weiß, bei deren Erkundung ihm die Schwestern Lengefeld helfen sollen.

Zum anderen sieht er in dieser neuen Bleibe beim Kantor Unbehaun die Möglichkeit, endlich und ohne die städtischen Ablenkungsgefahren in aller Ruhe und Konzentration arbeiten zu können. Er will sich hier vor allem Geschichtsstudien widmen. Der zweite Teil der »Niederländischen Rebellion« soll wachsen, den »Geisterseher« muß er fortsetzen, und Beiträge zu Wielands »Teutschem Merkur« sind zu schreiben.

Doch heute soll noch gefeiert werden. Und dieser »Feierabend« könnte so ausgesehen haben: Der Erbprinzengarten lockt – im Grunde nur als Rahmen für die beiden Damen, auf deren Anwesenheit er sich freut. Diese, von herrlichen alten Baumbeständen förmlich überdachte, auch »Baumgarten« genannte, gastliche Stätte ist ein paar Stunden später Ziel der kleinen Gesellschaft, die aus der Familie Lengefeld, Schiller und Knebel besteht. Man nimmt Platz an einem Tisch mit Aussicht auf den sternenbesäten Himmel, und schon während die Bedienung die Speisen aufträgt, ist man mittendrin im angeregten Gespräch. Frau von Beulwitz, erprobte Lenkerin solch gegenseitig befeuernder Erörterungen, ist ganz in ihrem Element, während Lottes Augen an den Lippen des Dichters hängen. Die Herren Schiller und Knebel sind aufgekratzt. Das im März für den »Teutschen Merkur« entstandene Gedicht »Die Götter Griechenlands« findet des Majors Anerkennung. Schiller ist einigermaßen erstaunt, daß Knebel es bereits kennt. Neben Gesprächen über moderne Literatur kommt man zu den Alten, den Griechen, den Römern. Schillers Absicht, nun auch regelmäßig für die Jenaer »Allgemeine Literatur Zeitung« zu rezensieren, zwingt ihn allerdings zur Lektüre vieler neuer Bücher. So spricht er an diesem Abend begeistert von einer Biographie über Diderot, geschrieben von dessen Tochter. Er hatte sie noch im Manuskript von Herder bekommen, der sie dem Prinzen August von Gotha verdankte. Schiller bekennt, daß ihm das Werk Diderots mehr bedeutet als das Rousseaus. Dies liege vielleicht auch daran, so erklärt er der stets auf Diskussion gestimmten Karoline, daß Diderot sich gegen die Vollkommenheit der Natur wendet, zum Beispiel mit seinem »Lettre sur les aveugles«. Und die gewaltige, mit D'Alembert zusammen vollbrachte Leistung in der Herausgabe einer Französischen Enzyklopädie. Zweifellos imponierte Schiller besonders auch die Tatsache, daß Diderot, Sohn eines Kesselschmieds, sich all sein Wissen als Autodidakt angeeignet hatte. »Eine Flamme, die nie verlöschte... Alles trägt den Stempel einer höheren Vortrefflichkeit.« Und viele seiner Arbeiten waren aus der Not, die eigene Existenz zu sichern oder die Gunst einer Frau zu bewahren, entstanden. Zweifellos zog Schiller in der Betrachtung dieses universalen Geistes, der vor allem mit seinen philosophischen Schriften auch im Deutschland jener Zeit das Geistesleben beeinflußte, Parallelen zu sich selbst. Goethe übrigens übersetzte mehrere Werke ins Deutsche (u. a. »Diderots Versuch über die Mahlerey«, »Le Neveu de Rameau«).

Für die Chère mère, die stets aufrecht und mit wacher Anteilnahme den Gang der Gespräche verfolgt, liegen die Themen meist jenseits ihres Urteilsvermögens, was sie keineswegs bekümmert. Als geschulte Beobachterin macht ihr das Betrachten, das Einschätzen der Persönlichkeiten Spaß. In ihrer unanstastbaren Strenggläubigkeit fühlt sie sich gefeit gegenüber den hier oft geäußerten, ketzerischen Ansichten. Jetzt allerdings, gegen zwölf Uhr nachts, findet sie, es sei Zeit zum Aufbruch. Ob er, der Herr Rat Schiller, denn den schmalen Pfad nach Volkstädt noch sicher finden werde? Auch Lottchen meint, daß man Schillers wegen gehen sollte, denn der kleine Waldbach, die Schaale, sei angeschwollen, und ein des Weges Unkundiger laufe Gefahr – noch dazu im Dunkeln – hineinzurutschen.

Also macht man sich auf.

Ob Lotte froh war beim Abschied vor dem Beulwitzschen Haus über die alles einhüllende Dunkelheit der Nacht? Sicher, sonst hätte man vielleicht sehen können, wie sie unter dem starken Händedruck Schillers errötete.

Mit dem folgenden Tag, dem 26. Mai 1788, beginnt nun ein fast tägliches Zusammensein der Schwestern Lengefeld mit Schiller. Sieht man sich einmal nicht, werden Nachrichten gegeben, in der Form kleiner Briefe, die ein Botenjunge hin und her trägt. Zu dem überraschenden Besuch der Frau von Stein, Lottes Patin, heute, hätte man Schiller gern nach Rudolstadt geholt. Er hatte aber schon am Vormittag die Schwestern brieflich wissen lassen, daß er heute »unter Menschen nicht tauge, und unter solchen, die ich liebe, noch weniger«. Er fühle sich nicht wohl, nicht in Stimmung, und zu arbeiten habe er ja mehr als genug.

Knebel dagegen ist noch in Rudolstadt geblieben. Er, seine gute Freundin Charlotte von Stein – aus Kochberg herübergekommen – und Lottchen finden für die Dauer des Mittagessens zu unterhaltsamem Gedankenaustausch. Später sieht er sich, zusammen mit dem Hofrat von Beulwitz, das Naturalienkabinett in der Ludwigsburg an, und erst nachdem er noch zum Nachbarn der Lengefelds, dem Kammerherrn von Brockenburg, hereingeschaut hat, verabschiedet er sich. Am nächsten Morgen reitet er zurück nach Jena.

Daß sich Schiller plötzlich als schlecht aufgelegt, indisponiert bezeichnet hatte, mag auch seinen Grund in der Anwesenheit Knebels gehabt haben. Er hatte ja bemerkt, daß sich der Major noch immer Hoffnung auf Lotte machte. So konnte er sich selbst vor dem Schauspiel einer andauernden Knebelschen Werbung bewahren. Lotte mag dies sogar durchschaut haben. Denn gleich am Morgen des 27. Mai schickt sie nach Volkstädt eine Nachricht, in der sie von Knebels Abreise berichtet und Schiller zum Abend in den Kumbacher Garten bittet. Er solle aber auch ja seine Geistergeschichte (den »Geisterseher«) zum Vorlesen mitbringen. Dem kleinen Botenjungen gibt er schon die Antwort mit: Am Treffpunkt, dem Wasserdamm, hofft er Punkt sechs Uhr zu sein. Und die nächste, gemeinsam zu unternehmende Partie möchte er, seinerseits, den Damen vorschlagen dürfen.

Statt dessen erhält er am übernächsten Tag, dem 29., abermals eine Einladung – dieses Mal von Schwester Karoline –, mit zum schönen Orangeriegarten in Kumbach zu gehen. Es wird ein besonderer, fast festlicher Tag mit sommerlicher Temperatur, an dem es im betäubenden Duft der Baumblüte zu munteren, heiteren, übermütigen Gesprächen, aber auch zu ernsthaften philosophischen Betrachtungen kommt. Die Stimmung treibt ihrem Höhepunkt entgegen, als man später, zu Haus im Beulwitzschen Garten, im Begriff ist, eines jener damals vielgesungenen, beliebten Lieder anzustimmen – wie »Rosen auf den Weg gestreut«. Eben ist die gemeinsame Stimmlage gefunden, da treten neue Gäste an den von Kerzen erleuchteten Gartentisch: der Baron von Gleichen-Rußwurm mit seiner Braut Friederike von Holleben – seit ihrer Kindheit mit den Schwestern Lengefeld eng befreundet. Kaum hat man sich wieder gesetzt, wird die Ankunft des Erbprinzen gemeldet. Natürlich erhebt man sich zur Begrüßung Ludwig Friedrichs von Schwarzburg-Rudolstadt, der aber jovial abwinkt und die Gesellschaft bittet, in ihm einen Freund zu sehen, der nichts anderes möchte, als in diesem fröhlichen Kreis mitfeiern zu dürfen. Er gibt sich ganz ungezwungen, der Sohn des regierenden Erbprinzen Friedrich Karl von Rudolstadt. Und aus seinen Tagebuchaufzeichnungen wissen wir, daß er von Schiller beeindruckt war. Die Anwesenheit des Prinzen im engeren Kreis der Rudolstädter Gesellschaft, in jenen Jahren, war nichts Ungewöhnliches. Ja, man hatte sich daran gewöhnt, ihn plötzlich gemeldet zu bekommen. Als gebildeter, bescheidener, umgänglicher Sproß des Hauses Schwarzburg-Rudolstadt war er durchaus beliebt.

Heute verabschiedet er sich bereits kurz vor elf Uhr. Doch die Gesellschaft bleibt noch beisammen. Erst als es kühler und windiger wird, die den Damen umgelegten Decken eine aufkommende Ungemütlichkeit nicht verscheuchen können, bricht man auf. Und in dieser Nacht ist es ein Glück für Schiller, daß ihm Kantor Unbehaun – offenbar in Sorge um den verehrten Gast – auf halbem Weg, mit einer Laterne in der Hand, entgegenkommt, um ihn heil nach Haus zu bringen.

Noch am 30., einem Freitag, meldet Schiller den Schwestern, daß er sich, bei diesem Regen, wie in Weimar fühle, eingeschlossen in die vier

Wände, »und wenn nicht manchmal eine Kuh blökte oder meine Pfauen mit ihrer Silberstimme die Honneurs machten, so würde ich gar nicht gewahr, daß Leben um mich ist«.

Regelmäßig findet an diesem Tag der Woche im Beulwitzschen Hause die sogenannte Freitags-Assemblée statt, eine Gesellschaft, in der nur Französisch gesprochen wird. Karoline, die Initiatorin, und Lotte empfangen dann einige junge Damen und Herren, denen Wissen, vorwiegend aus der Literatur, vermittelt werden soll. Meist sind auch die Prinzen des Hauses Schwarzburg-Rudolstadt dabei, von denen Karoline sagt, es seien »recht gute Geschöpfe, zumal der Älteste ist gar vernünftig und gut«. Nun, auch die Prinzen waren gewiß froh über jede, selbst die kleinste Abwechslung, die ihnen das Nest Rudolstadt bot.

Der folgende Sonnabend bringt den Schwestern eine arge Enttäuschung. Schiller meldet sich krank.

Ein heftiger Schnupfen, verbunden mit Hals- und Kopfschmerzen, fesselt ihn ans Bett. In ihrer Antwort bedauert Lotte, daß er nicht näher bei ihnen wohnt, »unsere Gesellschaft könnte Sie vielleicht ein bißchen erheitern, aber glauben Sie nur, daß wir Sie gern sähen, und es uns herzlich leid ist...«

Erst Mitte Juni ist Schiller wieder ganz wohlauf, so daß Verabredungen für Nachmittage oder Abende getroffen werden können. In der Zwischenzeit hatten die Schwestern freilich eine schon recht enge Verbindung aufrechterhalten. Den gutmütigen Beulwitz hatten sie zwei-, dreimal geschickt, nach Schillers Befinden zu sehen, nicht ohne ihm ein paar Leckereien und Obst mitzugeben. Die beiden Herren kamen ja auch von Anfang an gut miteinander aus. Man schätzte sich. Es spricht jedenfalls für Beulwitz, daß er den bürgerlichen Schiller einen Standesunterschied niemals merken ließ, ihm von Anfang an wie seinesgleichen begegnete, was damals ja durchaus der Regel zuwider war.

Über die nun folgenden Wochen, ja Monate, berichtet Karoline in ihrem Werk »Schillers Leben«: »In unserem Hause begann für Schillern ein neues Leben. Lange hatte er den Reiz eines freien, freundschaftlichen Umgangs entbehrt; uns fand er immer empfänglich für die Gedanken, die eben seine Seele erfüllten. Er wollte auf uns wirken, uns von Poesie, Kunst und philosophischen Ansichten das mitteilen, was uns frommen könnte, und dies Bestreben gab ihm selbst eine milde, harmonische Gemütsstimmung. Sein Gespräch floß über in heiterer Laune; sie erzeugte witzige Einfälle, und wenn oft störende Gestalten unsern kleinen Kreis beengten, so ließ ihre Entfernung uns das Vergnügen des reinen Zusammenklangs unter uns nur noch lebhafter empfinden. Wie wohl war es uns, wenn wir nach einer langweiligen Kaffeevisite unserm genialen Freunde unter den schönen Bäumen des Saaleufers entgegengehen konnten! Ein Waldbach, der sich in die Saale ergießt und über den eine schmale Brücke führt, war das Ziel, wo wir ihn erwarteten. Wenn wir ihn im Schimmer der Abendröte auf uns zukommen erblickten, dann erschloß sich ein heiteres, ideales Leben unserm inneren Sinne. Hoher Ernst und anmutige, geistreiche Leichtigkeit des offenen, reinen Gemüts waren in Schillers Umgang immer lebendig, man wandelte wie zwischen den unwandelbaren Sternen des Himmels und den Blumen der Erde in seinen Gesprächen... Gibt es irgendeine Lebensepoche, in der wir alle unsere Gemüts- und Geisteskräfte zu völliger Befriedigung im Einklang fühlen, so ist dies in der Blütezeit einer beginnenden geistigen Freundschaft. Die Zukunft lächelt uns, vom Zauber der Ahnung und Hoffnung umsponnen, und kein Stachel des Verlangens leidenschaftlicher Zuneigung stört den friedlichen Genuß der Gegenwart. Nicht gespannt und gedrückt durch heftiges Streben Liebe zu gewinnen, entfaltet sich unser Wesen frei, ruhig und still in seinen tiefsten Kräften, und, vom Strahl der Wahrheit beleuchtet, spiegelt sich Seele in Seele. Auf diesem milden Lichtpfad wollte Schiller das Herz meiner Schwester gewinnen. Als die ältere Tochter, die das Haus seit meiner Verheiratung mit Herrn von B. führte, leitete ich auch gewöhnlich die Unterhaltung. Selten war es mir so wohl geworden, mich so ganz über alles aussprechen zu können.«

Diese Zeilen Karolines sind freilich aus einem zeitlichen Abstand von dreißig bis vierzig Jahren entstanden. »Schillers Leben«, von Karoline von Wolzogen, erschien 1830. Die Jahre hatten vergoldet und – vereinfacht. Und zu ihrer sehr persönlichen Beziehung zu Schiller, die sich langsam, aber sicher entwickelte, ja schließlich einem dramatischen Höhepunkt entgegentrieb, schweigt sie in diesem Erinnerungswerk vollends. –

Ja, für die ältere Schwester Karoline hatte die Anwesenheit Schillers geradezu Heilkraft. Sie vergaß ihren ehelichen Kummer, wandte sich ganz dem jungen Freund zu, empfand plötzlich eine Wesensverwandtschaft mit ihm, der das auszudrücken vermochte, was in ihr seit den Kindertagen schlummerte und sich nach Darstellung sehnte: Seele und Mensch, seine Bestimmung zur Verwirklichung einer Sendung, der hohe Anspruch an ihn, aus Anlage, Begabung und Neigung das beste zu machen. Was Schiller etwas später in seinem Gedicht »Die Künstler« beschwört, wie der Mensch aus seinem Urzustand erst zum Menschen wird

– durch den ihm vermittelten Geist aus dem »Sinnenschlafe« erwachend, fähig zu Kunst und Würde. Karoline spürte, wie sehr Schiller auch ihre Meinung provozierte, wie er sie herausforderte und wie sie selbst an Argument und Urteil wuchs, sich gedanklich auszutoben vermochte.

Manchmal, wenn die drei zusammen über die schmalen Waldwege einem nahen Rastplatz oder Kaffeegarten zustrebten, schien es, als gäbe es nur zwei Gesprächspartner. Die beiden, wie kleine Mädchen neben einem großen Vater dahinwandernden Schwestern unterschieden sich auch da sehr voneinander. Karoline, meist heftig gestikulierend, im angeregten Gespräch mit Schiller – dann, hinterherhängend, oft wie verloren wirkend, Lolo, scheinbar mehr den Weg, die Natur beachtend, schweigsame Zuhörerin. Über lange Wanderstrecken blieb sie stumm, so als gehöre sie nicht zu den beiden anderen. In Wirklichkeit lauschte sie den Gesprächen, wobei sie mit Genugtuung feststellen konnte, wie hoch dieser bedeutende Mann die Meinung ihrer Schwester einschätzte und wie sehr er auf Meinungsäußerung brannte.

Sie machte auch die Beobachtung, daß Karoline sich gegenüber Schiller so ganz anders gab, verhielt, wie etwa gegenüber dem eigenen Mann, ihrem Schwager, dem Herrn von Beulwitz. Zwischen den beiden Ehegatten war es, ihres Wissens, bisher nie zur Erörterung philosophischer, künstlerischer Probleme gekommen. Gewiß, über Literatur gab es und hatte es Anknüpfungspunkte gegeben. Da war der Schwager wohl auch gegenüber den Prinzen als deren Erzieher verpflichtet, zumindest »auf dem laufenden« zu sein.

Diskussionen, Gespräche von hohem Anspruch über die Rolle des Menschen schlechthin, über seine Bestimmung, über den Part der Seele, über Möglichkeiten, Verpflichtungen, Perspektiven, Herkunft und Anlagen einbeziehend – nein, das war wohl mit Beulwitz nicht möglich.

Lottes eigenes Verhältnis zu ihrem Schwager war indifferent. Sie fand ihn nicht gar so übel, und zu Anfang hatte sie sich über die wachsende Abwehrhaltung, die zunehmend aggressiv-ungeduldiger werdende, immer offener gezeigte Verachtung ihrer Schwester gegenüber diesem Mann gewundert. Denn schließlich war er als Erzieher der Prinzen ein bei Hofe und in ihrem Rudolstädter Kreis hochgeachteter, gebildeter Vertreter seines Standes. Ihn jedoch zu mögen, daran hinderte sie ihr enges, schwesterliches Verhältnis zu Karoline, mit der sie empfand, fühlte, lebte, in engstem Einvernehmen.

Und Schiller? Konnte Lotte sich klar sein über die Gefühle dieses Mannes ihr gegenüber? Wenn er schrieb: »Ich möchte Ihnen oft so viel sagen, und wenn ich von Ihnen gehe, habe ich nichts gesagt. Bin ich bei Ihnen, so fühle ich nur, daß mir wohl ist, und ich genieße es mehr still, als daß ich es mitteilen könnte«, dann war das bei Gott noch keine Liebeserklärung. Es konnte Ausdruck von Dankbarkeit, Höflichkeit, ja, Zuneigung sein. Lotte wünschte sich mehr. Und wenn sie selbst gegen Ende Juli schrieb: »Mein Stübchen erwartet Sie, und mein Schreibtisch, es ist mir lieb, daß Sie auch in meinem Eigentum einmal leben, es wird mir eine freundliche Erinnerung geben, wenn wir nicht mehr zusammen sind! Es ist ein böser Gedanke, der sich da einmischt, und ich entferne ihn gern...«, dann ist auch dies ein Sichbewegen innerhalb der gebotenen Grenzen, ein Abwarten, ein ruhiges Sichfügen, mehr passiv zu bleiben, als einzugreifen. Doch im Grunde und entgegen der ihr angeborenen Art tat sie bereits mehr. Sie umgab den Anfälligen, oft Kränklichen mit Fürsorge, die er so nicht kannte. Und er mußte dies Bemühen um sein Wohl spüren, er mußte sich verwöhnt fühlen, denn wann jemals hatte es eine Frau gegeben – seine Mutter ausgenommen –, die sich so um sein Wohlbefinden kümmerte? Sah er hier schon in undeutlichen Umrissen die Möglichkeit zu jener bürgerlichen und häuslichen Existenz, nach der er sich sehnte?

Im Brief an Körner vom 27. Juli klingt alles ganz anders. Mit Bezug auf die Lengefelds schreibt er: »Mutter und Töchter sind mir gleich lieb und wert geworden und ich bin es ihnen auch. Es war recht gut getan, daß ich mich gleich auf einen vernünftigen Fuß gesetzt habe und einem ausschließenden Verhältnis so glücklich ausgewichen bin. Es hätte mich um den besten Reiz dieser Gesellschaft gebracht. Es sollte mich wundern, wenn Euch diese Leute nicht sehr interessierten. Beide Schwestern haben etwas Schwärmerisches, was Deine Weiber nicht haben, doch ist sie bei beiden dem Verstande subordinieret und durch Geisteskultur gemildert. Die jüngere ist nicht ganz frei von einer Coquetterie d'esprit, die aber durch Bescheidenheit und immer gleiche Lebhaftigkeit mehr Vergnügen gibt als drückt. Ich rede gern von ernsthaften Dingen, von Geisteswerken, von Empfindungen – hier kann ich es nach Herzenslust, und ebenso leicht wieder auf Possen überspringen.«

Möglich, daß Schiller sich einbildete, noch völlig frei und unbehindert über Herz und Verstand zu regieren. Möglich, daß er sich noch nicht der sanft gesponnenen Fäden einer sich verstärkenden Neigung bewußt war. Möglich aber auch, daß er sich seinem Freund Körner gegenüber absichtlich zurückhielt, dessen kritische Durchleuchtung dieses Verhältnisses und seine unausbleiblichen Ermahnungen fürchtend.

Gegen Mitte August jedenfalls zog er, natürlich auch des wechselhaften Wetters und der damit verbundenen Schwierigkeiten, sich täglich zu sehen wegen, ganz nach Rudolstadt.

Mitte Juni war Goethe aus Italien nach Weimar zurückgekehrt. Der von Schiller Anfang Juli über den weimarischen Prinzenerzieher Ridel an Goethe gerichtete Gruß wird erwidert. Goethe bedauert, nichts von Schillers Anwesenheit in Rudolstadt gewußt zu haben. Natürlich hat er von diesem Schiller gehört, aber ihn beschäftigen zur Zeit ganz andere Dinge; abgesehen davon, daß es ihm sauer wird, sich nach zwei Jahren Italien in der Enge und Provinzialität Weimars wieder einzuleben. Und mit seiner geliebten Charlotte von Stein will sich das alte, vertraute Verhältnis nicht wieder herstellen lassen. Sie ist verändert, fühlt sich verletzt, unverstanden. Gewiß, auch Goethe ist ein anderer geworden. »Aus Italien, dem formenreichen«, schreibt er, »war ich in das gestaltlose Deutschland zurückgewiesen, heitern Himmel mit einem düstern zu vertauschen; die Freunde, statt mich zu trösten und wieder an sich zu ziehen, brachten mich zur Verzweiflung. Mein Entzücken über entfernteste Gegenstände, mein Leiden, mein Klagen über das Verlorene schien sie zu beleidigen, ich vermißte jede Teilnahme. Niemand verstand meine Sprache...«

Seine neue Beziehung zu Christiane Vulpius beflügelt ihm Herz, Verstand, Sinne und läßt ihn sich weiter von seiner so lange verehrten Charlotte entfernen. Hinzu kommen die Amtsgeschäfte. Nach langer Abwesenheit bedarf es neuer Einarbeitung, Orientierung. Goethes Denken und Trachten in diesen ersten Wochen nach seiner Rückkehr ist also auf vieles gerichtet – zuallerletzt aber wohl auf eine Begegnung mit Schiller. Der freilich brennt darauf, nun diesen ganz Großen, von ihm Verehrten, kennenzulernen. Seine erste Begegnung mit ihm, am 12. und 14. Dezember 1779, zum Stiftungstag der Hohen Karlsschule in Stuttgart, wo Goethe zusammen mit dem Herzog Karl August den Feierlichkeiten beiwohnte, war ja nichts anderes gewesen als ein Anstaunen des Mannes, der den »Werther« geschrieben hatte.

Es soll noch etwas dauern, bis beide zusammenkommen.

Anfang August wird Schiller durch die Nachricht vom Tod Henriettes von Wolzogen überrascht. Sohn Wilhelm, der die letzten Tage am Krankenbett seiner frisch an der Brust operierten Mutter gewacht hatte, teilt ihm dies mit und bittet ihn, nach Bauerbach zu kommen. Schiller muß ablehnen, wohl aus gesundheitlichen Gründen, obwohl es ihm schwerfällt, gerade diese Bitte seines Freundes abzuschlagen. Angesichts dieses für beide schweren Schlages bietet Schiller dem jungen Wolzogen das brüderliche »Du« an. »Ach, sie war mir alles, was nur eine Mutter mir hätte sein können«, schreibt er, »alle Liebe, die mein Herz ihr gewidmet hatte, will ich ihr an ihrem Sohne aufbewahren und es als eine Schuld ansehen, die ich ihr noch im Grabe abzutragen habe.«

Ein paar Tage vorher hatte Wilhelm, von seinem Herzog Karl Eugen für kurze Zeit zur kranken Mutter beurlaubt, in Rudolstadt Abschied genommen von der Familie Lengefeld und Schiller. Abschied für einen längeren Aufenthalt in Paris, wo er, auf Wunsch des Herzogs, seine Kenntnisse im Architekturstudium vervollkommnen sollte. Schillers Bitte, doch nun, bevor er weiterreise, noch einmal zurückzukommen, lehnte er ab. Zweifellos will er jetzt nicht ein zweites Mal mitansehen müssen, wie sehr seine geliebte Karoline sich Schiller zugewandt hat. Denn ihm konnte natürlich nicht entgehen, was ein aufmerksamer, noch dazu verliebter Beobachter bemerken mußte: Sowohl Lotte als auch Karoline standen im Banne Schillers.

Kurz vor Beginn des Vogelschießens in Rudolstadt zieht Schiller also um in den Gasthof zur Gabel. Soweit überliefert, ist entweder in dieser Gaststätte seine neue Wohnung oder in einem Haus am Schloßberg. Jedenfalls liegt sie in Sichtweite des Beulwitz-Lengefeldschen Grundstücks, denn Schiller schreibt in einem Billet vom 19. August an Lotte, er habe schon mehrfach von seinen Fenstern aus nach denen Lottes und Karolines ausgeschaut, könne aber durch Bäume und Schilder vor und an den Wirtshäusern nicht viel sehen. »Mein Logis«, schreibt er weiter an Lotte, »hätte gar keinen Fehler, wenn es Ihnen gegenüber wäre. Ich brächte dann Spiegel in meinem Zimmer an, daß mir Ihr Bild gerade vor den Schreibtisch zu stehen käme, und dann könnte ich mit Ihnen sprechen, ohne daß es ein Mensch wüßte.«

Das klingt schon nach Verliebtsein.

Das Rudolstädter Vogelschießen ist das Ereignis des Jahres für den Hof und die Bürger der Stadt. Es dauert insgesamt vier Wochen, von denen wohl die erste die wichtigste, festlichste ist. Zu den Theateraufführungen, der sogenannten Spielfreiheit, zu den grünen Lauben, den Zelten, den Bratwurst- und Zuckerbuden, den Getränkeständen, den im gesamten Stadtbereich flatternden bunten Fahnen, zu den sich in froher Feststimmung ergehenden Rudolstädtern, zieht es von überallher Gäste, die sich dem Reiz dieser jährlich einmal stattfindenden, volkstümlichen Lustbarkeit hingeben wollen. Es ist ein buntes Bild, das die geschmückte Stadt bietet, und von Jahr zu Jahr empfangen auch die Lengefelds und die

Beulwitzens zu diesem Ereignis Besuch, meist aus Weimar. Dieses Mal hatte man sich auf Patin Stein gefreut, die mit ihrer Schwägerin, der Frau von Schardt, kommen wollte. Leider sagten sie ab.

Schiller jedenfalls muß teilnehmen. Auf Veranlassung des Fürsten wird er sogar Mitglied der Schützengilde, was jeweils Anlaß zu einer bestimmten Zeremonie gibt. Während des Festmahls nämlich wird dem neuen Mitglied der silberne Pokal, gefüllt mit Rheinwein, gereicht, und wenn dann zu Ehren des neuen Schützen Böllerschüsse abgefeuert werden, hat er auf das Wohl des Fürsten einen Trinkspruch auszubringen. Schiller nimmt dies hin, er fügt sich, seinen Freundinnen, den Damen Lengefeld und Beulwitz zuliebe. Am Abend findet der große Festball statt, und da gibt es ein Reglement, das Schiller verdrießt: Es wird in zwei Sälen getanzt, der eine ist jedoch ausschließlich dem Adel vorbehalten, während im anderen die Bürgerlichen feiern dürfen. Diese Gepflogenheit, die Standesunterschiede hart unterstreichend – denn der zweite, »bürgerliche« Saal war auch nur dem gehobenen Bürgertum geöffnet, keineswegs den Handwerkern oder Bauern –, trennt ihn von Lotte und Karoline, und das verdirbt ihm das Fest vollends. Es geht vorüber.

Aber so sieht es aus, nicht nur in Deutschland, im Deutschen Reich, das sich nach dem Dreißigjährigen Krieg in einen Vielländerstaat mit souverän regierten Kleinflächen verwandelt hatte. War denn aber nicht einiges in Bewegung geraten, draußen und drinnen? Führte nicht eine neue geistige Macht, die Aufklärung, die Vernunft, die Menschen zu einer anderen, freieren Betrachtung aller Dinge? Galt denn noch immer und ausschließlich die Autorität aller kirchlichen Überlieferung, die damit das Leben der Menschen beherrschte, daß sie die »gottgewollten« Standesunterschiede weiterhin verteidigte, sicherte? Sollte es nicht endlich auch für jedermann den Blick in eine Welt geben, deren Rätsel nicht nur mit den Glaubenssätzen der kirchlichen Lehre »erklärbar« wurden, sondern nur nach Erkenntnissen der Vernunft im naturwissenschaftlich-philosophischen Sinne erläutert werden konnten?

Gewiß, die Entwicklung war im Gange, sie konnte sich nur langsam vollziehen. Nicht zuletzt dadurch, daß die »Durchlässigkeit« von oben nach unten einfach nicht gegeben war.

Im Wesen des Ständestaates als herrschender Staatsform lag die Begünstigung der den Staat tragenden Stände Adel, Klerus und städtische, patrizische Oberschicht in jeder Hinsicht. Wie sollte sich jemand, der nicht einmal lesen und schreiben konnte, ja, der absichtlich in Unwissenheit gehalten wurde, plötzlich quasi am eigenen Schopf aus dem Dunkel der Ignoranz ziehen? Es bedurfte in der Tat dringend der Reformen eines Freiherrn vom Stein, eines Hardenbergs, die bald für Gleichheit vor dem Recht, für Wirtschafts- und Gewerbefreiheit eintraten und schließlich, wenn auch zunächst nur in Preußen, tatkräftig auf eine Befreiung der Bauern hinarbeiteten. Gegen den erbitterten Widerstand des Adels blieb alles noch Stückwerk, aber ein Anfang war gemacht.

Es ging und geht einfach um eine Vermenschlichung des Staates, um eine Verhinderung von Despotie, Willkür; heute vielleicht Überbürokratie genannt. Und es ist ja Schiller, durch dessen Werk die Idee der Freiheit geht, der als Karlsschüler den Druck eines autoritären Herrschers zu spüren bekam, sich ihm aber nicht beugte. Angeregt, damals, durch die heimliche Lektüre Shakespeares, der Herderschen Aufsätze über Shakespeare, durch Rousseaus Thesen, Wielands »Agathon«, die Dramen Klingers, Bürgers Gedichte und seines Landsmannes Schubart satirisch-aggressive Artikel, wurde er zum Dichter der Freiheit. Freilich sollte auch er, der nicht nur Gedankenfreiheit forderte, mit der Zeit erfahren, wie unerfüllbar sein Traum von der Verwirklichung der verschiedenen Formen menschlicher Freiheitswünsche, oder gar deren Verbindung miteinander, war.

Die neue, Bewegung verursachende Entwicklung, ging in erster Linie von England und Frankreich aus. Man steht ja ein Jahr vor dem Ausbruch der Französischen Revolution. Und weil es bis über die Mitte des Jahrhunderts hinaus keine allgemein anerkannte deutsche Schriftsprache gibt, in den nachahmenswerten höfischen Kreisen der Hang zum Französischen vorherrscht, übertragen sich besonders die neuen Lehrmeinungen aus Frankreich. Die schon einmal erwähnte »Enzyklopädie« Diderots und D'Alemberts erregt Aufsehen und vermittelt deutlich die Erkenntnis, daß Wissen Macht bedeutet.

Kurz vorher hat Jean-Jacques Rousseau mit seinem »Discours sur les arts et les sciences« kaum weniger Beachtung gefunden, weil er dort in drastischer Weise vor einer Verwissenschaftlichung und einer Vergesellschaftlichung der Menschheit warnt. Er wirbt nicht etwa, wie ihm vielfach zugeschrieben wurde, für ein vorbehaltloses »Zurück zur Natur«, möchte vielmehr die Hauptaufgabe der Menschheit darin sehen, daß man mit Aufwertung der Werte Freiheit, Unschuld, Tugend zur »natürlichen Rechtsgleichheit« aller Menschen zurückkehren kann.

Unter den sich verbreitenden Schriften englischer Gelehrter und Dichter ragen hervor Alexander Pope mit seinem »Versuch über den Menschen«, der ihn, den Menschen, in den Mittelpunkt seiner Betrachtungen über die Aufklärung stellt. Das »größtmögliche Glück für die größtmögliche Zahl von Menschen zu erreichen«, sieht Jeremy Bentham, ein englischer Jurist und Philosoph, als erstrebenswertestes Ziel aller aufklärerischen Bemühungen. Benjamin Franklin und Thomas Jefferson dürften als herausragende amerikanische Protagonisten der Aufklärung gelten. Franklin, hochgebildeter Naturwissenschaftler und einflußreicher Politiker, übrigens Mitglied sowohl der Royal Society als auch der Académie Française, tritt ein für eine in Arbeit, Ordnung, Redlichkeit und Sparsamkeit sich erfüllende Lebensauffassung. Jefferson – später dritter Präsident der Vereinigten Staaten – kämpft insbesondere für die Abschaffung sozialer Vorrechte.

Wird nun auch in Deutschland, im Deutschen Reich, in diesem Dorado der Kleinstaaterei, die feudale Oberschicht mit ihren überkommenen politischen und kulturellen Vorrechten von den rauheren Winden der Aufklärung erfaßt? Muß sie sich den neuen Betrachtungsweisen beugen, von ihren Privilegien abgehen? Gibt es die Anstöße, sieht man die überlieferten Gesellschaftsmechanismen von Tradition, Kleinstaaterei, Fürstenwillkür, kirchlicher Autorität, Protektionswirtschaft, Standesdünkel und Prunksucht in einem neuen Licht? Durchschaut man sie nun mit den Mitteln logischen Denkens?

Das tägliche Leben des einfachen Menschen, des Bürgers, des Bauern, ist geprägt von einer Mischung aus Arbeit, Frömmigkeit und Aberglauben. Die Trennung der Stände gilt nach wie vor. Bauern, Bürger und Adel stehen in streng voneinander abgeschlossenen Wirkungs-, ja Lebensbereichen. Die Standesschranke kann ein Bürgerlicher allenfalls dann durchbrechen, wenn er im Heeresdienst Hervorragendes leistet und dadurch Offizier wird. Nur das kann ihm Zugang zum Elitekreis des Adels verschaffen. Heiraten unter Angehörigen verschiedener Stände geschieht selten. Selbst in den Klassen des Bürgertums hält man auf standesgemäße Wahl. Der satirische Schriftsteller Gottlieb Wilhelm Rabener mokiert sich: »Was für Bewegungen erregt das in der bürgerlichen Welt, wenn ein Doktor die Tochter eines Schusters heiratet! Alle Kaffeegesellschaften, alle Wochenstuben schreien ach und weh über diese widernatürliche Verbindung!«

Trotzdem, die geschilderten Einflüsse unter dem Sammelbegriff Aufklärung drangen vor und leiteten eine Wende ein im Prozeß der Veränderung der Öffentlichkeit. Zunächst in den Metropolen des Handels, in den großen Städten, in denen Erfahrungen ausgetauscht, Meinungen geäußert, Kritiken angebracht werden konnten, ohne daß es hinter dem freieren Sprecher gleich einen Denunzianten gab, der die Obrigkeit alarmierte. Das soll nicht heißen, daß nun etwa jedermann sagen und schreiben durfte, was er wollte. Was das Schreiben betrifft: Neben der weiterhin bestehenden Gültigkeit des Index Librorum Prohibitorum, des Katalogs verbotener Bücher, der bereits 1559 von Papst Paul IV. geschaffen wurde, gab es in den Ländern, je nach Einstellung der betreffenden Fürsten, schärfere oder mildere Zensurbestimmungen.

Zieht man nun einen Vergleich unter den größeren Fürstentümern jener Jahre, so schneidet das der Herzogin Anna Amalia von Weimar mit ihrem Sohn Karl August als ihrem Nachfolger günstig ab. Die weimarischen Aktivitäten strahlen sogar weit über die Grenzen des Herzogtums Sachsen-Weimar, ja, über die des Deutschen Reiches aus. Und ein wenig vom Glanz dieses kulturellen Zentrums fällt auch auf Rudolstadt, wo die Familien des Hofadels in kaum veränderter Abgeschlossenheit von der großen Welt leben, mit den überlieferten Beziehungen zum Schwarzburgisch-Rudolstädter Hof...

Gleich am Tag nach dem Festball teilt Lotte Schiller mit, daß sie, sobald es aufhöre zu regnen, nach Kochberg fahren werde. Man brauche sie dort; Patin Stein hat sich nämlich auf ihr Landgut zurückgezogen, gewissermaßen vor Goethe fliehend, und da mag es der Chère mère gerade recht erscheinen, ihr Lottchen zur Unterhaltung zu schicken. Der von Woche zu Woche vertraulicher werdende Umgang Lottes mit dem bürgerlichen Schriftsteller ohne feste Stellung behagt ihr ohnehin nicht, obwohl sie den Herrn nicht unsympathisch findet. Schließlich aber hat sie ja für Lotte diesen Kammerjunker Ketelhodt im Auge, den mit Lotte gleichaltrigen Regierungsassessor, Sohn des Ministers von Ketelhodt, der, nach Schillers Körner gegenüber geäußerter Meinung, der eigentliche Regent im Hause Schwarzburg-Rudolstadt ist.

»Eine groteske Spezies von Menschen«, sei er, »und eine monströse Komposition von Geschäftsmann, Gelehrten, Landjunker, Galanthomme und Antike.« Auch mit dem Sohn, wenn man so will, seinem Rivalen bei Lotte, kann Schiller nicht viel anfangen. Und während Luise von Lengefeld mit der Familie von Ketelhodt Lolos wegen bereits im Einvernehmen ist, widerstrebt ihr Töchterchen der geplanten Verbindung aufs heftigste. Der »schöne, spanische Molch«, wie sie ihn nennt, stößt sie ab, sie mag ihn nicht, und der Chère mère bleibt dieses Mal nichts anderes übrig, als einer glänzenden, leider nicht realisierbaren Partie nachzutrauern. Entschieden ist die Sache zu diesem Zeitpunkt freilich noch nicht.

Lotte ist abgereist, ungern, denn die inzwischen gewohnt-geliebte Dreisamkeit mit Schiller und Schwester Karoline ist ihr zum täglichen Bedürfnis geworden. Obwohl man sich Tag für Tag sieht, Schiller nur ein paar Schritte zu den Schwestern zu gehen hat, werden weiter fleißig Billetts gewechselt, deren Ton vertraulicher geworden ist. Schiller erlaubt sich, Lotte zu fragen: »Wie haben Sie denn heute nacht in Ihrem zierlichen Bette geschlafen? Und hat der süße Schlaf Ihre lieben, holden Augenlider besucht?« Und Lotte zeigt sich bekümmert über die näherrückende Trennung: »...ich fühle dieses Jahr seine Ankunft (die des Winters) doppelt schmerzlich, weil er auch Sie von uns trennt! Wir werden die Abwesenheit sehr fühlen l. Fr. (lieber Friedrich)... je mehr ich's mir denke, desto weniger kann ich mich leicht unter die Notwendigkeit fügen...«

In Kochberg nehmen die Tage ihren langatmigen Verlauf. Am 5. September bekommt man jedoch überraschend Besuch. Mit Karoline Herder – ihr Mann ist, zusammen mit dem Domherrn von Dalberg, über Frankreich unterwegs nach Italien –, Frau von Schardt und Fritz von Stein ist Goethe eingetroffen. »Brüderchen« Fritz, wie die Schwestern Lengefeld ihn nennen, seinen und Charlottes Liebling, dürfte Goethe mitgebracht haben, um die noch immer verehrte Freundin günstig zu stimmen. Zweifellos möchte er sich versöhnen, und wenn schon nicht das frühere, enge Verhältnis zu erreichen ist, doch wenigstens einen freundschaftlichen Modus vivendi herstellen. Charlotte bleibt hart, sie zeigt sich verbittert, verletzt, abweisend.

Lotte mag schon an diesem Tag der Gedanke an ein nun zu arrangierendes Zusammentreffen zwischen Goethe und Schiller – wenn möglich sogar in Rudolstadt – gekommen sein. Sie kehrt wohl noch am gleichen, bestimmt aber am nächsten Tag nach Haus zurück, wo sie sich von Schiller das März-Heft des »Teutschen Merkurs« geben läßt, das »Die Götter Griechenlands« enthält. Zusammen mit ihrer Schwester hat sie wohl einen kleinen Schlachtplan entworfen, in dessen Mittelpunkt diese von Schiller so ersehnte Begegnung mit Goethe stehen soll.

Und richtig, es kommt, wie die beiden hofften: Am Tag darauf, einem herrlichen Herbstsonntag mit blauem Himmel und sommerlicher Schwüle, fährt schon am Vormittag die Gesellschaft, in der Steinschen Chaise aus Kochberg kommend, am Beulwitzschen Hause vor. Durch Frau von Stein kennen sich Goethe und die Familie Lengefeld seit langem. Oft hatte man sich in Kochberg oder auch in Weimar gesehen.

Dem Wagen entsteigen die Damen Herder, Stein, Schardt, der Geheimrat Goethe und »Brüderchen« Fritz. Die Gäste werden lebhaft begrüßt, zunächst vom Ehepaar von Beulwitz, dann von der Chère mère und schließlich von Lotte. Es ist ein kleiner Begrüßungsimbiß vorbereitet, der bei dem herrlichen Wetter im Freien, im Beulwitzschen Garten, eingenommen wird.

Dieser schöne Sonntag im Herbst mit einer sommerlich wärmenden Sonne, einem fröhlichen Vogelgezwitscher aus buntgefärbten Bäumen wäre so richtig dazu angetan gewesen, die ganze Gesellschaft in Hochstimmung zu bringen. Doch der lockere Ton der Gastgeber, der ihre Freude über den Besuch zum Ausdruck bringt, will sich nicht recht fortpflanzen. Die Hauptfiguren, Goethe und Frau von Stein, geben sich zwar höflich-verbindlich, doch ist eine gewisse Spannung, eine Zurückhaltung, ja, eine leichte Gereiztheit nicht zu übersehen.

Dann trifft auch der inzwischen benachrichtigte Schiller im Beulwitzschen Garten ein. »Unsere Bekanntschaft war bald gemacht und ohne den mindesten Zwang; freilich war die Gesellschaft zu groß und alles auf seinen Umgang zu eifersüchtig, als daß ich viel allein mit ihm hätte sein oder etwas anderes als allgemeine Dinge mit ihm sprechen können...«, berichtet er später nach Dresden. Zum Mittagessen mit einem solch illustren Gast wie Goethe finden sich nämlich die noch hinzugebetenen Familien von Ketelhodt, von Gleichen und Nachbar von Brockenburg ein. Natürlich war nun für ein Gespräch, wie Schiller es sich erhofft hatte, die Runde viel zu groß geworden, was ihn, der diesem Treffen förmlich entgegengefiebert hatte, enttäuschen mußte. Denn natürlich steht Goethe im Mittelpunkt; alle wollen mit ihm sprechen, ihn hören, ihn, den Großen, wenn möglich beeindrucken. »Sein erster Anblick stimmte die hohe Meinung ziemlich tief herunter, die man mir von dieser anziehenden, schönen Figur beigebracht hatte«, schreibt Schiller Freund Körner. »Er ist von mittlerer Größe, trägt sich steif und geht auch so; sein Gesicht ist verschlossen, aber seine Augen sehr ausdrucksvoll, lebhaft, und man hängt mit Vergnügen an seinem Blicke. Bei vielem Ernst hat seine Miene doch viel Wohlwollendes und Gutes. Er ist brünett und schien mir älter auszusehen, als er meiner Berechnung nach wirklich sein kann. Seine Stimme ist überaus angenehm, seine Erzählung fließend, geistvoll und belebt; man hört ihn mit überaus viel Vergnügen...« Goethe erzählt von seinem Aufenthalt in Italien. Er schildert Land und Leute so plastisch, daß Schiller auch davon beeindruckt ist. »...was er mir davon erzählt hat, gab mir die treffendste und gegenwärtigste Vorstellung von diesem Lande und diesen Menschen...« Überhaupt ist Schillers Schilderung seines ersten Zusammenseins mit Goethe von besonderem Interesse. Wir wissen, daß es die beiden nicht zusammenführte, noch nicht; und in vielem dürfte Schiller die Situation richtig beurteilt haben, obwohl er freilich den Hintergrund für Goethes Verhalten an diesem Tage nicht zu deuten vermochte. »... Im Ganzen genommen ist meine in der Tat große Idee von ihm nach dieser persönlichen Bekanntschaft nicht vermindert worden; aber ich zweifle, ob wir einander je sehr naherücken werden. Vieles, was mir jetzt noch interessant ist, was ich noch zu wünschen und zu hoffen habe, hat seine Epoche bei ihm durchlebt; er ist mir (an Jahren weniger als an Lebenserfahrungen und Selbstentwicklung) so weit voraus, daß wir unterwegs nie mehr zusammenkommen werden; und sein ganzes Wesen ist schon von Anfang her anders angelegt, als das meinige, seine Welt ist nicht die meinige, unsere Vorstellungen scheinen wesentlich verschieden. Indessen schließt sich's aus einer solchen Zusammenkunft nicht sicher und gründlich. Die Zeit wird das Weitere lehren.«

Wie zufällig hatte Lotte – oder war es Karoline – auf den Tisch, an dem man den Nachmittagskaffee nahm, Wielands »Teutschen Merkur« die März-Nummer mit Schillers »Die Götter Griechenlands« gelegt. In einer Gesprächspause greift Goethe nach dem Heft, blättert darin, entdeckt dieses Beispiel klassischer Lyrik aus Schillers Feder und bittet, das Heft mitnehmen zu dürfen. Die Schwestern tauschen mit Schiller einen Blick der Erleichterung.

Man ergeht sich im herbstlich gefärbten Garten, bewundert gepflegte Rabatten, seltene Stauden, hübsch arrangierte Baumgruppen mit idyllisch angeordneten Ruheplätzen. Und man schlendert zurück zum Haupthaus – es wird Zeit zum Aufbruch.

Die Gesellschaft geht auseinander. Mit Charlotte von Stein fährt Goethe an diesem Abend allein nach Kochberg zurück – ein weiterer Versuch, die Freundin umzustimmen. Er mißlingt.

Im Hause Lengefeld sitzt man noch ein Stündchen unter sich. Während Schiller glaubt, Goethe gegenüber gute Figur gemacht zu haben, sind die Schwestern enttäuscht. Sie finden, der Meister habe deutlich sein Desinteresse, ja, seine Abneigung ihrem Schützling gegenüber gezeigt. »Schiller war mir verhaßt«, äußert Goethe später freimütig. Er hatte in dem zehn Jahre Jüngeren nichts anderes gesehen als den Vertreter jener für ihn vulgären Richtung des »Sturm und Drang«, jenen Verherrlicher einer Räuberromantik, mit der er ihn ausschließlich identifizierte, was absolut ungerecht war. In der Tat, man hatte sich zu einem denkbar ungünstigen Zeitpunkt getroffen. Der mißgelaunte Goethe war, nach seiner Rückkehr aus Italien, mit sich selbst nicht mehr im reinen, urteilte hart und unwirsch. Bald nach dieser Begegnung mußte er sich auch noch ärgern über Schillers Rezension seines »Egmont«, in der er gewisse Gesichtspunkte überhaupt nicht berücksichtigt sah.

Der September geht langsam dahin. Frau von Lengefeld zeigt plötzlich Geschäftigkeit im Herumreisen. Mal muß Lotte mit nach Kochberg, mal besucht man zu viert – die Familie Lengefeld mit Frau von Stein – den Major von Knebel in Jena.

Und Schiller hat's wieder erwischt. Ein rheumatisches Fieber mit starken Zahnschmerzen macht ihn gute vierzehn Tage unpäßlich. Er läuft mit geschwollener Backe herum, und das rührt sogar die Chère mère. Lotte darf ihn zum Klößeessen einladen. »Sie brauchen dabei die Zähne nicht anzugreifen«, schreibt sie ihm, und er kommt und darf auf seinem geliebten Kanapee sitzen.

Im Umgang mit der ganzen Familie ist Schiller einfühlsam. Als er zum Beispiel wußte, daß Frau von Lengefeld sich wünschte, die Bibel einmal englisch zu lesen, bestellte er sofort eine »Holy Bible« bei Göschen in Leipzig. Über Lotte bittet er dann die Chère mère, daß sie ihm erlauben möge, durch diese Bibel bei ihr in gutem Andenken zu bleiben. Und obwohl er die gespannte Atmosphäre zwischen den Schwestern und Schwager Beulwitz bemerkt, ja, oft genug Zeuge von Auseinandersetzungen ist, versteht er es, beiden Seiten genehm zu bleiben. Beulwitz' Sympathie jedenfalls hatte er erworben. Es blieb stets ein Achtungsverhältnis zwischen beiden, das durchaus mit freundschaftlichen Gefühlen vermischt war. Und eigentlich hätte er ja eine der Schwestern, die ihn doch beide verehrten, liebten, verstimmen müssen. Auch da zeigte er sich, jedenfalls zunächst noch, beiden in gleicher Weise zugetan. Schiller mochte die ganze Familie, auch dann noch, als er in der Lage war, hinter die Kulissen zu blicken.

Um so schwerer wird ihm nun der Gedanke an eine Rückkehr nach Weimar. Eigentlich wollte er ja nur den Sommer über in der Nähe Rudolstadts verbringen. Aber er verschiebt seine Abreise von Woche zu Woche. Es ist zu schön, wenn er, manchmal zwischen den selbst verordneten, meist peinlich eingehaltenen Arbeitsstunden, manchmal auch erst am Abend, hinübergehen kann, durch das angelehnte Tor, sich im Lengefeldschen Garten zu ergehen, an der Seite Lottes die Veränderungen in der Pflanzenwelt zu begutachten, mit Karoline vom Idealbild des Menschen zu träumen. Jetzt, wo die Tage kürzer werden, sitzt man nach dem

Abendbrot – zu dem er oft gebeten wird – zu viert um den Tisch, knackt Nüsse, trinkt Kaffee, beißt in von Karoline gebackene Leckereien.

Stets aber hat Schiller ein Stück seiner tagsüber vollbrachten Arbeit mit, um daraus vorzulesen. Schon eine Zeitlang befaßt er sich ausschließlich mit geschichtlichen Themen. Körner hatte er im August mitgeteilt, daß er fast nichts anderes mehr lese als Homer und daß er sich vorgenommen habe, für die Dauer von etwa zwei Jahren keine modernen Schriftsteller mehr zu lesen. Diesen Vorsatz allerdings mußte er durchbrechen, schon seiner Rezensionstätigkeit wegen. Auch muß er ja den so gefragten »Geisterseher« fortsetzen. Und gegen Mitte Oktober kann er dann die Restmanuskripte zur »Geschichte des Abfalls der Niederlande« an seinen Leipziger Verleger Crusius schicken.

Ach, die vergangenen Monate waren unwiederbringlich.

Es hatte ja, neben den Ausflügen zu den Kaffeegärten, noch andere unterhaltsame und vor allem, durch die Anwesenheit der Schwestern, so sehr verschönte Abwechslungen gegeben. Er denkt an die Theateraufführungen im Lengefeldschen Gartenhaus, einmal sogar unter der Leitung Wilhelm von Wolzogens. An die Französische Gesellschaft, die, mit dem Erbprinzen als Mitspieler, Poissons »Le fou raisonnable« brachte, an die Nachmittage im Erbprinzengarten, in der Schloßbibliothek, die sie unter Führung des Prinzen besuchten, meist wenn Beulwitz Dienst im Schloß hatte. Der Erbprinz selbst war ja, trotz seines vorgerückten Alters – der regierende Fürst, sein Vater, hatte die Achtzig bereits überschritten –, ein sich forsch-fröhlich gebender Mann mit einer ausgiebigen Leidenschaft zu Spiel und Spaß.

Und Lotte und Karoline?

Die »Kleine Dezenz«, wie man Lottchen auch scherzhaft nennt, weil sie sehr oft die notwendige Dezenz in bezug auf weibliche Zurückhaltung und Takt beschwört, hat »die trüben Wolken«, von denen Patin von Stein im Januar mit Hinweis auf Lottes Liebe zu Kapitän Heron sprach, »aus der Seele verjagt«. Die Zuneigung zu ihrem Dichterfreund ist gewachsen, nur, es dürfte ihre so gleichbleibende Freundlichkeit sein, ihre stets bewahrte Zurückhaltung, eben die Dezenz, mit der sie jedes aufkommende, heftigere Gefühl zu überdecken sucht, die Schiller irritiert. Er weiß sich Lottes keinesfalls sicher, ganz abgesehen davon, daß er um diese Zeit wohl selbst Zweifel darüber empfindet, welcher von beiden Schwestern er den Vorzug geben sollte. Lotte könnte ihm fraglos genau das sein, was er sich im stillen wünscht: Das »Geschöpf, das mir gehört, das ich glücklich machen kann und muß, an dessen Dasein sich mein eigenes erfrischen kann...«, das »Medium«, durch das er die anderen Freuden wie Freundschaft, Geschmack, Wahrheit und Schönheit mehr auf sich wirken lassen könnte, das sein erstarrtes Wesen durch »wohltätige häusliche Empfindungen für die Freude stimmt und wieder durchwärmt«, das ihm ganz die bürgerliche, häusliche Existenz bedeuten kann, die er herbeisehnt. Seine Briefe an Lotte werden, wie gesagt, zärtlicher. »Liebes Lolochen« und »liebste Freundin« sind keine seltenen Formen der Anrede mehr. Dagegen bleibt Lottes Ton gleichbleibend, zwar herzlich, aber distanziert. Vielleicht hätte er, im Besitz einer sicheren Existenz, mit dem Rückhalt, eine Frau ernähren zu können, schon in diesen Oktober-Novembertagen 1788 gewagt, sich Lotte zu erklären. So aber mußte er sich gehemmt fühlen, einmal, weil er Lottes Einstellung nicht klar zu deuten wußte, zum andern, weil er, ein bürgerliches Nichts gegenüber einem aus altem Hofadel stammenden Fräulein, dessen Mutter, wie er wußte, peinlich auf standesgemäßen Umgang achtete, den Erwartungen einer solchen Familie einfach nicht entsprach. Es war sein Ruhm als Theaterdichter und Schriftsteller, der die Chère mère veranlaßte, ihn in ihren Kreisen zu dulden, und natürlich war sie auch gezwungen, einem einfachen Bürgerlichen ihren Respekt zu erweisen, wenn er als Weimarischer Rat von Persönlichkeiten wie dem Erbprinzen oder dem »Gesellschaftlichen Kreis« der Stadt akzeptiert worden war. Das änderte nichts daran, daß sie eine mögliche Verbindung ihrer Lotte mit diesem schwäbischen Schöngeist – jedenfalls zu diesem Zeitpunkt – für völlig ausgeschlossen hielt. Natürlich ging ihr das ständige Zusammensein ihrer beiden Töchter mit Schiller, diese offensichtlich enger werdende Freundschaft, an der ja auch Schwiegersohn Beulwitz beteiligt war, gegen den Strich.

Sie sann auf Abhilfe.

Während Schiller also aus Lottes Gefühlen nicht klug wird, in ihrer bescheidenen, zurückhaltend-mädchenhaften Art eher Gleichgültigkeit sich gegenüber befürchtet, sieht er sich plötzlich mehr zur reiferen, lebhafteren Karoline hingezogen. Karoline, die etwas von der Art jener von ihm einst so leidenschaftlich geliebten Charlotte von Kalb besitzt, die sich freier, ungezwungener gibt, stets zu heftigem Meinungsaustausch, zur Verteidigung eigener, anspruchsvoller Ideen bereit ist, gewinnt an Anziehungskraft.

Wahrscheinlich geschieht es, als Chère mère Lotte noch einmal für zehn Tage zu Frau von Stein nach Kochberg schickt. Vor Einbruch des Winters ist auf dem Landgut der Steins manches zu richten, auf die kalte

Jahreszeit vorzubereiten, und Patin Stein ist froh, in Lottchen Hilfe und Unterhaltung zu bekommen.

Karoline läßt Schiller herüberbitten. »Kommen Sie einen Augenblick in den Garten oder in meine Stube... da will ich Ihnen alles erzählen.« Schneller, als sie denkt, ist er bei ihr.

Sie könne sich nicht an den Gedanken gewöhnen, ihn eines Tages aus Rudolstadt gehen zu sehen. Sie habe so viel durch ihn gewonnen, ihr Leben sei verändert, verschönt, bereichert.

Er muß an sich halten; auch er darf nicht an Abschied denken. Am liebsten gäbe er sich wohl dieser in ihm aufsteigenden Welle der Zuneigung hin, umarmte er sie. Muß er nicht verwirrt sein, zumal auch ihm der Gedanke, gehen zu sollen, schwer erträglich scheint, denn auch er habe ja soviel gewonnen in Rudolstadt; sie und Lolo, wie solle er sich ein Leben in Weimar ohne diese Freundschaft vorstellen?

Schiller reißt sich los, rennt über die Straße, kehrt zurück in seine Welt der Bücherstapel, der Manuskriptseiten, Schreibutensilien. Eine Weile steht er vor dem Fenster zur Neuen Gasse, dann versucht er, sich wieder in die Arbeit zu stürzen. Jedoch für den Rest des Tages ist sein Rhythmus gestört. Immer wieder sieht er Karoline vor sich stehen, das wirre Blondhaar flüchtig zusammengebunden, zu ihm aufblickend aus Augen, die ein Flehen um Verständnis ausdrücken – oder um Liebe? Schiller schwankt in seinen Empfindungen. Hatte er denn überhaupt je Klarheit sich selbst gegenüber schaffen wollen? Waren ihm nicht beide Schwestern gleich lieb, jede auf ihre Weise? Doch wieso ging ihm die Abwesenheit der kleinen Lolo so nahe, warum wünschte er ihre Rückkehr aus Kochberg so sehr herbei? Stimmte denn wirklich, was er sich immer wieder zu sagen versuchte und was er auch später nach Dresden schrieb, daß nämlich sein Herz ganz frei sei und daß er redlich gehalten habe, was er sich zum Gesetz gemacht und Freund Körner gelobt hatte: Das Verhältnis sei ganz innerhalb der Grenzen einer »herzlichen, vernünftigen Freundschaft« geblieben. Lotte schreibt in diesen Tagen aus Kochberg, daß sie viel an ihn und den traulichen Rudolstädter Zirkel denke, daß sie gar nicht so allein sei mit Frau von Stein, wie er vielleicht meine, denn sie lese immer und immer wieder die »Götter Griechenlands«, lerne sie auswendig und fühle dabei seine Nähe. Natürlich empfindet Schiller plötzlich Ungeduld, oder ist es Sehnsucht? Natürlich wünscht er sich Lotte zurück, jetzt, gleich, seine fröhliche, zufriedene Lolo, seine Augenweide.

Als sie dann ein paar Tage später wieder da ist, bleibt alles beim alten. Er zwischen den beiden jungen Damen, die er mittlerweile scherzhaft auch »die Weisheit« und »die Bequemlichkeit« nennt. »Die Weisheit« für Lotte, ihrer praktischen Einstellung zu den Dingen des täglichen Lebens wegen, »die Bequemlichkeit« für Karoline, die den Schlendrian liebt, körperliche Anstrengungen zu vermeiden sucht, eben bequem ist, ganz im Gegensatz zu ihrer geistigen Beweglichkeit, Regsamkeit.

Und es hat den Anschein, als warte man gemeinsam auf etwas, das sich nun ereignen müsse, um die bevorstehende Trennung zu verhindern. Schon liegt über dem »traulichen Zirkel« ein Hauch von Abschiedsstimmung. Man versucht einander zu trösten, doch es will kein unbeschwerter Frohsinn mehr aufkommen.

Es muß später Nachmittag gewesen sein, ein paar Tage vor Schillers Geburtstag. Er folgte der schon tags vorher übermittelten Einladung, den Tee mit Lotte und Frau von Lengefeld zu nehmen, trat erwartungsfroh ins Haus und fand zu seiner Überraschung die kleine Freundin schier außer sich, den Tränen nahe, an der halbgeöffneten Zimmertür lehnend. Karoline sei nicht ganz wohl, hatte sie gestern geschrieben, liege im Bett, man wolle also »morgen recht heimlich zusammen sein«. Und nun sah er sein Lottchen in einem Zustand höchster Erregung vor sich. Mußte er sich beherrschen, sie nicht an sich zu ziehen, um sie in seinen Armen zu beruhigen? Ach, es hatte eine böse Auseinandersetzung zwischen ihr und der Mutter gegeben, selten war man so aneinandergeraten. Doch wo war die Chère mère? Sie ließ sich nicht sehen, blieb verschwunden. Hatte Schiller Lotte beschwichtigt, getröstet, zu beruhigen versucht? Hatte er gefragt, was er denn tun könne, ihr zu helfen? Und hatte Lotte erkannt, daß sein Herz in dieser Minute ganz mit ihr empfand, gewissermaßen mitlitt? Hatte sie spontan seine Hand genommen, sie an sich gedrückt und Schiller damit überrascht? Denn wann je hatte er eine solch emotionale Reaktion bei der »Kleinen Dezenz« erlebt? Jetzt, muß er gedacht haben, jetzt könnte ich's ihr sagen. Doch dann plötzlich hatte sich wohl die Tür zum Nebenzimmer geöffnet, Karoline im Rahmen gestanden, kränklich, bleich, mit großen Augen hatte sie von einem zum andern geblickt und war dann, in ihren klappernden Pantöffelchen, mit kleinen, energischen Schritten, den beiden voran, in den Salon, an den zum Tee gedeckten Tisch getreten. Hinter ihnen hertrippelnd, Karolines verhätscheltes Hündchen Grigri.

In einem der nächsten Billetts an Lotte schreibt Schiller vieldeutig: »Oft meine ich, Ihnen viel, gar viel gesagt zu haben, und doch finde ich zu andern Zeiten, daß ich noch weit mehr hätte sagen können und sagen wollen. Wenn indessen nur der gelegte Grund fest und massiv ist, so wird die liebe, wohltätige Zeit noch alles zur Reife bringen.«

Frau von Lengefeld sieht dies alles und beschließt, dem nun einen Riegel vorzuschieben. Endgültig bestärkt in ihrer Absicht, ihr Lottchen dem Einfluß dieses zwar charmanten, aber doch so unstandesgemäßen, armen Poeten zu entziehen, wird sie, als sie erfährt, daß Lotte ihm dieses Bild schenkte, diese Zeichnung Goethes, die Pyramide des Cestius, die sie in Kochberg für Schiller kopierte. Die Chère mère findet gewiß, es sei nun höchste Zeit, für eine Trennung zu sorgen, und befiehlt eine Reise ihrer beiden Töchter nach Erfurt zur Freundin Karoline von Dacheröden.

Das ist nun beschlossene Sache.

Doch Schillers Geburtstag, am 10. November, möchte man noch zusammen feiern, dieses Zugeständnis ringen die Töchter der Mutter ab.

Schon am Vormittag gratulieren ihm die Schwestern schriftlich. Es wird eine Verabredung für den Nachmittag getroffen.

Und der weitere Verlauf dieses besonders schönen Tages könnte sich so abgespielt haben: Im Beulwitzschen Salon ist der große, runde Tisch festlich geschmückt. Ein herrlicher Strauß rostroter Herbstastern ziert, neben dem dreiarmigen silbernen Leuchter, die Mitte der weißgedeckten Tafel. Kerzen verbreiten einen milden, feierlichen Glanz. Im Zimmer duftet's nach frischem Backwerk. Und vor Schillers Platz, neben seinem Feiertagsgedeck, steht eine Vase als Geburtstagsgeschenk – damals oft als besonderes Zeichen der Freundschaft gewählt. Schiller ist beeindruckt. Aus vier Augenpaaren verfolgt man erwartungsvoll seine Reaktion. Das Gefühl der Dankbarkeit streitet in ihm mit dem bedrückenden Gedanken an die bevorstehende Trennung. Selbst Chère mère scheint gerührt von der Bewegung, mit der er sichtbar diesen Akt der Verwöhnung empfindet. Man setzt sich zu Tisch, und für eine Weile ist der Gedanke an einen nahen Abschied verscheucht.

Auch Schiller hatte ja seine Überraschung, eine Gabe von hohem Wert, bereits am Abend vorher »abgeliefert«. Dasselbe kleine Auditorium wie heute, die Familie Lengefeld nebst Schwiegersohn Beulwitz, waren am Vorabend zu seinem Geburtstag die ersten gewesen, die sein Gedicht »Die Künstler« zu hören bekamen. Sein Vortrag hatte, trotz des starken schwäbischen Akzents, nachhaltige Wirkung hinterlassen. Besonders Karoline hatte sich ergriffen gezeigt, und sie mag sich in dieser Stunde noch stärker zu dem begabten, selbstbewußten jungen Mann hingezogen gefühlt haben als je zuvor. Lolo empfand Stolz. Mit diesem Großen unter den Hervorragenden war sie befreundet, und hatte er sie nicht oft genug in ihrem Eindruck bestärkt, er werbe um sie? Freilich, die letzte Gewißheit fehlt ihr, aber an diesem Abend möchte sie sich an ihn schmiegen, bei ihm bleiben. Auch Beulwitz muß die Gunst der Stunde erkannt haben; er bat jedenfalls sofort um Überlassung einer Kopie des Textes, die Schiller ihm, für seine Prinzen, sehr bald schicken möge. Mutter Lengefeld, vom Rhythmus des Versmaßes und gewiß auch von der Kraft der Aussage angesprochen, wuchs in ihrem Stuhl. Ihre stets freundlich lächelnde, wache Gegenwärtigkeit, mit der sie höflich-gespannt die Gespräche verfolgte, ohne sich viel einzumischen, hatte Stärkung erfahren.

Heute feiert man Geburtstag. Man bemüht sich, nicht an morgen oder übermorgen zu denken. Und Schiller, mit der Absicht, diesem letzten gemeinsamen Kaffeenachmittag in Rudolstadt einen trotz allem fröhlichen Anstrich zu geben, erzählt von einer kuriosen Geschichte, die er im April des Jahres erlebt hatte.

Da war ihm doch eines Tages ein Brief aus der fränkischen Reichsstadt Schweinfurt auf den Tisch geflattert, mit dem Angebot, dort eine Ratsherrnstelle zu übernehmen. Das Gehalt sollte zwar nicht besonders hoch sein, die Stelle hätte jedoch, neben anderen Vorteilen, den Vorzug, ihn nur für zwei bis drei Stunden wöchentlich zu beschäftigen; die übrige Zeit hätte er zur freien Verfügung, könne sich also ausgiebig seinen schriftstellerischen Arbeiten widmen. Allerdings, und hier schmunzelt Schiller ein wenig hinterhältig, war das Angebot mit einer Heiratsofferte verbunden – ja, die Damen hören richtig, er sollte auf diese Weise mit einer Frau verkuppelt werden, die über ein Vermögen von einigen tausend Talern verfügte und, nach den Aussagen des Briefes, durchaus auch geistige und körperliche Vorzüge mitbrächte. Die Chère mère schlägt die Hände über dem Kopf zusammen. Sollte sie wirklich so empört über einen derartigen Vorschlag sein? Lotte ist sprachlos über so viel kühle, hier zum Ausdruck kommende Berechnung im Zusammenhang mit einem Entschluß, der ihrer Meinung nach, doch in erster Linie von der Zuneigung der möglichen Partner zueinander abzuhängen habe. Und das wäre ja außerdem geradezu der Kauf einer Katze im Sack! Ob das denn nicht nur ein böser Scherz gewesen sei, fragt Karoline, die freilich gleich an die eigene, wenn auch anders geartete bittere Erfahrung erinnert wird. Nein, nein, es war ein durchaus ernstgemeinter Vorschlag eines Beauftragten der Stadt Schweinfurt, aber er, Schiller, habe die Angelegenheit als schlechten Witz betrachtet. Die Gesprächsthemen wechseln.

Die Reise in die Schweiz lebt auf; Schillers Zeit in Mannheim; Erlebnisse während der Karlsschuljahre, Erfahrungen, die ihm noch heute Beklemmung verursachen.

Er spricht von seinem gerade bei Crusius in Leipzig erschienenen ersten Band der »Geschichte des Abfalls der vereinigten Niederlande von der Spanischen Regierung«, aus dem er ja den Schwestern oft genug während der Entstehungszeit vorgelesen hatte. Und, was man nicht so genau wußte, er kann mitteilen, daß gleichzeitig auch der erste Band einer größer geplanten Sammlung erschienen ist, nämlich Band 1 der »Geschichte der merkwürdigsten Rebellionen und Verschwörungen aus den mittlern und neuern Zeiten«. Hier ist er allerdings nur als Herausgeber und mit der Einleitung unter dem Titel »Nachricht« beteiligt. Die Beiträge stammen von seinem Freund Huber und von Schwager Reinwald.

Bis man schließlich auch von Erfurt spricht. Dorthin sollen ja die Schwestern übermorgen fahren, zusammen mit ihrem Onkel. Die beiden Karolinen, die von Beulwitz und die von Dacheröden – die spätere Frau Wilhelm von Humboldts –, hatten sich während einer Kur in Lauchstädt kennen- und schätzengelernt. Wahrscheinlich war die Verbindung auch durch den Hofrat Zacharias Becker gefördert worden, der, früher Erzieher bei den Dacherödens, jetzt wie Beulwitz in Rudolstadt, Hofmeister der Prinzen in Gotha war. Becker und Beulwitz kannten sich seit längerem. Ausgangs dieses Sommers hatte er auch Rudolstadt besucht – Karoline war sehr neugierig auf ihn gewesen, denn das Fräulein von Dacheröden hatte von ihm als von demjenigen geschwärmt, dem sie alles verdankte, der ihr die entscheidenden Anregungen vermittelte, sie in die richtigen Bahnen gelenkt hatte.

Karoline von Dacheröden, gleichaltrig mit Lotte von Lengefeld, aus reichem Elternhaus stammend, hatte ihre Mutter früh verloren. Das begabte, kluge, empfindsame Mädchen litt in Erfurt unter der eisigen Atmosphäre eines lieblosen Elternhauses. Der sehr beschäftigte Vater war Kammerpräsident und hatte sich außerdem um seine beiden großen Güter zu kümmern, was all seine Zeit beanspruchte. Er hing durchaus an seiner Tochter, brachte es aber nicht fertig, sie in jene wohltuende häusliche Geborgenheit einzuhüllen, deren sie, als stark vom Gefühl regierte Natur, bedurfte. Für seine einzige Tochter, die sich mit ihrem Bruder nicht verstand, war eine französische Erzieherin engagiert worden, die dem jungen Mädchen die Mutter ersetzen sollte, ihr aber das Leben zur Hölle machte.

Die junge, seelenvolle Schönheit Karoline hatte in der Erfurter Gesellschaft wenig von dem gefunden, was sie brauchte: geistige Anregung, Herzenswärme, belebenden Austausch von Ideen und Meinungen. Es gab dort eigentlich nur einen Mann, den sie verehrte, zu dem sie aufsah, ja, den sie bewunderte: den Statthalter des Kurfürsten von Mainz, der seit 1787 als Koadjutor in Erfurt residierte, den Freiherrn von Dalberg. Seit langem gehörte er zu den Freunden der Familie; Carl Freiherr von Dalberg muß, obwohl ihm die Geschichte ein schlechtes Zeugnis ausstellt – er ließ sich zum Werkzeug Napoleons gegen sein Vaterland machen –, als Mensch von außergewöhnlicher Anziehungskraft gewesen sein, großzügig, weltoffen, voller Charme, voller Ideen, stets empfänglich für das Außerordentliche, aber auch gütig und verständnisvoll gegenüber jedermann. Er scheiterte wohl später daran, daß er, der er vielleicht allzu weich und nachgiebig war, seine Möglichkeiten einfach überschätzte; sicher hat dazu auch die ihm von vielen Seiten entgegengebrachte Bewunderung beigetragen. Weil sich bald um Dalberg ein Kreis junger, leidenschaftlich empfindender Menschen scharte – zu denen auch Karoline von Beulwitz gehörte –, die darauf hofften, ihn eines Tages als Kurfürsten von Mainz zu sehen, und weil sich zwischen ihm und Frau von Beulwitz eine besonders innige Beziehung ergab, wird er hier schon in die Schilderung der Ereignisse einbezogen.

Diese Karoline von Dacheröden ist es also, die man in Erfurt aufsuchen will und von der man inzwischen weiß, daß sie jenem »Tugendbund« angehörte, der in Berlin von Henriette Herz begründet worden war. Es handelte sich um einen Bund junger Schwärmer mit dem romantischen Bedürfnis, einander, unter gleichgesinnten und gleichgestimmten Seelen, rückhaltlos mitzuteilen. Jedes Mitglied war verpflichtet, seine innersten Regungen, seine Gefühle, Wünsche, Absichten zu offenbaren. Statuten, die sich der Bund gegeben hatte, bestimmten unter anderem ein allgemeines »Du«, das, auch wenn man sich persönlich nicht kannte, selbst schriftlich anzuwenden war. Natürlich ging es auch um geistige, sittliche Bildung, um die Liebe zum Nächsten, aber eben ganz besonders um ein Eindringen in die dunklen Windungen der Seele.

Entstanden war dieser Bund aus jenen Lesegesellschaften, die sich im Lessing-Mendelssohn-Nicolaischen Kreis, im damaligen Berlin, gebildet hatten. Dort standen zunächst die Philosophie, die rationalistische Bildung und die Aufklärung im Mittelpunkt des Interesses. Die Literatur des Tages kam hinzu, und hier schloß sich eine Gruppe junger Schöngeister zusammen, vor allem Damen dieses Kreises, die sich in romantisierender Betrachtung menschlichen Verhaltens analysierend »austoben« wollten.

Die schöne, kluge Henriette Herz, Frau des sehr wohlhabenden Arztes Markus Herz, stand im Mittelpunkt dieses Kreises. Neben ihr hatte starken Einfluß die mit besonderen Geistesgaben ausgestattete Dorothea Veit, genannt »Brendel«, eine Tochter Moses Mendelssohns, die 1798 ihren Mann, den Bankier Simon Veit, verließ, um in freier Verbindung mit dem Philosophen und Literarhistoriker Friedrich Schlegel zusammenzuleben. Das Verhältnis wurde übrigens nach sechs Jahren in Paris legitimiert.

Und Carl von Laroche, der Sohn Sophie von Laroches, der Romanschriftstellerin, die die Lengefelds auf ihrer Rückreise von Vevey nach Rudolstadt, im Juni 1784, besucht hatten.

Carl von Laroche, inzwischen 4 Jahre beim Bergdepartement in Berlin tätig, wird als besonders gutaussehender Mann mit lauterem Charakter, schön und empfindsam, geschildert. Als einem der im Mittelpunkt des Bundes Stehenden muß sich in ihm die Grundidee dieser Vereinigung junger Idealisten geradezu personifiziert haben. Er war es denn auch, der Karoline von Dacheröden für den »Tugendbund« warb, sehr bald auch ihre Zuneigung gewann, so daß man die beiden, jedenfalls noch im Winter 1788, als einander Versprochene betrachten durfte. Da man sich inzwischen entschlossen hatte, den »Tugendbund« auch außerhalb Berlins Wohnenden zu öffnen, warb man überall dort, wo man geneigte Freunde und Bekannte beiderlei Geschlechts vermutete.

In Karoline von Dacheröden hatte der Kreis eine glühende Verfechterin seiner Idee gefunden, und die ihr ähnlich veranlagte Karoline von Beulwitz sollte im folgenden Jahr, geworben durch Wilhelm von Humboldt, der dem Bund ebenfalls angehörte, hinzustoßen.

Jetzt allerdings waren die Schwestern Lengefeld von Karoline von Dacheröden nach Erfurt gebeten worden, weil die sich von einer Aussprache mit ihrer Freundin, der Frau von Beulwitz, eine Klärung ihrer persönlichen Situation erhoffte. Sie bildete sich ein, noch immer Carl von Laroche zu lieben, hatte aber auch, seit der durch Carl vermittelten Bekanntschaft mit Wilhelm von Humboldt, Zweifel an der Beständigkeit ihrer Gefühle zu diesem treuen Freund. Nun hätte Carl von Laroche, der ja bereits eine gesicherte Stellung im Bergdepartement in Berlin innehatte, seine Karoline durch Heirat sofort vom ungeliebten Dasein im goldenen Käfig des Elternhauses erlösen können, während für den Studenten Wilhelm von Humboldt eine offizielle Bindung überhaupt noch nicht in Frage kam. Doch Carl, der die starke Persönlichkeit Wilhelms erkannte, wohl auch eine gewisse Veränderung Karolines registrierte, handelte nicht.

Inzwischen ist es fast 8.00 Uhr abends geworden.

Chère mère erinnert an noch zu treffende Vorbereitungen für die Abreise am übernächsten Tag. Schiller versteht dieses Zeichen. Es bleibt nichts, als sich zu verabschieden, in der Hoffnung, einander recht bald wiederzusehen.

Am 11. und selbst noch am 12. November vormittags, kurz vorm Einsteigen in die schon bereitstehenden Wagen, werden Billetts mit Grüßen und Wünschen gewechselt, Zeilen, aus denen hervorgeht, daß es sowohl Schiller als auch den Schwestern schwerfällt, in Zukunft auf diesen geliebten »traulichen Zirkel« verzichten zu sollen. Gegen Mittag sitzt Schiller dann in einem mit seinem umfangreichen Buchgepäck schwer beladenen Reisewagen, eine Geranie im Arm – letztes Geschenk Lottes, dieser aus dem eigenen Garten ausgepflanzte Stock, ein Stück Rudolstadt für Weimar.

Karoline schreibt später, in Erinnerung an die Rudolstädter Sommermonate mit Schiller: »Wie ein Blumen- und Fruchtgewinde war das Leben dieses ganzen Sommers mit seinen genußreichen und bildenden Tagen und Stunden für uns alle. Schiller wurde ruhiger, klarer, seine Erscheinung, wie sein Wesen, anmutiger, sein Geist den phantastischen Ansichten des Lebens, die er bis dahin nicht ganz verbannen konnte, abgeneigter. Meiner Schwester ging neue Lebenshoffnung und Freude im Herzen auf, und ich wendete mich wieder mehr zum wahren Genuß des Lebens, im Glück einer neubeseelenden Freundschaft. Alles, was uns umgab, genoß und teilte diesen freundlichen Zauber.«

5. Zwischenspiel

»... Denn jetzt wird es mir fast unmöglich, mir meine Freuden ohne Sie zu denken; und so wird's bleiben, nicht wahr?«

(Aus einem Brief Lottes an Schiller im November 1788)

Schon am 14. schreibt Schiller Lotte einen langen Brief nach Rudolstadt, in dem der Rückkehrer seine ersten Eindrücke aus Weimar wiedergibt, vor allem aber noch einmal wehmütig die jüngste Vergangenheit beschwört: »Dies ist der erste Tag, den ich ohne Sie lebe. Gestern habe ich doch Ihr Haus gesehen und eine Luft mit Ihnen geatmet. Ich kann mir nicht einbilden, daß alle diese schönen, seelenvollen Abende, die ich bei Ihnen genoß, dahin sein sollen; daß ich nicht mehr wie diesen Sommer, meine Papiere weglege, Feierabend mache, und nun hingehe mit Ihnen mein Leben zu genießen. Nein, ich kann und darf es mir nicht denken, daß Meilen zwischen uns sind. Alles ist mir hier fremd geworden; um Interesse an den Dingen zu schöpfen, muß man das Herz dazu mitbringen, und mein Herz lebt unter Ihnen. Ich scheine mir hier ein abgerissenes Wesen...«

Und Lotte ist glücklich, schon an dem ihrer Rückkehr aus Erfurt folgenden Tag, dem 15. November, dieses Zeichen der Freundschaft zu erhalten. Die Schwestern waren bereits einen Tag früher in Erfurt aufgebrochen, nachdem sie sich mit ihrem Onkel verständigt und die Aussprache der beiden Karolinen zu einem Ergebnis geführt hatte. Ihr Einfühlungsvermögen in der Freundin schwierigen Entscheidungsprozeß brachte Frau von Beulwitz zu der Überzeugung, daß Karoline von Dacheröden auf Wilhelm von Humboldt warten sollte. Womit sie schließlich recht behielt.

Einsam, leer und langweilig war der Weimarer Sommer für Frau von Kalb verlaufen. Zwei Hauptsorgen machten ihr Kummer. Sie bangte um Schillers Liebe und um ihr Vermögen.

Natürlich war sie mit Nachrichten aus Rudolstadt versorgt worden, ahnte, wußte, daß sich dort etwas angebahnt hatte, was ihrem Verhältnis zu Schiller schaden konnte. Und während sie, die Eifersüchtige, dem Fräulein von Lengefeld liebenswürdige Briefe schrieb, äußerte sie sich in ihrer Weimarer Umgebung in herabsetzender, häßlicher Weise über das Mädchen, das sie Schillers für unwürdig erklärte. Er werde sich mit dieser nichtssagenden, unbedeutenden Person nicht lange befassen.

Was ihr Vermögen betraf, so war es wohl durch ihren Schwager, den Präsidenten von Kalb, in Gefahr geraten, verschwendet zu werden. Durch leichtsinnige Entscheidung auf einem Familientreffen hatte Charlotte ihm die Verfügungsgewalt über einen großen Teil ihres Besitzes übertragen und mußte nun mit ansehen, wie er im Begriff war, ihn durchzubringen. Als pensionierter, höherer Beamter bezog er ohnehin ein beachtliches Ruhegehalt. Damit und mit dem, was er sich von seiner Schwägerin nahm, lebte er auf großem Fuße, spekulierte und prozessierte. Charlottes bedeutendes Vermögen ging später in der Tat gänzlich verloren durch einen Prozeß, den der Schwager bis ins Jahr 1804 führte – und verlor.

Schiller, den es nach diesen geselligen Monaten in Rudolstadt zunächst auch in Weimar zu Gedankenaustausch und anregendem Umgang treibt, verbringt manche Stunde im Hause der Frau von Kalb. Doch das läßt schnell nach. Sie spürt offenbar, daß er sich verändert hat, möchte ihn wieder stärker an sich ziehen, erreicht aber bei Schiller eher das Gegenteil. Man versteht sich durchaus, schwelgt gemeinsam – wie früher – in höheren Sphären literarisch-philosophischer Gespräche, doch die Erkenntnis, ihn nicht wie früher gewinnen zu können, bleibt ihr nicht erspart. Schon im August, von Rudolstadt aus, hatte er Körner berichtet: »... Ich hab ihr (Frau von Kalb) diesen Sommer gar wenig geschrieben, es ist eine Verstimmung unter uns, worüber ich Dir einmal mündlich mehr sagen will. Ich widerrufe nicht, was ich von ihr geurteilt habe: sie ist ein geistvolles, edles Geschöpf – ihr Einfluß auf mich aber ist nicht wohltätig gewesen ...«

Charlotte von Kalb stürzt sich in die Vergnügungen des Winters, er in die Arbeit, einsiedlerisch-zurückgezogen in seiner alten Wohnung, die er tagelang nicht verläßt.

Natürlich gratuliert er Lottchen zu ihrem zweiundzwanzigsten Geburtstag, am 22. November. Zu Haus, bei sich, in aufgeräumter Stimmung, schreibt er: »Ich überließ mich süßen, dichterischen Träumen; alte, erwärmende Ideen wachten wieder bei mir auf, kurz, ich war in dem Zustand, wie es bei den *Künstlern* heißt:

> ... in der schöneren Welt,
> wo aus nimmer versiegenden Bächen
> Lebensfluten der Dürstende trinkt
> und gereinigt von sterblichen Schwächen
> der Geist in des Geistes Umarmungen sinkt.

Und dieses Vergnügen lassen Sie mich Ihnen danken. Sie sind die Heilige dieses Tages, und es freut mich noch einmal so sehr, wenn ich es aus einer so lieben Quelle empfange.«

(Später, vor Drucklegung, wurden die oben zitierten Verse aus dem Gedicht »Die Künstler« gestrichen.)

Etwa zur gleichen Zeit sitzt Lotte im Kreise der Familie Lengefeld zusammen mit Freundin Friederike von Holleben und deren Schwester Lina beim Geburtstagskaffee. Nachdem der Tisch abgeräumt ist, setzt man sich zu einem Kartenspiel zurecht. »Taroc Hombre« soll gespielt werden. Lotte muß noch lernen; sie findet, daß es gut sei, zwischendurch, wenn der Gesprächsstoff einmal ausgegangen ist, ein Spielchen zu machen. Mit einem Gesprächspartner wie Schiller in der Runde hatte man das allerdings nie nötig gehabt. Aber wenn, wie beim Taroc, auch der Verstand ein bißchen bewegt wird, macht es ihr Spaß.

Am Abend liest man auf Wunsch Lottes, des Geburtstagskindes, in Mackenzies »Julia de Roubigné«, einem Roman, dessen Hauptfigur sich im Verlauf der Handlung überraschend so zu ihrem Nachteil verändert, daß alle ihre Enttäuschung äußern.

Die gemeinsame Lektüre eines Romans, eines Reiseberichts, einer Biographie oder eines Geschichtswerkes war damals beliebt und üblich. An langen Winterabenden vertrieb man sich die Zeit damit, diskutierte über diese oder jene Wendung im Handlungsablauf, über historische Zusammenhänge, über Lebensbedingungen in fremden Ländern. Dies hatte, neben dem Unterhaltungswert, den ebenfalls wünschbaren bildenden Effekt. Lotte war ja überhaupt eine eifrige Leserin. Sie war gern allein; so fröhlich sie in angenehmer Gesellschaft sein konnte, so sehr neigte sie doch auch dazu, sich zurückzuziehen, sich Stimmungen hinzugeben. Sie hatte Zeiten mit starken melancholischen Anwandlungen. Dann lebte sie wie im Traum und hatte Mühe, eine unbestimmte Sehnsucht abzuschütteln, in die Wirklichkeit zurückzukehren. Die Erinnerung an Heron zum Beispiel, inzwischen durch den Sommer mit Schiller verblaßt, hatte sie lange beschäftigt, schwankend zwischen Resignation und Hoffnung. Aber sie war, gewiß auch durch eine meist einsam in der Umgebung ihres Geburtshauses verbrachte Kindheit – abgesehen natürlich von der Gesellschaft ihrer Schwester und später ihrer Kusine Amalie von Lengefeld –, durch des Vaters zielstrebige Hinführung zur Natur und zu den Schätzen der Literatur, eine junge Frau geworden, die auf die Abwechslungen der Zeit, die Vergnügungen, die Unterhaltungen ihres Standes verzichten konnte. In ihren »Erinnerungen aus den Kinderjahren« schreibt sie: »Ein einziger Tag meines früheren Lebens ist die Geschichte aller. Dieser Gewohnheit an das Einförmige danke ich in späteren Jahren viel Genuß. Ich lernte dadurch auf mir selbst zu ruhen, fremder Hilfe zu meiner Unterhaltung nicht zu bedürfen.« An Klugheit und Bildung war sie vielen ihrer Altersgenossinnen aus dem Adelsstand überlegen. Hinzu kam ihr Sinn für das Praktische, die Fähigkeit, mit praktischer Vernunft die Probleme des Tages anzugehen, sie zu lösen.

»Überhaupt«, schreibt Schiller jetzt, in einem seiner ersten Briefe aus Weimar, »habe ich Sie im stillen schon oft um eben das beneidet, worum ein anderer Sie vielleicht beklagt. Der Mangel an äußerlichen, geselligen Ressourcen zwingt Sie, in Ihrem Geist und Herzen Beschäftigung zu suchen, und nie hätten Sie vielleicht die Schätze in Ihrem eigenen Wesen entdeckt, wenn nicht ein geistiges Bedürfnis Sie darauf aufmerksam gemacht hätte. So viele treffliche Menschen reißt der Strom der Gesellschaften und Zerstreuungen mit sich dahin, daß sie erst dann zu sich selbst kommen, wenn sich die Seele aus dem Schwall von Nichtigkeiten nicht mehr emporarbeiten kann...«

In diesen Wochen eines ausschließlich brieflichen Verkehrs wird der Ton oft deutlich-liebevoll. Man gesteht einander die Last des Getrenntseins, macht Pläne für den nächsten Sommer und berichtet vom Tagesgeschehen, in das man Erinnerungen einflicht an gemeinsam verbrachte, ach so ferne Rudolstädter Tage.

Wie aber klingen, wirken die Briefe Lottes und Karolines an Schiller im Vergleich? Welchen Rückschluß auf die für den Dichter empfundenen Gefühle muß man ziehen, liest man zum Beispiel einige Zeilen aus beider Schwestern Antworten auf Schillers ersten Brief aus Weimar? Obwohl man eine unterschiedliche Fähigkeit, Empfundenes auszudrücken, einräumen muß – Karoline besaß schriftstellerisches Talent, Lotte schrieb in einfachem, eher nüchternen Berichtsstil –, wird doch offenbar, welche

Art Kraft, welche innere Bewegung die Federn führte. Lotte schreibt: »Die Reise war erträglich (nach Erfurt), die Sonne, die heitere Luft, waren wohltätig, aber als sie sich verbarg, und der Abendwind über die leeren Felder wehte, und wir in die kalte Luft eingehüllt waren, lieber Freund, wie wurde es mir da so weh ums Herz! Ich dachte mir lebhaft, daß es die Stunde unsrer Zusammenkunft wäre; und nun wie so anders! – ... Es ist sonderbar und oft unbegreiflich, wie sich Menschen finden... Wir kennen uns erst ein Jahr, und mir ist als wären wir immer Freunde gewesen. Ihr Geist war mir zwar nie fremd, denn immer fühlte ich mich zu ihm gezogen, wenn ich von Ihnen las; aber nun ist es doch noch anders. Denn jetzt wird es mir fast unmöglich, mir meine Freuden ohne Sie zu denken; und so wird's bleiben, nicht wahr?... Nun leben Sie wohl, lieber Freund, denken Sie meiner oft; und immer mit einer freundschaftlichen Empfindung, ich erwidre sie gern.«

Karoline: »Sein Sie gegrüßt von ganzer Seele, mein teurer Freund! Dies ist der erste Gruß, der durch einen so weiten Weg zu Ihnen gelangt. Das Gefühl Ihrer Entfernung bleibt immer lebendig in mir, tausend Erinnerungen, tausend liebe Gewohnheiten werden es. Ach, ich kenne keinen Ersatz für das, was Sie meinem Leben gegeben haben! So frei und lebendig existierte mein Geist vor Ihnen! So wie Sie hat es noch niemand verstanden, die Seiten meines innersten Wesens zu rühren – bis zu Tränen hat es mich oft bewegt, mit welcher Zartheit Sie meine Seele in trüben Momenten gepflegt, getragen haben. – Wie nötig ist es mir, in der Hoffnung zu leben! Erinnerung allein würde mein Herz zerreißen, aber so schöpfe ich aus ihr Ahnungen künftiger Glückseligkeit. Ich möchte Wieland beinahe lieben über seine Pläne, die unserm Zusammenleben dienen sollen (Wielands Plan, den »Teutschen Merkur« von 1790 ab zusammen mit Schiller und einem dritten Schriftsteller von Rang herauszugeben. Es sollte einen neuen »Teutschen Merkur« geben, etwa nach dem Vorbild des »Mercure de France«). O gutes Schicksal! Nur Sie in unsrer Nähe, und dann mögen die Parzen noch hinzuspinnen, was ihnen sonst gefällt.«

Ist man nicht geneigt, bei einer Gegenüberstellung der beiden Texte, eher in Karoline diejenige zu vermuten, die in Schiller den »Mann ihres Lebens« sah, bereit, sich ihrer Liebe zu ihm bedingungslos hinzugeben?

Und was ging in Schiller vor, wie wertete er seine eigenen Gefühle, Empfindungen für die beiden? Versuchte er überhaupt zu trennen? Richtete er doch viele der Briefe im folgenden Jahr an beide zugleich. Ja, begann er nicht schon bald die Schwestern als eine Einheit zu sehen, einander mit ihren verschiedenen Vorzügen ergänzend, die eine ohne die andere nicht denkbar? Ähnliches sagt er jedenfalls zu Lotte: »Daß Sie und Karoline so gut zusammenstimmen, freut mich sehr; es ist überhaupt selten, daß Schwestern, die von früher Kindheit an in so viele Kollisionen kommen, bei entwickeltem Charakter einander etwas sind. Ihre beiderseitige, gute Harmonie ist ein schöner Genuß für mich, weil ich Sie in meinem Herzen vereinige wie Sie sich selbst vereinigt haben – möchten Sie, oder möchte vielmehr das Schicksal Sie beide nie weit auseinander führen, wenn es möglich ist. Es ist gar niederschlagend für mich, wenn ich Sie mir getrennt denke, weil ich dann immer eine, wo nicht beide, entbehren müßte…«

Daß Schiller an Körner geschrieben hatte, er habe seine Empfindungen in Rudolstadt durch »Verteilung« geschwächt, traf sicher zu, daß sein »Herz ganz frei« sei, wie er außerdem bemerkte, dürfte eine »Zweckmeldung« gewesen sein, mit der er Körner, der eine bevorstehende unvorteilhafte Bindung befürchtete, beruhigen wollte.

Was nun geschah, bestärkte Schiller in seinem Wunsch zu heiraten. Schon am 10. Dezember deutet er dies gegenüber Rudolf Zumsteeg in einem Brief an. »Von nun an streich' mich aus der Liste der literarischen Vagabunden aus«, schreibt er seinem Freund aus Karlsschulzeiten, »oder hast Du mir lieber den etwas ehrenvolleren Titel eines Privatgelehrten beigelegt, so ändere auch diesen.« Er werde bald in Staats- und Adreßkalendern prangen, und er sei auch nicht mehr der Sonderling, dessen sich Zumsteeg wohl erinnere, sondern werde in absehbarer Zeit mitteilen können, daß er es »nicht mehr gut achtete, allein zu sein«.

Was war geschehen?

Die im Sommer vom Schwiegersohn Wielands, dem Professor Reinhold, erwähnte Möglichkeit des Angebots einer Professur war Wirklichkeit geworden. Nachdem Professor Eichhorn durch seinen Wechsel nach Göttingen einen Platz frei gemacht hatte, bot man Schiller, obwohl Eichhorn orientalische Sprachen lehrte, den Lehrstuhl für Philosophie an. Lehren würde er Geschichte, außerplanmäßig, denn dieser Stuhl war besetzt vom Nominalprofessor für Geschichte, Chr. G. Heinrich. Schiller kam dies durchaus gelegen, denn – auch das spielte gewiß eine Rolle – mit Gründung einer bürgerlichen Existenz dieser Art, die auch damals schon mit sehr viel Prestige verbunden war, konkretisierten sich seine Heiratsabsichten. Er, dessen Selbstbewußtsein eigentlich stets funktioniert hatte, wollte nun auch in den Augen derer als heiratsfähig gelten, die es zu beeindrucken galt. Wen konnte er da anderes im Auge haben als die

Lengefelds? Freilich sah Schiller durchaus die verschiedenen Seiten der sich nun ergebenden einschneidenden Veränderung seiner Lage. Zwei, drei Jahre unabhängigen Schaffens hatte er sich schon noch gewünscht, die mußte er streichen. Und ob er dieses anspruchsvolle Amt zur Zufriedenheit würde ausfüllen können, dessen war er sich auch nicht sicher. Mancher Student wisse vielleicht mehr als der Herr Geschichtsprofessor, schrieb er nach Dresden. Goethe hatte zwar, ihn beruhigend, gemeint, beim Lehren lerne man, doch dies schien ihm zu einfach, billiger Trost aus der Position des Etablierten.

Nun, er hatte dem Geheimen Regierungsrat Voigt, dem Stellvertreter Goethes im Amt, seine Zustimmung gegeben, und danach war alles sehr schnell gegangen. Er weiß inzwischen auch, daß die Initiative zu diesem Angebot in einem Zusammenwirken Frau von Steins mit Goethe zu suchen war. Nach Herzog Karl Augusts Einverständnis hatten auch die übrigen vier Erhalter der Gesamtakademie Jena, die Fürsten von Gotha, Meiningen, Coburg und Hildburghausen sehr rasch ihre Zustimmung gegeben.

Goethe hatte dem Geheimen Konzilium Schiller als fachlich und menschlich geeignet empfohlen und vermerkt, daß er »auf junge Leute guten Einfluß haben werde«.

Und schließlich dürfte der erst kürzlich erschienene erste (und auch einzige) Band der »Geschichte des Abfalls der vereinigten Niederlande«, den die Öffentlichkeit mit Bewunderung aufnahm und der in ihren Augen die Eignung Schillers für das historische Fach außer Frage stellte, ein übriges dazu beigetragen haben.

Lotte und Karoline nehmen die Nachricht von der anstehenden Übernahme einer Professur erfreut auf. Beide wollen, so oft es geht, nach Jena kommen, oder sich, wie Lotte schreibt, zu einem Rendezvous in Kahla, einem Ort südlich Jenas in Richtung Rudolstadt gelegen, treffen. Die Antworten der beiden Schwestern auf Schillers Ankündigung, im kommenden Jahr in Jena zu lehren, klingen jedenfalls sehr zuversichtlich. Vor allem Lotte versucht, dem sich bald »übertölpelt« fühlenden Schiller – weil ihm nun alles ein wenig zu schnell geht und unerwartete Unkosten entstehen – die Vorzüge dieser Tätigkeit schmackhaft zu machen. Zuspruch hatte er nötig. Er bekam ihn nur aus Rudolstadt, wo man in der Tat glücklich war, Schiller weiter in der Nähe zu wissen. Es sei doch gut, daß er weder nach Dresden noch nach Hamburg gereist sei, wie er es vorgehabt hatte, und daß ihnen dreien, sofern der »ernsthafte Herr Professor sich noch zu uns herunterlassen will«, wie sie schelmisch schreibt, nun die Freuden des gemeinsamen Umgangs miteinander erhalten blieben.

Körner war mit Schillers Entschluß nicht einverstanden; er bemängelte vor allem, daß das Amt ohne jede Besoldung, ohne Dienstbezüge ausgeübt werden mußte. Schiller hatte lediglich Aussicht auf bescheidene Beiträge aus Kolleggeldern, mußte aber andererseits für die Berufung nach Jena und für die Magisterwürde, die zu erwerben er verpflichtet war, eine Menge Verwaltungsgebühren bezahlen.

Goethe näherzukommen, war Schiller nicht gelungen. Es gab nur einige Gespräche, die Übernahme des Amtes in Jena betreffend. Den Äußerungen Knebels zufolge durfte er mit Wohlwollen von seiten des Meisters rechnen. Bedrückt stellte er jedoch fest, daß Goethe sich ihm gegenüber verschloß. Später spricht er von einer Art Haßliebe; an Goethes Urteil sei ihm überaus viel gelegen, aber es sei ihm einfach nicht näherzukommen. »Er besitzt Talent, die Menschen zu fesseln und durch kleine, sowohl als große Attentionen sich verbindlich zu machen; aber sich selbst weiß er immer frei zu behalten. Er macht seine Existenz kund, aber nur wie ein Gott, ohne sich selbst zu geben... Mir ist er dadurch verhaßt, ob ich gleich seinen Geist von ganzem Herzen liebe und groß von ihm denke...« Körner gegenüber geht ihm das Temperament öfter durch. Natürlich sieht er in Goethe die für ihn schier unerreichbare Größe. Aber er hadert dann auch mit dem Schicksal, das Goethe die Grundlagen für seine Entwicklung in den Rahmen einer glatt verlaufenen wissenschaftlichen Ausbildung packte, mit allem versorgte, ihn selbst jedoch »bis auf diese Minute« kämpfen läßt. »Aber ich habe noch guten Mut und glaube an eine glückliche Revolution für die Zukunft. Könntest Du mir innerhalb eines Jahres eine Frau von 12000 Talern verschaffen, mit der ich leben, an die ich mich attachieren könnte, so wollte ich Dir in fünf Jahren – eine Fridericiade, eine klassische Tragödie, und weil Du doch so darauf versessen bist, ein halb Dutzend schöner Oden liefern – und die Akademie in Jena möchte mich dann am Asch lecken.«

Anfang Januar 1789 kommt Wilhelm von Humboldt, geschickt von Karoline von Dacheröden, nach Rudolstadt, um Frau von Beulwitz für den »Tugendbund« zu werben. Wir wissen, daß dieser Bund, ausgehend von einem Zusammenschluß schöngeistig orientierter Frauen und Männer in Berlin, neben wissenschaftlicher, geistiger Fortbildung sich vor allem das seelische Aufschließen ihrer Mitglieder zum Ziel gesetzt hatte. Die Vertraulichkeit im Verkehr untereinander – auch brieflich – sollte keiner Begrenzung unterliegen; man war durchdrungen von der Idee, durch absolute Offenheit gegeneinander (gegenüber Außenstehenden durch eine Geheimschrift abgeschirmt) zu einer Veredelung der Gefühle, zu einer Form gegenseitiger Beglückung zu gelangen, die anders nicht erreichbar wäre. Bezeichnenderweise richtet sich der Antrag auf Beitritt nur an Karoline, nicht an Lotte. Nur Karoline erscheint dem Fräulein von Dacheröden der Intelligenz, der Veranlagung, der Begeisterungsfähigkeit nach würdig, vom Bund aufgenommen zu werden. Die stillere, gewiß auch nüchternere, mehr praktisch veranlagte Lotte, das hatte man wohl erkannt, paßte nicht in diesen gefühlsseligen Kreis. Sich rückhaltlos zu offenbaren war nicht ihre Sache. Starker Gefühle durchaus fähig, brachte sie es doch kaum je fertig, »aus sich herauszugehen«. Doch selbst Karoline, die leicht entflammbare Feuerseele, erklärt erst, immer noch leicht widerstrebend, ihren Beitritt, nachdem Wilhelm von Humboldt noch einmal brieflich auf sie eingewirkt hatte. Karolines Bedenken, die Vorschriften des Bundes bewirkten einen gewissen Verlust an innerer Freiheit, wußte Wilhelm zwar zu entkräften, doch darf man annehmen, daß sie sich dann doch, durch selbst auferlegte Zurückhaltung, der letzten Erfüllung der Bedingungen entzog. Sie war ja, im Gegensatz zu Karoline von Dacheröden und anderer Mitglieder, eine Frau, die in ihrer unglücklichen Ehe bereits einiges zu verkraften gehabt hatte. Und sie war, obwohl begeisterungsfähig, schwärmerisch, phantasievoll, doch mit soviel Neigung zu vernunftsmäßiger Durchdringung ihrer Angelegenheiten ausgestattet, daß sie die Gefahr, sich ins Bodenlose zu verlieren, stets rechtzeitig erkannte.

Ein Treffen der Schwestern Lengefeld und Schillers mit den Erfurter Mitgliedern des »Tugendbundes«, etwa ein Jahr später in Erfurt, wird uns noch beschäftigen.

Die Tage in Rudolstadt vergehen im Gleichmaß gewohnter Eintönigkeit. Allerdings, besonderer Inhalt des Lebens der Schwestern Lengefeld sind jetzt die stets mit Ungeduld erwarteten Briefe aus Weimar. Auch die Freitagsgesellschaften bringen ein wenig Leben in den Beulwitzschen Salon. Karoline macht es Spaß, sich von einer Woche zur anderen auf diese Zusammenkünfte vorzubereiten. Mal ist man bei Montesquieu, mal bei den Memoiren Joinvilles oder auch bei Mirabeaus Briefen; Diderot findet besondere Beachtung. Die Rudolstädter Prinzen versäumen nur selten einen dieser Freitage.

Lotte ist, wie in jedem Jahr, versessen auf die so geliebten Schlittenpartien, die meist nach Hasel, Mörla oder in andere Richtung, bei etwa gleicher Entfernung, führen. Hasel ist ein beliebtes Ziel auch für Schlittenfahrten der Prinzen und Prinzessinnen. In früheren Jahren hatte es von den Prinzen angeregte Schlittenrennen gegeben. Vier, fünf oder auch mehr Schlitten, jeweils mit fünf oder sechs Personen besetzt, fuhren in Abständen nach Hasel. Dort stand der Erzieher oder einer der Vertrauten der Prinzen, der mit dem ersten Schlitten gefahren war, um beim Eintreffen der folgenden Fuhren die Zeit zu nehmen. Natürlich wurde nicht nach Sekunden gemessen, aber durch Festlegung der Abfahrtszeiten in Rudolstadt konnte die Fahrtzeit jedes Schlittens doch recht gut ermittelt werden. Am Ziel in Hasel, an den Fenstern der behaglich hergerichteten, gutgeheizten Gaststube des Wirtshauses, standen dann die Teilnehmer, Damen und Herren, Mitglieder der Hofgesellschaft, Angehörige des »gesellschaftlichen Kreises« und erwarteten mit Spannung die nach und nach eintreffenden Gespanne. Man drückte sich die Nasen platt an den in kleinen Fenstervierecken sich bietenden Aussichtspunkten, und ein von irgendwem mitgebrachtes Perspektiv ging hastig von Hand zu Hand, wenn in der Ferne Bewegung die Ankunft eines weiteren Schlittens ankündigte.

Fahrer und »Besatzung« des schnellsten Schlittens erhielten einen Preis. Meist ging es um ein Spanferkel, um einen Truthahn, ein paar Flaschen Wein oder auch um Champagner. Nach erfolgter Ermittlung des Siegerschlittens saß man noch gemütlich zusammen, aß und trank, nahm anschließend den Kaffee mit einem Cognac oder einem Bitterlikör, der Verträglichkeit und guten Verdauung nachzuhelfen. Kurz vor Einbruch der Dämmerung brach man gewöhnlich zur Rückfahrt auf. Die Schlittenkolonne mit ihren hintereinander fahrenden Gespannen ein dunkler Pulk im dichtbewaldeten, sanft gewellten Gelände des Saaletales, war in der klaren Luft des Thüringer Waldwinters, trotz der Dunkelheit, schon von weitem auszumachen; die locker an den Pferdegeschirren befestigten unzähligen Glöckchen verbreiteten ein weithin hörbares, im Takt der Pferdehufe rhythmisch aufklingendes Geschelle.

Solche Schlittenpartien haben auch in diesem Jahr große Anziehungskraft, aber – und nicht zuletzt auch durch Lottes Stimme – werden schon lange keine Rennen mehr veranstaltet, weil der Wunsch zu gewinnen begreiflicherweise dazu führte, daß die Pferde in oft brutaler Weise angetrieben wurden. Dies artete manchmal sogar in Schinderei aus, und hier meldeten sich bald gesunder Menschenverstand und Mitgefühl mit der wehrlosen Kreatur.

Auch abends eine Partie Taroc im Kreise der Familie, zusammen mit den Schwestern Holleben, würzt die Unterhaltung, sorgt für kurzweilige

Unterbrechung einer gemeinsam genossenen Lektüre. Auf dem Boden des Beulwitzschen Hauses gab es eine Bibliothek, einer Schatzkammer gleich, aus der man sich mit immer neuen alten Werken der Literatur versorgte. Homer, Plutarch oder, von Lotte besonders geliebt, »The works of Ossian«, von Macpherson angeblich aus dem gälischen »Ossian« übersetzte Gesänge, wahrscheinlich sentimental verfälscht, aber gerade durch den »eingearbeiteten«, empfindsam-weltschmerzlichen Ton dem Geschmack der Zeit entgegenkommend. Lotte übersetzt Gedichte Ossians, und Schiller äußert Anerkennung zur vollbrachten Arbeit. Er findet, die Übertragung sei ungezwungen und tue dem Original durchaus keine Gewalt an. Karoline nimmt sich Ovids »Metamorphosen« zur Übersetzung vor. Die Schwestern beschäftigen sich; sie sind, infolge ihres guten Bildungsfundaments und ihres Wissensdrangs, neuerdings besonders angeregt durch Schiller, auf einem weit höheren Bildungsstand angelangt als die meisten adligen Damen ihrer Generation. Sie schreiben, sie korrespondieren. Und sie haben auch die sogenannten Posttage, das heißt, sie richten sich mit Briefen und Sendungen nach dem Aus- und Eingang der Post. Die ging zum Beispiel sonnabends von Weimar ab, kam abends in Rudolstadt an und wurde dann am Sonntagmorgen ausgetragen. Von Rudolstadt nach Weimar und Jena und von dort aus natürlich auch weiter nach Leipzig und Dresden wurde Post montags und donnerstags befördert. Zwischendurch gab es für Rudolstadt noch eine weitere Möglichkeit der Postbeförderung, nämlich durch die Botenfrau. Sie ging allerdings nicht ganz regelmäßig. Der Bedarf entschied. Später brachte sie donnerstags Post nach Weimar und kam freitags mit Post für Rudolstadt zurück. Schiller und die Lengefelds wußten natürlich ihre Posttage und handelten entsprechend.

Vom Geburtstag Karolines, am 3. Februar, erfährt Schiller erst durch Lottes Brief einen Tag später. Man hatte gesungen, wie sie berichtet, und man hatte mit den Prinzen am Nachmittag herumgetobt; Lotte war das Herz ein bißchen schwer gewesen, weil sie sich so sehr des letzten, Schillers Geburtstags am 10. November, erinnerte. Und auch das Wetter drückte auf die Stimmung. Trotzdem, berichtet Schiller, sei auch für ihn der 3. Februar, ohne daß er dessen Bedeutung für Karoline kannte, bemerkenswert gewesen, aus Zufall oder »im Zusammenhang der Dinge«. Er habe nämlich – nach mehrfacher Umarbeitung – an diesem Tage das Gedicht »Die Künstler« in seiner endgültigen Fassung vollendet, und diese letzte Form mache ihn auf sich selbst stolz.

Eine Neuigkeit am Hofe soll das Leben der Schwestern in Rudolstadt verändern. Des Erbprinzen Töchter Karoline und Luise, die bisher so gut wie unerzogen aufwuchsen, sollen endlich eine Erzieherin von Format bekommen. Schon im Verlauf der folgenden Woche soll die Chère mère, vom Erbprinzen dazu ausersehen, als Hofmeisterin ihre Aufgabe übernehmen.

Frau von Lengefeld, die schon in ganz jungen Jahren Hofluft schnupperte, ja, sie beinahe genußvoll einatmete, ist sofort bereit, diesen Dienst anzutreten, denn ein Hofamt ist ihr nicht fremd und keineswegs zuwider. Sie kennt sich aus im Labyrinth höfischen Lebens, weiß, wie man dort Dinge, die man erfolgreich betreiben will, tatkräftig und zielstrebig anpackt, wie man Intrigen durchkreuzt, Wohlwollen erringt und bewahrt. In ihrem sechsundvierzigsten Lebensjahr ist sie noch immer von fast jugendlichem Schwung; die notwendige Portion Ehrgeiz, Selbstbewußtsein und vor allem eine unerschütterliche Religiosität geben ihr das Rüstzeug zur Bewältigung einer solchen Aufgabe.

Einesteils bedauern Lotte und Karoline die nun alltägliche Abwesenheit ihrer Mutter, andererseits gewöhnen sie sich schnell an die neue Situation, die ihnen unverhofft mehr Freizügigkeit in all ihren Handlungen bringt.

Und noch eine Veränderung steht bevor. Die Prinzen Ludwig Friedrich und sein jüngerer Bruder Carl Günther sollen Anfang Mai die »Kavaliersreise« antreten. Ihr Erzieher, der Hofrat von Beulwitz, zusammen mit dem Regierungsrat von Ketelhodt als Reisebegleiter, werden sie führen. Ziel der Reise ist Süddeutschland und anschließend die Schweiz.

Gleich machen Lotte und Karoline Pläne für den Sommer; ohne Beulwitz, den »Ursus«, wie sie ihn unter sich nennen, werden sie noch freier schalten und walten können, obwohl er ja in bezug auf zu gewährende Freiheiten seiner Frau gegenüber stets großzügig verfährt. Man denkt an einen Kuraufenthalt in Lauchstädt. Dieses bei Merseburg gelegene kleine Bad, eine Tagesreise von Leipzig entfernt, könnte dann Treffpunkt werden mit Schiller und Körner.

Inzwischen aber ist es Zeit für Schiller, sich nach einem Logis in Jena umzusehen. Die Reise dorthin verbindet er mit einem Abstecher nach Rudolstadt. Das Wiedersehen mit den Schwestern Lengefeld – die Chère mère war im Schloß unabkömmlich – wird zu einem besonders herzlichen Austausch von Gedanken und Erinnerungen. Am Lauchstädter Plan findet Schiller Gefallen. Wenn auch Körner zustimmte – er wird bei ihm anfragen, sobald er wieder in Weimar ist –, könnte man sich schon jetzt auf diese Zusammenkunft freuen.

Luise von Lengefeld, geborene von Wurmb,
Mutter der Schwestern Charlotte und Karoline

Es sind nur ein paar Stunden, die man miteinander verbringt; aus den daraus resultierenden Briefen der Schwestern ist zu entnehmen, daß sie ihren gemeinsamen Freund nur allzu schweren Herzens wieder scheiden sehen.

Schiller mietet in Jena bei den Fräulein Schramm (in der »Schrammei«), Jenergasse 26, eine Wohnung, die aus drei geräumigen Zimmern besteht. Christian Gottfried Schütz, Philologe und Professor der Beredtsamkeit und der Dichtkunst und dessen Frau hatten bei der Quartiersuche geholfen. In den zum Arbeiten bestimmten Raum läßt er einen nach Wunsch gefertigten Schreibtisch stellen; »das wichtigste Möbel« ist sein Eigentum.

Wieder in Weimar, berichtet er Körner von seinen Aktivitäten in Jena. Den Besuch in Rudolstadt dagegen erwähnt er nicht. Er beginnt nun, sich auf die Antrittsvorlesung vorzubereiten. Es soll ein Vortrag über Universalgeschichte sein, in dem Ideen der Zeit, des Sturm und Drangs, der Aufklärung, durchsetzt mit kantischen Gedanken, enthalten sein werden. Natürlich darf er all die anderen Arbeiten, mit denen er sein Brot verdient, nicht vernachlässigen. Er schreibt weiter am »Geisterseher«, schließt mit dem Jenaer Verleger Mauke einen Vertrag über die Herausgabe einer Sammlung historischer Memoiren; Beiträge für das Heft 7 der »Thalia« sind zu liefern, und zwischendurch befaßt er sich, auf Anregung Lottes, mit Johannes von Müllers »Geschichten Schweizerischer Eidgenossenschaft«, die später Einfluß haben sollen auf seinen »Wilhelm Tell«.

Über Ostern liegt Lotte krank im Bett. Auch Karoline klagt viel über Kopfschmerzen, Nervosität, Unwohlsein in ihren Briefen an Schiller. Gemeinsam bedauern beide immer wieder ihr Getrenntsein von ihm und beschwören die herrlichen Monate des vergangenen Jahres. Der Onkel ist für ein paar Tage zu Besuch, und auch der Hofrat Becker mit Frau und Tochter sind für zwei Tage Gäste in Rudolstadt. Man ist froh über jedes Ereignis, das ein bißchen ablenkt vom allzu Alltäglichen, allzu Gewohnten.

Beulwitz reist ab. Einen Brief von Schiller an die Eltern auf der Solitude hat er bei sich. Man erwartet Bericht über dieses Zusammentreffen.

Schillers Übersiedlung nach Jena verläuft glatt. Die hohen, hellen Räume seiner neuen Wohnung in der »Schrammei« stimmen ihn froh und tatendurstig. Den Hauptteil seiner Antrittsvorlesung »Was heißt und zu welchem Grund studiert man Universalgeschichte« schreibt er hier.

Er hält sie am 26. Mai in Griesbachs Auditorium, in das man, des großen Andrangs wegen, überwechseln mußte. Dieser größte Vortragssaal Jenas faßte bis zu vierhundert Menschen; annähernd fünfhundert quetschten sich an jenem Tag hinein, viele drängten sich in den Gängen oder blieben draußen vor dem Haus, nur um mitzuerleben, was der neue Professor, von dessen Ruhm als Dramatiker und Geschichtler man natürlich auch in Jena wußte, zu bieten hatte.

Der Erfolg Schillers war groß. Man wußte von keiner ähnlich besuchten und so begeistert aufgenommenen Lehrveranstaltung in Jena zu berichten. Auch die zweite und dritte Vorlesung findet gleich viele Hörer. Eine weitere muß zunächst ausfallen, seines berühmt-berüchtigten Schnupfens wegen.

Seit Beginn seines Aufenthaltes in Jena hatte Schiller, notgedrungen, um seinen Verpflichtungen als angehender Professor zu genügen, durch Höflichkeitsbesuche und Teilnahme an einem Ball einen Einblick in den gesellschaftlichen Rahmen der Stadt bekommen. Er stellte fest, daß ihm unter den heiratsfähigen jungen Mädchen keines besonders gefiel. Körner gegenüber schildert er Vor- und Nachteile einiger möglicher Partien, doch wirkt das Ganze wie eine Irreführung, die den Freund in seiner Meinung, Schiller sei innerlich noch völlig frei und ungebunden, bestärken soll. Wie wenig ihn die Ball-Schönheiten in Wirklichkeit interessierten, beweist, daß er den Abend in der Hauptsache mit Kartenspielen verbrachte. »Weißt Du mir übrigens eine reiche Partie, so schreibe mir immer«, sagt er, »entweder sehr viel Geld, oder lieber gar keins und desto mehr Vergnügen im Umgang.«

Schiller war nicht käuflich. Er spielte Theater. Auch in seinen Briefen zeigte sich oft diese Neigung zum Dramatischen, und wenn er sich so äußerte, machte er sich selbst für eine Weile vor, er empfinde so und nicht anders. Und wenn er solches oder ähnliches noch so oft an Körner schrieb, so stand doch längst für ihn fest, daß er eben jenes »Medium« wollte, durch das »Freundschaft, Geschmack, Wahrheit und Schönheit« auf ihn wirken konnten. Daß nur »eine ununterbrochene Reihe feiner, wohltätiger, häuslicher Empfindungen« ihn »für die Freude stimmen« und sein »erstarrtes Wesen wieder durchwärmen« könnten. Ja, seine Sehnsucht nach einer »bürgerlichen, häuslichen Existenz« – steht sie nicht vor ihrer Erfüllung?

Anfang Juni entschließt er sich zu einem weiteren Besuch in Rudolstadt. Seine Reise mußte, der Erkältung wegen, die wieder einmal hartnäckig anhielt, bis nach Mitte des Monats verschoben werden. So traf er denn, angekündigt durch einige vorher nach Rudolstadt geschickte Zeilen, Freitag nachmittags bei den Schwestern ein. Die Stunde seiner Ankunft kannten sie nicht, hatten schon die beiden Tage vorher mit ihm gerechnet, bis er endlich leibhaftig vor ihnen stand.

Und so mag es an jenem milden Junitag zugegangen sein:

Der Tisch im Beulwitzschen Salon ist geschmackvoll gedeckt, mit kostbarem Porzellan aus altem Familienbesitz; in der Mitte zwei mit verschiedenem Teegebäck hoch aufgefüllte Silberschalen, die den Duft frischen Backwerks im Raum verbreiten.

Die Schwestern haben ihre kleinen Polsterstühle zu den Fenstern hin gedreht, so daß sie, Lotte von ihrer Handarbeit, Karoline von einer Lektüre aufblickend, bei näherkommendem Pferdegetrappel die Straße ein gutes Stück übersehen können. In Wirklichkeit widmen sie sich ihrer

Tätigkeit längst ohne die gewohnte Konzentration. Sie sind mit ihren Gedanken bei dem Gast, den sie erwarten, dessen Ankunft sie herbeisehnen wie kaum jemand zuvor.

Doch er läßt auf sich warten.

Schon einige Male an diesem Nachmittag waren sie, vom Geräusch eines heranrollenden Wagens wie elektrisiert zum Fenster geeilt, um den Erwarteten ankommen zu sehen. Vergebens. Doch dann, gerade als man sich entschlossen hat, das Teegeschirr abräumen zu lassen, wird ihnen der Herbeigesehnte gemeldet. Schiller war erst zur »Gabel« gefahren, hatte dort ein Zimmer genommen und sich ein wenig frisch gemacht.

Es kommt zu herzlicher Begrüßung, die Schwestern haben Mühe, Tränen der Wiedersehensfreude zu unterdrücken.

Man setzt sich zu Tisch, und unter sofort beginnendem, lebhaftem Geplauder wird frisch aufgebrühter Tee eingegossen. Das belebende Getränk löst die Zungen, versetzt alle drei in eine übermütig-erregte Stimmung, in eine Laune, die die mit dem Austausch von Nachrichten, Neuigkeiten, Erlebnissen und kleinen Botschaften angefüllten Stunden nur so vorüberfliegen läßt. Am Abend kommt Chère mère vom Schloß. Sie weiß vom Besuch Schillers, konnte sich für den Rest des Tages freimachen. Nun sitzt man zu viert gemütlich um den Tisch; Mutter Lengefeld, wie immer, in tadelloser Haltung, gespannte Aufmerksamkeit. Aus Beulwitz' Briefen wird von Schillers Familie auf der Solitude berichtet. Den Eltern gehe es gut; man verfolge dort mit großem Interesse und mit Freude den Weg des Sohnes. Die Professur in Jena mache den Vater besonders stolz.

Von einer Begegnung ihres Mannes mit Lavater berichtet Karoline; entgegen seiner früheren Vorbehalte diesem berühmten Zürcher Pfarrer gegenüber sei er jetzt geradezu begeistert von ihm. »Zweifeln Sie nun noch mehr an der Zauberkraft unsres Propheten?« Man kenne Schiller und sein Werk auch in der Schweiz. Die »Niederländische Geschichte« habe auch dort bereits Beachtung gefunden. Lotte spricht begeistert vom Briefwechsel Lessings mit seiner Frau, den sie gerade liest, und Karoline ist bei Schillers Übersetzung der »Iphigenie in Aulis«, deren Schluß im Heft 7 der »Thalia« abgedruckt war.

Natürlich muß über die Badereise nach Lauchstädt gesprochen werden. Man will voraussichtlich am 10. Juli, Freitag nachmittags, in Jena eintreffen. Der guten Bekanntschaft, ja Freundschaft zu den Griesbachs wegen wird man in deren Gartenhaus übernachten müssen. Schiller warnt, die Damen möchten doch versuchen, den »Fängen« der Frau des Professors

Griesbach zu entgehen, die, hat sie sie erst in ihrer »Gewalt«, sprich im Netz ihrer überaus mitteilsamen Gesprächigkeit, so brauche er sich gar nicht mehr sehen zu lassen, denn dann hätten sie nichts mehr voneinander. Man hoffe jedoch auf einen schönen Abend zu dritt, denn am Tag darauf habe die Reise nach Burgörner weiterzugehen; dort, auf dem Gut der Dacherödens, hole man die Freundin Karoline von Dacheröden ab.

Wenn Schiller sie schon unter den hohen Erlen an der Saale, noch vor der Stadt, erwarten könnte, bittet Lotte, das würde sie ganz besonders freuen.

Den folgenden Sonnabend und einen Teil des Sonntags schwelgen die Schwestern mit Schiller in den Spuren jüngster Vergangenheit. Das Wetter erlaubt einen Ausflug nach Volkstädt, wo man Kantor Unbehaun begrüßt, und nach Kumbachs schönem Orangeriegarten. Wo sonst, wenn nicht hier, in dieser erinnerungsträchtigen Landschaft und zu dieser Stunde, sollte Schiller sich erklären können? Mit diesem Vorsatz war er nach Rudolstadt gekommen. War er doch inzwischen Professor für Geschichte geworden, erfolgreich dazu, mit Hörerzahlen von um die 500 je Vorlesung, ein für einen Debütanten bisher nie dagewesener Triumph. Wann vorher hatte man einem Anfänger am Abend seiner Antrittsvorlesung eine Nachtmusik gewidmet und ihm ein dreifaches Vivat ausgebracht?

Dies alles und die neuerworbene Achtung seiner Jenaer Kollegen – unter denen es freilich auch Neider gab – hatten sein Selbstbewußtsein gestärkt, ihm Mut gemacht gegenüber einem von ihm verehrten adligen Fräulein, dessen Mutter zwar als eine unbeirrte Verfechterin der Bewahrung aller Standesunterschiede gilt, die aber, und vielleicht gerade deshalb, den Professorentitel mit Wohlwollen betrachten dürfte.

War er eben noch voller Zuversicht, so verließ ihn im nächsten Moment schon wieder der Mut, hatte er neue Zweifel. Die kontrollierte Zurückhaltung Lottes, ihre Scheu, Gefühle zu zeigen, will er als Kühle, als distanzierte Freundschaftsbezeigung – und nur als das, deuten. Plötzlich scheint ihm Lotte wieder, wie schon seit langem, unerreichbar. Schiller hadert mit sich; er wagt einfach nicht, das vielleicht erlösende Wort zu sprechen. Fürchtet er, beider Freundschaft könnte er dadurch verlieren? Wenn es nun eine stillschweigende Abmachung zwischen den Schwestern gibt, die beiden auferlegt, sich zugunsten der gemeinsamen Freundschaft mit dem Dichter zurückzuhalten?

Für einen halben Tag schiebt er seine Rückreise nach Jena hinaus. Doch nichts Entscheidendes geschieht.

Als man sich gegen Sonntagmittag trennt, tut man es in der beruhigenden Gewißheit eines nahen Wiedersehens in Jena.

Schiller in der Hoffnung auf eine bessere Gelegenheit, sich Lotte zu offenbaren.

Dieses Wiedersehen verläuft allerdings ganz anders, als die drei es sich gewünscht hatten. Schon »unter den Erlen« gibt es eine erste Enttäuschung. Die Rudolstädter Schwestern sehen ihn nicht, den, wie sie gehofft hatten, heransprengenden Reiter Schiller, der hier zu froher Begrüßung erwartet wurde und der sie zu Pferde bis zu Griesbachs Grundstück begleiten sollte.

Den Tag vollends verderben soll dann eine große Gesellschaft, die die Kirchenrätin Griesbach am Abend in Haus und Garten gibt, zu der auch Knebel und Goethe erscheinen.

Schiller, von zwei ungeduldig forschenden Augenpaaren gesucht, ist nicht zu entdecken. Erst sehr spät taucht er plötzlich auf. Niemand weiß, was ihn so lange wo zurückhielt. Die Situation, stellt er fest, kann seinem Vorhaben überhaupt nicht nützen. Nirgendwo könnte man ungestört reden. Das Zusammensein mit den Schwestern ist nur noch kurz, fast förmlich.

Nach den Weimarern war inzwischen auch den Jenaern dieses seltsame Dreierverhältnis bekannt geworden, das sich letzten Sommer in Rudolstadt gebildet hatte. Man platzte vor Neugier, war versessen darauf, Näheres zu erfahren, so daß die Schwestern und Schiller zu einem heimlichen Mittelpunkt der Gesellschaft geworden waren, was die gutmütige, auch um Schiller besorgte Griesbach wohl zuallerletzt gewollt hatte.

Die Minuten verrinnen. Nur allgemeine Bemerkungen werden noch gewechselt – man geht auseinander.

Am nächsten Vormittag, bei der Abreise, bietet sich den Schwestern dann das Bild, das sie sich für ihre Ankunft gewünscht hatten: Schiller reitet neben ihrem Wagen, begleitet sie ein Stück auf ihrer Fahrt zur Freundin von Dacheröden. Das Gut der Familie liegt in Burgörner bei Hettstett.

Als sich Schiller gegen Mittag entschließt, nach Jena zurückzureiten, gibt es einen traurigen Abschied. Ob er mal nach Lauchstädt kommt, wo er sich doch vielleicht mit Körner in Leipzig treffen will?

Lottes und Karolines Briefe, noch in Burgörner geschrieben, äußern Bedauern über den mißlungenen Abend in Jena. »... Es war ein fataler Zufall; und den unheimlichen Abend werde ich so leicht nicht vergessen...«, schreibt Lotte, ... »Denken Sie oft an die Reisenden...«

Karoline: »... Dieses Sehen im Flug hat so viel Unbefriedigendes, und ist doch wieder so viel besser als das gar nicht Sehen ... Diesen Nachmittag lasen wir ›Die Künstler‹ zusammen – unbeschreiblich gießt mir dies Licht und Leben in die Seele, Sie werden mir so nah. – Nun gute Nacht, behalten Sie mich lieb.«

In Burgörner halten sich auch Carl von Laroche und Wilhelm von Humboldt auf. Das von beiden umworbene Fräulein von Dacheröden ist glücklich, in Karoline, als einer wahren Freundin, auch eine selbstlose Helferin im Ordnen ihrer Gefühle bei sich zu haben. Mit Lina – wie sie Karoline von Beulwitz nennt – gelingt es ihr, sich zu entscheiden, sich klarzuwerden über die unterschiedliche Art der Zuneigung, die sie an die beiden Männer zu vergeben hat. Und Lina ist es auch, die schließlich durch klugen, verständnisvollen Rat die Freundin und Humboldt zusammenführt.

Während sich die vier Mitglieder des »Tugendbundes« in leidenschaftlich geführten Diskussionen die Köpfe heiß reden, streift Lotte einsam durch den Gutspark, in Gedanken wohl bei Schiller weilend. Morgen will man zu dritt weiterreisen nach Lauchstädt. Die nächsten Tage vergehen, ohne daß Schiller eine Nachricht erhält. Er leidet Qualen der Ungewißheit. Wie sich später herausstellt, ist ein Felleisen von Lauchstädt nach Merseburg vorübergehend verlorengegangen. Darin die Briefe Lottes und Karolines. Erleichtert hält er zehn Tage später Lottes ersten Brief aus Lauchstädt in der Hand. Mit zwei Briefen antwortet er umgehend. Der eine ist an beide Schwestern zusammen gerichtet, der andere nur an Lotte. »Kommen Sie ja bald zurück«, schreibt er an Lotte und Karoline, »kommen Sie, mich wieder zum Menschen zu machen, zum Dichter – das ist vorbei. Übrigens tröstet mich das, daß Sie doch etwas von mir haben und lesen können, was aus einer glücklicheren Epoche meines Geistes sich herschreibt. Es sind Funken der Glut, die *Sie* beide mir gegeben haben, und die jetzt wieder erloschen sind, da Ihr Atem sie nicht mehr belebt. Wie glücklich wollte ich sein, wenn die schönen Hoffnungen in Erfüllung gingen, von denen Sie schreiben ...«

An Lotte: »In Gedanken uns nahe sein zu dürfen, ist ja beinahe alles, was das Schicksal uns zu gönnen scheint. Ihr letzter Aufenthalt in Jena war für mich nur ein Traum – und kein ganz fröhlicher Traum, denn nie hatte ich Ihnen so viel sagen wollen, als damals, und nie habe ich weniger gesagt ... So oft ist mir dieses schon begegnet, und nicht immer konnte ich äußerliche Hinderungen anklagen. Kaum sollte man es denken, daß oft auch die übereinstimmendsten Menschen – die einander so schnell und leicht auffassen und so lebendig ineinander leben – wieder einen so weiten Weg zueinander haben. So nah und doch so ferne . . . !«

Am Schluß des Briefes kündigt er seinen Besuch in Lauchstädt für Anfang August an – aller Voraussicht nach, wie er einschränkt.

6. Verlobung – Vermählung

»Der Gedanke, zu Ihrem Glück beitragen zu können, steht hell und glänzend vor meiner Seele...«

(Lotte an Schiller)

Schiller macht sich frei, nun gewiß fest entschlossen, Klarheit zu schaffen, zumal Nachrichten aus Rudolstadt besagen, Chère mère wolle Lottchen jetzt zu einer vorteilhaften, standesgemäßen Partie überreden.

Am 2. August trifft er bei den Freundinnen ein.

Was die äußeren Umstände dieses Wiedersehens angeht, so könnten sich die Dinge nach dem, was wir wissen, wie hier beschrieben oder ganz ähnlich ergeben haben. Was aber den Kern der Lauchstädter Ereignisse betrifft, so ist er ganz eindeutig dem authentischen Briefwechsel und Karoline von Wolzogens Erinnerungswerk »Schillers Leben« zu entnehmen.

Natürlich war er erwartet worden.

Schon nach dem Frühstück hatte man zu dritt einen Spaziergang in Richtung Ortsausgang gemacht, hatte den schmalen, stellenweise morastigen Fußweg in Kauf genommen, in der Hoffnung, ihn hier schon, bei seiner Ankunft begrüßen zu können. Gewiß, nach seinen Briefen sollte er erst am späten Nachmittag eintreffen, aber man hatte ja Zeit, und das Reisetempo konnte von so vielen Überraschungen abhängen.

Einige Bauernkarren passierten, mühten sich, angetrieben vom peitscheschwingenden Gespannführer, durch schlammige, von tiefen Wagenspuren durchzogene Feldwege. Der Herbeigesehnte erschien nicht. Es ist nun fast Mittag; ein feiner Nieselregen ist aufgekommen, in feuchten Schleiern nässen kleine Windböen die Gesichter der jungen Damen, Haare und Kleidung. Man kehrt um. Das bis dahin, vor allem zwischen den beiden Karolinen, lebhaft geführte Gespräch bricht ab. Enttäuscht, ein wenig mißmutig, strebt man der Pension zu. Es ist Zeit zum Mittagessen.

Recht einsilbig sitzt man bei Tische.

Nach Dessert und Kaffee entschuldigt sich Lotte. Sie möchte allein sein. Vielleicht geht sie ein bißchen raus in die Natur, in der sie von jeher Trost, Zuspruch, Stärkung fand, vielleicht bleibt sie in ihrem Zimmer, um zu schreiben oder zu lesen.

Auch das Fräulein von Dacheröden zieht sich zurück. Die Kur hat bisher wenig angeschlagen; sie fühlt sich nicht wohl, eher kränker noch als vorher. Sie wird sich hinlegen, ein bißchen ruhen.

Karoline bleibt. Mit einem Buch setzt sie sich an das Fenster des kleinen Aufenthaltsraumes, von dem aus sie den holprigen, am kleinen Vorgarten vorbeiführenden Fahrweg beobachten kann. Es ist still im Haus. Das gleichmäßige, schwerfällige Ticken der mächtigen Standuhr in der Ecke des Raumes hat etwas monoton Einschläferndes in seinem Rhythmus. Nur wenn das Uhrwerk die Viertelstundenmarken erreicht und jenen gongähnlichen Anschlag auslöst, der solch altehrwürdigen Chronometern eigen ist, blickt Karoline auf, ein wenig irritiert, fast erschreckt.

Draußen scheint wieder die Sonne. Noch tropft's von Bäumen und Sträuchern. Drin, im Haus, ist es wohlig warm.

Karoline lehnt sich zurück, macht sich's bequem; die Bäder strengen an, man ermüdet leicht. Sie nickt ein.

Als sie sanft geweckt wird, die Augen aufschlägt, begegnet sie dem neugierig-überraschten Blick des so sehnsüchtig Erwarteten: Schiller steht vor ihr in seiner ganzen Größe. Sie ist sofort hellwach, und wie unter Zwang springt sie auf und wirft sich ihm in die ausgebreiteten Arme. Eine halbe, eine ganze Minute mögen die beiden, eng umschlungen, unfähig ein Wort zu sagen, gestanden haben. Wo denn Lotte sei, fragt Schiller, sich aus der Umarmung lösend. Sie wisse es nicht. Vielleicht draußen, vielleicht in ihrem Zimmer.

Ob er eine gute Reise gehabt habe, wie lange er bleiben könne. Er dürfe sie nicht so schnell wieder verlassen!

Sie setzen sich. Schiller berichtet. Er ist erregt, Karoline hängt an seinen Lippen. Er wolle nach Leipzig, Körner sehen; von dort aus wahrscheinlich mit Körners nach Jena und Weimar. Doch wenn sie, die Schwestern, doch länger als vorgesehen hierblieben, dann könnte es sein, daß sie auf der Rückreise über Jena Körners nicht mehr anträfen. Und endlich sollte es doch, wo man jetzt schon ziemlich nahe beieinander sei, zu einem Treffen, zu einem Kennenlernen kommen. Könnten sie nicht für einen Tag von hier aus über Merseburg nach Leipzig fahren? Sollte man nicht jetzt die Gelegenheit nutzen, denn wer weiß, mit welchen Schwierigkeiten man später wieder zu rechnen habe. Karoline will das mit Lotte besprechen.

Schiller steht auf, er kann seine Erregung nicht verbergen. Während der Fahrt hierher hat er sich immer und immer wieder die mögliche Situation vorgestellt: Lottes Hand nehmen, ihr sagen, daß er sie über alles liebe, sie fragen, ob sie seine Frau werden wolle. Wie oft schon vorher war diese Szene von ihm gedacht, geträumt worden; und ebensooft freilich hatte er dann geschwiegen, aus Angst vor Ablehnung, vor einem Zerbrechen ihrer Freundschaft.

Nun ist er da, bereit sich zu offenbaren. Ja, in diesem Augenblick täte er's – aber wo ist Lotte?

Karoline sieht, spürt, wie er sich quält. Längst weiß sie ja, auch von Lotte selbst, daß er ihr Jawort bekäme, sie weiß, daß Lotte ihn liebt; und ihr Herz will schier brechen bei dem Gedanken, daß sie den Mann, den sie selbst sich um alles auf der Welt zum Gemahl wünscht, ermutigen muß, um ihrer Schwester Hand zu bitten.

Doch auch sie liebe ihn, sagt Karoline, und sie könne sich ein Leben ohne ihn nicht vorstellen! Das sei es, gesteht Schiller, ja, er liebe die eine in der anderen, brauche sie beide!

Es müsse nun zu einer Entscheidung kommen.

Karoline von Beulwitz sieht plötzlich die auf ihr lastende Verantwortung. Schon einmal hat sie sich für Mutter und Schwester geopfert. In diesem Augenblick schafft sie ein Übermaß an Selbstüberwindung.

Fast befiehlt sie Schiller, sich Lotte nun zu erklären.

Er schweigt, steht da, unschlüssig, fast flehend der Freundin zugewandt. Er habe nicht den Mut dazu.

Aber er könne gewiß sein, erhört zu werden.

Trotzdem – er bringe es nicht fertig.

Dann solle er's Lotte schreiben.

Erleichtert läßt er sich auf den Sessel am Fenster fallen.

Ja, das wolle er tun. Schreiben, schreiben, das gelinge ihm weit besser – und er sei glücklich, nun hoffen zu dürfen.

Karoline verspricht ihm ihre Unterstützung, auch bei der Mutter, die aber vorerst nicht eingeweiht werden sollte.

Und da steht Lotte in der Tür, von einem Spaziergang zurückgekehrt. Ein reizender Anblick, mit von der frischen Luft geröteten Wangen, die reine Freude in den groß aufgerissenen blauen Augen, tritt sie auf Schiller zu. Man drückt einander fest die Hand; trotzdem, es ist eine eher förmliche Begrüßung.

Sie könnten doch alle zusammen Abendbrot essen. Ob das Fräulein von Dacheröden auch dazukomme? Vielleicht später noch, im Augenblick gehe es ihr nicht gut.

Der Abend wird kurz.

Gibt es eine Verstimmung zwischen den Schwestern?

Es will kein Gespräch aufkommen wie früher, wo man sich gegenseitig befeuerte, sich in heftig geführten Diskussionen erhitzte, begeisterte oder empörte. Schiller fühlt sich irritiert.

Er möchte raus aus dieser Bedrängnis, weg, allein sein mit sich, lieber an Lotte denken, als jetzt mit ihr reden. So verläuft der Rest des Tages in einer seltsam unwirklichen Atmosphäre des Ungewissen, Unentschiedenen. Man sitzt einander gegenüber, unterhält sich, doch man sagt sich nichts. Auch Lotte scheint durcheinander. Was soll sie von alledem halten? Die Schwester ist so merkwürdig abwesend. Sie sieht keine Gelegenheit zu einer Erklärung.

Es muß sein – er verabschiedet sich. Und er will gleich morgen früh weiterfahren nach Leipzig. Aber natürlich wird er noch kommen, den Schwestern Adieu sagen. Auch Karoline und Lotte empfinden die Ungunst der Stunde. Sie lassen ihn gehen – schweren Herzens.

Am Morgen sieht er nur Karoline.

Lotte nehme bereits ihr verordnetes Bad. War's so abgesprochen? Die ältere Schwester glaubt beiden damit zu helfen.

Schiller wird sich schriftlich erklären. Hundertmal hat er in dieser unruhigen Nacht die Passagen des Briefes in Gedanken vorformuliert.

Karoline winkt, wehen Herzens, der davonfahrenden Postkutsche nach. Wieder im Haus, sagt sie, es werde alles gutgehen. Einziger Trost für sie, man werde einander nahebleiben. Eine Verbindung Schillers mit der Schwester müsse auch ein nahes Zusammenleben mit ihr bedeuten. ...

Es sieht ganz so aus, als habe Schiller den Brief an Lotte, der beider Leben entscheidend verändern wird, auf einer Zwischenstation, noch vor seinem Eintreffen in Leipzig, geschrieben. Es könnte Merseburg gewesen sein, wo die Post einen Aufenthalt hatte. Der Brief drückt all das aus, was Schiller seit langem für Lotte empfindet, was er ihr längst hätte sagen können, denn auch sie weiß ja, daß sie ihn liebt. Eine überschwengliche Liebeserklärung bringt er zu Papier, jede Zeile voll überströmenden Gefühls, verzückt, trunken, glückselig:

»Ist es wahr, teuerste Lotte? Darf ich hoffen, daß Karoline in Ihrer Seele gelesen hat und aus Ihrem Herzen mir beantwortet hat, was ich mir nicht getraute, zu gestehen? Oh, wie schwer ist mir dieses Geheimnis geworden, das ich, solange wir uns kennen, zu bewahren gehabt habe! Oft, als wir noch beisammen lebten, nahm ich meinen ganzen Mut zusammen, und kam zu Ihnen mit dem Vorsatz, es Ihnen zu entdecken – aber dieser Mut verließ mich immer.

Ich glaubte Eigennutz in meinem Wunsche zu entdecken, ich fürchtete, daß ich nur *meine* Glückseligkeit dabei vor Augen hätte, und dieser Gedanke scheuchte mich zurück. Konnte ich *Ihnen* nicht werden, was *Sie* mir waren, so hätte mein Leiden Sie betrübt, und ich hätte die schöne Harmonie unserer Freundschaft durch mein Geständnis zerstört, ich hätte auch das verloren, was ich hatte, Ihre reine und schwesterliche Freundschaft. Und doch gab es wieder Augenblicke, wo meine Hoffnung auflebte, wo die Glückseligkeit, die wir uns geben konnten, mir über alle, alle Rücksichten erhaben schien, wo ich es sogar für edel hielt, ihr alles übrige zum Opfer zu bringen. Sie konnten ohne mich glücklich sein – aber durch mich nie unglücklich werden. Dieses fühlte ich lebendig in mir – und darauf baute ich dann meine Hoffnungen. Sie konnten sich einem andern schenken, aber keiner konnte Sie reiner und zärtlicher lieben, als ich. Keinem konnte Ihre Glückseligkeit heiliger sein, als sie es mir war und immer sein wird. Mein ganzes Dasein, alles, was in mir lebt, alles, meine Teuerste, widme ich Ihnen, und wenn ich mich zu veredeln strebe, so geschieht's, um Ihrer immer würdiger zu werden, um Sie immer glücklicher zu machen. Vortrefflichkeit der Seelen ist ein schönes und unzerreißbares Band der Freundschaft und der Liebe. Unsre Freundschaft und Liebe wird unzerreißbar und ewig sein, wie die Gefühle, worauf wir sie gründen.

Vergessen Sie jetzt alles, was Ihrem Herzen Zwang auflegen könnte, und lassen Sie nur Ihre Empfindungen reden. Bestätigen Sie, was Karoline mich hoffen ließ. Sagen *Sie* mir, daß Sie *mein* sein wollen, und daß meine Glückseligkeit Ihnen kein Opfer kostet. O versichern Sie mir dieses, und nur mit einem einzigen Wort. Nahe waren sich unsre Herzen schon längst. Lassen Sie auch noch das einzige Fremde hinwegfallen, was sich bisher zwischen uns stellte, und nichts nichts die freie Mitteilung unserer Seelen stören.

Leben Sie wohl, teuerste Lotte. Ich sehne mich nach einem ruhigen Augenblicke, Ihnen alle Gefühle meines Herzens zu schildern, die in dem langen Zeitraum, daß diese einzige Sehnsucht in meiner Seele lebt, mich glücklich und wieder unglücklich gemacht haben. Wieviel habe ich Ihnen noch zu sagen?

Säumen Sie nicht, meine Unruhe auf immer und ewig zu verbannen. Ich gebe alle Freuden meines Lebens in Ihre Hand. Ach, es ist schon lange, daß ich Sie mir unter keiner andern Gestalt mehr dachte, als unter Ihrem Bilde. Leben Sie wohl, meine Teuerste.«

In Leipzig angekommen, führt ihn sein erster Weg zum Freund. Er trifft ihn allein; Körners Frau Minna und deren Schwester Dora sind in einer Gesellschaft festgehalten. Im Überschwang des Gefühls, erfüllt nun von der Gewißheit, wiedergeliebt zu werden von der Frau seiner Wahl, nach Monaten qualvoller Ungewißheit, und ganz sicher auch aus Freude darüber, seinen geliebten Körner wiederzusehen, vertraut er ihm an, was sich in Lauchstädt ereignete. Er ist so von seinem Glück überwältigt, daß er zunächst nicht merkt, wie Körner reagiert. Für den Freund muß die Eröffnung wie ein Schlag aus heiterm Himmel gekommen sein, denn nichts in Schillers letzten Briefen an ihn ließ auf eine solche Wendung schließen. Im Gegenteil, noch gegen Mitte Juni hatte er, wenn auch ein wenig sophistisch, geschrieben: »Wegen des Verplemperns kannst Du ganz sicher sein; ich habe hier alles die Musterung passieren lassen und meine ganze Freiheit beisammenbehalten.« Ganz abgesehen davon, daß er, auch was die Lengefelds betraf, Körner gegenüber stets den Eindruck des innerlich Unabhängigen, im Grunde Unbeteiligten erweckt hatte. Wenn er, als er im November 1788, von Rudolstadt zurück in Weimar, schrieb, er habe »seine Empfindungen durch Verteilung geschwächt« und so sei »das Verhältnis innerhalb der Grenzen einer herzlichen, vernünftigen Freundschaft« geblieben, dann war dem in der Zwischenzeit nichts hinzugefügt worden, was auf Sinnesänderung hätte schließen lassen können.

Körner war ja seit langem der Meinung, Schiller müsse, um wieder ganz zu seinem angeborenen Talent zu finden, um wieder zum Dichter zu werden, von seinen Geldsorgen befreit sein. Er glaubte, die durch den Zwang zum täglichen Broterwerb, durch die Last der noch immer vorhandenen, zu tilgenden hohen Schulden verschüttete Begabung müsse wieder freigelegt werden. Und dies sei nur dadurch möglich, daß man Schiller wirtschaftlich unabhängig mache: eben durch eine reiche Heirat. Wenn auch manch fatalistische Äußerung, manch hypochondrisch-sarkastischer Ton in seinen Briefen die verzweifelte Augenblicksstimmung wiedergebend, den Freund veranlassen konnte, Schillers Bereitschaft zu einem solchen Handel erkennen zu sollen – der schwäbische Feuerkopf (und der war er noch immer) wäre im Ernst niemals darauf eingegangen.

In Lotte, und nur in ihr, sah er das »Geschöpf«, an dessen »Dasein sein eigenes sich erfrischen« wollte.

Wenn bald – und mit Recht – von einer »Doppelliebe« Schillers die Rede sein wird, so zeigt sich selbst dort, eben aufgrund der Verschiedenartigkeit der Empfindungen den Schwestern gegenüber, daß er zu seinem häuslichen Glück eine Frau wie Lotte brauchte. In ihr allein sah er die ideale Partnerin zu einer bürgerlichen, häuslichen Existenz. –

Körner fühlte sich getäuscht. Das empfand er bitter.

Eine monatelange Verstimmung zwischen den Freunden war die Folge.

Im Überschwang des Gefühls schreibt Schiller, der nun im Kaffeehaus Joachimstal, in der Hainstraße, wohnt, am Abend desselben Tages noch einen zweiten Brief nach Lauchstädt.

An beide Schwestern sind diese Zeilen gerichtet, wie das in Zukunft sehr oft der Fall sein wird. Noch einmal beschwört er die Gunst der Stunde, malt das Bild untrennbarer Gemeinschaft für eine glückliche Zukunft. Und da Körner nicht abgeneigt scheint, innerhalb Jahresfrist mit seiner Familie nach Jena zu ziehen, gibt es für ihn einen weiteren Anlaß zur Freude. »Welch göttliche Tage werden wir einander schenken«, schreibt er, »wie selig wird sich mein Wesen in diesem Zirkel entfalten!... O ich fühle in diesem Augenblick, daß ich keins der Gefühle verloren habe, die ich dunkel in mir ahndete... ich habe mich selbst wiedergefunden, und ich lege einen Wert auf mein Wesen, weil ich es Ihnen widmen will...«

Schließlich bittet er die Schwestern für den kommenden Freitag nach Leipzig; es werde dann zu dem ersehnten Treffen mit Körners kommen.

In Lottes kurzer, entwaffnend einfacher Antwort, in der sie in fast schmuckloser Form das ausdrückt, was sie empfindet, heißt es: »Schon zweimal habe ich angefangen, Ihnen zu schreiben, aber ich fand immer, daß ich *zu viel fühle*, um es ausdrücken zu können. Karoline hat in meiner Seele gelesen; und aus meinem Herzen geantwortet.

Der Gedanke, zu Ihrem Glück beitragen zu können, steht hell und glänzend vor meiner Seele. Kann es Treue, innige Liebe und Freundschaft, so ist der warme Wunsch meines Herzens erfüllt, Sie glücklich zu sehn. – Für heute nichts mehr, Freitag sehn wir uns. Wie freue ich mich, unsren Körner zu sehn! Und Sie, Lieber, in meiner Seele lesen zu lassen, wie *viel Sie mir sind*. Hier ist der Brief, den ich Ihnen letzt bestimmte. Adieu! Ewig Ihre treue Lotte.«

Damit ist zwar die heimliche Verlobung zwischen beiden besiegelt, aber Schiller glaubt, in Lottes Zeilen noch immer eine gewisse Kühle, eine Zurückhaltung zu erkennen. Das brauchte ihn wirklich nicht zu belasten, denn es ist Lottes Art, sie kann nicht aus ihrer Haut; eines Tages wird er um so besser wissen, welch goldenes Herz, in schier unerschütterlicher Treue, von Anfang an für ihn schlug.

Das Wiedersehen mit den Schwestern in Leipzig verläuft insgesamt enttäuschend. Zu den Körners findet man nicht den von Schiller erhofften guten Kontakt, zweifellos auch eine Folge der Verstimmung zwischen beiden Freunden. Daß die jungen Damen einander nicht recht näherkamen, lag gewiß auch an der Verschiedenheit ihrer Lebensbereiche, des Milieus, der Herkunft. Sie blieben einander fremd.

Schiller merkt dies zwar, doch im Bewußtsein großen, eigenen Glücks fegt er alle düstern Wolken hinweg. Er will sich freuen. Lotte und Karoline bringt er einen Tag später zurück nach Lauchstädt, wo man fast achtundvierzig Stunden zusammenbleibt. Es wird gewissermaßen ein »Schlachtplan« entworfen.

Zunächst soll die Mutter, Schillers noch unklarer, wirtschaftlicher Situation wegen, nichts von der Verlobung erfahren.

Man wird sich mit Frau von Stein verbünden, die beim Herzog die Trommel für Schiller rühren soll. Außerdem erwägt er, sich um einen Ruf an eine andere Universität zu bemühen, sollte es gar nicht möglich sein, in Jena zu finanziell erträglichen Verhältnissen zu kommen.

Er lernt in diesen zwei Tagen Karoline von Dacheröden kennen, die einen nachhaltigen Eindruck auf ihn macht. Leider wird die Begegnung getrübt durch wachsende Unpäßlichkeit der Dacheröden, die später krank nach Burgörner zurückreisen muß.

Auf dem Rückweg trifft Schiller unterwegs, wie verabredet, mit Körner zusammen. Man reist gemeinsam nach Jena. Dort hat Schiller für seinen Besuch, der acht Tage bleiben wird, Quartier in der »Schrammei« gemacht; man wohnt also zusammen. Mit Körner fährt er, nachdem er die nächste planmäßige Vorlesung über die Gesetzgebung des Lykurgos und Solon gehalten hat, zu einem Besuch beim Minister Voigt in Weimar. Es geht um den möglichen Eintritt Körners in Weimarer Dienste. Auch Goethe und Herder lernt der Freund kennen. Die »Erkundungsreise« führt jedoch nicht zu dem von Schiller so erhofften Ergebnis. Es erweist sich später, daß das Angebot Voigts nicht ausreichte, Körner nach Jena oder Weimar zu ziehen. Auch andere Dinge schienen ihm nicht so verlockend, Dresden adieu zu sagen.

Erst jetzt übrigens, als nun – nach der Abreise der Körners – Karoline und Lotte auf ihrer Heimfahrt nach Rudolstadt für einen Tag Station in Jena machen, wechselt man mit Schiller vom förmlichen »Sie« zum vertrauten »Du«. In Briefen, die man der Chère mère zeigen will – das gilt als ausgemacht – wird Schiller allerdings, bis auf weiteres, die korrekte Höflichkeitsform des »Sie« gegenüber den Schwestern anwenden.

Wieder in Rudolstadt, findet man auch einen Brief Wilhelm von Wolzogens, der ja im Auftrage des Herzogs Karl Eugen von Württemberg in Paris weilt. Der Briefwechsel zwischen Wilhelm und Karoline von Beulwitz war übrigens, seit ihrer ersten Begegnung in der Karlsschule, die die Lengefelds auf ihrer Reise in die Schweiz besuchten, stets aufrechterhalten worden. Sowohl Wilhelm als auch die von ihm noch immer heftig verehrte Kusine erfüllten mit ihren Briefen Chronistenpflichten. Bei Wilhelm war es noch mehr das Bedürfnis, sich der geliebten Karoline mitzuteilen, in Gedanken bei ihr zu sein.

Hier berichtete er von den Ereignissen, die zur Erstürmung der Bastille geführt hatten, schilderte eigene Erlebnisse in diesem Zusammenhang – den Beginn der Französischen Revolution.

Lotte, die Schiller davon berichtet, findet »die Beschreibung der Auftritte in Paris recht interessant«.

Natürlich konnte niemand in Rudolstadt oder sonstwo zu diesem Zeitpunkt die Tragweite, die Folgen, die Auswirkungen der sich entwikkelnden Ereignisse erkennen oder gar werten. Sie waren schließlich das Ergebnis einer jahrhundertealten Ungleichheit der Stände, durch die eine freiere Entwicklung verhindert worden war. Der Feudalstaat, der den Lehnsadel und die Geistlichkeit mit den wichtigsten Vorrechten ausgestattet hatte und ihnen den Großteil des Grundeigentums im Lande garantierte, verhinderte nach wie vor eine angemessene Einflußnahme des dritten Standes, des Bürgertums. Ganz zu schweigen von den Bauern, die unfrei, ausgenutzt, geknechtet am Leben im Staate ohne jeden Anteil geblieben waren.

Wenn man weiß, daß von den fünfundzwanzig Millionen Einwohnern des Landes etwa einundzwanzig Millionen in der Landwirtschaft tätig waren, als der Haupterwerbsquelle des Reiches, so wirft dies ein bezeichnendes Licht auf die trostlose Situation des überwiegenden Teils der französischen Bevölkerung. Die Landbesitzer kümmerten sich weder um ihre Güter noch um die Bauern. Die von den Eigentümern eingesetzten »Meier«, Verwalter, wirtschafteten unbekümmert in die eigene Tasche, so daß der Bauer seine Familie kaum ernähren konnte. Die Erträge, die man auf dem guten Boden hätte erzielen können, wurden durch Schlamperei, Interessenlosigkeit, ja, aufkommende Verzweiflung, nicht im entferntesten erreicht. Allein die Kirche vermochte die allgemeine Mutlosigkeit ein wenig zu steuern, doch dominierte auch vielfach noch der im altkeltischen Heidentum wurzelnde Aberglaube.

In den Städten sah es nicht besser aus. Einige wenige Patrizierfamilien herrschten mittels gekaufter Verwaltungsämter und saßen, zusammen mit den Erhebern der direkten Steuern und den Bankiers, am Hebel der Korruption. Skandale, Affären, von Geldgier und Geltungsbedürfnis ausgelöste Prozesse waren an der Tagesordnung. Die Rechtsprechung litt unter der Einflußnahme zahlungskräftiger, korrupter Kreise. Auf der Strecke blieb der arbeitsame, anständige Bürger, dessen Arbeitskraft nicht mehr ausreichte, sich inmitten von Mißwirtschaft und Steuerdruck durchzusetzen.

Denn der Hof unter Ludwig XVI. und die ihm verpflichteten Gruppen dachten, trotz der hohen Staatsverschuldung, die im Grunde schon einen Staatsbankrott bedeutete, nicht daran, ihre Verschwendungssucht zu zügeln oder sich gar einzuschränken.

So steuerte in diesen Sommermonaten des Jahres 1789 in Frankreich alles auf einen Eklat hin. Empörung und Unruhe, nicht nur unter Bürgern und Bauern, waren in einem Maße gewachsen, daß es nun in der Tat nur noch des Funkens bedurfte, um das Pulverfaß zur Explosion zu bringen.

In Paris, damals einer Stadt von einer halben Million Einwohnern, herrschte Hungersnot.

Eine Menge Menschen, darunter Arbeitslose, Kranke, Verzweifelte, zum Letzten Entschlossene, aber auch Hasardeure, Arbeitsscheue, Spieler, Banditen, waren in die Stadt hereingeströmt, hatten, vielfach vom Hunger, von der persönlichen Not getrieben, angefangen zu stehlen, sich auf ihre Weise zu »versorgen«.

Die Polizei, schon von der Zahl und der Organisation her unfähig, dem Treiben Einhalt zu gebieten, war verstärkt worden durch die Stationierung einiger Regimenter regulärer Truppen, die sich jedoch als unzuverlässig erwiesen. Die Stadt glich einem in wilder Auflösung begriffenen Heerlager, dessen Zusammensetzung die bunteste und vielleicht auch die gefährlichste Mischung darstellte, die die Metropole je gesehen hatte.

In den Spielhöllen, den Bordellen und Kneipen des Palais Royal, in dem tagsüber und nachts annähernd zehntausend Menschen herumlungerten, wurden Soldaten und Polizisten systematisch verführt, betrunken gemacht, demoralisiert. Bald begann man in einigen Stadtteilen mit Plünderungen, vor allem in Bäckerläden und Weinkellern. Erst als die Organe der Obrigkeit die Kontrolle ganz verloren hatten, bildeten die Wähler des dritten Standes eine Bürgergarde, die zunächst das Schlimmste verhütete.

Doch inzwischen war es in Paris zu einer allgemeinen Erregung, Erhitzung der Massen gekommen, die sich nicht mehr eindämmen ließ. Am 14. Juli wandte sich ein lose organisierter Haufen gegen den Palast der Invaliden, erstürmte ihn und erbeutete zwanzig Kanonen und achtundzwanzigtausend Gewehre. Eine andere, größere Gruppe vereinigte sich zum Sturm auf die Bastille, die, wegen vieler willkürlich Verhafteter, dort Eingesperrter, als Symbol des Absolutismus und damit als besonders verhaßt galt. Unter schweren Verlusten erzwangen die Angreifer vom Kommandanten der Bastille das Herunterlassen der Zugbrücke. Der Befehlshaber des Gefängnisses wurde von der erbitterten Menge gelyncht.

Bald tobte der Aufstand in ganz Paris.

Im Palais Royal, wo die Anführer vorübergehend residierten, setzte man auf sogenannte Ächtungslisten die Namen der Volksfeinde, die dann, verurteilt von anonymen Gerichten, exekutiert wurden. Im allgemeinen Durcheinander mußten freilich, neben den Feinden auch Freunde, Sympathisanten des Aufstandes dran glauben, im Hinrichtungsrausch – Tribut an die Idee der Freiheit, die schließlich zur Trägerin der Erhebung wurde und die eigentliche Revolution einleitete.

Das Ancien régime wurde mit revolutionärer Gewalt beseitigt, weil es durch starres Verharren in alten Strukturen, unfähig und unwillig, sich der veränderten sozialen und geistigen Situation des Jahrhunderts anzupassen, scheitern mußte.

Wir alle wissen, welch außerordentlichen Einfluß, vor allem auf die Staaten Europas, die Französische Revolution am Ende hatte – und noch hat.

Natürlich kann man sich um diese Zeit auch in dem entfernten, verschlafenen thüringischen Ackerstädtchen Rudolstadt nicht vorstellen, was sich in Wirklichkeit abspielte und was daraus entstehen sollte.

Während ihres Aufenthaltes in Weimar hatten Schiller und Körner auch Charlotte von Kalb besucht. Man fand sie einsam, unzufrieden, mißtrauisch. Schiller ging ein zweites Mal hin, allein. Sie lebte auf, bemühte sich, ihrem Freund, wie in früheren Zeiten, mit unbeschwerter Munterkeit zu gefallen.

Die immer wieder verführerische Charlotte beeindruckte Schiller.

Man führte Gespräche wie einst, sie gab Anregungen mit dem Schwung der Begeisterungsfähigen.

Noch immer hatte sie die Idee eines Seelenbundes mit ihm, sah sie in Schiller den möglichen Befreier aus ihrer Zwangsehe mit einem ungeliebten Mann. Und gerade jetzt, nach enttäuschend ungesellig, ja öde verbrachten Monaten, in denen manches Gerücht um die Rudolstädter Schwestern und Schiller sie erreicht hatte – den letzten Stand der Dinge kannte sie freilich nicht –, erhoffte sie vom Besuch des geliebten Freundes eine Entscheidung zu ihren Gunsten.

Schiller, vom Charme einer munteren, geistsprühenden Charlotte beeindruckt, wurde nachdenklich. War es Mitleid mit ihr, war es die Gewohnheit, sich in die Sorgen seiner Freunde hineinzudenken, mitzufühlen, mitzuerleben – er riet ihr dringend, dem unwürdigen Zustand weiteren Zusammenlebens mit dem Major ein Ende zu machen. Andernfalls werde sie zugrunde gehen.

Schiller ereiferte sich. Sie frohlockte, deutete sein Verhalten als heimlichen Antrag. Und am nächsten Tag schrieb sie ihrem Mann, verlangte die Scheidung.

Der Major von Kalb ging, nach einigem Hin und Her, sogar darauf ein. Seine Gefühle für sie bestünden zwar unvermindert, jedoch wenn sie keine andere Lösung sehe, so wolle er ihr die freie Entscheidung lassen.

Nun aber sollte ihr geliebter Schiller beweisen, daß er es ernst meinte. Im September erwartete sie seinen Besuch. Er fuhr nicht, lud sie nach Jena ein. Mit Corona Schröter zusammen sollte sie kommen, riet er, »um es schicklicher« zu machen. Sie kam nicht. Er atmete auf. Hatte sie gemerkt, daß Schiller im Grunde nicht daran dachte, sich auf eine endgültige Verbindung mit ihr einzulassen? Wußte sie inzwischen Näheres vom Rudolstädter Dreierverhältnis? Oder war es allein die Notwendigkeit, ohne Aufschub nach Kalbsrieth zu reisen, wo ihr Schwiegervater im Sterben lag?

»Ich will nicht hoffen, daß Sie es für Scherz aufgenommen haben, als ich Ihnen sagte, ich wolle mich während meiner Ferien wieder in Volkstädt einquartieren...« schreibt Schiller den Schwestern Anfang September in einem »sehbaren« Brief, das heißt in einem Brief, der der Chère mère gezeigt werden darf. Dem Schreiben beigefügt ist seine Anmeldung beim Kantor Unbehaun, dessen Zusage er später über Lotte erhält.

Auf einen mehrwöchigen Ferienaufenthalt Schillers in Rudolstadt hatte man sich bereits in Jena gefreut. Er ist nun abgemacht. Jetzt, Mitte September, sind die Vorlesungen beendet. Schiller und die Schwestern brennen darauf, die schönen Zeiten vom Vorjahr aufleben zu lassen.

Ob er soviel Zeit haben wird wie vor einem Jahr – er hoffte es zwar, doch mußte er sich für Volkstädt einiges vornehmen. Die Arbeit am »Geisterseher« ist fortzusetzen, für den ersten Band der »Sammlung Historischer Memoiren« will er die »Universalhistorische Übersicht« schreiben. Ferner möchte er weitere historische Werke lesen; unter anderem kommen Gibbon und Livius ins Gepäck.

Bevor er abreist, wird ihm noch eine Neuigkeit aus Rudolstadt mitgeteilt: Karoline versucht aus dem Kammerpräsidenten von Dacheröden, dem Vater Karolines von Dacheröden, und der Chère mère ein Paar zu machen. Eine solche Heirat würde beide Familien noch enger zusammenführen. Die listige Karoline von Beulwitz hat aber noch einen anderen Grund, neuerdings diesen Briefwechsel mit dem »Papa«, so wird er auch von den Lengefelds genannt, zu pflegen. Sie bemüht sich, für Schiller Näheres über den Zustand der preußischen Universitäten zu erfahren. Jena ist ja für ihn noch mit vielen Fragezeichen versehen. Denn auf die Dauer dürfte ein Professorentitel, ganz ohne Besoldung, keinesfalls reichen. Man hofft zwar auf ein Entgegenkommen des Herzogs, aber bisher gibt's keinerlei Anzeichen dafür.

Zurück aus Kochberg, wo sie einige Tage bei Patin Stein verbrachten, warten die Schwestern nun auf Schillers Eintreffen in Rudolstadt. Etwas später als erhofft wird sein Gepäck beim Kantor Unbehaun abgeladen, doch das Glück der drei beginnt noch am selben Nachmittag: Zum Tee in Beulwitzens Gartenhütte erscheint der Erwartete.

Die Nachmittage und auch manche Vormittagsstunden der nun beginnenden Ferienzeit verbringt Schiller mit den Schwestern. Die Abende gehören der Chère mère, die meist erst dann vom Dienst im Schloß heimgekehrt ist.

Neben den Gesprächen über die Arbeit Schillers, neben philosophischen Erörterungen, neben Stunden gemeinsamer Lektüre und dem Gedankenaustausch über gelesene Bücher gibt es in diesen Wochen ein Hauptthema: die zukünftige Tätigkeit Schillers, sein Wirken als Professor in Jena oder anderswo. Dabei spielt eine nicht geringe Rolle die Person des Erfurter Koadjutors, des Reichsfreiherrn Carl Theodor von Dalberg, des älteren Bruders des Mannheimer Intendanten Wolfgang Heribert von Dalberg.

Noch Statthalter des erzbischöflichen Kurfürsten von Erthal in Mainz,

Carl Theodor Anton Maria Freiherr von Dalberg, kurmainzischer Statthalter in Erfurt

war er bereits jetzt zu dessen Nachfolger bestimmt, und man wartete allenthalben auf das Ableben des Erzbischofs.

Der »Goldschatz«, wie die Schwestern ihn nannten, mochte Schiller und hatte ihm angedeutet, daß er sich für ihn, nach Erhalt des Bischofsstuhls, um eine sorgenfreie Stellung in seinem Einflußbereich kümmern wollte. Er sollte dann seinen künstlerischen und wissenschaftlichen Neigungen leben können, ohne jede Existenznot.

Der dreiundvierzigjährige Dalberg stand in Erfurt im Mittelpunkt des gesellschaftlichen Lebens. Feinfühlig, schwärmerisch, gebildet, geistreich, aber auch gütig und verständnisvoll, wurde er von vielen geliebt. Er war einer der wenigen, die, im Gegensatz zu ihrer Erziehung zu Standesdenken und Standesbewußtsein, keine Unterschiede nach Kriterien des Herkommens machten. Ihm ging es um den Menschen, was ihn veranlaßte, unabhängig von Rang und Namen, zu helfen, zu ermutigen, Unrecht zu mildern, Not zu lindern, Begabung zu fördern.

Freilich im Rahmen dessen, was ihm möglich war. Denn der geistliche Kurfürst von Erthal lebte prunkvoll-aufwendig in Mainz.

Im Gegensatz zu seinem designierten Nachfolger schwamm der von Günstlingen Umgebene auf einer Woge der Verschwendung, hielt sich Mätressen, regierte ganz im Stil eines weltlichen Fürsten.

Dalberg, natürlich auch kein Übermensch, verstand es aber, vor allem bewegt von der eigenen Veranlagung, einen Kreis von Schöngeistern, musisch und künstlerisch Begabten an sich zu ziehen. Und er tat etwas für seine Zeit Außergewöhnliches, Fortschrittliches: Vom Winter des Jahres 1786 an organisierte er wöchentlich stattfindende Gesellschaften, damals Assembléen genannt, zu denen jeder ordentlich gekleidete Bürger oder auch jeder vernünftig angezogene Fremde freien Zutritt hatte. Diese Zusammenkünfte fanden dienstags von nachmittags fünf Uhr bis abends acht Uhr im Amtssitz Dalbergs statt. Mit der Zeit am Abend nahm man es nicht so genau. Die Statthalterei wurde zu diesem Zweck in allen in Frage kommenden Räumen erleuchtet und geheizt.

Ohne Rücksicht auf Stand und Namen mischten sich hier Beamte, Künstler, Bürgerliche, Adlige, Handwerker. Ja sogar »Fräuleins« und »Kaufmannstöchter« hatten Zutritt, auch ohne die sonst obligatorische Begleitung. Zweck der Veranstaltung sollte nichts anderes sein, als sich angenehm zu unterhalten. Und in der Tat, diese begehrten Spätnachmittage im Palast des Koadjutors wurden zu einer Einrichtung gelöster Geselligkeit, in der man sich mit Gesellschafts- und Pfänderspielen vergnügte, Karten spielte, künstlerischen Darbietungen lauschte, Verbindungen anknüpfte. Hin und wieder lud Dalberg auch zu einem Ball, an dem alle gerade Anwesenden teilnehmen konnten.

Im Laufe der Jahre gewannen diese zwanglosen, für die Zeit immer noch außergewöhnlichen Zusammenkünfte an Bedeutung. Die alle Bevölkerungsgruppen ansprechende Einrichtung erfreute sich wachsender Beliebtheit, und, angelockt von dem Ruf der Veranstaltung, nahmen bald auch Prinzen, Prinzessinnen, sogar regierende Fürsten teil. Als häufig anwesende Gäste notiert die Chronik außerdem Goethe, Wieland, Herder, Gotter und andere Berühmtheiten der Zeit. Auch Schiller, der sich 1791 mit seiner Frau mehrere Wochen in Erfurt aufhielt, versäumte fast keinen der Nachmittage.

So stand Dalberg im Mittelpunkt der Erfurter Gesellschaft und natürlich im Visier vieler Bittsteller. Was jetzt schon in seiner Macht lag, versuchte er zu regeln. Hypotheken auf später, auf die Zeit nach seiner Inthronisation, gab er nicht. Er machte keine Versprechungen, aber er ließ ahnen, daß er helfen werde. Der »Goldschatz« im Sinne seines Wertes ließ sich, wenn überhaupt, also auch für Schiller erst »heben« nach dem Tode des derzeit amtierenden Erzbischofs.

Und von Erthal starb im Jahre 1802!

Die Liebe Schillers zu den Schwestern Lengefeld ist hin und wieder mit dem Verhalten von Goethes Fernando in der Erstfassung seiner »Stella« verglichen worden. Eine Analogie, die schon von den handelnden Charakteren her kaum möglich erscheint.

Auch ist es fast zur Regel geworden, im Falle eines Zusammenlebens zu dritt – Mann mit zwei Frauen – den sagenhaften Grafen von Gleichen zu bemühen, der aus dem gelobten Land, wo er als Gefangener zum Sklaven gemacht worden war, mit der Tochter seines Herrn floh, sie mit in die Heimat nahm und dort mit der ihm Angetrauten und der Mitgebrachten eine Ehe in glücklicher Dreisamkeit führte.

In beiden, an den Haaren herangezogenen Vergleichen trifft nur eines zu, nämlich die Zahl der handelnden Personen nebst deren Geschlecht: ein Mann und zwei Frauen.

Bei Schiller und den Schwestern Lengefeld liegen die Dinge von Grund auf anders, komplizierter, verwickelter. Und zwar in engem Zusammenhang mit den Charakteren und mit den Strömungen der Zeit.

Bevor man an eine Analyse dieses interessanten Dreierverhältnisses Schiller – Lotte – Karoline herangeht, sollte man feststellen, daß die Epoche, in ihrer übertriebenen Betonung des Gefühls, im Dulden, ja, im verstärkten Hervorheben jeder zarten Empfindung – auch nach außen – zu einer Form des Seelenkults gelangte, die es oft schwermachte, den wahren Gehalt an echter Empfindung erkennen zu lassen. Mit dem Wort Liebe umfaßte man alle Grade der Zuneigung. Und die von Vokabeln der Leidenschaft und ekstatischer Hingabe strotzende Ausdrucksweise in der zeitgenössischen Korrespondenz zwischen Freunden gibt ein Bild vom Hang zu schwärmerisch-sinnlicher Darstellung, nicht nur seelischer Vorgänge, sondern auch gewöhnlicher äußerer Eindrücke und Wahrnehmungen. Es war eine Zeit empfindsamer Hingabe an die Idee der Seelenfreundschaften, die allerdings in den selteneren Fällen in die Ehe, dafür aber öfter aus ihr herausführten.

Treffendes Beispiel für den Zug zu gefühlsselig-beredter Mitteilsamkeit war der bereits erwähnte »Tugendbund«, der, wie wir uns erinnern, außerdem uneingeschränktes Vertrauen zu allen Partnern forderte, sie verpflichtete, gegeneinander, oder besser miteinander, auch das letzte Geheimnis, das verborgene Kämmerchen, das entlegenste Seelenfach, die intimste Seelenwindung zu offenbaren.

Diese feinfühlige Strömung, die dem Lebensgefühl im ausklingenden Rokoko eine stark emanzipatorische Komponente beimischte, hatte den Vorzug, den wahren Idealen wieder näherzukommen. So sah man, ähnlich wie heute, in der Ehe nicht die unantastbare Form des Zusammenlebens; und sofern wirkliche Liebe nach anderen Wegen suchte, hatte sie Vorrecht.

Rahel Varnhagen sagte später: »Es gab damals eine Religion der Liebe, in der jedes echte Gefühl als ein heiliges angesehen wurde, gegen das jeder Einspruch unberechtigt war.«

Kurz nachdem Schiller 1787 nach Weimar gekommen war und glaubte, einen gewissen Einblick in die gesellschaftlichen Verhältnisse gewonnen zu haben, schrieb er an seinen Freund Körner: »Die hiesigen Damen sind ganz erstaunlich empfindsam, da ist beinahe keine, die nicht eine Geschichte hätte oder gehabt hätte. Erobern möchten sie gern alle. Da ist zum Beispiel eine Frau von Schardt, die Du in jeder anderen Gesellschaft für eine ausgelernte Fille de Joye erklären würdest... Man kann hier sehr leicht zu einer Angelegenheit des Herzens kommen, welche aber freilich bald genug ihren ersten Wohnplatz verändert.«

Dies schrieb Schiller nicht etwa im Ton der Entrüstung, deren er, sein eigenes Verhältnis zu Charlotte von Kalb betrachtend, damals kaum hätte fähig sein können. Nein, es war einfach amüsant und auch ziemlich neu für ihn, dies zu beobachten.

Allerdings hatte er selbst sich in jenen ersten Weimarer Monaten mit dem Gedanken an einen Bund zu dritt beschäftigt. Mit Charlotte von Kalb, die eine erklärte Anhängerin der freien Liebe und des Rechts auf Mutterschaft war, hatte Einigkeit darüber bestanden, ein Zusammenleben mit ihr und ihrem Mann zu versuchen. Auf erste schriftliche Andeutungen hatte der Major zwar ausweichend geantwortet, aber Schiller wollte ihn ja, wenn er im Oktober während seiner Dienstferien nach Weimar käme, von Mann zu Mann darauf ansprechen. In der Zwischenzeit freilich war das Verhältnis zu Charlotte abgekühlt, so daß es schließlich auch Schiller an der hartnäckigen Initiative fehlen ließ. Sein Besuch, zusammen mit Wilhelm von Wolzogen in Rudolstadt im Dezember 1787, der die Bekanntschaft mit den Schwestern Lengefeld herbeiführte, löste dann den Beginn einer Sinnesänderung aus, eines langsam fortschreitenden Erkaltens seiner Gefühle für Frau von Kalb.

Mehr und mehr hatte er nämlich das ihn Einengende, zum Beherrschen Neigende in Charlottes Wesen erkannt, und wenn er später über den Rudolstädter Sommer an Körner schrieb: »Dabei genoß ich einer unumschränkten Freiheit meines Wesens und die höchste Zwanglosigkeit im äußerlichen Umgang, und Du weißt, wie wohl einem bei Menschen ist, denen die Freiheit des andern heilig ist...«, dann drückt das seine Freude, seine Genugtuung darüber aus, Menschen gefunden zu haben, die, ähnlich wie die Dresdner Freunde, Zuneigung und Freiheit in der Form zu praktizieren wußten, wie Schiller sie liebte.

Bezeichnend aber für die allgemeine Duldsamkeit, die Tendenz zur Begünstigung solcher Seelenbünde, war doch die tolerante Haltung des Weimarer Hofes, der Gesellschaft, die solchen Verbindungen eher wohlwollende Unterstützung als etwa Mißbilligung entgegenbrachte.

Wie oft mag in diesen Monaten Karoline von Beulwitz an eine auch körperliche Trennung von ihrem Mann gedacht haben. Die geistige Verbindung hatte kaum je bestanden, der Bruch war längst vollzogen.

Kein Zweifel kann darüber bestehen, daß Schiller in Karoline eine Wesensverwandte zu Charlotte von Kalb sah. Die Anziehungskraft dieser reifen, empfindsamen, intelligenten, phantasiebegabten, durchaus mit gewissen äußeren Reizen ausgestatteten Frau ging insbesondere auch davon aus, daß Schiller mit ihr alle Bereiche menschlichen Denkens durchschweifen, mit ihr schriftstellerische, künstlerische Bezirke durchwandern konnte und daß er in der begeisterten Aufnahmebereitschaft dieser Frau stets den Ansporn zum eigenen Höhenflug verspürte. Es gibt auch keinen Zweifel darüber, daß diese Frau in Schiller leidenschaftliche Gefühle weckte, wie er sie ähnlich gegenüber Charlotte von Kalb empfunden hatte. In Augenblicken geistiger Verzückung, deren beide fähig waren, konnte er sie an sich reißen, hemmungslos küssen, sie wie eine einzige Geliebte in seinen Armen halten. Dies war einmal Schillers leichte Entflammbarkeit, zum andern lag es, wie geschildert, an der Sentimentalität der Epoche, die zu ungezügelter Hingabe verführte.

Beobachter solcher Gefühlsausbrüche mußten auf glühende Leidenschaften schließen, was aber nur zum Teil stimmte. Die Faszination, die von Karoline ausging, lag in erster Linie im geistigen Verständnis; der Reiz, den sie auf Schiller ausübte, war wesentlich geistiger Natur, sie war, mit anderen Worten, das geistige »Medium«, auf das Schiller nicht verzichten wollte, von dem er jedoch wußte, daß es bei seinem Streben nach jener »ununterbrochenen Reihe feiner, wohltätiger, häuslicher Empfindungen« erst an zweiter Stelle kommen durfte. Nicht Karoline, die Unruhige, Hochsensible, konnte das »Geschöpf« sein, »das mir gehört, das ich glücklich machen kann und muß«. Bei seiner mehrfach kategorisch Körner gegenüber geäußerten Sehnsucht nach dem »Medium, durch das ich die anderen Freuden genieße«, und bei seinem Suchen nach der »ununterbrochenen Reihe feiner, wohltätiger, häuslicher Empfindungen, die mich für die Freude stimmt und mein erstarrtes Wesen wieder durchwärmt«, kam nämlich nur noch eine in Frage, die in den Augen Schillers diesen Vorstellungen entsprach: Lotte von Lengefeld.

Wie aber, wenn man beides zugleich haben könnte?

Schiller hoffte auf diese Möglichkeit, er glaubte, er könnte mit beiden zusammenleben; auch deshalb, weil sie für ihn eine sich ergänzende Einheit bildeten.

Schillers Empfindungen Lotte gegenüber unterschieden sich maßgeblich von seinen Gefühlen für Karoline. In Lotte sah er von Anfang an das kleine, liebe, anschmiegsame Wesen, das ganz ihm gehören, von ihm geprägt, geformt werden könnte.

Allerdings, und da sollte man sich nicht täuschen, Lotte war zwar von bescheidener Zurückhaltung, still, weitgehend in sich selbst ruhend, mit einer Ausstrahlung innerer Zufriedenheit – die nur selten in Melancholie wechselte –, aber keinesfalls das unbedarfte Dummerchen, als das sie manchmal dargestellt wurde. Klug, von praktischem Verstand, überdurchschnittlich gebildet, mit Interesse an klassischer und moderner Literatur, zeichnerisch begabt, naturliebend, hätte sie auch die Voraussetzungen, etwa einem anspruchsvollen Hausstand vorstehen zu sollen, erfüllt. In ihrer einfachen, natürlichen Art löste sie manch kompliziert scheinendes Problem auf verblüffend praktische Weise, weshalb sie Schiller ja im engeren Kreis scherzhaft »die Weisheit« nannte (während, wie auch schon erwähnt, Schwester Karoline, die angesichts auch kleinerer Strapazen leicht ermüdete, »die Bequemlichkeit« hieß).

Takt und verständnisvolles Verhalten im Umgang mit jedermann verschaffte der Stillzufriedenen breite Sympathie innerhalb ihres Wirkungskreises. Für Patin von Stein war sie stets ein verhätschelter Liebling, und auch Goethe zählte sie zu seinen besonders geschätzten Freundinnen.

So mußte der nach Ruhe und Geborgenheit suchende Schiller in Lotte diejenige von beiden sehen, die für ein zukünftiges, gemeinsames Leben die idealen Voraussetzungen mitbrachte.

Der anpassungsfähigen, formbaren kleinen Schwester gehörte wahrscheinlich von Anfang an sein Herz, denn je länger er mit ihr zusammen war, um so mehr durfte er das Gefühl haben, in Lottes schmiegsamer Weiblichkeit die ersehnte häusliche Geborgenheit zu finden.

Was aber konnte er, nachdem er jede der Schwestern auf ihre Art für unentbehrlich hielt, mehr wünschen als eine für alle akzeptable Form des Zusammenlebens zu dritt? Der Schwärmer, der er noch immer war, der Utopist, der illusionsfreudige Träumer wollte hier die beruhigte, zufriedene Atmosphäre fraulich-mütterlicher Fürsorge, dort die phantasievolle, zum Überschwang neigende, auf Geistesgenuß ausgerichtete Hochstimmung.

Und zunächst mußte man annehmen, daß Lotte nicht einmal etwas dagegen hatte. Doch das stimmte nicht. Lotte, ein Leben lang, vor allem aber während der letzten Jahre, in denen sie den Wert ihrer älteren Schwester als lebensklügere, überlegenere Freundin erst richtig hatte erkennen können, mit Karoline vertraut und hin und wieder gegen die weniger verständnisvolle Mutter im Bunde mit ihr, glaubt erst nach der heimlichen Verlobung Anzeichen für eine mögliche Rivalität zu entdecken.

Noch Ende August schreibt sie an Schiller: »Du hast recht in dem, was Du von Karoline sagst, sie hat so etwas Edles, so etwas Erhabenes, daß es mir oft ist, wenn ich bei ihr bin, als müßte ich vor sie niederknien, als wäre sie ein höheres Wesen; wenn es viel solche Art Menschen sonst gegeben hätte, so könnte ich mir recht gut denken, wie man auf die Ideen von Engeln und Halbgöttern kam. –«

Etwa zur gleichen Zeit, zwischen Lauchstädt und dem Beginn der Vorlesungsferien, die er in Rudolstadt verbringt, schreibt Schiller an die zukünftige Schwägerin Karoline: »Vor meiner Seele steht es verklärt und helle, welcher Himmel in der Deinigen mir bereitet liegt...« – Zeugnis überschwenglicher Verehrung, unverhüllte Liebeserklärung oder sentimentalisierte Metapher im Stil der Zeit?

Aufschlußreicher sind gewiß die vielen Briefe, die er während der Brautzeit an beide Schwestern zugleich richtet, denn leider ist ja der speziell zwischen Karoline und Schiller geführte Briefwechsel größtenteils vernichtet, bzw. soweit noch vorhanden, hier berücksichtigt oder nicht zugänglich. Es scheint, Karoline selbst – sie wurde immerhin fast vierundachtzig Jahre alt, und erst 1830 erschien ihre Schiller-Biographie – und schließlich Schiller-Tochter Emilie von Gleichen-Rußwurm haben die schlüssigsten Beweise für die Doppelbeziehung Schillers zu Braut und Schwägerin verschwinden lassen.

Bezeichnend für den Tenor jener an beide gerichteten Briefe ist schon einer der ersten, in dem es heißt: »... in einer neueren, schöneren Welt schwebt meine Seele, seitdem ich weiß, daß Ihr mein seid ...« Oder etwas später: »O meine teure Karoline, meine teure Lotte! Wie so anders ist jetzt alles um mich her, seitdem mir auf jedem Schritt meines Lebens nur Euer Bild begegnet. Wie eine Glorie schwebt Eure Liebe um mich, wie ein schöner Duft hat sie mir die ganze Natur überkleidet.«

Und kurz bevor er zu dem vereinbarten Ferienaufenthalt nach Volkstädt kommt: »Ich sehe Euch, ich werde Euch öfter sehen, ich werde Euch an mein Herz schließen können. Adieu, Ihr lieben freundlichen Engel, adieu.«

So muß denn wohl auch ein solch einfältiges Herz wie das der kleinen Lotte ängstlicher zu schlagen beginnen, wenn es erfahren soll, wie während der gemeinsam verbrachten Ferien in Volkstädt-Rudolstadt der Geliebte sich mehr und mehr der Schwester zuwendet, in ihr die Anregung sucht, mit ihr die verwegenen Träume träumt, sie selbst zwar nicht vernachlässigt, aber doch spürbar zurücksetzt.

Lottes Vertrauen in die überlegenere Schwester war bis dahin schier unerschütterlich gewesen, zumal sie mannigfache Beweise ihrer Selbstlosigkeit geliefert hatte, was die Jüngere stets mit naiver Selbstverständlichkeit zur Kenntnis nahm. Von einem langsam, aber stetig einsikkernden Mißtrauen beunruhigt, versuchte sie sich jetzt klarzuwerden darüber, ob vielleicht gar nicht sie Mittelpunkt Schillerschen Verlangens war, sondern die Schwester. Ob er, möglicherweise, inzwischen Karoline den Vorzug gab, der Lebhafteren, Phantasievolleren, Begeisterungsfähigeren. Oder ob denn Schiller, wie sie aus all diesen vielen, an sie beide gerichteten Briefen, mit banger Gewißheit zu schließen begann, beider Liebe bedurfte? Konnte es denn sein, daß man seine Liebe teilte? Ihr selbst jedenfalls wäre das unmöglich. Eine Doppelbrautschaft? Nein, dann lieber gar keine.

Die feurigen Avancen Karoline gegenüber mußten andererseits in der älteren Schwester die kühnsten Hoffnungen auf die Erfüllung ihrer geheimen Wünsche nähren. Denn fest steht, daß sie über lange Zeit an eine Lösung vom ungeliebten, ja verachteten Beulwitz und an eine Verbindung mit Schiller gedacht hat.

Wenn dann der über alles Geliebte – nach den Ferien wieder aus Jena – mit Bezug auf ihren labilen Gesundheitszustand schreibt: »Deine Seele hat Stärke, aber eben darum darf das Instrument nicht schwach sein, worauf sie spielt, sonst wird sie es durch jede lebhafte Bewegung angreifen. Sei also wachsam über Deine Gesundheit! Meine Glückseligkeit hängt an Deiner Liebe, und Du mußt gesund sein, wenn Du liebst.

Adieu meine Teuersten. Meine Seele ist Euch nahe. Ich bin nicht von Euch getrennt. Adieu. Adieu«, dann muß das für die eine Labsal, für die andere Gift sein.

Ähnlich wie Karoline von Dacherödens gesundheitliche Anfälligkeit war wohl auch das nervöse Gesichtszucken, verbunden mit anderen körperlichen Beschwerden, bei Frau von Beulwitz mit auf Unzuträglichkeiten im engeren Lebensbereich zurückzuführen.

Hier die Leere eines verödeten Elternhauses, die Verständnislosigkeit eines allzu beschäftigten Vaters, dort die Zwangsehe mit einem ungeliebten Mann und, inzwischen die bittere Erkenntnis, daß die Liebe ihres Lebens an ihre Schwester vergeben war. Nicht geringe psychologische Belastungen für beide Karolinen, die unentwegt an ihrer beider Gesundheit nagten.

Wen kann es da wundern, wenn die Erfurter Karoline mit endlich zwischen La Roche und Humboldt getroffener Wahl sich zumindest in diesem Bereich Klarheit schafft und, gewissermaßen aufatmend, wieder zu mehr Sicherheit und körperlichem Wohlbefinden gelangt. Und wer wollte nicht verstehen, daß sich die Rudolstädter Karoline verzweifelt an den Strohhalm klammert, der ihr neben dem Paar Schiller–Lotte einen Platz ganz in der Nähe des Geliebten verheißt. Denn sowohl in Schillers Vorstellung als auch im Hoffen Karolines galt ein späteres Zusammenleben als ausgemacht. Hinzu kam – und dies war eine Idee Karolines –, daß Schiller, dem seine Tätigkeit in Jena von Tag zu Tag widerwärtiger wurde, mit dem Gedanken an eine Beurlaubung vom Vorlesungsbetrieb spielte. Vier, fünf Jahre hätte er sich gern noch für von ihm selbst bevorzugte literarische Arbeiten genommen, ganz als Privatmann gearbeitet. Da er ohnedies keine bezahlte Professur innehatte, wäre der Herzog gewiß zu einem solchen Dispens bereit. Und diese Zeit, warum sollte man sie nicht in Rudolstadt verbringen?

Das Beulwitzsche Doppelanwesen war mehr als groß genug, die Chère mère sowieso meist abwesend, und ein Zusammenleben des jungen Paares mit den Beulwitzens könne sich auf das Verhältnis Karolines zu ihrem Mann günstig auswirken. Denn Schiller und Beulwitz harmonierten durchaus, begegneten einander mit Achtung; könnte nicht sogar der Einfluß des Schwagers heilend auf das vergiftete Eheklima wirken?

Das überlegte man – und machte sich selbst etwas vor.

Denn hinter dieser Idee standen allein Karolines sehnsüchtiger

Wunsch, dem Dichter weiter nahe zu sein und Schillers Fata Morgana von einer glücklichen Dreisamkeit, hier, nach Möglichkeit, sogar von einem hochgestimmt und friedlich zusammenlebenden Quartett. Lotte, von den widersprüchlichsten Empfindungen hin und her gerissen, wendet sich in ihrer Not an Karoline von Dacheröden, mit der sie sich seit Lauchstädt viel besser versteht. Die Freundin sucht ihr klarzumachen, daß Schiller sie und die Schwester auf ganz verschiedene Weise liebe, daß er in ihr, Lotte, aber die »Weiblichkeit« als schönsten Ausdruck ihres Wesens suche. »Es ist ein Hirngespinst Deiner getrübten Phantasie, meine Liebe«, schreibt sie nach Rudolstadt, »eine kranke Vorstellung, daß es Schiller je weh tun könnte, Dich gewählt zu haben ...«

In Lottes Briefen findet Schiller nun, zu seiner Überraschung, Äußerungen des Zweifels an seiner Liebe. Sie verliert sich in der Vorstellung, Schiller nicht zu genügen; sei die Schwester ihm nicht doch – auch geistig – viel näher, seiner würdiger?

Tage und Wochen düsterer Ungewißheit.

Schiller dann, wieder in einem Brief an beide, versucht sie zu beruhigen: »Unsere Liebe braucht keiner Ängstlichkeit, keiner Wachsamkeit – wie könnte ich mich zwischen Euch beiden meines Daseins freuen, wie könnte ich meiner eigenen Seele immer mächtig genug bleiben, wenn meine Gefühle für Euch beide, für jedes von Euch, nicht die süße Sicherheit hätten, daß ich dem andern nicht entziehe, was ich dem einen bin. Frei und sicher bewegt sich meine Seele unter Euch – und immer liebevoller kommt sie von einem zu dem andern zurück –, derselbe Lichtstrahl – laßt mir diese stolzscheinende Vergleichung –, derselbe Stern, der nur verschieden widerscheint aus verschiedenen Spiegeln.

Karoline ist mir näher im Alter und darum auch gleicher in der Form unsrer Gefühle und Gedanken. Sie hat mehr Empfindungen in mir zur Sprache gebracht als Du, meine Lotte – aber ich wünschte nicht um alles, daß dieses anders wäre, daß Du anders wärst als Du bist. Was Karoline vor Dir voraus hat, mußt Du von mir empfangen; Deine Seele muß sich in meiner Liebe entfalten, und *mein* Geschöpf mußt Du sein, Deine Blüte muß in den Frühling meiner Liebe fallen. Hätten wir uns später gefunden, so hättest Du mir diese schöne Freude weggenommen, Dich für mich aufblühen zu sehen.«

Das war schön und schrecklich zugleich. Lotte machte es eher unruhiger.

Denn inzwischen hat sie Patin Stein das Geheimnis ihrer heimlichen Verlobung offenbart. Die lebenskluge Freundin, durch Lottes gedrücktes

Benehmen mißtrauisch geworden, fragt nach der Art, in der Schiller denn mit Karoline umgehe. Sehr vertraut, sehr liebevoll sei das Verhältnis zwischen beiden. Und sie entlockt der kleinen Lotte das Bekenntnis ihres Zweifels.

So, sagt die Stein, könne man eine Ehe nicht beginnen, und Lotte wolle doch wohl nicht glauben, daß ein Zusammenleben zu dritt Grundlage für eine glückliche Ehe sein könne. Nein, da müsse zuerst Klarheit herrschen.

Dazu rät nun auch die Erfurter Karoline. »Wenn es dauern sollte, meine Lotte«, schreibt sie, »und Du fühltest, daß Du die Idee, Schiller liebe Line mehr als Dich, nicht als eine kranke Vorstellung hinwegräumen könntest, so wäre mein Rat, Dich mit Schiller darüber zu erklären. An der heiligen Wahrheit seines Herzens kannst Du nicht zweifeln...« Und schließlich ein Satz, der Lotte aufs neue verwirren muß: »Line wird ja auch wahrscheinlich mit Euch leben, ich glaube nicht, daß etwas sie an der Ausführung dieses Gedankens hindern könnte, sie müßte denn glauben, es sei etwas Drückendes gegen Dich darinnen...«

Das »Drückende«, das für Lotte in der Vorstellung liegen muß, ihren Mann mit ihrer Schwester teilen zu sollen, empfindet Karoline zunächst nicht. Sie ist beflügelt von Passagen in Schillers Briefen, an sie allein gerichtet, in denen es heißt: »Ach, was für himmlisch süße Stunden uns bevorstehen, wenn wir zusammen wohnen werden, teure Liebe, wenn meine Seele durch eine gelungene Beschäftigung aufflammend und bewegt, auch meiner Liebe Flammen der Schöpfung zubringen, und Eure Liebe meinem Geiste Feuer und Leben borgen wird...« Oder: »... Alle meine Gedanken umschlingen Dich und könnte ich nur, in welcher Gestalt es auch sei – wäre es nur mit diesem Herzen –, um Dich wohnen. Adieu, lieber Engel. Leb wohl.«

Selbst wenn man von solchen Äußerungen eines mit einer anderen Versprochenen – ob Schwester oder nicht, eine so geartete Beziehung neigt dazu, auch Verwandtschaftsgrade zu ignorieren – das betont Seelenvolle, Empfindungsreiche der Umgangssprache der Zeit in Abzug bringt, bleibt doch genug an Gefühl, an Leidenschaft in den Zeilen Schillers. Auch Karoline darf sich eingehüllt fühlen in die Liebe des künftigen Schwagers – oder schwankt sie noch einmal, versucht sie noch einmal den Geliebten ganz für sich zu gewinnen?

Es hatte eine Aussprache zwischen ihr und der Chère mère gegeben, über Beulwitz, in der die Tochter mit ungewohnter Härte ihren Abscheu vor dem Ungeliebten, ja Gehaßten, zum Ausdruck brachte. Sie sprach von Trennung. Die Mutter wollte davon nichts wissen. Sie war ungehalten darüber und mochte – vielleicht – einen gewissen Zusammenhang ahnen zwischen der seit Monaten so gefragten Existenz dieses jetzt in Jena lehrenden Professors und der wachsenden Unrast ihrer Töchter.

Nach Schillers zweitem Ferienaufenthalt im September–Oktober dieses Jahres in Rudolstadt konnte ihr das Vergnügen ihrer Töchter am Zusammensein mit dem bewunderten Dichter nicht verborgen geblieben sein. Hinzu kam die sich selbst auferlegte Schweigepflicht der Schwestern zu Lottes heimlicher Verlobung der Mutter gegenüber. Schiller, den dieser Zustand ebenfalls beunruhigte, war von Karoline immer wieder gebeten worden, noch mit der Nachricht, mit der Werbung um Lotte bei der Chère mère zu warten.

Man hoffte, entweder durch eine gutbezahlte Stellung an einer anderen Universität oder durch die schließlich doch noch zu erzielende Bereitschaft des Herzogs Karl August, das Amt zu besolden, die Mutter geneigter zu machen.

Der Koadjutor von Dalberg hatte zu Schillers Ersuchen freundlich, aber bestimmt auf die Zeit nach seiner Amtsübernahme verwiesen. Der Kurfürst, so schrieb er weiter, habe es allerdings am liebsten, wenn »Männer von Ihren Verdiensten« sich direkt und ohne Umschweife an ihn wendeten. Es sei durchaus mit Hilfe zu rechnen. Schiller schrieb nicht an den Erzbischof von Mainz. Die Dinge entwickelten sich schließlich anders.

Was in diesen Wochen in Karoline wirklich vorgeht, ist schwer zu deuten. Die Briefe, die darüber Aufschluß geben könnten, existieren nicht mehr. Der Schluß, Karoline habe sich mit der entstandenen Situation abgefunden, liegt jedenfalls nahe. Ebenso überzeugt darf man jedoch sein von dem festen Vorsatz, ihr Leben mit dem des jungen Paares, und zwar in möglichst enger Wohngemeinschaft, zu teilen.

Und dies war, wie wir wissen, ganz im Sinne Schillers.

Der hat in Jena Ärger mit Heinrich, dem Nominalprofessor für Geschichte, der übelnimmt, daß sich Schiller in der gerade erschienenen Sonderausgabe seiner Antrittsrede »Was heißt und zu welchem Ende studiert man Universalgeschichte?« Professor der Geschichte nennt. Er sei doch offiziell Professor der philosophischen Fakultät und solle sich gefälligst auch so bezeichnen. Der Akademiediener reißt sogar den Titel der Antrittsvorlesung, der in der Jenaer Buchhandlung angeschlagen war, herunter.

Schiller ist verärgert über soviel Kleinlichkeit; er vergißt nicht, diesen Vorfall sowohl nach Dresden als auch nach Rudolstadt zu berichten. Ein Ereignis, das ihn des Aufenthalts in Jena wieder einmal noch überdrüssiger werden läßt.

Chère mère hatte beschlossen, ihre Töchter zur Wintersaison nach Weimar zu schicken. Und dies sollte, so wollten es die drei Verschworenen, als Gelegenheit zum Wiedersehen benutzt werden. Man würde über Jena reisen, dafür ließe sich ein unverfänglicher Grund finden. Aber wenn der »Lorbeerkranz«, so nannten sie Frau Griesbach, die Kirchenrätin, scherzhaft, etwas von ihrem Zwischenaufenthalt in Jena erführe – bei der Vorliebe für die Schwestern –, dann wäre es vorbei mit der ersehnten Dreisamkeit.

Der Schlachtplan befahl also: sofort nach Ankunft in Jena Treffen mit Schiller im Gasthof. Dann, kurz vor der Weiterreise, Besuch bei Frau Griesbach, damit sie nicht beleidigt wäre, denn von der Anwesenheit der Schwestern würde sie auf jeden Fall erfahren. Das war nicht zu verheimlichen. So aber gewönne man ein paar Stunden für sich und der Form der Griesbach gegenüber wäre Genüge getan.

Die Zusammenkunft mit leicht verschwörerischem Charakter könnte gut so verlaufen sein:

Als der Wirt des kleinen Gasthofes an der Kahlaer Straße merkt, daß sich die Herrschaften länger aufhalten wollen, befiehlt er der Magd, tüchtig einzuheizen.

Es ist ein kalter Dezembertag, an dem sich der Himmel nicht aufhellen will. In der Nacht zu diesem Mittwoch hatte es leicht geschneit, und es sieht so aus, als sollte noch mehr von der weißen Pracht herunterkommen.

Man sitzt um einen in die Nähe des Ofens gerückten Tisch, in dessen Mitte eine bauchige Kanne dampfenden, duftenden Tees die Heimeligkeit der kleinen Runde unterstreicht. Lotte und Karoline haben aus der Kammer nebenan, wo man die schweren Pelze und ein Handgepäck ablegte, ihre warmgefütterten Muffs mit an den Tisch genommen.

Es geht um die allernächste Zukunft.

Schiller möchte endlich Klarheit schaffen über den annähernden Termin einer endgültigen Verbindung mit Lotte. Nur im Zusammenleben mit ihr und Karoline kann er sich eine weitere Tätigkeit in Jena vorstellen. Die Mutter müsse nun unterrichtet werden, denn, nachdem Frau von Stein eingeweiht sei, bestehe doch die Möglichkeit, daß Chère mère den wahren Sachverhalt durch Dritte erfahre. Zumal die enge Freundschaft der Stein mit Knebel eine solche Entwicklung begünstige. (Wie sich später zeigte, verriet sie jedoch noch nichts.)

Nein, auf Patin Stein könne man zählen. Sie glaube an ihre Verschwiegenheit, sagt Lotte, ja, sie wolle doch bei nächster Gelegenheit den Herzog unterrichten, ihm nahelegen, etwas zu tun, damit Lottes Ehe auf eine halbwegs solide finanzielle Basis gestellt werden könne.

Nur dann werde es ihn in Jena halten. Er gebe allenfalls Zeit bis Ostern; wenn bis dahin nichts seine Situation Stabilisierendes geschehe, werde er, wie besprochen, als Privatlehrer und freier Schriftsteller in Rudolstadt leben wollen. Selbst Körner, der ja von Anfang an gegen diese Professur war, gebe ihm hier recht – wenn auch sein heimlicher Wunsch sei, ihn als preußischen Historiographen und als Mitglied der Akademie in Berlin zu sehen. Ließe sich hier das Berufliche mit allem Privaten schnell und mühelos verbinden, Schiller nähme sofort beide Schwestern an der Hand und zöge nach Berlin. Doch diese Lieblingsidee Körners wird schon bald verblassen müssen.

Schiller sitzt einer stillen, ein wenig bedrückt wirkenden Lotte gegenüber. Auch sie wünscht sich sehnlichst die Beendigung dieses Schwebezustandes. Sie leidet unter der Heimlichtuerei gegenüber der Mutter. Insgesamt gesehen ist das Verhältnis der Schwestern zur Chère mère gut; perfekte Harmonie kann sich freilich nicht einstellen, solange Luise von Lengefeld versucht, Tochter Lotte mit einem Mann wie Ketelhodt zu verheiraten, und solange ein Mann wie Beulwitz die volle Rückendekkung, die volle Anerkennung der Mutter besitzt.

Das ist Karolines Thema. Sie spricht von ihrer Absicht, sich scheiden zu lassen. Sie erregt sich über die Launen des Herrn Barons, ist erbittert über seine Art, sich mit spitzfindig erdachten Schikanen an ihr zu rächen.

Tränen der Empörung treten ihr in die Augen. Es ginge nicht länger, dieses Zusammenlebenmüssen sei eine einzige Qual.

Fast flehend sieht sie ihn an, Schiller, der sich mit ihr erregt, droht, diesen Mann zurechtzuweisen, wenn er es weiter wagen sollte, Karoline zu quälen. Selbst wenn seine Stellung in Gefahr geriete – Demütigungen dieser Art dürfe sie nicht mehr hinnehmen.

Besonders schön, ja begehrenswert scheint ihm Karoline in diesen Minuten des Zorns, der Entrüstung.

Da steht der Kutscher in der Tür – er erlaubt sich, an die Zeit zu erinnern. Es ist angespannt. Die Pferde sind ausgeruht, man werde die gut zwanzig Kilometer bis Weimar um so glatter schaffen, je eher man nun wegkomme. Und noch sei es hell genug.

Man müsse ja vorher noch zur Griesbach, sagt Lotte, dann sei es wirklich höchste Zeit.

Sie ist die erste, die sich erhebt, in die Kammer nebenan, dann nach draußen geht, während der Kutscher das Handgepäck zusammenrafft.

Für Minuten sind Karoline und Schiller allein. Es geschieht wie durch inneren Zwang: Er reißt sie an sich, leidenschaftlich, bebend, im Rausch überströmenden Gefühls; sie erwidert seine Küsse, aufgewühlt, stumm, hingegeben der Faszination des Augenblicks an der Brust des Geliebten.

Draußen ruft jemand. Man mahnt zum Aufbruch.

Schiller findet Lotte vor der Kutsche. Mit einem etwas gequälten Lächeln blickt sie ihn aus traurigen, abschiedsschweren Augen an. Die pelzbesetzte Kapuze umrahmt ihr blasses Jungmädchengesicht, das ihm in diesem Moment des nahen Abschieds reizvoll wie nie zuvor erscheint. Er umschließt sie mit beiden Armen, drückt sie an sich und hebt sie in den Wagen. Ein nie gekanntes Glücksgefühl lähmt ihre Glieder – ach, könnte er sie ewig so halten!

Nach kurzem Besuch bei Frau Griesbach geht es stadtauswärts in Richtung Weimar. Neben dem Wagen, fast bis zur Hälfte der Wegstrecke, sitzt Ritter Schiller im Sattel, um den Damen seines Herzens so lange wie möglich nahe zu sein.

Zwei Tage später ruft Herzog Karl August alle Professoren nebst Goethe und Knebel in Jena zusammen. Im Mittelpunkt des Treffens steht der Koadjutor von Dalberg aus Erfurt. Schiller, sehr gespannt auf den hohen Herrn, bemüht sich um ein besonderes Gespräch mit ihm. Es ergibt sich nicht, denn Dalberg soll an diesem Tag möglichst allen etwas sein, mit allen sprechen, so gut es geht der ganzen Gesellschaft zur Verfügung stehen. So kommt es nur zum Austausch allgemeiner Floskeln. Doch Schiller ist recht angetan vom Stellvertreter des Erzbischofs. Er hofft auf eine spätere, fruchtbare Zusammenarbeit.

Auch die Schwestern sind am Tag danach mit dem Koadjutor zusammen, in Weimar. Der Herzog hatte zur gemeinsamen Tafel geladen, an der Lotte neben Karl August sitzen mußte. Möglich, daß er glaubte, ihr Neuigkeiten über ihr Verhältnis zu Schiller entlocken zu können. Denn die mit Klatsch angereicherte Kunde von der Liebe des Räuberdichters zur kleinen, schüchternen Lotte von Lengefeld hatte auch in Weimar längst die Runde gemacht.

Dalberg übrigens findet sie an diesem Tage nicht so anziehend. Ja, sie hatte ihn sich anders, imponierender, vergeistigter vorgestellt. Und er sehe doch sehr katholisch aus.

Später ist man bei Charlotte von Kalb zu Gast. Die Unterhaltung plätschert an der Oberfläche. Aus Andeutungen der Gekränkten, Verlassenen, schließt man, daß sie von Lottes heimlicher Verlobung weiß. Sie zeigt Haltung – in Gegenwart ihres Mannes und einiger Damen der Gesellschaft. Sie bittet schließlich um weitere Besuche Lottes und Karolines.

Schiller rät zu äußerster Vorsicht im Umgang mit der Kalb.

Er befürchtet eine überlegte Strategie in ihrem Verhalten, denn er argwöhnt, sie habe sich noch nicht mit seiner Abwendung von ihr abgefunden, verfolge möglicherweise einen tückischen Plan.

In seine Überlegungen, zu einer Besoldung zu gelangen, bezieht Schiller auch den Einfluß Goethes bei Hofe ein. Karoline hält dies für erwägenswert. Ob der Große sich nicht sogar geschmeichelt fühlte, zöge man ihn ins Vertrauen und bäte man ihn um seine Vermittlung?

Inzwischen ist die enge Verbindung der Rudolstädter Schwestern zu diesem Jenaer Professor aus dem Schwabenland eines der beliebtesten Klatschthemen in Weimar geworden. »Ich wünsche mehr en détail zu wissen, was man über unser Verhältnis in W. spricht«, bittet er Lotte, »schreibe mir doch, was Du davon erfährst, ausführlich...«

Nun, das Wort von der »Doppelliebe« stammte von Charlotte von Kalb, und es machte die Runde. Denn weder in Jena noch in Rudolstadt noch auch jetzt wieder in Weimar sah man Schiller je allein mit einer der beiden Schwestern – vom Frühjahr 1788 einmal abgesehen, als Lotte ohne Karoline in Weimar war; und damals wußte man ja voneinander noch kaum etwas. In den Salons, deren Existenz wesentlich vom neuesten Klatsch lebte, war man begierig auf jede Affäre, jede Liaison, jede sich anbahnende Geschichte. Und aus manchem Nichts entstand eine Sache, die um so mehr Interesse heischte, je mehr man sie zum außergewöhnlichen Fall drechselte.

Den kommenden Sonnabend wollte Schiller, auch wenn ein bestimmtes, von ihm für diesen Tag gewünschtes Stück in der Komödie nicht gegeben würde, nach Weimar kommen. Für einen Tag; und es mußte so aussehen, als sei er nur des Theaters wegen da. Schon im Laufe des Vormittags traf er ein, logierte im »Elephanten«, einem Gasthof am Markt, neben der Wohnung der Schwestern gelegen.

Noch einmal wurden die Pläne für die nächste Zukunft besprochen. Schiller zeigte sich entschlossen, auch auf die Gefahr hin, seinen Vater zu enttäuschen – der die Aufgabe der Professur in Jena mißbilligen würde –, ab Ostern in Rudolstadt, im Beulwitzschen Hause, zu leben. Denn er rechnete nicht mit der Großzügigkeit des Herzogs. Einer von ihm gewünschten Beurlaubung, zunächst für ein Jahr (um angeblich die »Geschichte des Abfalls der Niederlande« zu Ende zu schreiben und um dann einfach nicht zurückzukehren), werde sich, so glaubte man, der Herzog sicher nicht verschließen. Spätere Bewerbungen in Mainz und Berlin gäben zudem den Anträgen, auch durch inzwischen erlangte größere innere Reife und respektablere wissenschaftliche Statur, mehr Gewicht.

Außerdem rechnete man mit einer geneigteren Chère mère, wenn sie erführe, daß ihr Lotte in Rudolstadt erhalten bliebe, ja, daß ein wohltätiger Einfluß auf die Beulwitzsche Ehe, durch ein Zusammenleben beider Paare, ausgeübt werden könnte.

Am nächsten Vormittag reitet Schiller nach Jena zurück.

Und nun geht alles Schlag auf Schlag.

Von Erfurt aus, wo beide Schwestern die Dacheröden besuchen, teilt Karoline der Chère mère mit, daß Lotte und Schiller heiraten wollen, einander bereits versprochen sind – daß man auf ihr Einverständnis hoffe. Auch Lotte schreibt der Mutter, daß nur Schiller für sie in Frage kommt, bittet um ihren Segen. Sie kündigt den Brief Schillers an.

Der geht am 18. Dezember ab nach Rudolstadt.

Es ist höchste Zeit für die Aufdeckung dieses Geheimnisses, denn leicht hätte es inzwischen auf andere Weise nach Rudolstadt gelangen können. In Erfurt jedenfalls weiß es bereits der Koadjutor, wie die Schwestern von ihm hören – Goethe habe es ihm berichtet.

Schiller appelliert nun in der ihm eigenen, vom Schwung der Empfindungen diktierten, enthusiastischen Art an das Herz Luise von Lengefelds, an ihr Wohlwollen, die Güte und das Verständnis, mit dem sie ihm stets begegnet sei. »Es gab Augenblicke... wo Sie mich vergessen ließen, daß ich ein Fremdling in Ihrem Hause sei, ja, wo Sie unter Ihren Kindern auch mich mitzuzählen schienen... wie tief ergriff es mein Herz, wo lange schon kein anderer Wunsch mehr lebte, als Ihr Sohn genannt zu werden... Ich gebe das ganze Glück meines Lebens in Ihre Hände. Ich liebe Lottchen – ach! Wie oft war dieses Geständnis auf meinen Lippen, es kann Ihnen nicht entgangen sein...«

Schillers Brief an Chère mère ist auch eine einzige Liebeserklärung an Lotte, und er ist eine Beschwörung der Mutter, doch dem Glück zu trauen, das Lotte und ihm sicher sei durch eine Vereinigung, der sie nun ihren Segen geben möge.

Was Frau von Lengefeld in dieser mit der Verve des Erfüllten vorgetragenen Werbung vermissen muß, ist die Darlegung seiner finanziellen

Situation. Mit keinem Wort geht er darauf ein. Chère mère wird allerdings in ihrer Antwort gerade darauf zurückkommen müssen.

Auf Karolines Schreiben reagiert sie postwendend. »Dein heutiger Brief, meine Karoline, hat mich so erschüttert und überrascht, daß ich nicht imstande bin, eine einzige Zeile darauf zu antworten. Das kann Lottchen versichert sein, daß nie mein Mund heuchelte, wenn ich Euch sagte, daß auf Eure Glückseligkeit meine ganze Wohlfahrt gegründet sei. Mehr heute zu sagen ist unmöglich. Ich bitte Gott, daß er uns alle regieren möge, auch ich verlasse mich fest auf die Vorsehung, und wehe mir, wenn ich solches nicht täte, da ich bestimmt zu sein scheine, in die sonderbarsten Lagen von der Welt zu kommen, ohne einen Freund oder Ratgeber zu haben, dem ich mich anvertrauen kann...«

Und auch Schiller läßt sie nicht lange warten: »Ja«, schreibt sie, »ich will Ihnen das Beste und Liebste, was ich noch zu geben habe, mein gutes Lottchen, geben... Verzeihen Sie aber der Sorgsamkeit und der Pflicht einer Mutter, können Sie Lottchen neben Ihrer zärtlichen Liebe (nicht ein glänzendes Glück), sondern nur ein gutes Auskommen verschaffen? Beruhigen Sie mich über diesen Punkt und ich nenne Sie mit Freuden Sohn. Wäre ich reich, könnte ich Ihnen mit meiner Tochter ein ansehnliches Vermögen geben, wie gern würde ich Ihnen da zeigen, daß Verdienst und ein Herz, so wie ich das Ihrige kenne, die schätzbarsten Güter der Erde für mich sind. Da mein Vermögen aber nicht groß und unser jetziges Leben diese Frage verlangt, weil ohne hinlänglichen Unterhalt kein Familienglück bestehen kann, so müssen Sie mir meine Ängstlichkeit vergeben...«

Unterdessen hat sich auch in Erfurt, wie Lotte Schiller berichtet, eine endgültige Besiegelung des Verhältnisses Karoline von Dacherödens zu Wilhelm von Humboldt ergeben: Mit freudiger Zustimmung des »Papas« hat man sich verlobt. Getreu den Statuten des »Tugendbundes«, dem beide angehörten und der totale Offenheit gegenüber jedem seiner Mitglieder verlangte, ließ Wilhelm seine Braut wissen, daß er sie im Grunde nicht liebe, jedoch sicher sei, mit ihr glücklich zu werden.

Rundum frohe Tage müssen es gewesen sein, die man in Erfurt verbrachte. Die vielen großen Essen, die Gesellschaften, die Konzerte, meist im Palast des Koadjutors veranstaltet, nahmen Lotte zwar ein bißchen den Atem, aber sie unterhielt sich gut. Das lag zweifellos an der Persönlichkeit Dalbergs, der sich mit Menschen von der erträglichen, ja schätzenswerten Art zu umgeben wußte, der es verstand, Atmosphäre zu schaffen.

Eins allerdings glaubt sie jetzt sicher zu wissen: Zur Hofdame, die sie einmal werden wollte, hätte sie nie getaugt. Es hätte sie erstickt, abgestumpft, getötet, dieses Leben zwischen Diners und Assemblées, zwischen Boudoirs und Salons, Audienzen, Empfängen und Bällen. Und sie ist jetzt froh, daß man für sie, nach der Reise in die Schweiz, doch nicht gleich eine Stelle fand. Ihrer Mutter zuliebe hätte sie sie angenommen und wäre todunglücklich geworden.

Sie sehnt sich zurück nach Weimar, in die Nähe des Geliebten. Ihre Meinung von Dalberg hat sich während dieser Erfurter Tage geändert. Ja, sie fühlte sich wohl in seiner Gegenwart, »er ist gar so artig und hat so etwas Kindliches«. Er war ganz offensichtlich ein Mann, der es besonders gut verstand, sich Ton, Humor, Eigenart, ja, der Individualität seiner Gesprächspartnerinnen anzupassen. Seine bevorzugte Gesellschaft allerdings war Karoline von Beulwitz, die ihren »schönen Geist« einem bereits zu diesem Zeitpunkt von ihr Verehrten gegenüber in Szene setzte.

Und es schien, als ermunterte er seine jungen Freunde, Pläne zu schmieden für die Zeit nach seiner Inthronisation. So sprach man neben den Möglichkeiten, die Schiller eröffnet werden sollten, vom Posten eines Gesandten in Mainz für Humboldt.

Man sieht sich wieder in Weimar am folgenden Sonnabendabend. Schiller war mit dem Ehepaar Paulus gereist. Mit ihm, Professor für orientalische Sprachen, und seiner Frau, einer kleinen, lebhaften Schwäbin aus Schondorf, hatte er sich in Jena angefreundet und hoffte, Lotte werde sich später den beiden anschließen.

Am Nachmittag ist Lottchen zunächst bei Patin Stein eingeladen, wo sie von des Herzogs Interesse an ihrem Verhältnis zu Schiller erfährt. Die Stein berichtet, wie sie Karl August die Situation schilderte und wie er reagierte.

Mit der Verbindung zeigte er sich durchaus einverstanden.

Lottchen von Lengefeld war ihm stets eine angenehme Gesellschaft gewesen, er mochte sie und fand wohl Gefallen daran, diese Herzensangelegenheit zu protegieren. Denn als nun die Stein, ehemalige Hofdame Anna Amalias, der Mutter des Herzogs, auf eine sehr notwendige Besoldung Schillers zu sprechen kam, lehnte er nicht ab. Sie schließt daraus, daß er zu einem kleinen Beitrag zur wirtschaftlichen Stützung der Ehe bereit wäre.

Natürlich ist es diese, auch in den Ohren des Dichters wohlklingende Neuigkeit, die ihm Lotte am Abend zuerst erzählt.

Im übrigen hofft man, den 24. – die Christnacht – zusammen in Weimar verleben zu können.

Noch vorher hatte Schiller, da Lotte doch nun auf ihren Adel verzichten würde und insbesondere, um der Chère mère einen Gefallen zu tun, beim Herzog von Meiningen um Erteilung eines »anständigen Ranges« gebeten. Und, ermutigt von den Sondierungen der Stein, ließ er nun dem Herzog die Bitte um Zahlung eines festen Gehalts vorlegen.

Die ihm am wichtigsten scheinende Tat, seine Antwort an Frau von Lengefeld, vollbrachte er ebenfalls noch vor Weihnachten.

Denn hier mußte er zur Sache kommen.

Und er tut es in der ihm eigenen Art, manövriert sich selbst in einen Zustand euphorischer Zuversicht, aus dem heraus er der Chère mère sein Zahlenspiel demonstriert. Danach kann er es für die nächste Zeit auf 800 Taler jährlich bringen, vorausgesetzt der Herzog gibt 200, er selbst nimmt deren 300 für Vorlesungen ein und zieht den Rest aus seiner schriftstellerischen Tätigkeit. Mit 800 Talern könne man in Jena gut zurechtkommen. Außerdem rechne er mit weiteren 400 Talern pro Jahr, wenn sein Projekt mit der »Allgemeinen Sammlung Historischer Memoiren« einschlüge.

»... Folgte ich bloß der Klugheit, so würde ich in diesem Jahr noch an keine Vereinigung mit Lottchen denken. Aber wie kann ich dieses ganze Jahr von meiner Glückseligkeit verlieren?... Selbst zu meinem Fleiße ist es eine wesentliche Bedingung, daß mein Herz genießt, und in meiner Vereinigung mit Lottchen werden mir alle meine Beschäftigungen leicht werden... Ich bin nicht ohne Aussichten, und ein Ruf auf eine andere Akademie wird mein Gehalt in Jena verbessern....« Den Brief des Koadjutors an ihn fügt er dem Schreiben bei, und er spricht vom Gesuch um Besoldung beim Herzog. Sollte sich Karl August unzugänglich zeigen, denke er, für das Jahr 1790, an eine andere Lösung, deren Billigung er von ihr erhoffe.

Das war der Plan, dann im Beulwitzschen Haus in Rudolstadt als freier Schriftsteller zu leben.

Schillers Art, zu erwartende Einnahmen in allzu optimistischen Größenordnungen zu projizieren, ist zwar im Laufe der Jahre einer realistischeren Einschätzung der Möglichkeiten gewichen. Trotzdem fehlt in der Aufstellung, der Gesamtkalkulation, ein schwerwiegender Posten: seine Schuldenlast, die er seit Jahren mit sich herumschleppt, von der er sich noch immer nicht befreien konnte. Da muß ihm das Angebot seines Verlegers Göschen vom 24. Dezember geradezu als Weihnachtsgeschenk erscheinen, für 400 Taler einen Beitrag zum »Historischen Kalender für Damen«, Jahrgang 1791, zu schreiben. Themavorschlag: Geschichte des Dreißigjährigen Krieges. Er nimmt an. Viele Monate des kommenden Jahres werden ihn mit dieser Aufgabe beschäftigt sehen.

Lotte ist wieder fröhlicher geworden.

Nachdem der Mutter gegenüber die Dinge ausgesprochen sind, die endgültige Verbindung mit Schiller in greifbare Nähe rückt, der Verlobte sie bei seinen letzten Besuchen in Weimar liebevoll umsorgte, ist sie sich seiner wieder sicherer.

Inzwischen hat Schiller auch den Eltern auf der Solitude die Verlobung angezeigt, und Lotte hat einen Brief an Schillers Mutter geschrieben, in dem sie um Aufnahme in die Familie bittet.

Ganz ohne Aufregung blieb Lottchen freilich nicht in diesen letzten Tagen des Jahres in Weimar. Bei einem Besuch am Hof begegnete sie der Kalb, die sich sofort mit dem Vorwurf auf sie stürzte, Schiller sei doch in Weimar gewesen, habe es aber nicht für nötig gehalten, sie zu besuchen. Dies sei äußerst unartig von ihm, bei dem Grad der Freundschaft und der Art des Verhältnisses zwischen ihr und ihm sei dies ein ungehöriges Benehmen. Sehr erregt war sie, die Frau von Kalb, und wechselte erst das Thema, als der Herzog sich näherte. Lotte blieb glücklicherweise kühl, ja distanziert. Schiller sei doch in Gesellschaft gewesen, hätte schon deshalb gar nicht abkommen können.

Und schließlich erhielt sie einen anonymen Brief, in dem die Absenderin vor einer Verbindung mit Schiller warnt.

»Eine Person«, hieß es da, »welche immer Wohlwollen gegen Sie gehegt hat, gibt Ihnen den guten Rat, sich nicht so um den Rat Schiller zu bemühen, weil Sie sich dadurch lächerlich machen und sehr viel durch seinen Umgang von dem, was Sie sonst waren, verloren haben. Überhaupt findet man durch den Umgang mit Dichtern kein Glück, indem sie alle, einer mehr, einer weniger, Phantasten sind und vom wahren Glücke des Lebens weit entfernt. Jagen Sie nicht so nach Poeten, sondern bilden Sie sich lieber zu einer guten Hausfrau, denn es gibt wenig Männer, die dergleichen Weiber ernähren können. Hätte ich das Glück, genauer mit Ihnen bekannt zu sein, würde ich Ihnen dieses mündlich sagen; doch da dieses nicht ist, achte ich mir es als Pflicht, Ihnen dieses schriftlich zu sagen.«

Als Verfasserin dieses recht primitiven Schreibens kam Frau von Kalb wohl kaum in Frage, obwohl man sie in die Vermutungen über eine mögliche Urheberschaft einbezog. Wer den Brief wirklich schrieb, blieb ungeklärt.

Den Heiligen Abend verbringt man zu fünft in Weimar.

Am Nachmittag ist Schiller dort eingetroffen, mit Ungeduld bereits erwartet von den Schwestern, Wilhelm von Humboldt und Carl von Laroche. Es werden fröhliche Stunden, in denen man allein bedauert, daß Wilhelms Braut, Karoline von Dacheröden, nicht dabeisein kann. Der »Papa«, jetzt ängstlich um die Gesundheit seiner Tochter bemüht, hatte sie noch nicht reisen lassen.

Schiller und Humboldt lernen sich an diesem Abend kennen, was aber zunächst noch zu keinem engeren, herzlicheren Kontakt führt. Auch an den zwei Tagen, an denen Wilhelm, zwischen Weihnachten und Neujahr, bei Schiller in Jena zu Besuch weilt, vertieft sich das lose, konventionelle Verhältnis kaum.

Schiller führt seinen Besuch in Jena herum, zeigt ihm die Stätten seines Wirkens, macht ihn mit den Griesbachs bekannt.

Zu Silvester kommt endlich auch Karoline von Dacheröden nach Weimar, die so sehnlich von ihrem Verlobten und der Rudolstädter Karoline Herbeigewünschte.

Am Abend geht man zu sechst, und auf Schillers Wunsch, zunächst ins Theater. Kotzebues »Menschenhaß und Reue« wird gegeben. Ein Stück, das die Freunde enttäuscht. »Wir blieben ganz ungerührt und spaßten über die vielen sentimentalen Dinge und Motive, die es enthält«, schrieb Karoline später. Schiller sagte dem Stück, weil es so publikumswirksam gemacht sei, Erfolg voraus, den es schließlich, sogar im Übermaß, hatte. Kotzebue war später mit seinen über dreihundert Lustspielen und Schwänken *das* Unterhaltungsphänomen seiner Zeit geworden. Anfangs des 19. Jahrhunderts wurde er weit mehr gespielt als etwa Goethe oder Schiller mit ihren Dramen. Und dieses, sein zweites Schauspiel, trug damals wesentlich dazu bei, ihn dann auf breiter Front ankommen zu lassen.

Nach dem Theater sitzt man gemütlich bei einem Punsch zusammen. Und da vier der sechs Versammelten dem »Tugendbund« angehören, fehlt es nicht an empfindsam-schwärmerischer Durchleuchtung aller die Freunde beschäftigenden Probleme. Besonders gern und ausgiebig träumt man zum wiederholten Male von den verlockenden Möglichkeiten, die der zukünftige Domherr von Mainz zu bieten hätte. Zukunftsmusik, die mit verführerischem Klang die ernsteren Tagesfragen mildtätig übertönt.

Erst am 2. Januar trennt man sich wieder, verläßt, bis auf die Rudolstädter Schwestern, Weimar in verschiedenen Richtungen.

Für Lotte, Schwester Karoline und Schiller waren die Tage von ganz bestimmter Bedeutung.

Neben der Freude, die man über die Zusage des Herzogs empfand, Schiller ein Jahresgehalt von zweihundert Talern zu gewähren (er hatte ihn, als er am Neujahrstag hörte, Schiller sei in Weimar, zu sich rufen lassen und ihm dies eröffnet), gab es Aufregung und Tränen.

Den größten Teil ihres Zusammenseins hatten die Freunde in einem Kaffeehaus verbracht, wo sie sich in teils munteren, teils tiefsinnigen Gesprächen ergingen – in einer Weise, die mehr den Mitgliedern des »Tugendbundes« zusagte als Lotte und Schiller. Ja, das Brautpaar äußerte sich später froh darüber, daß dem »geschäftslosen Leben, das wir im Kaffeehaus führten«, wie Lotte es ausdrückte, bald ein Ende gemacht werden konnte.

In der Tat gab es für Lotte abermals beunruhigende, sie ängstigende Eindrücke. Mußte sie den Äußerungen ihrer Freundin Dacheröden, den Andeutungen Wilhelm von Humboldts und dem Betragen Karolines nicht entnehmen, daß im Grunde nur einer Frau wie ihrer Schwester ein Mann wie Schiller gebührte? Daß sie selbst gar nicht imstande wäre, jemals den Anforderungen einer geistigen Potenz wie der Schillers entsprechen zu können? Und wieso merke ein Mann wie Schiller nicht, daß er Lotte eigentlich aus ihrer bescheidenen Sphäre, ihrem beschränkten Wirkungskreis herausreiße, wenn er sie heirate?

»Sie war gemacht«, schreibt Karoline von Dacheröden ihrem Verlobten Wilhelm kurz nach dem Treffen in Weimar über Lotte, »in einem Kreis von Empfindungen zu leben, und sie wäre glücklich dabei gewesen und hätte über nichts nachgedacht. Man hat ihr das Höhere gezeigt, und sie hat danach gestrebt, ohne das innere Vermögen zu haben, es zu genießen, das sich nie gibt... Eine Unerklärbarkeit bleibt mir in Schiller. Hat er nie Karolines Liebe empfunden, wie konnte er mit Lotte leben wollen? Hat er sie gefühlt, so nahm er die Verbindung mit Lotte nur als Mittel an, mit jener zu leben. – Oh, möge die Zeit dies freundlich lösen!...«

Und Humboldt sinniert: »... Schiller wurde in den ersten Stunden vertraut, das heißt, er genierte sich nicht. Aber die Art, wie sie untereinander sind, drückte mich oft. Wenn ich Karoline ansah, über ihn hingelehnt, das Auge schwimmend in Tränen, den Ausdruck der höchsten Liebe in jedem Zuge – ach, ich kann's Dir nicht schildern, wie mir's dann ward... In Schiller fand ich sehr viel, und doch waren unsre Gespräche meist scherzend und nicht wenig leer oder doch von sehr kaltem Interesse. Aber auch da soviel Geist und dann manchmal ein Blick von Karoline von so tiefem, allumfassendem Gefühl. Ich, glaub ich, kam ihm noch eben nicht nah. Ein paar ernsthafte, nicht unwichtige Gespräche, das war alles. Ich hasse alles, was sich nicht selbst macht, und darum sucht ich nichts. Vielleicht wird's in Jena anders. Lotten gibt auch die Liebe kein Interesse; sie war an seiner Seite wie fern von ihm. Er gegen beide? Hast Du ihn nie Karoline küssen sehen und dann Lotten?«

Natürlich hatte auch Lotte dies beobachtet, mit wachsender Beklemmung. Angst war in ihr aufgestiegen, Angst, den Geliebten zu verlieren. Sie wußte ja längst, daß sie nur Schiller wollte.

Bei ihm sein, ihn mit ihrer Liebe umfangen, ihn einhüllen, ihn umsorgen, das war es, wonach sie sich sehnte. Alle Liebe, deren sie fähig war, alle Fürsorge, gemischt mit mütterlichen Instinkten, wollte sie auf den Geliebten richten, und so empfand sie schmerzlich, daß sie offensichtlich nicht fähig war, dies entsprechend auszudrücken, es ihn, den einzigen, fühlen, wissen zu lassen.

Sie spürt mit Bangen, wie er sich von neuem auch der Schwester zuwendet, wie er auch sie umschwärmt, mit Liebkosungen nicht geizt. Wie soll sie das anders deuten, als daß er noch einmal schwankt, daß er, wankelmütig, sich nicht entscheiden kann zwischen ihr und Karoline, daß er sich also ausgerechnet der eigenen Schwester zuwendet – und dies vielleicht nur, weil sie selbst sich ihm noch immer nicht ohne die letzte Zurückhaltung, ohne die ihr angeborene »Dezenz« geben kann? Oder stimmt gar, was in Weimar inzwischen die Spatzen von den Dächern pfeifen, daß der Geliebte sie nur heirate, um in Karolines Nähe sein zu können? In Gesellschaft der Frau, die die Seine nicht werden kann, weil sie bereits verheiratet ist?

Die bösen, vor allem von Charlotte von Kalb verbreiteten Gerüchte, nach denen das dümmliche, anspruchslose Lolochen einen Mann wie Schiller nicht länger als ein paar Monate würde halten können, nach denen das Ganze bestenfalls auf eine Ehe zu dritt hinsteure – die freilich auch nicht von Dauer sein könne –, klingen schmerzlich in ihren Ohren.

Am 2. Januar, als die Schwestern mit Schiller bei Patin Stein zu Mittag gegessen, der Herzog dort überraschend aufgetaucht war und dem Brautpaar nochmals seine Sympathie bekundet hatte (er gebe doch das Beste zur Ehe, nämlich das Geld), wäre sie Karl August am liebsten um den Hals gefallen vor Glück. Später aber, als sie all die Ereignisse, die Gespräche mit den Freunden, das tatenlose Herumsitzen im Kaffeehaus, die gefühlvollen Szenen, die heftigen Umarmungen, an ihrem geistigen

Auge vorüberziehen läßt, erschrickt sie und kommt zu düsteren Vorstellungen.

Lottes erster Brief im neuen Jahr an Schiller drückt diese Stimmung aus. Er, seit dem 2. Januar abends wieder in Jena, weiß in ihren Zeilen zu lesen. Die Skepsis und den leisen Vorwurf hat er erkannt. ». . . Aber diese Zweifel werden bei Dir aufhören, wenn Du mich ganz kennst«, antwortet er, »wenn Du mit meinem Wesen vertraut genug geworden bist, um zu wissen, in welche Sprache sich meine Empfindungen kleiden . . . Irre Dich nicht an den seltsamen Gestalten meiner Seele, die oft in schnellen Übergängen wechseln. Sie haben mit unsrer Liebe nichts zu tun. Diese schnelle Beweglichkeit meiner Seele ist eine Eigenheit in mir, daran Du Dich nach und nach gewöhnen mußt. Wie freue ich mich der Zukunft, die uns alles dieses mit einem sanften Lichte unvermerkt aufhellen wird . . . «

In Schwester Karoline haben abermals widersprüchliche Empfindungen einander bekämpft. Sie, die den Ehebund keinesfalls als einen »Bund der Seelen« betrachtet, sieht einerseits in Schillers Bund mit Lotte kein absolutes Hemmnis für ihre eigenen Gefühle, die sie zur Seelenfreundschaft mit Schiller treiben, andererseits will sie sich bemühen, innerhalb der Grenzen dessen zu bleiben, was ihr die Liebe zur Schwester diktiert. Bleibt die Frage, ob sie sich bei noch deutlicheren Zeichen Schillers weiter hätte zurückhalten können oder ob sie dann ihrer Leidenschaft nicht doch erlegen wäre.

Aber dies war weder seine Absicht, noch fühlte er sich dazu getrieben. Selbst wenn er zeitweise wirklich zwischen beiden geschwankt haben mochte, die für ihn wohl entscheidende Erfahrung mit Charlotte von Kalb, von der Karoline einiges an Ähnlichkeit des Charakters und der geistigen Gabe besaß – mit dem Unterschied, daß die eine zur Treue, die andere zur Untreue neigte –, drängte ihn in die Arme Lottes. Allein in Lotte sah er das »Geschöpf«, das ihm »ganz ergeben« sein könnte, das ihm die »bürgerliche, häusliche Existenz« zu garantieren vermochte, die er erstrebte. Er, der Unruhig-Geniale, wollte zu einer neuen Schaffensperiode ansetzen, zu deren Verwirklichung, das fühlte er, die Liebesfähigkeit, die stille Hingabe einer Lotte von Lengefeld notwendig war.

Auch er zieht eine Bilanz zu den gemeinsam in Weimar verbrachten Tagen. Es sei doch recht wenig »für unser Herz gewonnen worden«, schreibt er an Karoline und Lotte. »Es war wirklich Zeit, daß wir uns trennten. Nichts Schlimmres könnte uns je begegnen, als in unsrer eigenen Gesellschaft Langeweile zu empfinden, und es war nahe dabei. Der Himmel verschone uns, daß wir je, alle sechse zusammenleben.«

Zu Carl von Laroche fand er so gut wie keinen Kontakt. Er begreift nicht recht, was Karoline in ihm sieht. Wilhelm von Humboldt ist ihm »zu flüchtig, zu sehr aus sich herausgerissen«. Seinem zwar edlen Herz fehle die Ruhe, die »Stille der Seele, die ihren Gegenstand mit Liebe pflegt«. Geist und Kenntnisse Wilhelms bewundert er.

Die entscheidende Annäherung findet erst später statt. Einziges, für ihn wichtiges Ergebnis des Zusammenseins: Man ist allgemein der Ansicht, mit der Hochzeit nicht bis nach Ostern warten zu sollen. Der Chère mère müsse klargemacht werden, daß nun alle Hindernisse beseitigt seien, die Versorgung des Paares gesichert sei und ein späterer Termin an der Situation nichts ändere, ihnen nur die beiderseits ersehnte Vereinigung unnötig hinausschiebe. Vor allem Wilhelm von Humboldt ist es, der dazu rät.

Die Nachricht von Schwester Christophine, die ihm schreibt, die Mutter liege im Sterben, erweist sich zum Glück als falsch. Erleichtert entnimmt er dem nur einen Tag später eintreffenden Brief seines Vaters, daß die Gefahr beseitigt sei. Offenbar hatte ein Magengeschwür den bedrohlichen Zustand der Mutter herbeigeführt; inzwischen sei man jedoch wieder guten Mutes.

Nachdem Schiller Chère mère über die Gewährung eines Gehalts in Höhe von 200 Talern unterrichtet und sie gebeten hatte, ihre Zustimmung zu einer früheren Heirat zu geben, willigt sie ein und stellt ihren Besuch in Jena in Aussicht. Sie will sich wohl zunächst selbst von dem Zustand der Dinge, der Wohnung, des Hausstandes, der Verhältnisse insgesamt, überzeugen, in denen ihr Lottchen mit Schiller leben soll. Denn er hatte nicht versäumt, ihr auch von seiner Absicht zu schreiben, zunächst mit Lotte zusammen weiter in der möblierten »Schrammei« wohnen zu wollen. Er nehme einfach ein paar Zimmer dazu, und der Mittags- und Abendtisch dort sei fürs erste gut und preiswert genug.

Chère mère kündigt sogar einen jährlichen Zuschuß zum Haushalt des Paares in Höhe von 150 Talern an – was sie schaffen könne, solange sie als Erzieherin der Prinzessinnen ihr Hofamt innehabe. Ansonsten: »Je kleiner die Wirtschaft, je sorgenfreier kann man leben«, antwortet sie Schiller, mit seinen Vorschlägen fürs Leben zu zweit in Jena durchaus einverstanden. Daß Schiller auch seine zukünftige Schwägerin in der »Schrammei« mit wohnen lassen will, ignoriert sie zunächst. Als praktisch denkende, erfahrene Mutter wird sie eine andere Lösung finden.

Der inzwischen mit Dekret des Herzogs von Meiningen Schiller verliehene Hofratstitel tut ihr, Luise von Lengefeld, deren Familie zum alten

Rudolstädter Hofadel gehört, von Herzen wohl. Lotte bedeutet er eine gewisse Genugtuung, nicht mehr; sie bewegt nur ein Gedanke: so bald als möglich und für immer an der Seite des Geliebten leben zu können.

Schiller, der das Gesuch um Erteilung des Titels Chère mère und Lotte zuliebe an den Meininger Hof gerichtet hatte, schrieb seinem Freund Körner: »Du wirst künftighin an Herrn *Hofrat* schreiben; ich bin seit einigen Tagen um eine Silbe gewachsen...« Die offizielle Begründung für die Erteilung des Diploms lautete: wegen seiner vorzüglichen Gelehrsamkeit und seines schriftstellerischen Ruhms.

Der von Schiller für Ende des Monats Januar erhoffte Heiratstermin verschiebt sich noch einmal um fast vier Wochen. Chère mère ist plötzlich gegen eine Hochzeit vor Ostern, wahrscheinlich wegen der Fastenzeit, in der die Kirche, jedenfalls im Weimarischen, keine Trauungen vornahm. Und sie ist gegen eine Haustrauung, wie Schiller sie wollte, dem es recht gewesen wäre, die Zeremonie auf seinem Zimmer in der »Schrammei«, ohne Zeugen, nur mit Mutter und Schwester, hinter sich zu bringen. Sie jedoch dachte nicht daran, eine solche Handlung außerhalb geweihter, kirchlicher Räume geschehen zu lassen. Lottes Vorschlag, doch im rudolstädtischen Ezelbach zu heiraten, wo die Kirche zur Fastenzeit nicht diese Einschränkung mache, lehnte die Mutter ab. Dort gebe es wieder andere Umstände, die ihr nicht behagten. Nachdem man wußte, daß ein Dispens vom Trauungsverbot während der Fastenzeit leicht zu bekommen war, einigte man sich schließlich doch auf den 22. Februar als Hochzeitstag, und als Ort der Handlung wählte man die kleine Dorfkirche zu Wenigenjena, ganz in der Nähe Jenas.

Frohgestimmt schickt Schiller den Antwortbrief seines Vaters, dem er die an Lotte gerichteten Zeilen beifügt, nach Weimar. Die Art, wie sich der alte Herr zu den Neuigkeiten und zur Rolle der Schwiegertochter äußert, erheitert das Brautpaar. Zur Aufforderung, Lotte möge vor allem eine gute Gehilfin ihres Mannes in der Ökonomie sein, vermerkt Schiller: »Lachen muß ich über den lieben Papa, der es so herzlich gut meint und so herzlich schlecht sagt.«

Die Geburtstagsredoute, die zu Ehren der regierenden Herzogin Luise gefeiert wird, soll Freitag, 29. Januar, abends, beginnen und in der Nacht zum 30., dem Geburtstag der Herzogin, enden. Man wird also »hineinfeiern«. Das soll ein großes Fest werden. Lotte und Karoline hatten Schiller schon vor Wochen gebeten, diese Redoute doch wieder zum Anlaß für einen Besuch in Weimar zu nehmen.

Mit dem Ehepaar Paulus will er kommen.

Herzogin Luise von Sachsen-Weimar

Zwar wird er, einer Vorlesung wegen, erst gegen neun Uhr abends eintreffen, aber dafür hofft er bis Sonnabend nachmittag bleiben zu können.

Lassen wir mit ein wenig zusätzlicher Phantasie den Verlauf des Abends in der vermuteten Form und aus der Sicht eines durchaus »Beteiligten« vor unseren Augen Revue passieren.

Wieder ist der große Saal im Redouten- und Komödienhaus mit Hunderten von Kerzen festlich erleuchtet. Wände und Tische tragen Blumenschmuck in verschwenderischer Fülle. Das Orchester, das oft nur aus einigen Oboisten bestand, ist durch Geiger und Flötenspieler vergrößert worden.

Beliebte Glucksche Melodien übertönen das muntere Geplauder. Masken und Uniformen, Pierrots, Phantasiekostüme aus bunter Seide, in malerisch drapierte Umhänge gehüllte »Unbekannte«, Schäfer und Schäferinnen wimmeln durcheinander. Aus schmalen Larvenschlitzen blitzt manch keckes Auge erlebnishungrig in die Runde.

Und bei Charlotte von Stein haben sich auch Lotte von Lengefeld und Karoline von Beulwitz eingefunden, in großen Toiletten mit ausladenden Reifröcken unter buntseidenen Kleidern mit verführerischen Dekolletés, hochaufgesteckten, leicht gepuderten Haaren. Beide haben, dem Anlaß entsprechend, Gesichtsmasken aufgesetzt, die nur dem Vertrauten keine Rätsel aufgeben.

So Schiller, der in der Tat erst gegen neun Uhr am Abend, in Begleitung des Ehepaars Paulus, heraneilt. Auch er nach dem Geschmack des ausgehenden Jahrhunderts gekleidet. Die beigefarbene lange Hose steckt, der Mode der Zeit entsprechend, in Stiefeln. Über dem hochgeschlossenen Hemd trägt er Weste und Frack, aus dessen Ärmeln die Spitzenkrause hervorsieht.

Die Larve sitzt ihm ein wenig schief über der Nase; in der Eile, in der Vorfreude, hat er vergessen, sie zurechtzurücken. Ob er sie trägt oder nicht: Diesen großen, immer noch jugendlich wirkenden Mann mit den roten Haaren und der markanten Nase kennt ohnhin so ziemlich jeder hier im Saal.

Schon von weitem hat er seine Liebsten erkannt – neben Frau von Stein, deren Schwester, Frau von Imhoff, Sophie von Schardt und ihrem Mann, dem Geheimen Regierungsrat Karl von Schardt, einem Bruder Charlotte von Steins.

Man ist bereits in gelockerter Stimmung, doch die Konvention wird gewahrt. Es gibt eine förmliche Begrüßung, bei der es in Schillers und der Schwestern Augen verschwörerisch blitzt.

Längst hatte Herzogin Luise das Fest eröffnet, nachdem unter Trompetenstößen die Zutrittsdamen und danach die anderen zum Rockkuß zugelassen worden waren. Der Eröffnungstanz der Herzogin mit einem ausgewählten Kavalier hatte stattgefunden, und nun verwandelten die Menuetts, Gavotten und Sarabanden den Saal in ein bunt-geordnetes, farbenfrohes Durcheinander.

An Gesprächsstoff fehlt es nicht in der Gesellschaft um Charlotte von Stein. Die ohnehin lebhafte Schwäbin, Frau Paulus, wird, angeregt vom Wein, noch munterer, und die kapriziöse Sophie von Schardt gefällt sich im Auftischen frivoler Histörchen.

Klar, daß sich die Damen lokalem Gesprächsstoff widmen. Da bietet zum Beispiel das Benehmen Charlotte von Kalbs Anlaß zu gewagten Deutungen. Noch weiß niemand genau, ob sie nun bei ihrem Mann bleiben will oder nicht. Im Hause Herder soll es wieder mal einen formidablen Krach gegeben haben – mit dem üblichen Ausgang. Der gewiefte Geschäftsmann Bertuch soll es wieder mal verstanden haben, aus einer gewagten Transaktion gutes Kapital zu schlagen, und, besonders beliebtes Thema, neue amouröse Eskapaden des Herzogs bedürfen natürlich der Durchleuchtung, der Be- oder besser Verurteilung des versammelten Damenflors.

Frau von Steins wegen unterdrückt man Bemerkungen über Goethe und sein »Liebchen«, Christiane Vulpius. Am ersten Weihnachtstag des vergangenen Jahres hatte sie ihm, wie alle wissen, einen Sohn geboren. Nun, dieses Thema war ohnehin reichlich strapaziert, denn die gesamte Weimarer Klatschszene hatte sich wochenlang mit diesem Ereignis beschäftigt, ja, es war immer noch eins der ersten Themen in den Salons und Bürgerstuben. Doch hier und an diesem Abend ist der Name Goethe tabu. Er selbst hat sich heute wegen Unpäßlichkeit entschuldigen lassen.

Die beiden Professoren Schiller und Paulus sprechen von ihrer Arbeit. Er, Schiller, habe sich inzwischen auch in das Quellenstudium zur »Geschichte des Dreißigjährigen Krieges« gestürzt, möchte das fertige Manuskript an Göschen bis etwa Anfang August liefern. Das neunte Heft der »Thalia« konnte erscheinen, dieses Mal vom Freund Huber redigiert und ohne eigenen Beitrag. Paulus berichtet über Erlebnisse mit Jenaer Studenten; man tauscht Erfahrungen aus, äußert Pläne, Wünsche, ja – und man tanzt. Stets, wenn es ums Tanzen geht, erinnert sich Schiller seiner ungelenken Bemühungen aus den Zeiten der Karlsschule. Während der ersten Jahre dort war Tanzen fast ein Martyrium für ihn gewesen. Ihm fehlte einfach die Fähigkeit der rhythmischen Einordnung. Wie wurde er damals von seinen Lehrern beschimpft und verspottet. Im Fach »Tanzen« hatte er den Anforderungen bis zuletzt nicht genügen können. Heute, und vor allem Lottchen zuliebe, nimmt er das »Wagnis« auf sich, und wer genau hinschaut, kann sehen, daß sich auf der Tanzfläche der große Dichter von der kleinen »Dezenz« recht geschickt führen läßt.

Kurz vor Mitternacht versammelt sich eine Gruppe von Ministern, Offizieren, höheren Beamten, Patriziern, und nachdem man Punkt zwölf Uhr zur allgemeinen Demaskierung kommt, erfolgt gleich anschließend das feierliche Geburtstagsdefilee vor der Herzogin.

Wenig später eröffnet Luise ein zweites Mal den allgemeinen Tanz. Die Stimmung steigt wieder, und auch Lotte und Karoline schweben ab-

Charlotte Freifrau von Stein, geborene von Schardt, die langjährige Freundin Goethes, Lottes Patin

wechselnd am Arm Schillers, des Professors Paulus und sogar an der Hand des kleinen, dicken Regierungsrats von Schardt durch den Saal.

Ist es drei oder vier Uhr morgens, als sich das Herzogspaar zurückzieht, was allgemein als Auflösung des Festes zu gelten hat? Lotte weiß es nicht mehr genau.

Sie denkt an den Vormittag, wenn sie, zusammen mit ihrer Schwester, den Geliebten neben sich haben wird.

Die Anwesenheit Charlotte von Kalbs im Saal war im Laufe des Abends auch von den Schwestern und Schiller bemerkt worden. Es schien, als wollte man einander nicht beachten. Doch für die Kalb gab es kein erspähenswerteres Ziel als die Gruppe um Frau von Stein.

Natürlich wußte inzwischen ganz Weimar von Lottes Brautstand, und zweifellos konnte sich auch Charlotte von Kalb ein Bild vom gegenwärtigen Zustand ihres geliebten Dichterfreundes machen. Sie gab ihn noch nicht verloren.

Wo war die Zeit geblieben, in der ihr Schiller aus tiefster Empfindung ein Gedicht wie »Freigeisterei der Leidenschaft« widmete? Wo waren die glücklichen Mannheimer und – später – die in verliebt-schwärmerischer Laune verbrachten Weimarer Tage, nach einem heftig herbeigesehnten Wiedersehen? Sollte dies wirklich alles zu Ende sein?

Einsam und mit sich selbst zerstritten, häufig krank, dazu schwanger, zermarterte sie sich das Hirn darüber, wie sie Schiller doch noch zurückgewinnen könnte. Schon deshalb durfte sie diese Redoute nicht versäumen. Sie wollte sie sehen, alle drei, wie sie miteinander umgingen.

Die Rudolstädter Schwestern, die, wie sie weiß, die Wintersaison in Weimar verbringen, besuchen sie nicht mehr.

Bei Frau von Stein hatte man sich letztens zufällig getroffen. Warum nur hatte sie sich an dem Tag nicht beherrschen können? (In Lottes Brief an Schiller klingt das so: »... Du hast keinen Begriff wie sie aussieht und tut; sie mochte nicht erwartet haben, uns dort zu finden. Wir waren ganz kalt gegeneinander. Sie sah aus wie ein rasender Mensch, bei dem der Paroxismus vorüber ist, so erschöpft, so zerstört... sie saß unter uns wie eine Erscheinung aus einem andern Planeten, und als gehörte sie gar nicht zu uns. – Ich fürchte wirklich für ihren Verstand...«)

Ja, es hatte Auftritte zwischen ihr und Lotte von Lengefeld gegeben, die sie lieber hätte vermeiden sollen. Ach, sie findet zu keiner klaren Linie. Hinzu kommt, daß ihr in letzter Zeit ihr Augenleiden stärker zu schaffen macht. Auch das verwirrt sie, bringt sie aus der Fassung.

Doch recht gut glaubt sie auf der Geburtstagsredoute beobachtet zu haben, daß Schiller sich wenig um Lotte kümmerte. Wie, wenn er sie wirklich nur nähme, um Karoline nahe zu sein?

Sie schreibt Schiller nach Jena. Bittet wiederholt um seinen Besuch.

Er sollte endlich Klarheit schaffen.

Und das tut er nun.

Er teilt ihr unumwunden mit, daß er Lotte von Lengefeld liebt, daß er sie heiraten werde.

Postwendend ersucht sie ihn, ihr ihre Briefe zurückzugeben.

Er wird diesen Wunsch respektieren.

Apropos Briefe. Die der Schwestern aus Weimar haben in letzter Zeit Verzögerung bis zu drei Tagen und sehen aus, als seien sie auf dem Weg zu ihm nach Jena aufgebrochen worden. Sollte sich etwa der ungeheuerliche Verdacht, die Kalb verletze, getrieben von ihrer rasenden Eifersucht und hemmungslosen Neugier, das Briefgeheimnis, bestätigen? Veränderungen an den Briefumschlägen lassen jedenfalls auf Manipulationen schließen. Und man traut es ihr zu, kann jedoch nichts beweisen.

Immer wieder hat es, durch Bestechung eines Boten etwa, so etwas gegeben; und wem sonst als der Kalb sollte, zumindest in diesen Tagen und Wochen, der Inhalt dieser Briefe wichtig genug für einen solchen Rechtsbruch erscheinen?

Schiller erinnert sich in diesem Zusammenhang eines Briefes (den er übrigens später nicht mit zurückgab) – ja, es war der erste, den er überhaupt von ihr empfing –, in dem sie gesteht, das beigefügte, vom Schauspieler Beck an Schiller gerichtete Schreiben geöffnet zu haben. »Vielleicht merken Sie's«, schrieb sie damals, »daß Becks Brief erbrochen war – er ist's durch mich. Das Opfer konnt ich meiner Neugier nicht bringen (nämlich den Brief *nicht* zu öffnen). Verzeihen Sie's, mein Bester, und lassen Sie sich ja nichts bei Beck merken. War's ein Verbrechen?«

Sie wußte von Becks Verliebtheit und wollte sich mögliche Äußerungen dazu gegenüber Schiller nicht entgehen lassen. Der, weder spitzfindig noch intrigant, dachte gar nicht daran, Charlottes Vorgehen kritisch zu bewerten. Hatte er doch selbst gerade erst in Mannheim die Seelenqualen des Verliebten erlitten, der nicht erhört wurde. Und sie war es ja, die ihn damals zu diesen Versen inspirierte:

Jetzt schlug sie laut, die heißerflehte Schäferstunde,
jetzt dämmerte mein Glück –
Erhörung zitterte auf deinem brennenden Munde,
Erhörung schwamm in deinem feuchten Blick.

Mir schauerte vor dem so nahen Glücke,
und ich errang es nicht.
Vor deiner Gottheit taumelte mein Mut zurücke,
ich Rasender! und ich errang es nicht!

Erst hatte Charlotte alle Wünsche in ihm entfesselt, so daß er sich der Erfüllung nahe fühlen durfte; dann aber wies sie ihn kalt ab mit dem papierenen Hinweis auf Anstand und Pflicht.

Nun, die Lösung von ihr hatte stattgefunden – die Vorbereitungen zur Trauung mit Lotte sind so gut wie abgeschlossen.

Seit dem 13. Februar halten sich die Schwestern bei Freundin Karoline von Dacheröden in Erfurt auf. Er wird sie dort abholen, auch um ein weiteres Mal mit dem Koadjutor von Dalberg zusammenzutreffen. Am 14. ist in der Hauptkirche zu Jena das Aufgebot, für alle Welt zu lesen, angeschlagen. »... Mir ist jetzt nur bange«, schreibt er in bester Laune nach Erfurt, »daß sich niemand meldet, den ich zu heiraten versprochen habe, oder daß Knebel nicht auftritt und mir Lottchens Hand streitig macht. Gewisse Leute sollten wirklich, damit die Geschichte eine tragische Verwicklung bekäme, diesen Ressort spielen lassen ...«

Am 18. nachmittags fährt er nach Erfurt, über Weimar, wo er die Fahrt unterbricht, um Frau von Kalbs Briefe zurückzugeben. Er trifft sie zu Hause an, und die kurze Begegnung kann kaum anders als so verlaufen sein: Überrascht und verwirrt läßt sie ihn hereinbitten.

Weshalb er sich denn sowenig sehen lasse. Er bitte um Verständnis, er könne und wolle sich jetzt nicht aufhalten. Sie wisse ja, daß er, wie er ihr geschrieben habe, Lotte von Lengefeld liebe. Sein Herz habe gesprochen. In vier Tagen sei er mit ihr getraut.

Sie versucht, ihn ins Gespräch zu ziehen, aber er setzt sich nicht einmal. Er bleibt in der Tür des kleinen Salons stehen, zieht den Packen Briefe aus der Tasche, überreicht ihn ihr, dreht sich um und verläßt mit kurzem Gruß das Haus.

Charlotte von Kalbs starr auf das Päckchen gerichtete Augen füllen sich mit Tränen. Zu spät, schluchzt es in ihr – oder vielleicht doch noch nicht? Sie reißt die Türen auf, überrennt fast ihre Jungfer, macht ein paar Schritte ins Freie – und sieht nur noch, wie der Kutscher die Pferde zur Eile antreibt.

Ihr wird schwarz vor Augen. Die Jungfer hält sie am Arm und führt sie zurück ins Haus.

Als am folgenden Tag Sophie von Schardt der Kalb einen Besuch macht, sieht sie auf dem zierlichen Vertiko einen schwarzen Maroquinkasten stehen. Entsetzt wendet sie sich ab. »So sahen die Särglein aus, worin ich meine Kinder begraben«, ruft sie aus, »tun Sie es weg!« Es waren totgeborene Kinder, wie Charlotte weiß; der Kasten aber enthielt Schillers und ihre Briefe.

In ihrer Verzweiflung, Verwirrung, grenzenlosen Enttäuschung, im lähmenden Gefühl einer gewissen Ausweglosigkeit, vielleicht noch verstärkt durch Familiensorgen und bevorstehende Mutterschaft, sieht sie in der Äußerung Frau von Schardts eine gleichnishafte Bedeutung. Das schreckliche Wort von den totgeborenen Kindern geht ihr nicht aus dem Sinn.

Noch am selben Abend trägt sie den schwarzen Kasten zum Kamin, öffnet ihn und läßt Blatt für Blatt ins offene Feuer fallen. »Mit Wehmut sah ich weinend nach dieser Opferung, und wie spät habe ich erkannt, daß es nicht mir, daß es vielen geraubt war.« In der Tat, sie hatte mehr noch die Menschheit um unersetzliche Zeugnisse aus großer Feder gebracht als sich selbst.

Vielleicht ist es ein bißchen hart, was Hugo Wittmann am 3. 10. 1876 im Feuilleton der »Neuen Freien Presse«, Wien, über die »Freundin Schillers«, als die sie in die deutsche Literatur eingegangen ist, zu sagen hat; interessant ist es auf jeden Fall:

»Was wäre Charlotte von Kalb ohne ihre Freunde, ohne Schiller zumal, der jahrelang in ihrer Sphäre lebte und ihr heute noch von seinem Ruhme borgt?... Als Freundin Schillers ist sie im Gedächtnisse der Nachwelt lebendig; als Freundin Schillers schrieb sie hochbetagt jene sonderbaren Selbstbekenntnisse, die nach ihrem Tode nur in wenigen Exemplaren als Manuskript gedruckt wurden und deren geheimnisvoller Titel lautet: ›*Charlotte*, Für die Freunde der Verewigten‹. Das kleine Buch ist zur Kenntnis ihres Wesens unentbehrlich, ist geradezu einzig in seiner Art, und wir glauben nicht, daß irgendeine Literatur der Welt ein Kuriosum besitzt, das mit diesen Memoiren verglichen werden könnte. ... Dieses, um deutlicher zu reden, ist das Unnatürlichste und Schwülstigste, was je einer Sprache abgerungen wurde. Unser armes Deutsch liegt das ganze Buch hindurch auf der Folterbank und muß die schlimmsten Qualen, die schrecklichsten Verrenkungen erdulden. ... Ihre Memoiren sind ein zweihundert Seiten währender Vernichtungskampf gegen Grammatik, Orthographie, Natur und gesunden Menschenverstand. Wenn es aber wahr ist, daß sie im Leben einfacher und anmutiger war, als sie in ihren Aufzeichnungen sich darstellt, so hätten wir es folglich mit einer Frau zu tun, die ihre Freude daran hatte, das eigene Bild mit falschen Lichtern und Farben zu entstellen und jeden wahren Zug zur Grimasse zu verzerren. Charakteristisch bleibt es jedenfalls, daß, wer von der ›Freundin Schillers‹ reden will, namentlich gegen Charlotte von Kalb auf der Hut sein soll.«

Eingehüllt in einen schweren Kutschermantel, dazu bis zum Hals in flauschige Decken gewickelt, lehnt Schiller sich, ein wenig erschöpft, in den harten Polstersitz des Wagens zurück. Der rumpelt auf der holprigen Fahrstraße an den letzten Häusern Weimars vorüber. Dies hat er hinter sich.

Beinahe hätte er ja, eines Katarrhs wegen, dem ein heftiger Schnupfen folgte, überhaupt nicht fahren können. Oft, in letzter Zeit, hemmten ihn Erkältungskrankheiten in seinem Tun. Manchmal war er wie paralysiert, nicht fähig, den Kopf zum Denken zu gebrauchen. Dieses Mal ging's rechtzeitig vorüber. Mein Gott, was wäre geworden, hätte man alles wieder umwerfen müssen, nachdem sich Chère mère endlich zu einem verbindlichen Termin bereit erklärt hatte.

In Jena rätselte man unter Studenten und Professoren über Ort und Tag der Schillerschen Trauung. Wohl hatten einige von ihnen schon Vorbereitungen zu harmlosen Überraschungen getroffen, doch ließ sich einfach nichts Genaues ermitteln. Man wartete auf einen Hinweis – erhielt jedoch keinen.

Schiller wollte ohne Aufhebens, in aller Stille heiraten. Ihm war überhaupt ein wenig bange vor der feierlichen Handlung. Als es geschehen war, sprach er allerdings von einem »kurzweiligen Auftritt«, der ihm bereitet worden sei.

Im Hause Fräulein von Seegners, in der Nähe der von Schiller bewohnten »Schrammei«, hatte der Schwiegersohn in spe inzwischen Quartier für die Damen gemacht. Für fünfzehn Taler Miete pro Halbjahr steht nun das große Zimmer (mit sechs Fenstern und einer Kammer daneben) jederzeit zur Verfügung. Ein erstes Mal sollen Lotte und Karoline in der Nacht vor dem Hochzeitstag, vom 21. zum 22. Februar, dort wohnen. Nach der Trauung wird es Karoline als Wohnung dienen, denn, nachdem bei den Schwestern Schramm kein Raum für sie frei gemacht werden konnte, will sie, und das ist auch Schillers Wunsch, dem jungen Paar so nahe wie möglich bleiben. Diese räumliche Trennung ist allerdings auch ganz im Sinne Chère mères, die mit einem Zusammenleben aller drei in der »Schrammei« ohnehin nicht einverstanden gewesen wäre.

Die Tage in Erfurt gehen schnell vorüber. Eine zunächst zwischen den dreien herrschende Nervosität weicht heiterer Gelassenheit. Wozu auch gewiß Karoline von Dacheröden das Ihre tat; und schließlich die verschiedenen Treffen mit dem Koadjutor, die Zuversicht und Ruhe vermittelten, da sie so harmonisch und vielversprechend verliefen.

Am Sonntag, dem 21. Februar abends, ist man wieder in Jena.

Montag vormittag, gegen elf Uhr, steigt Chère mère in Kahla, wohin man ihr entgegengefahren ist, zu ihnen in den Wagen. Der Kutscher wendet und fährt die Herrschaften direkt nach Wenigenjena, dem Dorf unmittelbar bei Jena, jenseits der Saale gelegen.

Gegen fünf Uhr am Nachmittag vollzieht der Adjunkt Schmid, ein

Die Kirche in Wenigenjena, in der Lotte und Schiller am 22. Februar 1790 getraut wurden

»kantischer Theologe« – wie Schiller später nach Dresden schreibt –, im Beisein von Chère mère und Karoline, die Trauung.

Unmittelbar danach kehrt man zu viert nach Jena zurück und verbringt den Abend stillvertraut beim Tee in Schillers Wohnung. Die Jungfern Schramm hatten für ein festliches Mahl sorgen wollen, in aller Eile nur, nach der Überraschung, die man ihnen bereitete mit der Nachricht von der vollzogenen Trauung. Doch man winkt ab. Es hätte nur unnötigen Trubel, nur Betriebsamkeit verursacht. Man wollte den Tag in aller Ruhe ausklingen lassen. Man wollte miteinander reden.

Ein kleiner Imbiß ist gerade das richtige, und die dem Kachelofen entströmende Wärme, die anregende Wirkung des Tees, beleben Geist und Zunge. Man kramt in Ereignissen der Vergangenheit, man ergeht sich in Hoffnungen auf zu erwartende Wohltaten Dalbergs, wenn er einmal Kurfürst sein sollte, ja, man erwägt auch die Möglichkeit einer Veränderung ohne die Hilfe des Koadjutors. Dies allerdings wäre gar nicht im

Sinne von Chère mère. Schiller solle doch nur versuchen, in der Nähe Rudolstadts zu bleiben. Eine Trennung von Lottchen, auf große Entfernung, wäre ihr doch zu arg.

Hatte die Jungfer Schramm vergessen nachzulegen?

Den Damen fröstelt. Die Kacheln des mächtigen Ofens erkalten. Mamas Geste eines halb unterdrückten Gähnens lenkt das Auge Schillers auf die kräftig tickende Wanduhr. Es ist nach elf. Chère mères Erschöpfung an diesem Abend dürfte kaum zu übersehen gewesen sein. Es hat sie wohl doch alles ein wenig mitgenommen. Genug für heute.

Man trennt sich.

Dem jungen Paar ist nichts von Müdigkeit anzumerken.

So war der Tag ganz nach dem Wunsch Chère mères verlaufen, die, in Anbetracht des bürgerlichen Schwiegersohnes ohne Vermögen, sowenig Aufsehen wie möglich verursachen wollte. Persönlich mochte sie Schiller durchaus, und zweifellos hatte sie die Lauterkeit seiner Gesinnung, die Geradlinigkeit seines Charakters erkannt. Allein die gute Freundin Karoline von Dacheröden hatte, auf Wunsch der Schwestern, an der Zeremonie in Wenigenjena teilnehmen sollen. Sie war dann doch nicht dabei, weil der Herr Papa sie, ihres Gesundheitszustands wegen, noch nicht wieder für reisefähig hielt und wohl auch weil er seine Tochter an der Eheschließung mit einem Bürgerlichen nicht so gern teilnehmen lassen wollte.

Die Erfurter Karoline ist jedoch am 22. Februar mit ihren Gedanken bei den Freunden. In einem Brief an ihren Verlobten, Wilhelm von Humboldt, äußert sie sich enthusiastisch über Schiller.

Man war sich während der drei Tage in Erfurt nähergekommen, hatte sich besser kennen- und schätzengelernt. »Eine große Feinheit ist doch in seinem Charakter verwebt«, schreibt sie, »alle Bewegungen seiner Seele sind mild und graziös, und es entgeht ihm kein Laut eines geliebten Wesens.«

Auch Lotte sieht sie dieses Mal anders. Die Alarmstimmung vom Neujahrstag ist einer ruhigeren Betrachtung gewichen.

Sie findet: »Lottes Stimmung ist leicht und heiter, Schiller hat seine Lage, sein schweres, vielleicht einziges Verhältnis gegen beide ganz durchschaut... Lotte hat mir diesmal besser gefallen, sie ist doch ein sehr gutes, weiches Wesen, und mit einer feinen, guten Behandlung wird sich noch manches aus ihr machen lassen...« Wenn sie dann allerdings weiter schreibt: »Da es ihr an Charakter fehlt, ist es so am besten, sie wird die Eindrücke annehmen, die man ihr gibt, und es wird leicht sein, ihr einen

Wirkungskreis zu schaffen, in dem sie sich ihrer Tätigkeit freut«, dann hat sie Lotte in einem wesentlichen Punkt unterschätzt. Denn gerade aus der Stärke ihres Charakters wird sie die Kraft finden, die ihr hilft, Schwierigkeiten und Widerstände beiseite zu räumen oder sich ihnen zu stellen, um sie zu überwinden.

7. Jena

»Es kleidet sich wieder um mich herum in dichterischen Gestalten und oft regt sich's wieder in meiner Brust...«

(Schiller an Körner)

Chère mère, Oberhofmeisterin am Rudolstädter Hof, hatte acht Tage Urlaub bekommen, die sie noch in Jena, zusammen mit den Jungvermählten und Karoline, verbringt. Man trifft sich zum Mittagessen in der »Schrammei«, wo die Schillers auch in Zukunft, für zwei Groschen das Gedeck, essen werden. Eine eigene Wirtschaft wäre viel zu teuer, deshalb will man vorerst darauf verzichten. Auf einer Zofe für Lotte und einem Bedienten für Schiller hatte Mama bestanden; außerdem hatte sie für die zusätzliche Einrichtung der erweiterten Wohnung bei den Jungfern Schramm gesorgt. Unter den zur Aussteuer geschenkten Sachen zieren nun zwei Sofas und achtzehn mit rotem Plüsch bezogene Stühle zusätzlich das Heim des jungen Paares.

»... Was für ein schönes Leben führe ich jetzt«, schreibt Schiller eine Woche nach seiner Trauung an Körner, »ich sehe mit fröhlichem Geiste um mich her und mein Herz findet eine immerwährende, sanfte Befriedigung außer sich, mein Geist eine so schöne Nahrung und Erholung. Mein Dasein ist in eine harmonische Gleichheit gerückt; nicht leidenschaftlich gespannt, aber ruhig und hell gingen mir diese Tage dahin...«

Nachdem auch Patin Stein, zusammen mit ihrer Schwester, Frau von Imhoff und Knebel, ihren Gratulationsbesuch in Jena beendet hat, muß sich das Ehepaar Schiller ganz dem Alltag zuwenden.

Wann Beulwitz eigentlich mit den Prinzen zurück nach Rudolstadt kommen will, weiß niemand genau. Zur Verlobung hatte er, Ende Januar aus Genf, einen sehr liebenswürdigen Brief geschrieben. Und von den

Prinzen treffen im März, ebenfalls noch aus Genf, Glückwunschschreiben an Lotte ein.

Wilhelm von Wolzogens Nachrichten aus Paris sind wenig optimistisch. Wenn er auch bisher die Aufträge seines Herzogs erfüllen konnte, so scheint ihm seine Tätigkeit doch wenig innere Befriedigung zu bringen. Unter den anhaltenden Wirren in Paris leidet auch der Umfang des Briefwechsels mit seiner geliebten Karoline von Beulwitz. Lotte berichtet ihrem Vetter aus einer glücklichen Grundstimmung: »Du mußt wissen, daß ich seit vierzehn Tagen Schillers Frau bin. Da uns die herzlichste, innigste Liebe verbindet, kannst Du denken, daß wir glücklich sind und es immer bleiben werden... ich hätte in keiner anderen Verbindung das gefunden, was mir jetzt geworden. Lieber Wilhelm, wer hätte es denken sollen, daß es so werden würde, als Du uns meinen Schiller zum erstenmal vorführtest? Dank Dir, Dank dem Schicksal, das mir meine liebsten Freunde durch Dich gab.«

Freilich war da etwas, das sie bedrückte, mehr als sie sich selbst eingestehen wollte; das sie manche Nachtstunde schlaflos an die Decke starren ließ, das sie an der letzten Erfüllung ihrer Sehnsucht, allein für Schiller dazusein, hinderte. Schmerzlich genug für sie, erkennen zu müssen, daß der heimliche Stachel ausgerechnet von ihrer Schwester Karoline ausging, die jedoch nicht ahnte, wie sie litt.

Schiller, noch immer auf Erhalt und Pflege seines »Dreibundes« aus, sah nicht, was in seiner Lotte vorging; er konnte es nicht wissen, weil er in seinem Innern die Trennungslinie zwischen beiden Schwestern gezogen hatte, weil er, ohne auf den Umgang mit der geistvollen, exaltierten Karoline verzichten zu wollen, in Lotte die ideale Partnerin fürs Leben gefunden wußte, für *sein* ganz persönliches Leben, zu dem sie ihm jenen ausgeglichen-ruhigen, heiteren, häuslichen Zustand garantierte, nach dem er sich sehnte. Vielleicht zum erstenmal in seinem Leben hatte er instinktsicher gehandelt, denn Lotte war ihm von Anfang an das, was er sich gewünscht hatte. Sie wirkte besänftigend auf seinen zur Unruhe, zum Wechsel neigenden Geist, auf seine Ungeduld und Unrast.

In der ständigen Nähe der Schwester, im allzu vertrauten Umgang Schillers mit ihr, sieht Lotte die Gefahr. Ihm sagt sie nichts, das bringt sie nicht fertig. Auch will sie der im Grunde immer noch verehrten, geliebten Schwester nicht weh tun – was soll sie machen?

Es muß eine Klärung geben, andernfalls zerbräche sie an der Belastung. Sie will um Himmels willen auch keinen Streit, keine Konfrontation. Sie macht ihrer Schwester mit aller Behutsamkeit, deren sie fähig

Lotte Schiller, Silberstiftzeichnung von Charlotte von Stein

ist, klar, daß sie sich, wenn sie ihr Glück mit Schiller nicht zerstören wolle, entfernen müsse. Langsam, aber bestimmt müsse sie sich zurückziehen, gewissermaßen »geräuschlos«. Nur in der auch räumlichen Entfernung der Schwester sieht Lotte auf die Dauer die Möglichkeit, mit ihrem Mann glücklich und zufrieden leben zu können.

Natürlich hat sie recht; und die Art, in der sie diesen zunächst unaufknüpfbar scheinenden Knoten löst, spricht für ihr Fingerspitzengefühl, das den Weg zu Karolines Herz und Verstand öffnet. Die begreift und weiß nun, daß sie verzichten muß. Und was ihr zunächst qualvolle Selbstüberwindung ist, wird in der Tat im Laufe der Monate zum erträglichen Rückzug.

Es ist ein großes Opfer, das sie ihrer kleinen Schwester zuliebe bringt. Offensichtlich hat es das Schicksal vor, so muß sie wohl denken, ihr immer neue Prüfungen aufzuerlegen.

Ganz gewiß aber läßt sich an der Art, wie Lotte dieses Problem löst, eine Wandlung in ihrer Persönlichkeit erkennen, eine Veränderung, eine Stärkung ihres Selbstbewußtseins, wachsende Zielstrebigkeit und eine größere Bereitschaft, um ihr Glück zu kämpfen. Das kleine, behütete, verwöhnte Lolochen, für das Mutter und Schwester ein halbes Leben lang gedacht und gehandelt haben, löst sich aus seiner Backfischhaut, wird zur selbstsicheren Verfechterin seiner Interessen. Je länger sie nämlich an der Seite des geliebten Mannes über dessen Wirken und Wohlergehen wacht, um so sicherer wird sie in ihrer Rolle als die einzig berechtigte, wiedergeliebte Hüterin ihrer Ehe.

Wie muß es dagegen in Karoline aussehen.

Wenn sie auch, ihrer freizügig-tugendbündlerischen Auffassung entsprechend, in der sie einengenden Ehe mit dem ungeliebten »Ursus«, dem Bären Beulwitz, keine unlösbare Fessel sieht, so wirkt doch allein der Gedanke an ihn lähmend, macht sie unzufrieden, unausgeglichen, reizbar, wirkt sich aus auf physische Unpäßlichkeiten. Zu Zeiten seiner Anwesenheit in Rudolstadt zum Beispiel ist es mit ihrem Gesichtszucken stets am schlimmsten. So erlebt sie nun, wie wieder einmal nicht bei ihr, sondern in ihrer nächsten, liebsten Umgebung die Dinge sich zum Besten fügen. Ihre Erfurter Namensschwester hat in Wilhelm von Humboldt einen Mann gefunden, den sie liebt und achtet, ja, anbetet.

Und gilt nicht dasselbe für Schwester Lotte und Schiller?

Warum nicht auch sie? Warum nur die andern?

Der Drang in ihr, mit großen Männern in geistige Partnerschaft zu treten, Anregerin, Beraterin, Muse zu sein, sich dabei selbst entfalten zu können und den Gleichklang erhabener Empfindungen herbeizuführen, wird ihr schon bald zu einem Ausgleich verhelfen. Es wird in Erfurt sein, wo sie in Carl Freiherr von Dalberg, dem Koadjutor, einen ihren Ideen, ihrer Phantasie und ihrer Begabung gegenüber aufgeschlossenen, liebenswerten Mann findet.

Es ist lange her, daß Jena einmal mit fast dreitausend Studenten aus allen Nähten platzte – in der ersten Hälfte des 18. Jahrhunderts bis etwa 1740.

Damals, als an anderen Hochschulen die akademische Freiheit durch absolutistische Eingriffe mehr und mehr erstickt wurde, als man Forschung und Lehre nach politischen und theologischen Rücksichten auszurichten versuchte, lockte die bewahrte Freizügigkeit der Jenaer Universität. Diese thüringische Hochschule wurde von mehreren Erhaltern gestützt, was eine Art Konkurrenz unter den Mitbesitzern auslöste, das heißt, daß deren verschiedenartige Einflußnahme zu größtmöglicher Freiheit führte.

Dies erhöhte natürlich die Anziehungskraft Jenas als Universitätsstadt und brachte ihr eine vorübergehende Blütezeit.

Nach dem Siebenjährigen Krieg folgte ein gewisser Niedergang, währenddem es die Stadt nur mehr auf etwa fünfhundert Studenten brachte. Neue Universitäten waren in Erlangen und Göttingen entstanden, und andere, ältere, gewannen durch freizügigere Handhabung wieder an Attraktivität.

Dann aber, zu Beginn der achtziger Jahre, als die Kräfte einer Anna Amalie und eines Karl August, die aus der eher dörflichen Residenzstadt

Weimar bereits einen »Musenhof« gemacht hatten, ihre Aktivitäten auch auf Jena ausdehnten, begann eine neue Hoch-Zeit für die Universität.

Neben der Errichtung neuer und neben dem Ausbau und der Verbesserung bestehender Institute zog man, durch kluge Auswahl, bedeutende Lehrkräfte heran. Die Gewähr, sich frei betätigen zu können, lockte manch hervorragenden Kopf. Ja, stand einer gar im Ruf des Außergewöhnlichen, Ketzerischen, »Untragbaren«, so bemühte man sich erst recht um ihn, schützte ihn gegen Verleumdung und Verdächtigung. Freilich hatten auch großen Anteil an dieser zwar ungewöhnlichen, dafür um so erfolgreicheren Hochschulpolitik die beiden Räte Goethe und Voigt.

In Jena galt das vor allem von den einflußreichsten Miterhaltern Karl August von Weimar, Georg von Meiningen und Ernst II. von Gotha erhobene protestantische Postulat der Gewissensfreiheit.

Wenn ein Mann wie der zu den produktivsten jakobinischen Schriftstellern seiner Zeit gehörende Andreas Friedrich Georg Rebmann in seinen »Briefen über Jena« schreibt: »... So ist hier vollkommene Freiheit zu denken, zu lehren und zu schreiben ... kein Inquisitor wittert hier mit gerümpfter Nase nach Heterodoxie und fletscht hämisch den Mann an, der anders denkt und spricht als er; keine Dummbärte sind in den weimarischen Landen, bei denen der Theolog nach vollendeten Studien erst systematisch Albernheiten erlernen müßte. Frei und offen lehrt der Philosoph, was ihm seine Vernunft sagt; der Staatsrechtler unterwirft selbst die Rechte seines Fürsten dem Rechte der Menschheit; der Theolog prüft sein System, ohne in den Ketten einer törichten Orthodoxie zu schmachten; jeder Denker trägt die Resultate seiner Spekulationen ungehindert seinen Schülern vor ... und doch blühen die Wissenschaften und doch lebt der Regent unbesorgt, ein Vater eines freien Volkes, unter seinen ihn liebenden Untertanen«, dann ist dies ein für die Zeit außergewöhnliches Lob für einen regierenden Fürsten.

Und hier sind die Namen einiger der herausragenden Vertreter ihres Fachs, die der Alma mater Jena einen solch strahlenden Glanz verschafften: der Theologe Griesbach als Begründer der Bibeltextkritik, der Orientalist Eichhorn, evangelischer Theologe, bis 1788 Professor für orientalische Sprachen (er folgte dann einer Berufung nach Göttingen, wo er Philosophie lehrte; durch seinen Weggang wurde für Schiller ein Platz in Jena frei. Fast mit Schiller zusammen kam dann der junge Professor Paulus als Lehrer für orientalische Sprachen nach Jena), der Mediziner Loder, der als bedeutendster Anatom seiner Zeit galt, der Jurist

Schillers erste Wohnung in Jena, Jenergasse 26, die »Schrammei«

Gottlieb Hufeland – nicht zu verwechseln mit seinem Namensvetter, dem Mediziner Christoph Wilhelm Hufeland; er kam erst 1793 nach Jena und erregte mit seinem Kolleg »Die Kunst, das menschliche Leben zu verlängern« allgemeines Aufsehen.

Philosophisches Wissen, vorwiegend im Kantschen Sinne, verbreitete der Schwiegersohn Wielands, Professor Reinhold, ein früherer Wiener Jesuitenzögling und Barnabitenmönch, bis zu seiner Berufung nach Kiel 1794. Und schließlich Schiller, der offiziell als Professor der Philosophie nach Jena geholt wurde, aber Geschichte lehrte.

Ferner hatte man in der »Allgemeinen Literatur-Zeitung«, die der Philologe Schütz herausgab, ein Organ, in dem alle Wissenschaften zu Wort kamen. Die Zahl der Mitarbeiter an diesem Blatt ging in die Hunderte.

Auf Reinhold folgten übrigens Fichte, Schelling und dann, ab 1803, Hegel.

Mit einem absoluten Novum experimentierte man in der Form einer Art Landwirtschaftlicher Lehranstalt, die ein Professor der Ökonomie in Gang bringen sollte.

Die deutsche Literatur fand in Jena allerdings erst nach Beginn der Ära der Brüder Schlegel die gebührende Beachtung.

Der Kern Jenas war ein rechtwinkliges Viereck, umgeben von einer Stadtmauer und einem Graben. Für die Verbindung zu den vier Vorstädten Löbder-, Saal-, Johannis- und Zwätzenervorstadt sorgten Tore, Mauerpforten und Brücken.

Zur »Vervielfältigung des Vergnügens« gab es seit 1780 im sogenannten »Paradies«, einer baumbestandenen Wiese an der Saale, zwei künstlich angelegte Promenaden. Um Jena herum zog sich allerdings ein viel schönerer Park, den die Natur geliefert hatte. In den »längeren Gassen und höheren Häusern« Jenas wohnten zu Schillers Zeiten knapp fünftausend Menschen – die etwa neunhundert bis tausend Studenten, die Handwerksgesellen, Knechte und Mägde ausgenommen.

An gewerblichen Unternehmen war die Stadt arm. Ein Kupferschmied stellte kupferne und blecherne Öfen her, ein Buchbinder fabrizierte »buntes, türkisches« Papier, ein »Strumpf-Verleger« fertigte baumwollene »Drottel-Mützen«, und Leinwand produzierte eine kleine Leinenfabrik. Man war nicht scharf auf die Ansiedlung von Gewerbebetrieben, weil man sich von der »akademischen Industrie« viel mehr Nutzen versprach. Eine Fabrik brachte dem Staat ein paar tausend Taler. Fünfhundert bis sechshundert Studenten aber ließen schon an die hunderttausend Taler im Land. Ganz abgesehen von der wünschbaren geistig-kulturellen Durchdringung des Lebens der Jenaer Bürgerschaft.

Auf die Sauberkeit der Straßen bildete man sich viel ein.

Halbwegs für sie zu sorgen war nicht schwer: Zweimal in der Woche öffnete man einfach die Schleusen der Leutra, die durch die Stadt fließt. Ein durchflutetes Kanalsystem spülte dann eine Menge Dreck von den Straßen, was allerdings unseren heutigen Vorstellungen von städtischer Reinlichkeit nicht entfernt entsprechen würde.

Geradezu undenkbar und kurios muß uns heute die Veranlassung zu einem Gesetzentwurf erscheinen, den eine Kommission unter Vorsitz Goethes ausarbeitete. Er lautet: »Das Begießen mit dem Nachtgeschirr ohne vorhergegangenes, dreimaliges ›Kopf-weg!‹-Rufen möge das erste Mal mit dreitägigem Karzer, das zweite Mal, wenn es in einer Frist von sechs Monaten geschieht, mit acht Tagen Karzerstrafe belegt, außerdem solle der Frevler zur Bezahlung der beschädigten Kleidungsstücke angehalten werden.«

Eine Straßenbeleuchtung gab es, zum Leidwesen vor allem der Jenaer Bürger, nicht. Pläne dazu existierten, aber wer sollte die Einrichtung und die Unterhaltung bezahlen?

Die Studenten störte die Dunkelheit kaum, im Gegenteil, sie regte zu allerlei Späßen und Schabernack an und lud ein zu traulichen tête à têtes mit der schönen Jenaer Weiblichkeit.

Der unbefangene Besucher der Stadt durfte sich hier jedenfalls freier und damit auch wohler fühlen als in manch anderem Ort. Ein Einfluß des Hofes mit seinem Zeremoniell, seinen steifen gesellschaftlichen Umgangsformen, den oft übertrieben gehandhabten Geboten und Verboten, war weitgehend abgeschwächt. Ganz bewußt auch ließ man von Weimar aus die Zügel locker, das Fluidum der Freizügigkeit zu erhalten.

Dies ist also die Umgebung, in der das junge Ehepaar zusammenzuleben beginnt. Näheren Umgang pflegt man zunächst fast ausschließlich mit den Paulus' und den Griesbachs; doch bleibt überhaupt wenig Zeit für gesellschaftliche Abwechslung. Die Ausarbeitung des Kollegs, die Vorlesungen selbst, die Beiträge zur »Thalia«, die Fortführung der Memoirensammlung füllen Schiller ganz aus. Ab Mai beginnt er dann auch mit den Arbeiten zur »Geschichte des Dreißigjährigen Krieges«.

Das Jahr 1790, das Schiller noch ohne die später so schlimme gesundheitliche Beeinträchtigung hinter sich bringt, wird zu einem der glücklichsten und unbeschwertesten für das junge Paar.

Ging es ihm gut, konnte er nicht müßig sein. Größtes Glück sah er stets in schöpferischer Tätigkeit.

In den Vorlesungsferien, bis etwa Ende April, lebt er mit Lotte und Karoline in Rudolstadt. Zum Wiederbeginn der Kollegs kehrt er mit Lotte allein zurück nach Jena. Chère mère wünscht Karolines Zurückbleiben, und auch sie selbst weiß, daß es sein muß. Dieses fast vierwöchige Zusammensein zu dritt hat Karoline noch einmal die Schwere ihres Verzichts erkennen lassen.

Die Nähe des Geliebten, der, nichtsahnend nach wie vor seiner Idee der gefühlvollen, einander ergänzenden Dreisamkeit lebt, läßt sie erneut schwanken. Doch muß sie andererseits im harmonischen Zusammensein des Paares erkennen, daß das ganze Glück Lottes auf dem Spiel steht. Schiller soll nichts merken – sie hat es Lotte versprochen –, sie wird ihr Wort halten.

Und wieviel Selbstüberwindung muß es sie gekostet haben, des Schwagers werbende Zeilen, nach Rudolstadt gerichtet, zur Kenntnis zu nehmen, ohne, wie früher, leidenschaftlich-verliebt zu antworten. Denn noch immer meldet sich Schiller im vertrauten Ton des nach ihrer liebevollen Gegenwart Dürstenden: »... Ich kann mir nicht sagen, daß wir getrennt von Dir sind, so nahe fühle ich mich Dir. Eigentlich trennt doch nur die Seele, so wie nur sie allein verbindet. Du bist mein, wo Du auch mein bist. Freilich ist es anders, wenn meine ganze Seele in Worten und Augen sich gegen Dich ausbreiten darf, aber nur die ungewisse Sehnsucht macht die Entbehrung für mich zum Schmerz... Gute Nacht, Liebste. Wenn ich Dir nicht mehr schreibe und in dem Wenigen noch Dir so wenig gebe, so rechne es meinem Herzen nicht an, aber meinem Kopfe... Lolo ist gar lieb, und ich freue mich, so oft ich sie sehe, ihres lieben Daseins um mich. Sie ist vergnügt und auch sehr wohl. Möchtest auch Du beides sein, meine Liebe. Möchtest auch Du immer und immer um mich leben und weben.«

Schiller zuliebe nimmt Lotte noch einmal Klavier- und Singstunden in Jena; außerdem soll sie Unterricht im Italienischen bekommen. Da sie mit der Hauswirtschaft kaum etwas zu tun hat, kann sie sich ganz ihrem Mann widmen.

In einem Raum neben dem privaten Auditorium, das jeder Professor in Jena für die privaten Vorlesungen unterhält, lauscht sie jetzt öfter den Ausführungen Schillers vor seinen Studenten. Bald gewöhnt sie sich auch an den Umgang mit den jungen Leuten.

Zum Geburtstag ihrer Mutter fährt Lotte nach Rudolstadt. Es ist die erste Trennung der beiden seit ihrer Hochzeit. Obwohl Schiller, wie er Körner berichtet, fast täglich vierzehn Stunden liest und schreibt, um vor allem mit der »Geschichte des Dreißigjährigen Krieges« voranzukommen, empfindet er doch die Abwesenheit Lottes schmerzlich: »Was wird die liebe, kleine Frau jetzt machen?« schreibt er ihr, »ich kann noch immer nicht recht glauben, daß sie fort ist und suche sie in jedem Zimmer. Aber alles ist leer, und ich finde sie nur in den Sachen, die sie mir zurückgelassen hat. Was ich von ihr sehe, alles was mich an sie erinnert, gibt mir unbeschreiblich viel Freude.«

Inzwischen ist auch Beulwitz mit den Prinzen zurück nach Rudolstadt gekommen. Angesichts der Anwesenheit ihres Mannes ist der Besuch Lottes für Karoline eine Erleichterung.

Erstaunt stellt sie fest, daß der »Ursus«, ihr Mann, sich plötzlich bemüht, ihr liebe- und verständnisvoll entgegenzukommen. Die Erfahrung allerdings lehrt sie, daß dahinter eine List stecken könnte. Auch Lotte ist überrascht vom Verhalten des Schwagers. Schiller rät zu kluger Einstellung auf Beulwitz' Benehmen – Karoline sollte doch seine milde Stimmung zu mehr Freizügigkeit für sich selbst auszunutzen versuchen. Zumal ja im Augenblick doch noch nichts geschehen könne – womit er den Scheidungsplan Karolines meint.

Lotte kommt Anfang August zurück. Und bald darauf machen die

Schillers die Bekanntschaft des jungen Dichters Jens Baggesen nebst dessen Frau Sophie. Professor Reinhold bringt die beiden Dänen eines Vormittags mit und stellt sie ihnen vor. Unglücklicherweise zu einem Zeitpunkt, zu dem Schiller von bösen Zahnschmerzen geplagt wird. Er ist in grämlicher, unleidlicher Verfassung; unfrisiert, im lose umgehängten Schlafrock, mit der einen Hand das Taschentuch an die geschwollene Backe pressend, mit der anderen den Weg in sein Arbeitszimmer weisend, bittet er den Besuch Platz zu nehmen. Lotte bemüht sich, den reichlich schroffen Ton ihres Mannes durch besondere Höflichkeit, strahlende Freundlichkeit zu mildern. Sie bittet um Nachsicht für ihn, was gar nicht nötig wäre, denn die Gäste sehen, wie's um ihn steht.

Was die beiden befremdet, ist der Ton, in dem er mit seiner Frau umgeht. Das zuallerletzt hätten sie von ihrem Dichteridol erwartet, das sie, neben Klopstock, Wieland und Goethe auf ihrer Deutschlandreise unbedingt sehen, kennenlernen wollten.

Baggesen berichtet später, Schiller habe sich, vielleicht durch allzu heftige Schmerzen, hinreißen lassen, Lotte wie eine ungehorsame Dienstmagd zu behandeln; mißgelaunt, derb, kühl, herrisch, ja, hart und ungerecht. Lotte nahm's wohl nicht so ernst. Sie blieb jedenfalls gleichmäßig freundlich, sah schmuck und anziehend aus in ihrem hübschgeschnittenen, graublauen Spenzer, von dem sie die Schürze abgenommen hatte.

Sie sprach nicht darüber. Es tat ihr selbst weh, wenn sie Schiller leiden sah. Und das sollte ihr in den bevorstehenden Jahren noch viel Kummer bereiten.

An einem der nächsten Tage geht's besser. Man ist noch einmal mit den Dänen zusammen. Das ebenfalls jungverheiratete Paar gefällt Schiller. Man beschließt einen Briefwechsel.

In Baggesens Stammbuch schreibt er zum Abschied die Verse:

In frischem Duft, in ew'gem Lenze
Wenn Zeiten und Geschlechter fliehn,
Sieht man des Ruhms verdiente Kränze
Im Lied des Sängers unvergänglich blühn.
An Tugenden der Vorgeschlechter
Entzündet er die Folgezeit.
Er sitzt, ein unbestochner Wächter,
Im Vorhof der Unsterblichkeit.
Der Kronen schönste reicht der Richter
Der Taten – durch die Hand der Dichter.

Jens Baggesen,
dänischer Dichter

Er konnte nicht ahnen, daß er einem seiner zukünftigen Wohltäter Lebewohl gesagt hatte, einem, der dafür sorgen sollte, daß er mit einem Schlage fast alle seine Schulden, seine Geldsorgen überhaupt, loswerden würde.

»Indessen muß ich mir zu meiner Gesundheit Glück wünschen, die bei so überhäufter Arbeit nichts gelitten hat...«, schreibt Schiller ebenso ahnungslos an seinen Freund aus Dresdener Zeiten, Huber, nach Mainz. Die zwölf Tage, die er nun mit Frau, Schwägerin und Schwager in Rudolstadt verbringt, sind vielleicht zum ersten Mal reiner Urlaub, ohne selbstauferlegte Arbeitsverpflichtung. Er will einmal ganz feiern, ausspannen, mit nichts anderem beschäftigt als mit »Essen, Trinken, Schach- oder Blindekuhspielen«. Und so geschieht's.

Endlich hat er auch wieder mal Karoline um sich. Ihrer beabsichtigten Zurückhaltung ihm gegenüber hätte es freilich nicht bedurft; sie stellt eine Veränderung an ihm fest, aus der sie schließen muß, daß sie ihm entbehrlicher geworden ist.

Um Schiller »lebt und webt« Lotte, und er läßt sich von ihr verwöhnen. Ihm behagt, was Lotte um ihn herum tut, wie sie ihn einspinnt in ihre liebevolle Fürsorge. Und gerade das Gegenteil dessen, was die Mitglieder des »Tugendbundes« befürchtet hatten, daß nämlich neben Lotte seine schöpferischen Kräfte verkümmern müßten, daß ihm die Mittelmäßigkeit dieser Frau den Schwung zur großen Tat, zum kühnen Höhenflug des Geistes nehmen könnte, trat ein. »Es kleidet sich wieder um mich herum in dichterischen Gestalten und oft regt sich's wieder in meiner Brust«, hatte er Körner geschrieben.

Ja, ist es nicht gerade Lotte, die als Hüterin der häuslichen Existenz, als wärmende, ausgleichende Kraft, den schützenden Rückhalt zur Entwicklung all dieser neuen Energien bietet, die die Voraussetzung dazu schafft und Ansporn gibt?

Aber auch Karoline selbst ist ja im Begriff, sich einem andern zuzuwenden. Stets getrieben, »Größe zu lieben«, übte neuerdings Carl Theodor von Dalberg in Erfurt eine starke Anziehungskraft auf sie aus.

Ein Mann mit den Gaben eines von der Natur Bevorzugten; aufgeschlossen gegenüber den Künsten, tolerant und einfühlsam im Verkehr mit jedermann, auch äußerlich anziehend, sollte willkommener Ersatz werden für Schiller. Sie braucht die Ausrichtung nach oben; sich begeistern, hingeben, aufgehen in Liebe und Verehrung zu einem Mann, zu dem sie aufsehen kann ...

Die paar Tage in Rudolstadt konnten natürlich die dauernde körperliche Anspannung, die Erschöpfung, die er stets nur mit eiserner Energie und Arbeitsdisziplin zu überspielen verstand, nicht wettmachen. Was seit Jahren an ihm zehrte, die Krankheit, deren Keim in ihm steckte, mußte über kurz oder lang zum Ausbruch kommen.

Körner hatte ihm geraten, doch mehr Mitarbeiter bei seinen reinen Brotarbeiten einzuspannen, die Sache »fabrikmäßiger« zu betreiben, nur die Direktion, die Überwachung zu übernehmen. Doch dies gelingt nur in beschränktem Maße.

Trotzdem, er fühlt sich erfrischt; die Vorlesungen machen ihm wieder Spaß.

Goethe hatte die Schillers zum ersten Mal in Jena besucht. Lotte war begeistert. Sie wünschte sich sehr eine Freundschaft zwischen beiden.

Doch bis dahin sollte es noch dauern. Goethe und Lotte kannten einander von manchen Begegnungen in Kochberg und Weimar, wo der gute Freund zwölf Jahre bei Charlotte von Stein ein- und ausgegangen war. Der um siebzehn Jahre ältere Goethe mochte die kleine, zufrieden wirkende, sehr weibliche Lotte, und sie hatte eigentlich von Kind auf für ihn geschwärmt. Seine Reise nach Dresden zu Körner, die Gespräche dort, die angeregten Diskussionen zu Themen aus Kunst und Philosophie waren nun Hauptgesprächsstoff in Jena.

»Es fehlt ihm ganz an der herzlichen Art«, berichtet Schiller dem Freund in Dresden, »sich zu irgendetwas zu bekennen. Aber sein Geist wirkt und forscht nach allen Direktionen und strebt, sich ein Ganzes zu erbauen – und das macht mir ihn zum großen Mann.«

Schiller kann sich's nicht verkneifen, in diesem Brief auch von Goethes »Mädchen« zu sprechen, »Mamsell Vulpius, die ein Kind von ihm hat und sich nun in seinem Haus fast so gut als etabliert hat. Es ist sehr wahrscheinlich, daß er sie in wenigen Jahren heiratet. Sein Kind soll er sehr lieb haben, und er wird sich bereden, daß, wenn er das Mädchen heiratet, es dem Kinde zuliebe geschehe und daß dieses wenigstens das Lächerliche dabei vermindern könnte.« Die Distanz zwischen beiden war noch groß. Schiller sah wohl die außergewöhnliche Genialität dieses Mannes, bemühte sich auch objektiv zu werten, aber er fühlte sich von Goethe mißachtet, unterschätzt, übergangen. Verständlich, vielleicht, wenn sich da in die Wiedergabe provinziellen Klatsches unüberhörbar ein Ton spießbürgerlicher Hochmut mischt.

Man muß annehmen, daß Schiller zu diesem Zeitpunkt Christiane Vulpius überhaupt nicht kannte; daß er sein Wissen über dieses Verhältnis Goethes ausschließlich aus zweiter Hand hatte. Und man muß, bei Beurteilung der Situation, in der Christiane und Goethe sich befanden, die Maßstäbe der Zeit anlegen. Zwar hatte der Große die »neue Liebe« bereits in seinem »Werther« verkündet, zwar wurden Ehe und Liebe längst nicht mehr als Synonyme betrachtet, zwar räumte man dem »echten Gefühl« Vorrang ein, aber alles dies wollte man doch möglichst nur unter seinesgleichen angewandt wissen.

Hier nun war ein »Fabrikmädchen«, eine »kleine, gewöhnliche Arbeiterin« in den Rang der Geliebten eines Geistesfürsten, eines Ministers, eines Vertrauten des Herzogs erhoben worden. Allein die Mißachtung des Standesunterschiedes betrachtete man als Herausforderung an die bestimmenden Schichten. Und, entsprechend der noch heute weithin üblichen unterschiedlichen Bewertung der Geschlechter, galt der Haupt-

Christiane Vulpius, Goethes Freundin; er heiratete sie 1806

vorwurf natürlich dem Mädchen Christiane, das sich, »keck, ihre äußeren Reize benutzend«, in eine für sie fremde, vornehmere Welt hineingedrängt hatte.

Bei alledem darf der Einfluß einer Frau nicht unterschätzt werden, einer Frau, die in Weimar quasi »öffentliche Meinung« machte. Es ist die geborene Charlotte von Schardt, ehemalige Hofdame der Herzogin-Regentin Anna Amalia, seit 1764 verheiratet mit dem später zum Oberstallmeister beförderten Kammerjunker Friedrich Freiherrn von Stein. Da Stein, Typ des burschikosen, schulterklopfenden Landjunkers, vernarrt in alles, was mit Pferden zu tun hat, ganz am Hof lebte, führte Charlotte in ihrem Haus in Weimar oder auf dem Gut in Kochberg ein lange Zeit zurückgezogenes Leben. Immerhin bekam sie innerhalb von neun Jahren sieben Kinder, drei Jungen, vier Mädchen. Alle vier Mädchen starben in frühem Alter. Unter den drei Jungen hing ihr Herz besonders an Fritz, der, von den Schwestern Lengefeld das »Brüderchen« genannt, mit Lotte Schiller ein Leben lang herzliche Freundschaft hielt. Und diese Charlotte von Stein, über ein Jahrzehnt Anregerin, Beraterin, ja, fast Lenkerin der Geschicke ihres Herzensfreundes Goethe, fühlte sich nach dessen Rückkehr aus Italien verlassen, hintergangen, ja betrogen – des »Dirnchens« Christiane wegen. Es ist sie, Charlotte, die schließlich die Verbindung abbricht, enttäuscht, tödlich verletzt, auf Rache sinnend. Und es ist sie, die Goethe, den im stillen gewiß noch immer Geliebten, aber seiner Untreue wegen ebenso Gehaßten, mit üblem Gerede verfolgt, versucht, ihn gesellschaftlich zu vernichten.

Konnte man erwarten, daß ausgerechnet die eng mit Charlotte von Stein befreundeten Familien Lengefeld, Beulwitz, Schiller – Lotte Schiller ist zudem Patenkind der Stein – Sympathie für Christiane aufbringen sollten, um in heiliger Objektivität dem Recht auf Liebe eine Lanze zu brechen?

Dazu war einmal das Leben im überkommenen Standesdenken noch viel zu festgefügt, zum anderen war die Verbindung der um die Stein Gescharten, gewoben aus Herkommen und Zuneigung, verpflichtend, bestimmend, ja geradezu zwingend zu loyalem Verhalten. Zwei ganz Unabhängige leisteten sich Toleranz, ja, mildes Verständnis: der Herzog und seine Mutter, Anna Amalia. Sie hatten Goethe nach Weimar geholt, liebten, schätzten ihn besonders; und auf wen mußten sie schon Rücksicht nehmen?

Den lebensklugen, selbstsicheren Goethe focht dies alles freilich nicht an. Er liebte Christiane, verteidigte und beschützte sie.

Im Verhalten seiner Mutter, der weisen Frau Aja, die es verstand, den Menschen ins Herz zu sehen, fühlte er sich bestätigt.

»Wir beide sind gesund und glücklich wie wir's nur wünschen können«, schreibt Schiller seinem Vater noch im Dezember. Von Silvester an ist er mit seiner Frau auf Einladung Karolines von Dacheröden und des Koadjutors von Dalberg in Erfurt.

Am Neujahrstag macht er mit Lotte bei herrlichem Wetter einen ausgedehnten Spaziergang. Auf dem Rückweg erkennen sie, in welch starkem Maße das Bild dieser Stadt durch das Nebeneinander von Dom und Severikirche beherrscht wird. Ein erhebender Anblick. Lotte ist glücklich. Ihr und ihrem Mann geht es gut.

Tags darauf, Sonntag, ein alles einhüllender, drückender Nebel. Feuchte Kälte verwandelt Bäume und Sträucher in reifbesetzte, bizarre Gebilde. Abends Komödie mit einem Stück von Zschokke: »Graf Monaldeschi oder Männerbund und Weibertreue«, Trauerspiel in fünf Akten. In der Loge des Koadjutors: die beiden Karolinen, Schillers und Dalberg selbst. Frau von Beulwitz war mit ihrem Mann, der aber nur einen Tag blieb, schon anderthalb Wochen in Erfurt. Das Stück: »Ein dramatisches Ungeheuer, von Unsinn strotzend« (Karoline von Beulwitz).

Am Montag, dem 3. Januar 1791, wird Schiller in die »Kurfürstliche Akademie nützlicher Wissenschaften« als Mitglied aufgenommen. Die Sitzung findet anläßlich des Geburtstages des Mainzer Kurfürsten statt. Mitten in einem Konzert am Abend, nach dessen Abschluß es für die Gäste noch ein Souper im Speisesaal der Statthalterei geben würde, bekommt Schiller einen Fieberanfall, der so heftig ist, daß er in einer Sänfte zu seiner Unterkunft getragen werden muß. Einen Tag liegt er, dann darf er, umhegt von Lotte, aufstehen, muß aber im Gasthof bleiben. Überraschend geht es ihm bald besser, so daß er mit Lotte die Rückreise antreten kann.

Zunächst bis Weimar, wo er endlich die offizielle, förmliche Vorstellung bei Hofe absolviert – sie hatte ja bisher nicht stattgefunden. Dann trennt sich das Paar; Lotte bleibt – willkommener Besuch für die Patentante – bei Frau von Stein in Weimar, Schiller nimmt in Jena den Vorlesungsbetrieb wieder auf.

Alles scheint gutzugehen.

Dann aber, genau am Samstag, dem 15. Januar, Lotte will eigentlich noch ein paar Tage in Weimar bleiben, erhält sie durch besonderen Boten die mit zittriger Hand aufs Papier gebrachte Bitte Schillers, so schnell wie möglich zu ihm nach Jena zu kommen, er habe einen Rückfall, die Krankheit sei von neuem ausgebrochen. Natürlich ist Lotte, aufs höchste beunruhigt, mit dem nächstverfügbaren Wagen bei ihm.

Fieber, Husten, Brust- und Unterleibsschmerzen, schließlich blutiger Auswurf und Erbrechen schwächen den Kranken so sehr, daß er sich kaum bewegen kann, ohne sofort ohnmächtig zu werden.

Lotte ist unermüdlich um ihn tätig, freilich absolut ungeübt in Krankenpflege, so daß ihr verstärkende Hilfe in Gestalt Karolines, die aus Rudolstadt herbeieilt, sehr willkommen ist. Wieder einmal kann sich die noch wenig umsichtige kleine Schwester ganz auf die »Frau« verlassen. Und als dann auch noch Chère mère angereist kommt, regt sich in Lotte neue Zuversicht.

Wie damals üblich, gebot die Medizin in solchen Fällen Aderlässe, Abführ- und Brechmittel, Zugpflaster, um das Fieber herunterzubringen. Das schwächte natürlich zusätzlich.

Völlig entkräftet, von fieberhaften Rauschzuständen gequält, rechnet er mit dem Schlimmsten. Auch die Seinen haben kaum noch Hoffnung. Dann kommt es, nach offenbar heilsamen Krisen, zu einer langsamen Besserung. Erst nach Wochen kann er wieder aufstehen und »am Stock herumkriechen«.

Man hat großen Anteil an seiner Krankheit genommen. Studenten und Freunde haben sich zeitweise förmlich um die Nachtwachen an seinem Bett gestritten. Besonders eifrig bemühten sich Adlerskron und Novalis (Freiherr von Hardenberg). Auch der Herzog zeigte sich besorgt, schickte Madeira-Wein und befreite ihn später von der Vorlesungspflicht für den Sommer.

Es war alles zuviel für ihn gewesen, und eine Erkältung mag den Zusammenbruch nur ausgelöst haben. Die aufreibende Arbeit, nicht zuletzt an der »Geschichte des Dreißigjährigen Krieges«, die er für den »Historischen Kalender für Damen auf das Jahr 1791« – enthaltend das Geschehen bis zur »Breitenfelder Schlacht« – geschrieben und innerhalb von vier Monaten fertiggestellt hatte, brachte ihm wenigstens die Genugtuung, besonders erfolgreich gewesen zu sein: Göschen hatte den begehrtesten Kalender dieses Jahres bereits über siebentausendmal verkauft.

Frau von Beulwitz und Mama kehren nach Rudolstadt zurück.

Nun braucht Schiller in irgendeiner Form einen kurähnlichen Urlaub. Doch wer soll ihn bezahlen? Um überhaupt etwas zu tun, folgt man der Einladung Chère mères nach Rudolstadt, in der Hoffnung, dort werde er Kraft sammeln können.

Zunächst sieht es auch so aus. Der Aufenthalt im Hause Beulwitz soll ganz der Gesundheit dienen. Keine Arbeit. Ein bißchen Reiten, Spazierengehen, Karten- und Schachspielen. Es gibt Besucher. Man liest gemeinsam, musiziert – die Prinzen kommen, man lädt aufs Schloß. Der Rekonvaleszent ist gerade im Begriff, sich wieder in die Arbeit zu stürzen, da geschieht es ein drittes Mal: Ein Brustkrampf, ein Erstickungsanfall lähmt den Geprüften. Der Rudolstädter Arzt Dr. Conradi trifft die üblichen Maßnahmen wie Aderlaß, Einlauf, Blasenpflaster, er verordnet Kampfer mit Moschus, gibt Opiumdosen. Nach vorübergehender Linderung verschlimmert sich der Zustand des Kranken durch Schüttelfrost, Erkalten der Glieder, Atemnot, Schwinden des Pulses. Man ruft Dr. Stark aus Jena per Eilboten. Er kann wenig mehr tun als Conradi. Schiller versagt die Sprache, Atemnot und Erstickungsgefahr. In höchster Qual, gestikulierend, läßt er sich Schreibzeug bringen, um sich mit letzten Zeilen von seiner Familie und Körner zu verabschieden. Brust- und Unterleibskrämpfe dauern bis zu fünf Stunden, mal schwächer, mal stärker. Schiller leidet entsetzlich.

Es ist Lotte, als hätte sie selbst alles dies zu ertragen.

Betend, weinend, kniet sie vor seinem Bett, den Himmel um Hilfe bittend. In lichten Augenblicken sieht er sie vor sich, begegnen ihre Blicke einander, und es scheint, als finde er Trost, Stärkung in ihrer Gegenwart. Doch zunächst hat niemand mehr Hoffnung, er selbst am wenigsten.

Er habe dem Tod mehr als einmal ins Gesicht gesehen, schreibt er nach seiner Genesung an Körner, aber sein Mut sei dadurch gestärkt worden.

Wie durch ein Wunder ist er noch einmal davongekommen. Der beklemmende Schmerz auf der Brust beim Atmen ist geblieben, ebenso hat er weiter mit diesen sporadisch einsetzenden Unterleibskrämpfen zu tun.

Dr. Stark rät nun dringend zu einer Kur in Karlsbad, das sich, seiner Heilquellen wegen, zur Zeit eines hervorragenden Rufes erfreut. Ein mehrwöchiger Aufenthalt dort ist beschlossene Sache, und es ist anzunehmen, daß die Schillers mit Freuden auf das von Karoline angeregte Anerbieten ihres Mannes, die Kosten dafür zu übernehmen, eingingen. Wer hätte die Reise sonst bezahlen können? Der Aufwand für das Ehepaar Schiller, für die mitreisende Karoline, für einen zur speziellen Betreuung Schillers verpflichteten Arzt und für sie alle begleitenden Bedienten war wohl beträchtlich. Bei seinen Verlegern stand Schiller meist im Vorschuß, ganz zu schweigen von den Schulden, die ihn seit Jahren drückten. Beweis dafür, daß Beulwitz die Rechnung übernahm, dürfte auch darin zu sehen sein, daß Schillers mit Karoline frühzeitig aus Karlsbad wieder abreisten – nach noch nicht vier Wochen Aufenthalts dort – weil Frau von Beulwitz, auf Wunsch ihres Mannes, am Einzug des neuvermählten fürstlichen Paares in Rudolstadt teilnehmen sollte. Der zweiundachtzigjährige Fürst Ludwig Günther von Schwarzburg-Rudolstadt war gestorben; an seine Stelle trat nun Erbprinz Ludwig Friedrich mit seiner jungen Frau, der Prinzessin Caroline Louise von Hessen-Homburg.

Inzwischen war irrtümlich die Nachricht von Schillers Tod verbreitet worden. Sie drang bis nach Kopenhagen zu Jens Baggesen, der eine geplante Schillerfeier in ein Totenfest für den Dichter umwandeln mußte. Als man aber auch dort später vom Überleben Schillers erfährt und als

Baggesen durch Reinhold die ganze Wahrheit über die schier ausweglose Lage Schillers erkennt, kommt es, auf Anregung des jungen dänischen Dichters, Ende des Jahres zu jener hochherzigen Stiftung, die Schiller mit einem Schlage von seinen gröbsten finanziellen Schwierigkeiten befreien sollte.

Der Aufenthalt in Karlsbad hatte durchaus eine wohltuende Wirkung gezeigt, war aber zu kurz gewesen. Überrascht und erfreut war man, auch Verleger Göschen als Kurgast in Karlsbad zu treffen, was zu anregendem Umgang miteinander führte. Lotte, auf zerstreuende Ausflüge in die Umgebung bedacht, sorgte für eine Fahrt nach Eger, wo man unter anderem das Haus sah, in dem einst Wallenstein ermordet wurde.

Zurück in Jena, ist eine Wiederaufnahme der Arbeit zu diesem Zeitpunkt ausgeschlossen. Auf dringenden Rat Dr. Starks entschließt sich das Paar zu einer Nachkur in Erfurt, wo man Egerbrunnen trinkt, kleine Spaziergänge macht und fast täglich mit dem Freiherrn von Dalberg zusammentrifft. Karoline von Dacheröden freilich ist dieses Mal dort nicht anzutreffen. Fast unbemerkt und von den dramatischen Ereignissen um Schillers Krankheit an die Peripherie der Geschehnisse gedrängt, hatte die Hochzeit zwischen ihr und Wilhelm von Humboldt, Ende Juni, in Erfurt stattgefunden. Jetzt sind sie verreist.

Auf Veranlassung Dalbergs gibt die Weimarische Hoftheatergesellschaft während Schillers Aufenthalt in Erfurt den »Don Carlos«, und am folgenden Tag führen die Mitglieder der »Nationalgesellschaft«, eines Liebhabertheaters, seinen »Fiesco« auf.

Wieder zu Haus in Jena, gibt es bald Veränderungen im täglichen Rhythmus. An Vorlesungen ist auch den Winter 1791/92 über nicht zu denken. Schiller arbeitet ganz zu Haus. Als medizinisch Vorgebildeter ahnt er in etwa, wie es um ihn steht, sieht er ein langwieriges Leiden voraus. Er nutzt jede schmerzfreie Stunde zum Lesen, zum Schreiben, zum Diktieren. Die Fortführung der »Geschichte des Dreißigjährigen Krieges« für den Historischen Damenkalender 1792 wird gerade noch rechtzeitig fertig.

Da die »Schrammei« ohnehin seit langem eine Studentenpension ist, zieht jetzt auch Fritz von Stein, das »Brüderchen«, das seit Ostern an der Jenaer Universität studiert, zu den Jungfern. Und Stein, um den sich eine Reihe fröhlicher Tischgenossen geschart hatte, bringt bald die ganze Gesellschaft zu regelmäßigem Mittags- und Abendtisch ins Schillersche Haus. Die ohnehin zu Fritz bestehende enge Freundschaft Lottes überträgt sich bald auch auf den jungen Bartholomäus Fischenich aus Bonn, der sich in Jena dem Studium der Philosophie widmet. Zwischen Lotte und ihm wird es später einen anhaltenden Briefwechsel geben. Außerdem wird Fischenich, bald in Bonn Professor der Jurisprudenz, später unentbehrlicher Berater Lottes, vor allem in Angelegenheiten des Rechts.

Zur neuen Tischrunde zählen der württembergische Magister Göritz mit seinem Eleven von Fichard aus Frankfurt am Main und der Magister Niethammer, auch ein Schwabe.

Seitdem man, zusammen mit Schillers, in der »Schrammei« die Mahlzeiten einnimmt, gibt es die lebhaftesten Gespräche, hitzige Diskussionen, übermütigen Spaß. Oft verlängert man vor allem das abendliche Zusammensein mit Kartenspiel, gemeinsamer Lektüre, aber auch mit manch derben Sprüchen, vor deren Ausbrechen Lotte immer ein bißchen Angst hat. Meist freilich hat sie sich, ehe es soweit gekommen ist, zurückgezogen.

Der 13. Dezember wird für Schillers ein Glückstag.

Die Briefe, seit dem 27. November unterwegs, treffen am Nachmittag dieses Dienstags ein. Mit Post hatte man an diesem Tage nicht mehr gerechnet. Um so erstaunter ist man, als der Bote die versiegelten Schreiben, aus dem hohen Norden kommend, abgibt.

Die nun folgende häusliche Szene kann so ausgesehen haben: Lotte, im Begriff, in der Küche eine der Jungfern Schramm um eine Kanne Tee zu bitten, kommt ahnungslos zurück in ihres Mannes Arbeitszimmer. Der ist gerade dabei, auch den zweiten Brief zu überfliegen – doch noch bevor er ihn ganz gelesen hat, springt er auf, umarmt seine Lotte mit einer solch stürmischen Heftigkeit, daß sie nicht weiß, wie ihr geschieht.

Es ist zu jäh, zu plötzlich – auf die ungestüme, unkontrollierte Bewegung trifft ihn der stechende Schmerz in der Brust, den er seit Monaten nicht los wird, mit doppelter Stärke. Halb betäubt sinkt er zurück auf den Stuhl. Aber was ist das? Lotte, ohnehin durch die wiederholten Anfälle Schillers stets in nervöser Spannung, begreift nicht: Schillers Augen im schmerzverzerrten Gesicht lachen. Ja, sie lachen; und als er wieder versucht aufzustehen, zwingt sie ihn sanft auf den Stuhl zurück, drückt ihm einen Kuß auf die Stirn. Ihre besorgt-ratlose Miene aber verwandelt sich bald in einen Ausdruck glücklicher Erleichterung. Schiller berichtet; spricht von der noch kaum faßbaren Bedeutung dieses Ereignisses, das er in dieser oder ähnlicher Form »aufs Feurigste« herbeigesehnt habe. Er erklärt die Bedeutung der Briefe. Ja, der dänische Dichterfreund Baggesen hatte seine beiden Landsleute, den Erbprinzen Friedrich Christian von Schleswig-Holstein-Augustenburg und den Finanzminister Graf Ernst von Schimmelmann zu dem Angebot einer Spende von jährlich tausend Talern, drei Jahre lang, veranlassen können (vor allem aufgrund der beeindruckenden Schilderung des die Not Schillers darstellenden Jenaer Professors Reinhold). Und man stellte im Grunde keine Bedingungen. Das Geld sei frei verfügbar, ebenso wie der Beschenkte selbst weiterhin frei über sich verfügen könne. Allerdings wünschten sich die Spender, daß er nach Kopenhagen käme, sie könnten dort auch für eine Anstellung sorgen, aber, wie gesagt, dies sei kein Vorbehalt.

Überglücklich sind Schillers über die unerwartete Wendung.

»Wie mir jetzt zu Mute ist«, schreibt Schiller noch am selben Tage nach Dresden, »kannst Du denken. Ich habe die nahe Aussicht, mich ganz zu arrangieren, meine Schulden zu tilgen, und, unabhängig von Nahrungssorgen, ganz den Entwürfen meines Geistes zu leben.«

Diese Schenkung war in der Tat, gerade auch zu diesem Zeitpunkt, eines der wichtigsten Ereignisse in Schillers Leben. Zweifellos hatte auch die ständige Sorge um die finanzielle Ausrichtung, um die Möglichkeit, anstehende Zins- und Schuldzahlungen tilgen zu können oder sich weiter verschulden zu müssen, seine Widerstandskraft gegen die in ihm steckende Krankheit zusätzlich geschwächt. Jetzt, wo er auch keine Vorlesungen halten konnte, war er doppelt angewiesen auf die Erträgnisse aus seiner Feder.

Um so mehr mußte ihn und Lotte die Nachricht aus Kopenhagen erleichtern, ja geradezu erlösen. An Baggesen, der ihn ja in einem eigenen Schreiben von dem Geschenk unterrichtet hatte, schreibt er: »Daß der vortreffliche Prinz, der sich von freien Stücken entschließt, dasjenige bei mir zu verbessern, was mir das Schicksal zu wünschen übrig gelassen hat, durch die edle Art, womit er diese Sache behandelt, zugleich alle Empfindlichkeiten schont, die mir meinen Entschluß hätten schwer machen können, daß er diese wichtige Verbesserung meiner Umstände durch keinen Kampf mit mir selbst erkaufen läßt, erhöht meine Dankbarkeit unendlich, und läßt mich die Freude über das Herz ihres Urhebers vereinigt empfinden... Ich erhalte endlich die so lange und so heiß gewünschte Freiheit des Geistes, die vollkommen freie Wahl meiner Wirksamkeit. Ich gewinne Muße, und durch sie werde ich meine verlorene Gesundheit vielleicht wieder gewinnen; wenn auch nicht, so wird künftig Trübsinn des Geistes meiner Krankheit nicht mehr neue Nahrung geben. Ich sehe heiter in die Zukunft...«

Die beiden dänischen Spender hatten in ihrem Schreiben zum Ausdruck gebracht, daß sie sich Schiller keinesfalls aufdrängen wollten, er möge aber, ungeachtet ihrer Titel und ihrer Stellung, das Angebot annehmen. Es geschehe vor allem, »um der Menschheit einen ihrer Lehrer zu erhalten«.

Der Dankbrief an den Erbprinzen und den Grafen Schimmelmann geht, neu aufkommender Beschwerden wegen, erst drei Tage später ab.

»... Rein und edel, wie Sie geben, glaube ich, empfangen zu können. Ihr Zweck dabei ist, das Gute zu befördern; könnte ich über etwas Beschämung fühlen, so wäre es darüber, daß Sie sich in dem Werkzeug dazu geirrt hätten. Aber der Beweggrund, aus dem ich mir erlaube es anzunehmen, rechtfertigt mich vor mir selbst und läßt mich, selbst in den Fesseln der höchsten Verpflichtung mit völliger Freiheit des Gefühls vor Ihnen erscheinen...«

Und Körner, ebenso erfreut über diese glückliche Wendung der Dinge, kommentiert das Ereignis mit Worten, die leider zeitlose Gültigkeit behalten haben: »... Eine traurige Empfindung mischt sich bei mir in die Freude über Dein Glück – daß wir in einem Zeitalter und unter Menschen leben, wo eine solche Handlung angestaunt wird, die doch eigentlich so natürlich ist...«

Es war wirklich höchste Zeit gewesen, daß sich nun die verworrenen Geldverhältnisse zu klären begannen. Kurz vor Weihnachten hatte Lotte in ihrer Not, ohne Schiller ein Wort zu sagen, den Herzog um finanzielle Hilfe gebeten. Das hatte sie Überwindung gekostet. Nun, er tat, wohl in erster Linie Lotte zuliebe, etwas: Er gab zweihundertfünfzig Taler. Mehr könne er nicht. Es war wenigstens etwas.

Und gewissermaßen mitten im erleichterten Aufatmen – das neue Jahr hatte kaum begonnen – erschreckt Schiller Lotte durch einen neuen Anfall mit Krämpfen im Unterleib. Karoline, Chère mère, selbst Beulwitz, kommen aus Rudolstadt, um zu helfen. Doch es geht schneller vorüber als befürchtet, und Frau von Lengefeld läßt es sich nun nicht nehmen, ihr Lottchen, das gesundheitlich sehr gelitten hat, zum Aufmuntern mit nach Weimar zu entführen. Es ist nur für ein paar Tage. Aber sie tun der abgewirtschafteten kleinen Frau gut. Doch als sie wieder in Jena ist, muß auch für sie der Dr. Stark gerufen werden. Sie, die als gesundes, frisches Mädchen vor zwei Jahren heiratete, ist kränklich, anfällig geworden. Der Arzt läßt sie zur Ader. Es fällt ihm nichts Besseres ein.

Schiller schafft ein Pferd an, weil er glaubt – und auch Dr. Stark neigt zu dieser Auffassung –, tägliches Ausreiten müsse sich günstig auf seine Unterleibsbeschwerden auswirken.

Er verkauft es bald wieder.

Karoline lebt entweder im Seegnerschen Zimmer in Jena, oder sie ist zu Besuch in Erfurt. Zu Haus, in Rudolstadt, bleibt sie nur widerwillig. Die Abneigung gegenüber ihrem Mann, dem »Ursus« Beulwitz, ist eher noch gewachsen. Mit dem Gedanken an Scheidung trägt sie sich ständig. Der »bien aimé epoux« war nach seiner Rückkehr von der Reise mit den Prinzen und Ketelhodt sanft und zuvorkommend gewesen. Zweifellos hatte er gehofft, die ihm Angetraute eines Tages doch noch – wie auch immer – für sich gewinnen zu können. Aber sie will nicht. Im Gegenteil, sie sieht in ihm immer deutlicher das entscheidende Hindernis, das der Verwirklichung ihrer geheimen Wünsche hartnäckig im Wege steht. Eine Frau mit weniger Charakter, weniger Idealvorstellungen, weniger Ansprüchen im geistig-künstlerischen Bereich wäre weich geworden, hätte sich eines Tages kaufen lassen.

Nicht so Karoline. Sie fühlt sich angewidert, und es wird von Mal zu Mal schlimmer. So war ihr Auszug aus den bis dahin gemeinsam bewohnten Räumen des großen Vorderhauses in Lottes ehemaliges Stübchen im hinteren Gartenhaus eine für sie konsequente, für Beulwitz recht schmerzliche Maßnahme.

»O. lebt ganz dem Bacchus«, schreibt sie nach Jena, als sie zwischendurch kurze Zeit in Rudolstadt verbringt, »und ist so glücklich in dieser Stimmung, daß sein Leben ordentlich eine Satire gegen Minerva abgeben könnte. Ich sehe ihn fast gar nicht.« Es ist Dalberg, dem jetzt ihr ganzes Denken und Fühlen gilt. Ja, sie glaubt, daß auch seinerseits die Absicht zu einem Zusammenleben besteht. Sie bekennt, sie habe sich »diese Art der Existenz mit dem ›Schatz‹ (auch Goldschatz = interne Bezeichnung unter den Freunden für den Koadjutor) zum Lebensplan gemacht« und wolle sich nun, im Laufe der nächsten Zeit, schlüssig werden darüber, ob das möglich sei.

Dalberg muß sich in jenen Wochen so verhalten haben, als sei auch er für eine, wie immer geartete, Verbindung. Sie glaubt jedenfalls zu fühlen, zu spüren, daß er »etwas Bleibendes unter uns wünscht«. So gern würde sie »einem so hohen, schönen Wesen ein harmonisches Dasein geben«.

Sie weiß noch nicht, daß sich der vielgeliebte Koadjutor den Reizen seiner Verehrerinnen gegenüber zwar aufgeschlossen zeigt, sich ihre empfindsamen, intelligenten Huldigungen gern gefallen läßt, weiter aber auch nicht gehen will.

Im Grunde erhält er sich damit aller Zuneigung. Solange Freundin

Karoline von Humboldt in Erfurt ist, kann die Rudolstädter Karoline, ohne Verdacht in Rudolstadt zu erregen, dort zu Besuch sein – und den Koadjutor anhimmeln.

Um diese Zeit kommt es zu einer Kontroverse zwischen Lotte und ihrer Schwester. Da Karoline sich nun ernsthaft mit einem Trennungsplan befaßt, jedoch niemand wissen kann, wie der Hauptbetroffene Beulwitz sich bei einer Scheidung verhalten wird – ob er ihr zum Beispiel weiterhin ein ausreichendes Einkommen zusichern würde –, beginnt Lotte um den Zuschuß, den sie von der Mutter erhält, zu bangen. Angenommen, Beulwitz gäbe nichts, so wäre Schwester Karoline auf die Hilfe Chère mères angewiesen, was eine Kürzung oder gar Streichung der Zahlungen an die Schillers bedeuten müßte.

Karoline weist schließlich alle ausdrücklich geäußerten Befürchtungen zurück. Sie will keinesfalls Schwester Lotte zur Mitleidenden machen beim Ausfechten ihrer persönlichsten Angelegenheit. Und man erkennt den lebensklugen, freilich auch bitteren Zug zur praktischen Vernunft an der gereiften jungen Frau, die, trotz ihres unruhigen Blutes, trotz ihrer stets zur Hingabe bereiten Empfänglichkeit für große Ideen, für phantasievolle Gedankenflüge, im Ernstfall die nüchterne Folgerung zu ziehen weiß. Sie beruhigt Lotte schließlich mit der klaren Antwort, sich nur im Falle einer weiteren auskömmlichen Versorgung durch Beulwitz scheiden zu lassen. »Vor dem Nichtshaben werde ich mich sicher hüten«, sagt sie, »denn für eine Frau ist's das größte Unglück. – Auch immer entweder bei Li (Karoline von Humboldt) oder Dir im Hause leben zu müssen, ohne eine besondere eigene Wohnung haben zu können, würde mich unglücklich machen ...« Werde er, wie gesagt, nicht für sie weitersorgen wollen, dann werde sie nach außen hin seine Frau bleiben, sich aber für frei halten und danach leben.

Im Bewußtsein größerer Unabhängigkeit hat Schiller nun beschlossen, sich ganz dem Studium der Kantschen Philosophie – sollte es auch drei Jahre dauern – zu widmen.

Natürlich muß er gegebene Versprechen einlösen, früher gemachte Zusagen erfüllen. Das heißt, daß er weiterarbeiten wird an der »Geschichte des Dreißigjährigen Krieges«, um sie mit der für den Historischen Damenkalender 1793 bestimmten letzten Lieferung abzuschließen. Das heißt, daß die »Thalia« in der Form der »Neuen Thalia« weitergeführt werden wird. Und das bedeutet auch, daß er, wo er Lust dazu verspürt, wo es ihn reizt, rezensiert oder, wie im Falle des »Geistsehers«, revidiert.

Die Herausgeberschaft zur »Geschichte der merkwürdigsten Rebellionen und Verschwörungen« tritt er an Huber ab.

Der mit Körner längst vereinbarte Besuch in Dresden wird nun wahrgemacht. Die Reise mit Lotte, zunächst über Leipzig zu den Göschens, findet noch nicht im eigenen Wagen statt, wie ursprünglich geplant; trotzdem sind Fischenich und Hornemann – ein Freund Baggesens – mit in der Kutsche. Der zweitägige Aufenthalt im weltstädtischen Leipzig bringt für Lotte angenehme Abwechslung. Göschen und Frau Sophie bemühen sich, dem Besuch unterhaltsame Stunden zu bereiten. Das Leipzig jener Zeit war noch immer geistiger Mittelpunkt Deutschlands, in dem man natürlich auch die gehobene, feine Lebensart pflegte. Goethe sprach sicher zu Recht von »Klein-Paris«, das Gästen aus aller Welt, mit dem notwendigen Reservoir an Reichstalern im Gepäck, den Tag zu verschönen wußte. Und der Ruf der einst großen Schauspielerin und Neugestalterin der deutschen Bühne, Caroline Neuber, haftete noch immer an den geschichtsträchtigen Mauern des »Alten Theaters«. Die beiden Tage in Leipzig waren vollgepfropft mit Eindrücken und Erlebnissen. Schillers fühlten sich verwöhnt.

Dann, in Dresden, kommt man endlich zu den seit langem herbeigesehnten Gesprächen über philosophische, künstlerische Themen. »Trotz Deiner öfteren Unpäßlichkeit haben wir uns doch manchmal etliche Stunden nacheinander ungestört genossen«, erinnert sich Körner der Dresdner Wochen. »Für mich ist ein solches Beisammensein eine Art von geistiger Badekur – ein Pyrmonter, der mich wieder stärkt, wenn ich mir durch schofle Nahrung den Magen verdorben habe...«

Gemeinsamer Beschluß am Ende der Tage: sich künftig wenigstens zu den Messen in Leipzig zu treffen.

Die Damen waren sich nähergekommen. Überhaupt hatte sich sehr bald eine wie selbstverständliche, herzliche Offenheit im Umgang entwickelt, gewiß gefördert durch ähnliche Interessen, künstlerische Neigungen und – nicht zuletzt – durch das Vorbild echter Freundschaft, das sie im Umgang der Männer miteinander erlebten.

Und dann war da ja der inzwischen acht Monate alte Körnersche Nachwuchs zu bewundern gewesen: Karl (er nannte sich übrigens später Theodor) gedieh prächtig, wanderte von einem Arm auf den andern, stand weitgehend im Mittelpunkt des Interesses der Damen. Er wurde später zum Dichter und Freiheitsheld; er fiel als Zweiundzwanzigjähriger, Angehöriger des Lützowschen Freikorps, im Jahre 1813.

Frau von Beulwitz berichtet derweilen aus Erfurt, wo sie im Hause der

Karoline von Humboldt, geborene von Dacheröden

Dacherödens Freundin Karolines Niederkunft erlebt. Das Mädchen, dessen Taufe Ende Mai stattfindet, erhält den Namen der besten Freundin. Marie Wilhelmine *Karoline* von Humboldt wird ins Taufregister eingetragen.

Mitte September, längst wieder nahe den Schillers, muß Frau von Beulwitz das Seegnersche Zimmer in Jena, das sie wieder ein paar Wochen innehatte, räumen. Zur großen Freude des jungen Paares ist die Mutter des Dichters mit seiner jüngsten Schwester Nanette aus Ludwigsburg gekommen. Zehn Jahre hat man sich nicht gesehen. Schiller erkennt an der gealterten Mutter die Spuren überstandener Krankheiten; aber sie scheint sich gesund zu fühlen. Hätte sie sonst die weite Reise wagen können?

Lotte bemüht sich, ihr näherzukommen, ihr Tochter zu sein. Dies ist nicht einfach, weil die an ganz andere Verhältnisse gewöhnte, in völlig anderem Milieu lebende Mutter Schiller die Unterlegenheit, die Einfachheit ihres Standes plötzlich doppelt empfindet und der »feinen« Lotte gegenüber mißtrauisch ist. Die begreift nicht, was in der Mutter vor sich geht, sie will ihr eigentlich nur Liebes tun, sie wirbt um Anerkennung als gute Frau ihres Sohnes. Hinzu kommt, daß Schiller seinerseits der Mutter besonders liebe- und achtungsvoll zu begegnen sucht, vielleicht aus einem gewissen Schuldbewußtsein heraus. Schließlich hatten die Eltern lange unter seiner Flucht gelitten, sich große Sorgen gemacht, und er hatte es nicht fertiggebracht, in all diesen Jahren auch nur einmal ein Wiedersehen herbeizuführen. Unter diesem doppelten Bemühen Schillers um seine Mutter fühlt sich nun Lotte wiederum vernachlässigt; und zu alledem kommt eine plötzliche Aufmüpfigkeit der intelligenten, fünfzehnjährigen Nanette, die mit wachen Sinnen erkennt, was alles an ihrer Erziehung im Hause der Eltern bisher versäumt worden ist. Sie sagt, was sie denkt, erregt natürlich damit den Zorn der Mutter, und dies trägt abermals zur allgemeinen Verwirrung bei.

Nanette bewundert ihren berühmten Bruder. Sie möchte wie er werden. Am liebsten und so bald wie möglich als Schauspielerin Rollen in seinen Stücken übernehmen. Die Mutter hält dies für komplett verrückt und dazu für gefährlich. Ihre Tochter Schauspielerin? Das wäre ja der Anfang vom Ende!

Auf dem Höhepunkt allgemeiner Nervosität haben Lotte und Karoline – die ältere Schwester muß wieder einmal Feuerwehr spielen – die rettende Idee: Alle zusammen fahren für einige Tage nach Rudolstadt. Dort glätten sich die Wogen. Auch Chère mères sachlich-nüchterne Behandlung der Dinge, ihre liebenswürdig-bestimmte Art und gewiß auch eine sich entwickelnde Zuneigung zu Dorothea Schiller, sorgen für eine Wiederherstellung des Gleichgewichts. Schon nach kurzer Zeit fühlen sich Mutter und Tochter in Rudolstadt viel wohler als zuvor in Jena.

Die Mutter wird gesprächiger; sie berichtet dem gierig lauschenden Sohn von den Verhältnissen in der Heimat, von seinen Freunden aus Karlsschulzeiten. Hinter erwähnten Namen sieht er die Gesichter, die Gestalten der Mitschüler, der Lehrer. Ereignisse beleben die Erinnerung. Szenen verbinden sich mit Namen und Daten.

Heimweh fühlt er, auch nach dem Vater, und am liebsten führe er in ein paar Tagen mit Mutter und Schwester nach Schwaben. Noch geht es nicht; aber er nimmt sich's vor, für bald.

Nanette wird nach ihrer Heimkehr einiges in Bewegung zu setzen versuchen. Freilich hat die Wißbegierige auch eingesehen, daß sie erst ein-

Schillers Schwester Nanette

mal tüchtig zu lernen hätte. Als Abschluß verbringt der Besuch noch kurze Zeit in Jena, dann treten Mutter und Schwester Nanette die Rückreise zur Solitude an.

Inzwischen gab es Krieg zwischen Frankreich auf der einen und Österreich und Preußen auf der anderen Seite. Die Franzosen hatten, nach der Einnahme von Speyer, die Festung Mainz zur Kapitulation gezwungen. Das war eine Überraschung – und ein Dämpfer für die Träume der Freunde von einem Zusammenleben in Mainz unter dem wohltätigen Schirm des Koadjutors.

»Wenn die Franzosen mich um meine Hoffnungen bringen«, bezieht sich Schiller hier auf Mainz in einem Brief an Körner, »so kann es mir einfallen, mir bei den Franzosen selbst bessere zu schaffen.«

Zu jener Zeit mag er daran gedacht haben, das französische Bürgerrecht, das ihm, zu seiner großen Überraschung, die Pariser Nationalversammlung im August verliehen hatte (le sieur Gille, Publiciste allemand), auszunutzen. Über die Geschehnisse in Frankreich selbst ist er bald tief enttäuscht. »Ich kann seit vierzehn Tagen keine französische Zeitung mehr lesen, so ekeln diese elenden Schindersknechte mich an.« Als er von der geplanten Hinrichtung Ludwigs XVI. erfährt, will er sich in einem Schreiben an den Nationalkonvent für den König verwenden. »Vielleicht rätst Du mir an zu schweigen, aber ich glaube, daß man bei solchen Anlässen nicht indolent und untätig bleiben darf. Hätte jeder freigesinnte Kopf geschwiegen, so wäre nie ein Schritt zu unserer Verbesserung geschehen...« Körner ist skeptisch: »Ob man jetzt schweigen oder reden soll ist eine schwere Frage. Die Stimme der Vernunft wird in dem Moment der Krise nicht gehört...«

Wenig später war Ludwig XVI. bereits guillotiniert.

Schiller hatte die Wintervorlesungen 1792/93 wieder begonnen, allerdings nur als Privatissimum in seiner Wohnung, vor vierundzwanzig Hörern. Sein labiler Gesundheitszustand, vom unbeständigen Wetter des Frühjahrs eher noch verschlimmert, hindert ihn oft tagelang an den geplanten Arbeiten.

Endlich hat ihn Lotte dazu bewegen können, die Unterkunft in der »Schrammei« aufzugeben und für den Sommer ein kleines Gartenhaus im Leistschen Garten, Zwätzengasse 9, zu mieten. Durch das oft sehr zähe Fleisch, das bei den Jungfern Schramm in der Regel serviert worden war, litt auch Lotte inzwischen unter einem sogenannten »harten Magen«. Nun endlich würde sie in einer eigenen Küche kochen, was sie beide sich wünschten.

Weniger angenehme Begleiterscheinungen des Umzugs: Die fröhliche Tischrunde in der liebgewordenen Gesellschaft, zu der sich erst vor kurzem der schwäbische Landsmann Heinrich von Gros hinzugesellt hatte – Fischenich war nach Bonn zurückgegangen – und deren spiritus rector Schiller gewesen war, löste sich auf. Angenehme Veränderung für Lotte: Das »Landleben‹ im Gartenhaus regelte den Arbeitsrhythmus auf natürlichere Weise. Man ging früher schlafen und stand morgens eher auf.

Wie viele halbe und manchmal auch ganze Nächte hatte man in der »Schrammei« mit Kartenspiel und Diskussionen zugebracht. Wie oft hatte die kleine Gesellschaft – auch in weinseliger Laune – mit ausgefallenen Ideen, übermütigen Neckereien, derben Späßen, die Verlegenheit Lottes heraufbeschworen. Wie oft, sofern sie sich nicht schon zurückgezogen hatte, hörte man Lottes empörten Ausruf: »Das schickt sich nicht!« Die »Kleine Dezenz«, der auch Schiller die manchmal recht engen Vorstellungen von Anstand und Würde nicht abgewöhnen konnte, schwebte an solchen Abenden stets in Ängsten. Ungehöriges könne das gute Einvernehmen untereinander zerstören. Wenn Karoline – oft wochenlang – dabei war, fühlte sie sich geschützter, obwohl die Schwester solche Späße entweder mitmachte oder souverän ignorierte.

Schiller scherzte: »Nur die Verderbnis ist dezent«; womit er recht und unrecht hatte.

Lotte fühlt sich in letzter Zeit nicht wohl. Unabhängig von der seelischen Belastung, die ihr die ständigen Anfälle Schillers bereiten, die natürlich auch das Gesamtbefinden beeinträchtigen, beunruhigen sie bestimmte, ihr unverständliche Symptome. Dr. Stark weiß zunächst nicht recht, wo er ansetzen soll, bis er eines Tages, nach Hinzuziehen eines Geburtshelfers, zu der erlösenden Gewißheit findet, daß eine Schwangerschaft vorliegt. Nun heißt es allerdings doppelt vorsichtig sein.

Die Reise in die Heimat möchte Schiller zu gern noch in diesem Jahr machen. Führe man früh genug, so wäre die Anstrengung Lotte durchaus zuzumuten, vorausgesetzt, ihr Zustand bliebe normal. Der Arzt rechnet mit einer Geburt gegen Ende September; man sollte also spätestens Anfang August aufbrechen. Zusammen mit Chère mère wird dieser Termin als spätestmöglicher vorgesehen.

Die Idee, das Kind werde nun in Schwaben, in der Heimat des Vaters, zur Welt kommen, finden die Eltern beglückend.

Der aus Karlsschulzeiten verehrte Freund Friedrich von Hoven, inzwischen als Hofarzt und über die Grenzen des Landes hinaus bekanntgewordener Doktor, wird an Ort und Stelle die notwendige Hilfe leisten. Ach, überhaupt die Aussicht, in der Heimat all die alten Kumpane, Freunde wiederzutreffen, die vertraute Umgebung, die geliebte Landschaft wiederzusehen, beflügelt Schiller, und er steckt Lotte damit an.

Auf Anraten Frau von Lengefelds und natürlich im Einvernehmen mit Schiller, dessen Krankheit zu ständiger Sorge Anlaß gibt, wurde noch im Laufe des Frühjahrs 1793 eine wichtige Maßnahme zugunsten Lottes getroffen: Man kaufte sie ein in die Berliner General-Witwen-Kasse. Das bedeutete, daß Frau Schiller im Falle des Todes ihres Mannes mit einer Pension in Höhe von vierhundert Talern im Jahr rechnen durfte. Chère mère übernahm, zusammen mit Schwiegersohn von Beulwitz, die Kosten für den Einkauf in die Versicherung – abermals ein Signal, das Beulwitz der Schwiegermutter gab und mit dem er zum wiederholten Male seine unerschütterliche Loyalität zur Familie seiner Frau beweisen wollte.

Natürlich hatte auch er die zunehmende Vereisung von seiten Karolines registriert. Vielleicht handelte er mit der instinktiven Schläue des »Bären«, wenn er überall dort, wo es galt, seine reichen Mittel einzusetzen, einsprang, um damit die Verpflichtung der Familie ihm gegenüber zu verstärken. Zweifellos scheute er einen Eklat, ja, war er wohl sogar bereit, um den Preis der Vermeidung eines Skandals, seine Ehe mit Karoline auch als reine Formalität fortzuführen.

Durch dieses, mit selbstverständlicher Hilfsbereitschaft übernommene Engagement verpflichtete er sich auch Schiller ein weiteres Mal. Vermutlich würde er dessen freundschaftlicher Geneigtheit, im Zusammenhang mit dem Verhalten seiner Frau, schon bald bedürfen.

Erst nach einer durch den Arzt Dr. Stark und die Professoren Schütz, Reinhold, Paulus und den Dr. Mereau (Dr. der Rechte, der Philosophie, Universitätsbibliothekar in Jena) unterzeichneten Unbedenklichkeitserklärung bezüglich des Gesundheitszustands Schillers (!) wurde der Einkauf in die Kasse genehmigt.

Der Hauptteil der von der General-Witwen-Kasse ausgestellten Police lautet:

»Der Fürstliche Hofrat und Professor der Philosophie, Herr Johann Christoph Friedrich Schiller, alt 33 Jahr, versichert der Frau Louise Charlotte Antoinette geborene von Lengefeld, alt 26 Jahr, eine Pension von 400 Taler.

Das Antrittsgeld, welches der Frau Oberhofmeisterin Luise Eleonore Juliane von Lengefeld geborene von Wurmb verschrieben wird, beträgt . . . 368 Taler

Die Retardatszinsen davon pro			
3 Jahre à 4 proc.	44 T.	3 gr.	10 pf.
der erste halbjährige Beitrag	13 T.	8 gr.	– pf.
welche überhaupt mit	424 T.	11 gr.	10 pf.

in Golde eingesandt worden, nebst anliegenden Dokumenten:

1, des Mannes Taufschein

2, dessen Gesundheitsattest.

3, der Frauen Taufschein

4, der Kopulationsschein.

Berlin, den 3. April 1793

General-Witwen-Kasse
Naumann«

Dr. Stark erhoffte, als wichtigen Nebeneffekt zu Schillers Reise in die Heimat, eine Besserung der Beschwerden des Patienten, vor allem durch den längeren Aufenthalt im milderen Klima des Südens.

Auf das Gesuch um einen längeren Urlaub antwortete Herzog Karl August wohlmeinend-höflich: »Die Wiederherstellung Ihrer Gesundheit ist eines meiner lebhaftesten Anliegen. Möge Ihre vaterländische Luft Ihrer und meiner Hoffnung entsprechen.«

Nachdem Lottes Schwangerschaft zur Gewißheit geworden ist, fühlt sich Schiller von den Sorgen um die Gesundheit seiner Frau befreit. »Ich brauche oft den ganzen Beistand meiner Philosophie«, bekennt er Körner gegenüber, »um bei dem Anblick meiner leidenden Lotte, und beim Gefühl meiner eigenen, verfallenden Gesundheit frischen Mut zu behalten. Jetzt bin ich die Hälfte meines Leidens los, und aus der anderen, die mich selbst betrifft, mache ich mir jetzt auch viel weniger. Es ist mir, als wenn ich die auslöschende Fackel meines Lebens in einem anderen wieder angezündet sähe, und ich bin ausgesöhnt mit dem Schicksal.«

Zwei Wochen vor der Abreise schreibt er einen ersten Brief an den Herzog von Augustenburg, in dem er die Entwicklung seiner Gedanken über die objektiven Gesetze der Schönheit einleitet.

8. Reise nach Schwaben

»Die Liebe zum Vaterland ist sehr lebhaft in mir geworden ...«

(Schiller an Körner)

Endlich, Anfang August, bricht man auf zur Reise in Schillers Heimat, zunächst bis Nürnberg, wo man sich im »Gasthaus zum Roten Roß« mit Baggesens, die kurz vorher noch in Jena waren, trifft. Nach vier Reisetagen ist vor allem Lotte froh über eine Ruhepause. Es geht ihr überraschend gut. Erst drei Tage später wird die Fahrt fortgesetzt, über Ansbach und Feuchtwangen bis Heilbronn, wo im »Gasthof zur Sonne« Zimmer belegt werden. Heilbronn, die freie Reichsstadt, soll vorläufig Standort bleiben, bis Schiller weiß, ob er bei seiner Einreise ins Württembergische noch immer die Rache Karl Eugens zu fürchten hätte.

Zunächst kommen der Vater und Schwester Luise nach Heilbronn. Schiller und Lotte – die sich wohl fühlt – sind erstaunt über das Aussehen des siebzigjährigen Verwalters der Hofgärten auf der Solitude. Er biete »das Bild eines gesunden Alters und wer sein Alter nicht weiß, wird ihm nicht sechzig Jahre geben«, findet der Sohn.

Schwester Luise bleibt in Heilbronn, um den Schillers die Wirtschaft zu führen. Inzwischen erhält die Reisegesellschaft vom Stadtrat die Genehmigung zum erbetenen Aufenthalt; Herzog Karl Eugen aber antwortet nicht auf die Bitte Schillers um Einreiseerlaubnis. Wie man bald hört, soll er zum Wunsch seines ehemaligen Eleven gesagt haben, falls er nach Stuttgart komme, werde er ihn ignorieren.

Also trifft man, inzwischen einen Monat in Heilbronn, Vorbereitungen zum Aufbruch nach Ludwigsburg. Noch bevor man abreist, kommt Besuch: Frau von Beulwitz in Begleitung ihrer Schwägerin Ulrike v. Beulwitz. Seit Juni in Gaisburg, wo sie bei ihrer Freundin Frau von Senkenberg wohnt, macht sie in Bad Cannstatt Kur. Das war ein frohes Wiedersehen. Und da sich die Anzeichen für eine frühere Geburt mehren, ist Lotte glücklich, ihre Schwester bei sich zu wissen.

Zusammen reist man weiter nach Ludwigsburg, wo Freund Hoven eine Wohnung vorbereitet hat. Beruhigend für Lotte, daß sie in der Nähe des Arztes liegt, gleich neben der Post, im Haus des Büchsenmachers Emais.

Die Verbindung zur Familie auf der Solitude ist nun ganz eng. Und die Freundschaft zu von Hoven erneuert sich mit besonderer Herzlichkeit. Er oder seine Frau fehlen selten beim Mittag- oder Abendessen.

Knapp eine Woche ist vergangen, als Lotte die ersten Anzeichen für Wehen zu erkennen glaubt. Von Hoven muß kommen. Alle Maßnahmen, Vorbereitungen für eine schwere Entbindung, mit der der Arzt rechnet, werden getroffen.

Und so soll's schließlich verlaufen sein: Lotte liegt. Schiller und Karoline sitzen an ihrem Bett. Es wird Abend. Die Phantasie Schillers projiziert eine dramatische Entwicklung mit tragischem Ausgang. Er schickt seine Chaise – seit letztem Sommer besitzt er Wagen und Pferde – zur Solitude, läßt Mutter und Nanette holen. Auch Frau von Hoven hält sich bereit. Man wechselt sich ab, hört und registriert jede Bewegung in Lottes Bett. Die Zeit vergeht. Schiller läßt sich im Nebenzimmer aufs Sofa fallen. Er bittet um die Gunst des Himmels. Dann ist es soweit. Die Wehen erreichen ihren Höhepunkt, Hoven steht bereit – und entbindet die kleine, tapfere Lotte von einem strammen Jungen.

14. September 1793.

Es ist geschafft, und es war – entgegen den Befürchtungen – eine leichte Geburt. Man atmet auf, gratuliert der staunenden Mutter und ruft nach dem Vater. Nebenan soll er sein. Frau von Hoven nimmt das Neugeborene und trägt's über die Schwelle zum Vater. Doch statt des erwarteten Bildes, nämlich der zum Empfang des Kindes bereiten, geöffneten Arme, sieht man einen schlafenden Schiller in den Polstern liegen. Geweckt, zeigt er sich überglücklich. Wie's denn um Lotte stehe? Alles sei gut und glatt gegangen. Anlaß zu allgemeiner Dankbarkeit.

Gleich am nächsten Tag geht ein Stapel Briefe in die Post nebenan. Der stolze Vater verkündet die glückliche Geburt eines gesunden Sohnes. Und offenbar sind die Namen, die der Stammhalter tragen soll, bereits gewählt. »Ein kleiner Karl Friedrich Schiller ist da (nur Ludwig kam noch hinzu), groß und stark, die Mutter wohlauf, alles glücklich abgelaufen«, berichtet er.

Unter den Adressaten, die mit der Neuigkeit versorgt werden, ist auch

Charlotte von Kalb. Noch vor der Abreise der Schillers aus Jena hatte sich das Verhältnis zu ihr wieder normalisiert. Einen Hofmeister für ihren Sohn Fritz brauchte sie, und Schiller sollte ihr helfen, ihn zu finden.

Er hatte ihr den Livländer Gustav von Adlerskron vorgeschlagen, der unter einem angenommenen Namen eine Zeitlang in Jena studierte und der sich aufopfernd an der Pflege während Schillers Krankheit beteiligt hatte. Adlerskron war 1791 nach Stuttgart gegangen, um, wohl auch aus Geldmangel, an der Karlsschule des Herzogs Karl Eugen weiterzustudieren. Er versuchte dann auf verschiedene Weise eine Anstellung als Erzieher zu bekommen, bemühte sich um einen Posten beim österreichischen Heer, aber alles schlug fehl. Im Sommer 1793 tauchte er wieder im Württembergischen auf, lebte kurz bei Schillers Eltern und traf in Cannstatt Karoline wieder, die er von Jena her kannte.

Es entwickelte sich zwischen beiden eine heftige Romanze.

Zwar ist davon in Karolines Erinnerungen kein Wort zu finden, aber auch aus einem gefühlvoll-schwülstigen, nach Ludwigsburg gerichteten Abschiedsbrief Adlerskrons, den er von Leipzig aus, vor seiner Rückkehr nach Rußland, abschickte, kann dieser Schluß gezogen werden: »... Und hat die Gottheit ein künftiges Wiedersehen für Herzen, die einander gehören, bestimmt, oh, so hoffe ich, Dich doch wieder zu haben, Dir zu zeigen, meine Liebe war innig, aufrichtig und treu ... Empfange hier den letzten Abschiedskuß auf deutschem Boden.«

Die Leidenschaftliche, die im Alter bemüht war, sämtliche Spuren ihrer Affären zu vernichten, hat in dem durch Zufall erhaltenen Bruchstück eines Briefes an Adlerskron ihre Empfindungen nicht geleugnet.

In die Zeit dieses Sommers und Herbstes fielen allerdings auch ihre Bemühungen, sich von Beulwitz endgültig durch Scheidung zu trennen. Zunächst glaubten Chère mère und deren Schwiegersohn an eine Rückkehr Karolines. Aber, nachdem sie zuerst das schlimmer gewordene Gesichtszucken als Vorwand benutzte, wurde sie bald deutlicher. Seiner Schwiegermutter zuliebe wollte Beulwitz sogar eine Trennung ohne Scheidung akzeptieren; aber es sollte zu Ereignissen kommen, die auch für ihn diese Lösung unmöglich machten.

Aus der Hauslehrerstelle bei den Kalbs war natürlich nichts geworden.

Schiller wußte das und empfiehlt nun in dem Brief, in dem er die Geburt seines Sohnes Karl mitteilt, einen jungen Mann, den er kurz vorher kennengelernt hatte. »Einen jungen Mann habe ich ausgefunden«, schreibt er, »der eben jetzt seine theologischen Studien in Tübingen vollendet hat, und dessen Kenntnissen in Sprachen und den zum Hofmeister

Friedrich Hölderlin, 1792

erforderlichen Fächern alle die ich darüber befragt habe, ein gutes Zeugnis erteilen ... Er heißt Hölderlin und ist Magister der Philosophie ...«

Die Kalb nahm ihn. Von 1793 bis 1794 war er bei ihr Hauslehrer.

Zehn Tage nach seiner Geburt wird Karl in der Ludwigsburger Wohnung getauft. Anwesende Paten sind Schillers Eltern, die Frau des Doktors von Hoven und dessen Vater, der Hauptmann von Hoven. Als abwesende Paten werden genannt: die regierende Herzogin Luise von Sachsen-Weimar, der Koadjutor von Mainz, Freiherr Carl von Dalberg – dessen Vornamen der Sohn erhält – und Frau von Lengefeld. Lotte geht es gut. Sie soll sich schonen, aber es drängt sie, ihren Sohn zu versorgen, sich mit ihm zu beschäftigen.

Schillers Befinden hat sich nicht geändert. »Die vaterländische Luft will noch gar keine Wirkung zeigen«, klagt er Körner. Im übrigen findet er zunächst wenig geistige Anregung; hin und wieder empfängt er Besuch – allein mit von Hoven pflegt er regelmäßigen Verkehr.

Aus dem »schwäbischen Versailles« der frühen siebziger Jahre, dem Ludwigsburg vor der Übersiedlung des Herzogs nach Stuttgart 1775, war das »Grasburg« der neunziger Jahre geworden, das, nach einstigen zwölftausend Einwohnern, nur noch etwa fünftausendvierhundert zählte. Karl Eugen ließ die Stadt verkommen.

Eine ausgefallene, ihm Vergnügen bereitende Abwechslung gönnte sich Schiller, wenn es ihm gutging, einige Male: Er übernahm von seinem alten Lehrer Jahn ein paar Stunden Unterricht.

Den Schülern schien das zu gefallen; besonders, weil er nie versäumte, Geschichten zu erzählen, was die Kinder zu atemloser Aufmerksamkeit brachte.

Kurz vor dem Tod des Herzogs Karl Eugen von Württemberg, am 24. Oktober 1793, kehrt Wilhelm von Wolzogen überraschend aus Paris zurück. Monatelang hatte man nichts von ihm gehört, hatte sich beunruhigt gezeigt.

Fluchtartig habe er den Beobachtungsposten, den er im Auftrag des Herzogs in Paris – an Stelle des geflohenen Barons Rieger – innegehabt, verlassen müssen. Mit Glück sei es ihm gelungen, sich gerade noch in Sicherheit zu bringen. Karoline empfängt ihn mit offenen Armen, teilt sich ihm mit, findet Verständnis, Verehrung, weckt Verlangen. Wilhelm sieht endlich die Liebe seines Lebens sich erfüllen. Zunächst aber will er sich den Lohn für seine gefährliche Arbeit vom Herzog holen. Er rechnet auf eine Pfründe, einen lohnenden, einträglichen Posten. Doch der mögliche Gönner stirbt, noch bevor er sein Gesuch anbringen kann. Mit dem Ableben des Landesfürsten muß er wohl seine Hoffnungen auf Belohnung begraben, denn beim Nachfolger blitzt er ab. Die von ihm angeführten, angeblich in Paris für Karl Eugen erledigten gefährlichen Geschäfte glaubt man ihm nicht. Im Gegenteil, man unterstellt, er habe sich in der französischen Metropole, auf Kosten der Landeskasse, einen guten Tag gemacht.

Nimmt er, um weiter existieren zu können, wieder einen Geheimauftrag an? Es scheint so. Im März 1794 geht er in die Schweiz, wo ein Verbindungsmann des Nationalkonvents arbeitet. Karoline geht mit.

Die Leiche Karl Eugens wird nachts in die Gruft des Ludwigsburger Schlosses überführt. Beim Anblick dieses Zuges steigen in Schiller noch einmal die Bilder seiner Jugend auf. Wenn auch die Karlsschule eine harte Zeit für ihn war, so weiß er heute doch, daß dort das Fundament zu seinem Wissen, zu seiner Bildung gelegt wurde und daß, abgesehen vom unmenschlichen Reglement, einige der Lehrerpersönlichkeiten des Instituts ihre überdurchschnittlichen Fähigkeiten mit großem Gewinn für die Studierenden ausübten.

Der Umgang mit dem Großbürgertum, mit dem Adel, der Vorzug, die Förderung, das Wohlwollen, das er allenthalben in diesen Kreisen genoß, hatte Schiller im Laufe der Jahre milder gestimmt, dem einstigen Schinder Karl Eugen gegenüber. Die Schrecken der Internatsjahre waren verblaßt.

»Der Tod des alten Herodes«, berichtet er Körner, »hat weder auf mich noch auf meine Familie Einfluß, außer, daß es allen Menschen, die unmittelbar mit dem Herrn zu tun hatten, wie mein Vater, sehr wohl ist, jetzt einen Menschen vor sich zu haben. Das ist der neue Herzog in jeder guten und auch in jeder schlimmen Bedeutung des Wort's.« Der neue Herzog ist der Bruder des alten, Ludwig Eugen.

Der Karlsschule macht Schiller einen Besuch, als er Ende Oktober zum ersten Mal nach Stuttgart fährt. Intendant Seeger führt ihn durch das vertraute Gelände, durch Räume, die sich ihm erinnerungsträchtig erschließen. Im Speisesaal wird er von den Schülern mit einem vierhundertstimmigen »Vivat« begrüßt.

Im April des folgenden Jahres wird Ludwig Eugen die Karlsschule auflösen lassen. Es wird sie nicht mehr geben.

Auch in seiner Ludwigsburger Heimat kann Schiller nachts, wenn die Schmerzen erträglicher werden, am besten arbeiten. Neben den »ästhetischen Briefen«, die er weiter an den Herzog von Augustenburg richtet, beschäftigt er sich, bei zunehmender innerer Anteilnahme, mit einem neuen Stück: »Wallenstein«.

Lotte ist wieder munter und gesund. Der kleine Karl hatte, eines zunächst gefährlich scheinenden Durchfalls wegen, Aufregung verursacht. Ein Ernährungsfehler – schließlich ohne Folgen.

Zwischen Ludwigsburg und der Solitude herrscht nun reger Verkehr. Die Chaise, oft unterwegs, bringt und holt die jungen und die alten Schillers. Der Vater schenkt seinem Sohn zum Geburtstag, zum 10. November, sein Bild in Öl, gemalt von der Stuttgarter Künstlerin Ludovica Simanowitz, die später auch Schiller und Lotte porträtiert.

Der Tübinger Verleger Cotta knüpft, durch einen Mittelsmann, erste Verbindungen.

Heiligabend feiern Schillers vor einem stubengroßen Baum mit den Hovens zusammen. Der Arzt schildert den Anblick, der sich ihm bot, als er ins Zimmer trat. »Am Weihnachtsabend kam ich zu ihm und was sah ich da? Einen mächtig großen, von einer Menge kleiner Wachskerzen beleuchteten und mit vergoldeten Nüssen, Pfefferküchlein und allerlei Zuckerwerk aufgeputzten Christbaum. Vor ihm saß Schiller ganz allein, den Baum mit heiter lächelnder Miene betrachtend, von seinen Früchten herunternaschend. Verwundert fragte ich ihn, was er da machte? ›Ich erinnere mich meiner Kindheit‹, erwiderte er, ›und freue mich, die Freude meines Sohnes zu antizipieren. Der Mensch ist nur einmal in seinem Leben Kind, und er muß es bleiben, bis er seine Kindheit auf ein anderes fortgeerbt hat.‹«

Wie weit Schiller sich inzwischen innerlich von der einst so verehrten und für unabkömmlich gehaltenen Karoline entfernt hatte, zeigt seine Reaktion auf die mehrfachen Bitten des Schwagers von Beulwitz, sich zu dem Scheidungswunsch seiner Frau zu äußern.

Mit Lotte hatte es anhaltende Diskussionen gegeben. In ihr kämpften zwei Meinungen miteinander. Einmal wünschte sie ihrer Schwester die ersehnte Befreiung von der Bindung an den Ungeliebten, zum anderen fürchtete sie für den Zuschuß von der Mutter, der ihr zweifellos verlorenginge, wäre auch Karoline noch mitzuversorgen. Beide Kinder ausreichend zu unterstützen, war Chère mère nicht möglich.

Erst im Januar ringt sich Schiller eine Stellungnahme zu dieser »fatalen Materie« ab. Er rät schlichtweg zur Scheidung. Ja, er wird durchaus deutlich. Beulwitz sei schließlich noch zu jung, um sich auf die Dauer den »Phantasien einer kränklichen Frau« zu opfern... »Es ist gewiß das Beste, ein Verhältnis ganz aufzuheben, das so wenig Bestand in sich hat und eine Quelle so vieler Verdrießlichkeiten ist.«

Um diese Zeit lebt Karoline noch bei Schillers in Ludwigsburg. Zweifellos war das Zusammensein nicht ohne Spannung.

Im März ziehen Schillers nach Stuttgart ins Hofküchen-Gartenhaus. Ein anregender Umgang mit früheren Freunden beginnt. Neben Dannecker, der an der später berühmt gewordenen Schillerbüste arbeitet, trifft man bei dem aufgeschlossenen Kaufmann Gottlob Heinrich Rapp – übrigens dem Schwiegervater des Bildhauers –, der in Stuttgart einen kulturellen Mittelpunkt bietet, Künstler und Gelehrte, darunter ehemalige Akademisten. Dieses geistige Klima behagt Schiller schon eher. Und mit der höhersteigenden Sonne bessert sich auch sein Leiden vorübergehend.

Johann Friedrich Cotta,
Freiherr von Cottendorf,
Buchhändler und Verleger

Nachdem er von Ludwigsburg aus schon einmal, zusammen mit Hoven, die Bekanntschaft Cottas gemacht hatte – die Tübinger boten ihm auch eine Professur an, die er ablehnte –, kommt es nun zu einem gemeinsamen Ausflug mit dem Buchhändler-Verleger nach Untertürkheim. Die beiden, Kenner und Liebhaber des schwäbischen Weines, haben sich an diesem Tag zweifellos unter die sogenannten »Vierteles-Schlotzer« gemischt, für die der Wein, wie etwa für die Franzosen, zur täglichen Selbstverständlichkeit gehört. Von einem frischen Trollinger oder einem kräftigen, charaktervollen Lemberger ließen sie sich zu hochfliegenden Plänen anregen: Cotta brachte die Idee zu einer »Allgemeinen Europäischen Staatenzeitung«, Schiller dachte an eine literarische Monatsschrift, der er den Titel »Die Horen« geben wollte.

Es ist Mitte Mai 1794, als die Schillers mit Söhnchen Karl, nach neun Tagereisen, wieder in Jena eintreffen.

9. Schillers und ihre Freunde – Weimar

»... Schillers Anziehungskraft war groß, er hielt alle fest, die sich ihm näherten... Seine Gattin, die ich von ihrer Kindheit auf zu lieben und zu schätzen gewohnt war, trug das Ihrige bei zu dauerndem Verständnis...«

(Aus Goethes Bericht über den Beginn seiner Freundschaft mit Schiller)

Karoline hatte durch ihre Reise in die Schweiz, an der Seite Wilhelm von Wolzogens, für einen Fait accompli gesorgt. Mit dieser Entscheidung, die in den Augen der Familie einem Skandal gleichkam, waren auch die letzten Fäden zur Aufrechterhaltung einer Pro-forma-Bindung an Beulwitz gekappt.

Karoline muß, halb verzweifelnd, halb nach vorn flüchtend, gehandelt haben. Sie verband sich mit einem Mann, der zu jener Zeit, selbst in den Augen seiner Freunde, als unsicherer Kantonist galt, keine solide Stellung, kein festes Einkommen besaß. Zwar hatte sie ihn stets gemocht, aber nie geliebt, oder gar leidenschaftlich gewollt, wie vorher Schiller und Dalberg. Allerdings vertraute sie ihm und glaubte – im Gegensatz zu den meisten, die ihn kannten – in ihm die Fähigkeit zu geschickter Menschenführung entdeckt zu haben, zu einer Art kluger, einfühlsamer Menschenbehandlung, mit deren Hilfe es ihm früher oder später gelingen müßte, seinen Weg zu machen. Karoline sollte recht behalten.

Jetzt jedenfalls will sie all den Ärger, die Enttäuschungen, die Kränkungen vergessen. Jetzt sehnt sie sich nach Verständnis, nach einem bißchen Glück, nach Wärme. Jetzt zwingt sie sich, die gültigen Kriterien von Stand und Moral zu übersehen; jetzt läßt sie sich einhüllen in das wohlige Gefühl des Geliebtwerdens – ganz und ohne Vorbehalt.

Briefe, so bittet Wolzogen Schiller, der seit Mitte Mai zurück in Jena

Wilhelm von Wolzogen,
Sohn Henriette von Wolzogens

ist, möge er postlagernd an den Architekten Neuhaus, Schaffhausen, adressieren. Unter diesem Namen war er vermutlich gereist, hatte mit Karoline einige Monate in Stein am Rhein gelebt – wovon, wußte niemand.

Im Sommer kehrten sie zurück nach Ludwigsburg, von dort nach Thüringen. Die Freundschaft zwischen Schiller und Wolzogen trübte sich nicht. Dagegen entwickelte sich ein gespanntes Verhältnis zwischen Chère mère und Lotte auf der einen und Karoline auf der anderen Seite. Frau von Lengefeld wünschte sich Wolzogen weit weg nach Stuttgart oder in die Schweiz. Sie mochte ihn nicht, er sei umtriebig und unzuverlässig; sie sah in ihm den Verführer ihrer Tochter, mitschuldig an diesem Skandal eines Zusammenlebens noch vor der ausgesprochenen Scheidung.

Nun, Wolzogen hatte vor, so schnell wie möglich zu heiraten, und er war auch durchaus dafür, irgendwo im Süden seine Zelte aufzuschlagen; denn er bat den, von dem er eine Anstellung erhoffte, nämlich den Herzog Ludwig Eugen von Württemberg, um die Heiratserlaubnis mit »der verwitweten Frau Vicekanzlerin von Beulwitz«. Der schnellen Abwicklung wegen und um seiner Frau nicht noch zusätzliche Umstände in Rudolstadt bereiten zu müssen, nahm er den Schwindel mit der falschen Angabe des zivilen Standes seiner Zukünftigen auf sich.

Die Scheidung wurde im August ausgesprochen. Am 1. September traf die Heiratserlaubnis ein. Ende September sollte Hochzeit auf seinem Gut in Bauerbach gefeiert werden.

Auf der Reise dorthin möchte man in Jena die Schillers besuchen. Doch es kommt nicht dazu. Man trifft Humboldts, die, kurz vor der Rückkehr der Familie Schiller von der Reise nach Schwaben, in Jena eingezogen waren. Wollten Lotte und ihr Mann das noch unverheiratete Paar nicht in den eigenen Räumen empfangen? Der »Kleinen Dezenz« wäre dies zuzutrauen gewesen. Man hört sie förmlich rufen: »Das schickt sich nicht!« Dieses Mal aber täte man ihr unrecht, denn sie war gar nicht in Jena. Lotte hütete ihr Söhnchen Karl in Rudolstadt und Ezelbach bis Ende September, um es vor drohender Pockenansteckung in Jena zu bewahren. Und Schiller lebte, als Gast Goethes, gerade für vierzehn Tage in Weimar.

In Stuttgart sind inzwischen die Franzosen. Die Wolzogens sind also gezwungen, zunächst in Bauerbach zu bleiben; aber auch dorthin dringen Truppen der französischen Armee. Wolzogen will kein Risiko eingehen, er verläßt sein Gut und reist mit Karoline dahin, wo er sich bereits auskennt: nach Stein am Rhein, in die Nähe Schaffhausens. Vermutlich hat er von dort aus, um leben zu können und in Verbindung mit seinen früheren Auftraggebern, wieder an der Erfüllung von geheimen Missionen mitgewirkt.

Am 20. September 1795 wird zu Burg bei Stein am Rhein Adolf Karl Wilhelm von Wolzogen geboren. Über die näheren Umstände der Geburt dieses von Karoline sehnlichst herbeigewünschten Kindes ist nichts bekannt. Eingetragene, aber nicht anwesende Taufpaten – etwa zehn Tage später: Leutnant Ludwig von Wolzogen (ein Bruder Wilhelms) und Frau von Lengefeld (Chère mère).

Die Ehe mit Wilhelm von Wolzogen brachte eine innere Beruhigung in Karolines Leben. Ein ausgeglicheneres seelisches Klima, gewiß auch durch die Mutterschaft erzeugt, führte zu körperlichem Wohlbefinden, wirkte befreiend, erlösend. Das Gesichtszucken zum Beispiel, unter dem sie seit ihrer Bekanntschaft mit Beulwitz gelitten hatte, verging ganz.

Erst als Klein Adolf reisefähig wird, verläßt man die Schweiz wieder. Vom Gut Bauerbach aus bemüht sich Wilhelm nun in verschiedenen Richtungen um eine Stellung.

In Stuttgart hatte er vergeblich antichambriert, und auch der Herzog von Meiningen zeigte sich nicht in der Lage, ihm einen Posten zu bieten. Aber am Hofe Karl Augusts von Weimar, wohin es Karoline und auch ihn eigentlich am meisten zog, ergab sich, nach Fürsprache Schillers und Goethes, der Posten eines Kammerrates. Und hier zeigte sich sehr bald, daß Wilhelm dem Leben am Hof gewachsen war, daß er seine Umgebung

Karoline von Wolzogen, geschiedene von Beulwitz, geborene von Lengefeld, Lottes Schwester

zu »behandeln« wußte. Dem gelernten Architekten wurde die Leitung des Neubaus des neuen Schlosses übertragen.

Schon der erste Eindruck, den Karoline bei ihrem Aufenthalt in Rudolstadt, bis zur Weiterreise nach Bauerbach, gemacht hatte, war überraschend positiv gewesen. Es muß Chère mère wohlgetan haben, festzustellen, wie gutaussehend, wie ausgeruht und zufrieden ihre Tochter wirkte. Und sie war insgesamt umgänglicher, verträglicher geworden. Beruhigt, fast begeistert, berichtete Frau von Lengefeld ihre Beobachtungen nach Jena.

Mit der Anstellung ihres Mannes in Weimar war natürlich ein heißersehnter Wunsch Karolines in Erfüllung gegangen. Sie kam nun wieder in die Nähe ihrer Schwester, Schillers und ihrer Mutter. Die gesamte geistig-gesellschaftliche Atmosphäre des »Musenhofes« entsprach ihrem Wesen, barg für sie alle Möglichkeiten, Verstand und Gefühl einzusetzen, Resonanz zu finden.

Die Mutterschaft hatte sie verändert. Das fanden auch Schillers. Sehr schnell stellte sich das alte, gute Verhältnis wieder her. Ja, Schiller, der sich mit Karolines Roman »Agnes von Lilien«, den sie größtenteils während ihrer Kur in Bad Cannstatt geschrieben hatte, beschäftigte, nahm dieses Werk in Fortsetzungen in die unter seiner Redaktion entstandene Monatsschrift »Die Horen« auf. Diesen Roman übrigens, der Karoline in der literarischen Welt jener Zeit bekannt machte, schrieben die Brüder Schlegel ursprünglich Goethe zu, nachdem er in den »Horen« 1796/97 anonym erschienen war. Später machte Wolzogen förmlich Karriere in Weimar. Er erhielt, als Geheimer Rat, die Führung der auswärtigen Politik und besorgte bald die diplomatischen Geschäfte des Landes, vor allem mit Rußland und Frankreich. Karoline hatte mehrfach das Vergnügen, ihn auf seinen Reisen nach Paris begleiten zu dürfen. In ihrer lebhaften Interessiertheit knüpfte sie überall Fäden, holte sich Anregungen, vermittelte Eindrücke und korrespondierte bald mit Schriftstellern und Künstlern in aller Welt.

Als Schillers Mitte Mai 1794 aus Schwaben nach Jena zurückkehrten, zogen sie in die neue, von Schiller bereits aus der Ferne gemietete Wohnung, Unterm Markt 1, ganz in der Nähe des inzwischen von Humboldts bewohnten Quartiers.

Mit Wilhelm von Humboldt, der zunächst aus dem preußischen Staatsdienst ausgeschieden war und mit seiner Frau Karoline auf einem der Güter der Familie von Dacheröden gelebt hatte, entwickelte sich in Jena eine herzliche Freundschaft. Es war der Gleichklang der Interessen, der Wunsch Humboldts, Schiller nahe zu sein und umgekehrt, die Schiller befruchtende Art der Auseinandersetzung mit dem klassischen Griechentum, mit philosophisch-ästhetischen Themen in anregenden Gesprächen mit dem jungen Gelehrten.

Oft saßen die beiden mehrmals am Tage und meist bis in die Nacht hinein zusammen. Schiller hielt keine Vorlesungen mehr. Als sein Nachfolger für Geschichte war Professor Woltmann aus Göttingen nach Jena berufen worden. Infolge der oft und meist unverhofft auftretenden Krankheitsanfälle hatte eine Lösung gefunden werden müssen. Die Miterhalter der Universität waren sich in der beschlossenen Erleichterung für Schiller einig geworden.

Auch für Lotte war die Nachbarschaft zu Karoline von Humboldt, der geborenen von Dacheröden, eine willkommene Abwechslung im Jenaer Einerlei. Zwar hatte sie mit dem kleinen Karl vollauf zu tun, trotzdem, auch Besuch, ob aus Weimar, Rudolstadt oder sonstwoher, wurde stets gern gesehen. Denn Lottes Aufgaben waren ja mit denen einer Hausfrau heute überhaupt nicht zu vergleichen. Neben einer Jungfer für ihre persönlichen Belange half ihr die tüchtige Magd Christine Wenzel, die man aus Schwaben mit nach Jena gebracht hatte; um den kleinen Karl kümmerte auch sie sich besonders gern.

Nachdem Schiller Cotta gegenüber die Mitarbeit an einer »Allgemeinen Europäischen Staatenzeitung« endgültig abgelehnt, statt dessen sich aber für die Herausgabe der literarischen Monatsschrift »Die Horen« besonders stark gemacht hatte, galt es nun, die besten Köpfe zur Mitarbeit zu gewinnen. Einer der ersten, an die Schiller sich wandte, war Goethe – und er sagte zu. »Ich werde mit Freuden und von ganzem Herzen von der Gesellschaft sein«, antwortete er schon eine Woche später.

Das für Schillers weiteres Lebenswerk entscheidende Ereignis jedoch fand Ende Juli dieses Jahres statt.

Aus Goethes Bericht wissen wir: Er und Schiller hatten an einer Tagung der Naturforschenden Gesellschaft in Jena, als deren Ehrenmitglieder, teilgenommen und verließen zufällig beide zugleich das Gebäude.

Man hatte sich wohl nur flüchtig begrüßen wollen, doch auch die äußeren Umstände begünstigten ein Zusammenbleiben. Das Wetter lockte zum Verweilen. Und nun standen beide im gleißenden Sonnenlicht einander gegenüber. Also sprachen sie miteinander, gerieten in ein Gespräch, in dem sie sich festhakten. Beide waren der Ansicht, daß so, wie eben erlebt, die Darstellung der Natur für den Laien nicht faßbar, nicht einleuchtend erscheinen könne. Über den richtigen Weg dahin dachten dann beide allerdings ganz unterschiedlich.

Während sie, wie man annehmen darf, langsam den Marktplatz überquerten – der hagere, hochgewachsene Schiller ein wenig nach vorn gebeugt, gesenkten Kopfes, im abgehackten soldatisch-steifen Stechschritt, den grauen, dreiviertellangen Überrock mehr schleppend als tragend, neben dem mit den Jahren ein wenig runder gewordenen Goethe, dem »Geheimrat mit dem Doppelkinn«, wie Frau von Stein ihn inzwischen nannte, in blaugrauer, kleidsamer Samtrobe –, entwickelte Goethe seine Idee, die Natur »wirkend und lebendig, aus dem Ganzen in die Teile strebend« darzustellen.

Vor Schillers Haus angekommen, entschließt sich der Meister überra-

Goethe um 1800

schend mit hineinzugehen. Man muß – über eine steile Wendeltreppe, die statt des Geländers nur einen Strick zum Festhalten bietet –, oben angekommen, ziemlich außer Atem gewesen sein, als man in Schillers Arbeitszimmer eintritt. Ein freundlich möblierter, heller, mittelgroßer Raum mit Fenstern zum Markt; voller Bücher und Papiere, zum Studieren, Nachdenken, Schreiben geradezu herausfordernd.

Zweifellos: Eine Mischung aus Freude, Neugier und Erwartung dürfte Schiller die sonst bleichen, eingefallenen Wangen gerötet haben. Fühlte er sich über die bisher gezeigte Unnahbarkeit des Meisters brüskiert, verletzt, so sieht er jetzt plötzlich die Erfüllung eines insgeheim lange gehegten Wunsches, den Olympier in seinem Studierzimmer zu wissen. Die oft empfundene Bitterkeit über das Verhalten Goethes hatte ihm den klaren Blick für dessen außergewöhnliche Größe, für dessen Universalität nicht trüben können. So nimmt man denn wohl Platz auf den Stühlen neben dem Schreibtisch, inmitten eines Raumes, dessen Atmosphäre dem Geheimen Rat behagt haben dürfte.

Er fährt fort in der Erläuterung seiner Vorstellungen vom »Epos des Werdens der höheren Gewächse«, von der Metamorphose der Pflanzen. Mit Genugtuung registriert er die wache Anteilnahme Schillers. Und um sein Bild von der darzustellenden Materie noch deutlicher zu machen, wirft er mit ein paar Strichen eine symbolische Pflanze aufs Papier.

Goethe deutet die Aufmerksamkeit seines Zuhörers schon als dessen Zustimmung zu seinen Ausführungen, ist daher um so überraschter, als der kopfschüttelnd bemerkt, dies alles sei doch Idee und keine Erfahrung.

Der Meister ist ebenso erstaunt wie ärgerlich, würfe am liebsten die Feder hin, verließe den Raum grußlos, wortlos. Hat er's nötig, sich zum Narren halten zu lassen?

Doch irgend etwas im Benehmen Schillers hält ihn zurück – und ganz ohne sind dessen Argumente auch nicht. Lohnte es sich vielleicht doch, darüber zu debattieren?

Schiller bemerkt natürlich die Reaktion bei Goethe. Er will es einerseits nicht auf die Spitze treiben, andererseits kommt ein Einlenken aus Gründen der Opportunität nicht in Frage. Er vertritt seinen Standpunkt, formuliert jedoch begütigend, versöhnlich; im Hinterkopf den Gedanken an die versprochene, so wichtige Mitarbeit Goethes an den »Horen«, die er sich keinesfalls verscherzen will.

Also kämpft man weiter miteinander. Doch man merkt bald, daß es hier und zu dieser Stunde keine Einigung geben wird.

Man kann nur vertagen.

Dann, noch während Goethe wohl die letzten steinernen Stufen der dunklen Wendeltreppe hinabsteigt, dürfte Lotte in der Tür erschienen sein, mit der bangen Frage nach dem Verlauf dieser überraschenden Zusammenkunft.

Schiller, sichtbar erschöpft, doch gewiß noch eines triumphierenden Lächelns fähig, nennt das Thema des Streitgespräches, kennzeichnet die Denkweise seines hohen Gastes. Er selbst habe nicht schlecht abgeschnitten, ja, er hoffe, dem Meister ein wenig Respekt eingeflößt zu haben. Es könnte aber auch sein, daß er verärgert sei. Sie hätten beide ihre

Auffassungen hartnäckig vertreten. Einen »Sieger« habe es nicht gegeben...

Das war der Beginn einer Freundschaft zwischen den beiden Großen, die fortdauern sollte bis zu Schillers Tod.

Goethe selbst berichtete darüber: »... Der erste Schritt war jedoch getan. Schillers Anziehungskraft war groß, er hielt alle fest, die sich ihm näherten; ich nahm teil an seinen Absichten und versprach zu den ›Horen‹ manches, was bei mir verborgen lag, herzugeben. Seine Gattin, die ich von ihrer Kindheit auf zu lieben und zu schätzen gewohnt war, trug das Ihrige bei zu dauerndem Verständnis; alle beiderseitigen Freunde waren froh, und so besiegelten wir, durch den größten, vielleicht nie ganz zu schlichtenden Wettkampf zwischen Objekt und Subjekt, einen Bund, der ununterbrochen gedauert und für uns und andere manches Gute gewirkt hat.«

Es gibt den einzigartigen Brief Schillers an Goethe, vom 23. August 1794, in dem er ihm mitteilt, auf welche Weise er ihn zu verstehen sucht; in dem er, nach der Annäherung, die Gelegenheit benutzt, ihm und sich selbst einen Begriff von der Persönlichkeit des Freundes zu vermitteln. An Körner schrieb er: »Bei meiner Zurückkunft (aus Weißenfels, wo er sich in Begleitung Humboldts mit Körner getroffen hatte) fand ich einen sehr herzlichen Brief von Goethe, der mir nun endlich mit Vertrauen entgegenkommt...« Und seiner Frau nach Rudolstadt, wo sie mit Karl bei der Mutter im Schloß wohnt (nach der Scheidung Karolines war Chère mère ganz ins Schloß gezogen), berichtet er: »Die Stein hat mir dieser Tage geschrieben, daß Goethe kürzlich bei ihr gewesen, welches mir unerwartet gewesen ist. Von allen Orten her erfahre ich jetzt wie sehr sich Goethe über die Bekanntschaft mit mir freut. An Meiern in Dresden hat er, wie Körner schreibt, vieles darüber geschrieben und auch mit der Stein viel davon gesprochen.«

Der Kreis um Lotte, um die Lengefelds, galt seit langem als eine Gemeinde von Freunden und Bewunderern Goethes. Durch Frau von Stein war schon bei den jungen Mädchen Verehrung und Hochachtung für den Außergewöhnlichen geweckt worden. Und ein besonders herzliches Verhältnis zwischen Lotte und dem Meister, der sie seit ihrer Kindheit Lolo nannte, hatte in ihr seit Jahren den Wunsch nach einem engeren Verhältnis zwischen ihrem Mann und ihm genährt. Auch die fast erfrorene Beziehung Charlotte von Steins zu Goethe – inzwischen sah man sich doch hin und wieder und war um Wahrung der Form bemüht – änderte nichts an der Einstellung der Schwestern Lengefeld zu Goethe. Man bedauerte allenfalls seine »elenden häuslichen Verhältnisse«, womit man wohl die sanfte Diktatur des »Liebchens« Christiane bezeichnen wollte. Hier allerdings war zumindest Lotte ganz auf der Seite ihrer Patin Stein. Karoline – in Kürze Karoline von Wolzogen – urteilte großzügiger.

Nun hatte sich die erhoffte Wendung ergeben. Die beiden Männer sollten »nach einem so unvermuteten Begegnen miteinander fortwandern«.

Was sie einander geben konnten, war viel. Vom Schöpfer einer neuen Ästhetik durfte Goethe auf unerwartete Impulse hoffen. Die Natur als eine organische Einheit von Geist und Materie betrachten zu lernen, sollte für Schiller eine Erfahrung werden.

Im Mittelpunkt des Zusammenwirkens beider sollten aber vor allem schöpferisch-künstlerische Bemühungen stehen, zu denen sich beide gegenseitig anfeuerten.

Beim zweiten Kind der Humboldts, dem kleinen Bill, wurden zur Herbeiführung einer Immunität gegen andere Krankheitserreger die Pocken geimpft; aus Angst vor Ansteckung nahm Lotte ihren Karl und wich nach Rudolstadt aus. Chère mère war glücklich über diesen Besuch, hatte sie doch endlich wieder ihr Lolochen mit dem Enkelsohn ganz für sich.

Fast ein Jahr ist er nun alt, hat mit dem »Zahngeschäft« zu tun und benimmt sich so rücksichtslos wie nur möglich.

Am Laufband versucht er zu gehen, was aber noch meist mit Stolpern und Fallen auf alle viere endet. Doch er bleibt hartnäckig am Seil, immer wieder zieht er sich hoch, knickt ein, fällt um, steht auf und lacht und weint. »Papa« kann er schon sagen, und fragt man nach der Großmama, so legt er sein »Köpfgen« artig an die Chère mère. Zu Komplimenten ist er nicht bereit; viel eher zum Schlagen. Ja, vor Rang und Namen zeigt er wenig Respekt. Neulich mußte die Herzogin daran glauben; er verpaßte ihr ganz überraschend eine saftige Ohrfeige.

Der kleine Bill muß wegen Erfolglosigkeit beim ersten Mal ein zweites Mal geimpft werden. Während Lotte also weiter in Rudolstadt (kurze Zeit auch in Ezelbach bei von Gleichens) bleibt, wird Schiller nun der Einladung Goethes nach Weimar folgen.

»Ich lege Dir eine englische *Iphigenia* bei, die mir Goethe gestern geschickt hat«, schreibt er, noch aus Jena nach Rudolstadt. »Sie wird Dir Freude machen. Auch ist an die kleine Maus (Kosename für Lotte) noch ein anderes Geschenk gekommen, das sie aber erst finden kann, wenn sie nach Jena kommt.« Dieses Geschenk, ein zu Lottes Stubeneinrichtung passender Tisch, stammte von Goethe. Er hatte Frau von Stein gebeten, diesen Auftrag für ihn ausführen zu lassen.

Schiller sollte nun vierzehn Tage im Hause Goethes in Weimar verbringen. Was seine »Krankheitszufälle«, seine Krämpfe betraf, die ihn unvermindert überfielen, ihn hemmten, ihm körperliche Pein bereiteten, so hatte er vorgewarnt. Man möge ihn doch ganz außerhalb der häuslichen Ordnung lassen, denn man könne bei ihm nie, auch den Tag über, mit Sicherheit auf eine bestimmte Stunde zählen.

Goethe richtete sich ganz nach seinem Gast. In drei ihm überlassenen Zimmern bot er ihm die notwendige Behaglichkeit, ließ er ihn nach seinen Wünschen schalten und walten. An den Gesprächen und den gemeinsamen Lektüren nahm mehrmals auch Humboldt teil. Er hatte Schiller nach Weimar begleitet.

»An Goethes Seite begann für Schiller eine neue und schönere Jugend«, sagt Karoline von Wolzogen in ihrer Schillerbiographie; aber auch umgekehrt war der Einfluß bedeutend.

Nach seiner Italienreise hatte Goethe eine Art Isolierung gespürt, sich oft unverstanden gefühlt, war unzufrieden mit sich und seiner Umgebung gewesen. Das änderte sich nun. »Die öftere Auswechslung der Ideen« gab auch ihm neuen Schwung, neuen Antrieb zu den vielfältigsten Plänen und zu deren Verwirklichung. Sogar Einfluß auf Schillers Lebensweise übte Goethe aus. Ruhig und bestimmt veranlaßte er ihn zu mehr Verzicht auf die Einnahme von Aufputschmitteln, aufs Kaffeetrinken; übte sanften Druck auf seine Zeiteinteilung aus, sorgte für mehr Regelmäßigkeit. Und das hatte manchmal ein Nachlassen der Anfälle zur Folge.

Überrascht von sich selbst, berichtet er Lotte: »... Mein hiesiger Aufenthalt bekommt mir übrigens sehr gut. Stelle Dir vor, daß ich die zehn Nächte, die ich nun schon hier zugebracht habe, vortrefflich geschlafen habe, ohne durch Krämpfe gestört worden zu sein. ... Meine guten Nächte sind vielleicht meiner gänzlichen Enthaltung von Kaffee, Tee und Obst zuzuschreiben, und vermutlich auch dem ordentlichen Abendessen, wo ich immer Wein und niemals Bier trinke ...«

Bald ergab sich ein geselliges Hin und Her zwischen Weimar und Jena. Auch Humboldts waren einbezogen in den Rhythmus der Besuche und Gegenbesuche, und oft kam auch Heinrich Meyer mit, Goethes »Kunstgenoß« und Freund, der Zeichenlehrer und spätere Direktor der Zeichenschule, der seit 1791 mit in Goethes Haus lebte.

Das erste Heft der »Horen« erscheint Mitte Januar 1795. Die Zahl der namhaften Mitarbeiter an dieser Monatsschrift hat sich inzwischen auf sechsundzwanzig erhöht. Unter ihnen Goethe, Herder, Garve, Engel, Jacobi, Schulz, Gentz, Gleim, Schütz, Hufeland, beide Humboldts, Schlegel, der Koadjutor von Dalberg und Fichte, der seit Reinholds Weggang dessen Professur für Philosophie in Jena übernommen hat. Dieses Heft 1 muß zweimal mit je fünfhundert Exemplaren – nach einer Erstauflage von tausendfünfhundert – nachgedruckt werden. Ein überraschender Erfolg, der leider nicht anhält. Im Gegenteil: Auf Ende des Jahres hin »werden die ›Horen‹ von allen Seiten angegriffen«. Und Schiller denkt schon an eine Einstellung der Zeitschrift.

Auch mit dem für das Jahr 1796 vorbereiteten »Musenalmanach« hat er Ärger. Der Druck verzögert sich durch Machenschaften eines ungetreuen Geschäftsführers des Verlegers Michaelis in Neustrelitz. Ab dem Jahrgang 1797 (bis 1800) wird dieser Almanach dann bei Cotta erscheinen und damit in bewährter, zuverlässiger Hand liegen.

Und aus Tübingen war erneut ein Ruf an Schiller ergangen. Sein verehrter Lehrer aus Karlsschulzeiten, Professor Abel, bat ihn im Auftrag und zu günstigen Bedingungen. Er lehnt, des Herzogs wegen und auch Lotte zuliebe, die in ihrer Heimat bleiben möchte, ab. Kann aber über den Geheimrat Voigt, bei Erwähnung des Tübinger Angebots, die Zusicherung auf Verdoppelung seines Gehalts vom Herzog erwirken für den Fall einer durch Krankheit verursachten Arbeitsunfähigkeit.

Schiller erhielt nach wie vor zweihundert Taler im Jahr, was herzlich wenig war. Zwar las er nicht mehr, aber im Vorlesungsverzeichnis ist sein Name einundzwanzig Semester lang ausgewiesen. In Wirklichkeit waren es einige wenige.

Das Jahr 1795 bringt noch eine Veränderung, auch für Lotte, nämlich den Umzug der Schillers in das Haus Schloßgasse 17, das den Griesbachs gehört. Hier am Löbder Graben, nicht weit vom Schloß, ist alles weiträumiger, heller, luftiger. Eine Wohnung zum Wohlfühlen, muß auch Lotte gedacht haben, denn, abgesehen von den größeren, schöneren Räumen, geht der Blick aus den hohen Fenstern auf ein herrliches Panorama.

Ganz oben ein Giebelzimmer mit der Aussicht auf Wiesen, Äcker und ferne Höhenzüge. Schiller wählt sich's als Arbeitsplatz, und es wird, neben dem Gartenhäuschen, der Ort, an dem die Mehrzahl der Balladen entsteht, wo »Wallenstein« seine Vollendung findet. Später, im Frühling 1797 nämlich, kauft Schiller für 1150 Taler jenen großen Garten mit der kleinen, baufälligen Hütte, südwestlich der Stadt Jena, an der Leutra gelegen. Dieses Anwesen bot zwar einen herrlichen Ausblick auf die Landschaft ringsum und verwirklichte gewissermaßen Schillers langgehegten Traum vom Eigentum im Grünen, war aber viel zu hoch bezahlt worden. Die Hütte mußte gründlich gestützt und renoviert werden, der Garten war völlig verwildert.

Aber es war eine Zeit, in der die vermögenden Städter schon wieder hinaus aufs Land drängten, in der zum Beispiel Goethe mit dem Kauf des Gutes in Oberroßla liebäugelte, Wieland in Oßmannstedt Besitz erworben hatte. Schillers neues Eigentum am Jüdengraben sollte denn auch im ersten Sommer 1797 und für die folgenden zwei Sommer willkommene Zuflucht ins Freie werden. Eine zum bewohnbaren Häuschen ausgebaute Ruine auf der zur Leutra hin vorspringenden Ecke des Grundstücks wurde zu jener von Goethe zitierten, beliebten »Gartenzinne«, in der sich Lotte mit Schiller und oft auch Schiller mit Goethe besonders wohl fühlten.

Ende 1795, als die Attacken gegen die »Horen«, vor allem aus Kreisen besserwisserischer Fanatiker der verschiedensten Richtungen, einen Höhepunkt erreichen, als Schiller und Goethe gemeinsam überlegen, wie man sich wehren sollte, hat Goethe die Idee zu den Xenien, den »Gastgeschenken«, die nach dem Vorbild des Martial, eines römischen Satirikers, als Sinnsprüche, als literarische Spottgedichte Wirkung tun könnten.

Beide erwärmt der Gedanke, mit der Herausgabe einer solchen Sammlung von Epigrammen die Kritiker in die Schranken zu verweisen. Und sie übertreffen einander bald im Erfinden und Formulieren pointierter Sentenzen, in denen sie beziehungsreich und satirisch-trocken die Angriffe auf die neue Monatsschrift abzuwehren gedenken. »Ich bin sehr dafür, daß wir nichts Kriminelles berühren und überhaupt das Gebiet des frohen Humors so wenig als möglich verlassen«, läßt Schiller Goethe wissen, »sind doch die Musen keine Scharfrichter! Aber schenken wollen wir den Herren auch nichts!«

Man kann sich vorstellen, welchen Spaß beide beim Erdenken und Niederschreiben hatten. Das Giebelzimmer im Hause Nr. 17 der Schloßgasse soll gar nicht so selten vom Gelächter der beiden Herren gedröhnt haben, und angelockt davon, sei Lotte mit Karl auf dem Arm nach oben gekommen, um die Ursache für die Fröhlichkeit zu erkunden – denn natürlich wollte der »Lorbeerkranz«, die liebe Frau Griesbach, bald von Lotte wissen, was sich abgespielt hatte.

Goethe fuhr oft nach Jena; meist dann, wenn er dem Trubel der Residenz entfliehen wollte, Ruhe zum Arbeiten wünschte, und neuerdings, um Schiller zu besuchen.

Wie sich diese Visiten in der Regel abspielten, wissen wir aus einem sehr farbigen Bericht aus der Feder eines der Freunde Körners. Der entwirft etwa folgendes Bild:

Goethe steigt dann so gegen vier Uhr nachmittags die Treppe zum Giebelzimmer hinauf, tritt schweigend ein, setzt sich, liest oder zeichnet. Sehr bald kommt es zu dem von beiden gewünschten Gespräch, in dem sie sich gegenseitig zu Einfällen, Ideen, zu Betrachtungen und Wertungen inspirieren.

Dann springt plötzlich die Tür auf, geöffnet und zurückgestoßen vom kleinen Karl, der inzwischen groß und kräftig genug ist, dies zu tun. Peitscheschwingend und -schlagend stolpert er herein, und ehe man sich's versieht, hat Goethe einen Streich, einen Peitschenhieb überm Gesicht, auf den Schultern, im Nacken. Der springt natürlich auf, hebt den kleinen Mann und läßt ihn in der Luft zappeln. Er werde ihn »wurzeln« und eines Tages mit seinem »Kopf Kegel schieben«, droht er ihm an. Hat er ihn wieder abgesetzt, flüchtet Karl in die Arme seines Vaters. Der Kleine ist sein ein und alles. Er kann ihm nicht böse sein, zumal der »Goldsohn« täglich neu seine zärtliche Zuneigung zum Vater zu bekunden weiß. Und Goethe scheint die forsche Art des Jungen durchaus zu mögen. An manchen Tagen, wenn Karl nicht von sich aus raufkommt, muß Lotte ihn bringen, damit Goethe seine Späße mit ihm machen kann. »Auch mein Karl ist wohl und entwickelt sich, daß es eine Freude ist«, schreibt er in einer Replik auf Körners Schilderung des häuslichen Glücks in Dresden, »Goethe ist ganz von ihm eingenommen und mir, der ich nur in dem engsten Lebenskreis existiere, ist das Kind so zum Bedürfnis geworden, daß mir in manchen Momenten bange wird, dem Glück eine solche Macht über mich eingeräumt zu haben.«

Hat Lotte dann die beiden vom Quälgeist befreit, stürzen sie sich in neue Debatten, wobei Schiller im Zimmer hin und her wandert, während Goethe meist vorm Schreibtisch sitzt. Je erregender die Diskussion, um so seltener sind Schillers Anfälle. Die Gedankenarbeit lenkt ab. Kriegt er dann doch einen jener heftigen, krampfartigen Zustände, so rettet er sich nach draußen, um ein Beruhigungsmittel einzunehmen.

Später trinkt man, oft mit Lotte zusammen, Tee. Für Goethe gibt's dazu ein Gläschen Arrak und eine Zitrone extra. Den Punsch, den er sich davon macht, schlürft er mit besonderem Behagen; und die belebende Wirkung des Getränks zeigt sich in neuen, die Unterhaltung anregenden Impulsen.

So wird es meist Mitternacht, ehe man sich trennt, ehe Schiller oder

Wilhelm von Humboldt

Lotte ihren Gast die Treppe hinunterbegleiten beim Schein einer flakkernden Kerze.

Die sich entwickelnde Freundschaft der beiden Großen hat offensichtlich auch eine gewisse Auswirkung auf das Verhältnis Goethes zu Frau von Stein. In einem Schreiben an Lotte bemerkt sie: ». . . daß Goethe sich Schiller immer mehr nähert fühle ich auch, denn seitdem scheint er mich wieder ein klein wenig in der Welt zu bemerken. Es kommt mir vor, er sei einige Jahre auf eine Südseeinsel verschlagen gewesen und fange nun an, auf den Weg wieder nach Hause zu denken . . .«

Das Jahr 1796 bringt für Schiller und damit auch für Lotte schlimme Nachrichten. Erst stirbt die jüngste Schwester Schillers, Nanette – Liebling der ganzen Familie –, und dann, im Herbst, der Vater an den Auswirkungen eines epidemischen Fiebers. Auch Schwester Luise schwebt in hoher Lebensgefahr, übersteht jedoch schließlich die Krankheit.

Schiller mußte sich nun wohl mit dem Andauern seines Leidens abfinden. Die ärztliche Kunst konnte ihm nicht helfen. Natürlich litt er darunter. Die ständige Angst vor neuen Anfällen machte ihn scheu, zeitweise menschenscheu. Wo möglich, mied er gesellschaftlichen Verkehr, und seltsamerweise versuchte Lotte kaum, ihn von dieser Art Selbstisolierung abzubringen. Sie hatte ihn so freilich ganz für sich – und das wollte sie vielleicht.

Andererseits konnte man an ihm jetzt eine sonderbare, fast überirdische Heiterkeit entdecken, die sich in vielfachen Äußerungen zu seinen Plänen ausdrückte. Der Verkehr mit Humboldt, die Durchdringung der Kantschen Lehre, die Verbindung zu Fichte, und vor allem die jüngsten Erfahrungen durch Goethe, hatten in ihm das Verlangen geweckt, zur Poesie, zur Dichtung zurückzukehren. Irgendwie mochte er sich freier, weil aufgeklärter, fühlen, was ihm neuen Schwung zum Poetisch-schöpferischen gab.

Und der eine, der Wichtigste, war weiterhin zur Stelle und willkommen: Goethe. Er ließ den Freund nicht im Stich. Im Gegenteil, er half unaufdringlich, fürsorglich. Er blieb zum Beispiel wochenlang in Jena, als Schiller die Nachricht vom Tode seines Vaters erfahren hatte und sehr darunter litt. Abwechselnd traf man sich im alten Schloß, wo Goethe in Jena stets wohnte, und bei Schillers.

Mal aß man hier, mal dort zusammen. Oft machte Goethe kleine Geschenke. Hier eine Bereicherung der Mittagstafel, dort ein Spielzeug für Karl, eine Aufmerksamkeit für Lotte.

Humboldt war, einer schweren Krankheit seiner Mutter wegen, nach Berlin gerufen worden. Er kam erst im November 1796 nach Jena zurück, wo er dann bis Ende April 1797 blieb. Die lebhaften Gesprächsabende der beiden Freunde fanden ihre Fortsetzung während dieser Zeit.

Der Ruhm Schillers lockte auch Fremde nach Jena. Doch es war gar nicht so leicht, ihn zu Gesicht zu bekommen. Bereits getroffene Verabredungen ignorierte er manchmal, weil er plötzlich Abneigung spürte, sich kranker, gefährdeter fühlte. Lotte mußte dann die Besucher zurückweisen.

Empfing er aber, so konnte sich die »Audienz« sehr unterschiedlich entwickeln. Sympathischen Fremden kam er gewinnend entgegen, erfüllte ihnen Wünsche. Anderen gegenüber zeigte er sich gehemmt, unwirsch, verlegen. So bekamen manche, die eine weite Reise zu ihrem Idol unternommen hatten, einen denkbar schlechten Eindruck vom Dichter ihrer Wahl, denn war er überhaupt nicht in Stimmung, so ging ihm vieles daneben. Dann kam er sogar ins Stottern, wurde rot, verfiel in betretenes Schweigen. Schelling, 1798 von Goethe nach Jena gerufen, soll nach seinem ersten Zusammentreffen mit Schiller gesagt haben: »Er ist blöde und schlägt die Augen unter.«

Iffland sollte in Weimar ein Gastspiel geben. Noch vom Mannheimer Nationaltheater kam er, wurde aber im gleichen Jahr Direktor des Berliner Nationaltheaters.

Man fuhr also nach Weimar, wo Schiller bei Goethe wohnte, Lotte und Karl bei Frau von Stein.

Im Mittelpunkt des zu organisierenden Gastspiels stand Goethe, der seit 1791 die Direktion des Weimarer Hoftheaters innehatte. Von allen seinen Staatsämtern, ausgenommen die Leitung der Ilmenauer-Bergwerks-Kommissionen, befreit, widmete er sich dieser Aufgabe mit wachsender Leidenschaft – jetzt auch von Schiller unterstützt und angefeuert.

Iffland, sowohl bedeutender Schauspieler seiner Zeit als auch vielgespielter Dramatiker, war in Mannheim in der Uraufführung der »Räuber«, im Jahre 1782, der erste Karl Moor gewesen. Nun sollte er für einige Wochen in Weimar spielen. Das war ein Ereignis für die Residenz. Ab 25. März kam es, innerhalb eines Monats, zu vierzehn Auftritten Ifflands. Herausragende Aufführung: Goethes »Egmont« in der Schillerschen Bearbeitung. Als »grausam aber konsequent« kennzeichnet Goethe die Fassung, in der Schiller die Schlußszene strich. »Ich mußte verschiedene neue Szenen darin machen«, schrieb er Körner, »und mit den alten mir manche Freiheit herausnehmen.« Als »Egmont« später, nach Schillers Tod, wieder aufgeführt wird, ist von dessen Redaktion kaum etwas übriggeblieben.

»Die Räuber«, wieder mit Iffland als Karl Moor, enttäuschten den Autor. Er empfand fast so etwas wie Scham, betrachtete Art der Handlungsführung, Charakter und Gehalt des Stückes als Ausdruck einer von ihm längst überwundenen Entwicklungsphase.

Vom Frauenplan zum Steinschen Haus an der Ecke der »Ackerwand« ist es nicht weit. Fast täglich macht der inzwischen siebenjährige Sohn Goethes, August, diesen Weg, um dort mit Karl Schiller zu spielen oder um ihn zum Herumtoben im väterlichen Haus abzuholen. Es war Karl, der ihm den Weg zum Haus der Frau von Stein gezeigt hatte, wo er mit seiner Mutter für einige Wochen wohnte und von wo aus er seinen Vater, der Goethes Gast am Frauenplan war, mit überraschenden Besuchen erfreute. Charlotte von Stein mochte den kleinen August ebenso gern wie ihres Patenkindes Lotte Sohn; sie verwöhnte, beschenkte ihn, freute sich, wenn er zutraulich und arglos erzählte, was ihn beschäftigte, was ihm in den Sinn kam. Er wurde gewissermaßen zu einem neuen Bindeglied zwischen ihr und Goethe. Karl und August verstanden sich recht gut. Sie spielten auch später noch oft zusammen. Seit dieser Zeit aber konnte Goethe seinen Sohn als Boten zu der noch immer Verehrten schicken, konnte sie zwanglos mit kleinen Geschenken erfreuen, sie teilhaben lassen an dem, was ihn beschäftigte.

Natürlich hätte Lotte Schiller mit ihrem Karl auch bei Goethe wohnen sollen. Aber da gab es zwei für Lotte gewichtige Gründe, dies nicht zu tun. Einmal – und man muß dies wohl an erster Stelle nennen – hätte sich Patin Stein äußerst gekränkt gefühlt, wenn ihre liebste Freundin, die gute Lolo, bei einem Aufenthalt in Weimar nicht ihr Gast hätte sein wollen, zum anderen war ja die Abneigung gegen Goethes »Liebchen« Christiane schier unüberwindbar, was freilich auch sehr eng mit Lottes Verhältnis zur Stein zusammenhing.

Doch warum eigentlich konnte sich Lotte, als eine der großen Verehrerinnen Goethes, ihr Leben lang nicht dazu durchringen, diese Beziehung mit mehr Verständnis und in einem milderen Licht zu sehen? Nun, als Liebling ihrer Mutter war sie, nach dem frühen Tode des Vaters, weitgehend von Lebensauffassung und -art der Chère mère geprägt worden. Die außergewöhnlich fromme Frau von Lengefeld, in den konservativ-trockenen, streng standesbewußt denkenden und handelnden Kadern des Rudolstädter Hofadels großgeworden, hatte mit der Erziehung Lottes kaum Mühe gehabt. Zu vorbehaltloser Gläubigkeit war auch ihr Charakter angelegt, und ihr gerades, ruhiges, zur praktischen Vernunft neigendes Wesen verabscheute alles, was sich außerhalb konventioneller Dezenz, womöglich in »triebhafter Hingabe« äußerte. Sie neigte sehr dazu, sich an einmal erworbene Maßstäbe zu halten, wozu festgefügte Vorstellungen von Anstand und Würde gehörten; ja, sie erlaubte sich nicht einmal gedankliche Ausflüge ins Frivole, ins Pikante.

Goethes »Römische Elegien« zum Beispiel fanden so sehr Schillers Bewunderung, daß er sie in die »Horen« aufnahm. Die Damen der Weimarer Gesellschaft, an ihrer Spitze Frau von Stein, zeigten sich schokkiert. »Ich habe für diese Gedichte keinen Sinn«, bekannte sie Lotte gegenüber, »... ich glaube, daß sie schön sind; sie tun mir aber nicht wohl. Wenn Wieland üppige Schilderungen machte, so lief es doch zuletzt auf Moral hinaus ...«

Schiller dagegen meinte, von einer Verletzung der »wahren, natürlichen Dezenz« könne nicht die Rede sein, allenfalls von »konventionell« empfundenem Anstand. Der Beurteilung solcher und anderer »offener Bekenntnisse der Sinneslust«, wie etwa auch der »Venetianischen Epigramme« entzog sich Lotte.

So wurde also Goethe gegenüber das Vorhandensein seines »Bettschatzes« ignoriert. Unter den maßgeblichen Damen der Weimarer Gesellschaft erlaubte man sich sogar ein Gefühl des Mitleids mit dem Meister, der es offensichtlich und trotz seiner überragenden Intelligenz und seiner olympischen Größe nicht fertigbrachte, sich den Reizen eines »Dirnchens« zu entziehen.

An den von Goethe ausgerichteten Festlichkeiten aus Anlaß des Gastspiels nehmen natürlich die Berühmtheiten des »Musenhofes« teil. Und auch Schiller, dem es in Weimar, unter der gestrengen Obhut Goethes, wieder besser geht, ist zu den Festessen inmitten von Wieland, Herder, Voigt, Bertuch, Iffland, Knebel und anderen zu finden. Ins Komödienhaus, zu den Vorstellungen, läßt er sich fahren. Dort hatte ihm Freund Goethe eine besondere Überraschung bereitet: eine Proszeniumsloge, extra für Schiller in das Haus ohne Logen hineingebaut, damit er sich für den Fall eines Unwohlseins nicht allzu beobachtet fühlen müsse. Lotte ist allerdings wenig begeistert. »Es sieht aus, als säße er in einem Käfig und ist mir recht lächerlich«, sagte sie.

Nach fast vier Wochen in Weimar reisten Schillers mit viel Vorfreude aufs Zuhaus nach Jena zurück.

Während Körners und seines Freundes, des preußischen Gesandten in Dresden, Graf Geßler, Besuchs wird Lotte von täglich wiederkehrender Unpäßlichkeit geplagt. Man ist beunruhigt und ziemlich ratlos – bis endlich Dr. Stark feststellt, daß es sich um eine Schwangerschaft handelt. Mit dieser Gewißheit fällt's Lotte wieder leichter; ihren häufig auftretenden, krampfartigen Zuständen begegnet sie mit mehr Gleichmut.

Längst sind Körner und Geßler wieder abgereist, ist Schiller mit der ihn faszinierenden Lektüre von Goethes »Wilhelm Meister« befaßt, als Dr. Stark meint, es sei in Kürze soweit.

Goethe bietet dem Freund an, ihm für die nächsten Tage Karl abzunehmen. Er möge ihn doch nach Weimar schicken, wo er auch bei August und all den Kindern, die seinen Garten regelmäßig bevölkerten, hoch willkommen sei. Aber Schiller lehnt ab. Er mag sich ungern von seinem »Goldsohn« trennen. »Er ist uns nicht zur Last«, schreibt er auf Goethes Anerbieten, und nachdem er sich herzlich bedankt hat, nach Weimar, »da wir einige Personen mehr zur Bedienung angenommen und die Disposition mit den Zimmern gemacht haben, daß er nicht stört ...«

Gegen 1.00 Uhr mittags, am 11. Juli 1796, wird Lotte von ihrem zweiten Sohn Ernst Friedrich Wilhelm »über Erwarten geschwind« entbunden. »Das Kind war da, ehe wir es uns träumen ließen«, jubelt Schiller im Brief an Chère mère vom gleichen Tage, in dem er sie bittet, nach Jena, zur Unterstützung der Pflege der Tochter, zu kommen. »Lolo würde alles noch einmal so schnell überstehen und auch mir würde es ein wahrer Trost sein. Auch rechnet Lolo gewiß darauf und hofft, Sie auf den Mitt-

August Wilhelm Iffland, Schauspieler, Theaterdirektor, Dramatiker

woch oder spätestens Donnerstag (Tag der Geburt war Montag), wo der kleine Ernst getauft werden soll, hier zu sehen.«

Chère mère traf sofort die nötigen Vorbereitungen zur Abreise und war Donnerstag, rechtzeitig zur Taufe, in Jena.

Als Paten weist das Kirchenbuch aus: Frau Gräfin Schimmelmann aus Kopenhagen, Frau Majorin von Kalb aus Weimar, Frau Geh. Kirchenrätin Griesbach allhier, Frau Appellationsrätin Körner aus Dresden, Frau Majorin Schiller aus Stuttgart, Herr Graf Schimmelmann aus Kopenhagen, Herr Geh. Rat Voigt aus Weimar, Herr Professor Paulus allhier.

Während des Taufaktes lag das Kind in Charlotte von Kalbs Armen. Der kleine Ernst machte seinen Eltern zunächst Sorgen, so kräftig wie er

Schiller bei seiner Geburt geschienen, blieb er nicht. Im Gegenteil, obwohl Lotte die ersten Wochen stillen konnte, spie er eine Zeitlang den Großteil der verabreichten Nahrung wieder aus, entwickelte sich unter Krampfanfällen nur langsam, mit viel Aufwand an Geduld. Es sei Magensäure, die ihm zu schaffen mache, meinte Dr. Stark.

Packte den Kleinen ein Krampf, so mußte man ihn sofort an die frische Luft bringen. Nicht selten trug ihn der Vater nachts ans geöffnete Fenster, um ihm Erleichterung zu schaffen. Dagegen erholte sich Lotte über Erwarten schnell und fühlte sich schon bald wieder so kräftig, daß Chère mère beruhigt nach Haus fahren konnte.

»Die politischen Dinge«, schreibt Schiller nach Weimar, »denen ich so gern immer auswich, rücken einem doch nachgerade sehr zu Leibe.« Und Goethe gibt ihm, in Anbetracht dessen, daß die Franzosen im Süden und Westen Deutschlands weiter vordringen, detaillierte Auskunft: »Nach allen Nachrichten gehen die sächsischen Kontingente zurück. Die Österreicher gehen hinter die Donau; Würzburg muß zwölftausend Pferde stellen, um sie retro zu spedieren. Württemberg macht Friede und hat schon Waffenstillstand. Mannheim soll so gut wie verloren sein. Der kaiserliche Hof läßt dreißigtausend Mann aus Böhmen und Galizien kommen. Frankfurt hat 174 Häuser verloren, zahlt acht Millionen Livres Geld, eineinhalb Millionen Tuch und Zeug und eine Menge Vivres; dafür soll kein Einwohner ohne Urteil und Recht mortifiziert werden...«

In einer Auflage von zweitausend Exemplaren erscheint der »Musenalmanach für das Jahr 1797«. Die darin enthaltenen »Xenien« erregen die literarische Welt. Uns heute mag, vor allem was die satirischen »Xenien« betrifft, die einzelne Sentenz gar nicht so vergnüglich erscheinen, was aber, nach deren Ausrichtung auf die Aktualität des Tages, auch nicht möglich ist. Freilich haben viele der zahmeren, nicht auf die Person oder eine bestimmte Unart der Zeit gemünzten Epigramme ihren Ewigkeitsgehalt bewiesen. Wie etwa das über die Wahrheit:

»Eine nur ist sie für alle, doch siehet sie jeder verschieden,
Daß es eines doch bleibt, macht das Verschiedene wahr.«

Oder über den Glauben:

»Mein Glaube.
Welche Religion ich bekenne? Keine von allen,
Die Du mir nennst! ›Und warum keine?‹ Aus Religion.«

Und über ›Güte und Größe‹:

»Nur zwei Tugenden gibt's, o wären sie immer vereinigt,
Immer die Güte auch groß, immer die Größe auch gut!«

Der Musenalmanach für dieses Jahr erlebt noch zwei Nachauflagen zu je fünfhundert Stück. Damit findet er außergewöhnliche Beachtung und – aufgrund der vielsagenden, beziehungsreichen »Xenien« – begeisterte Zustimmung, aber auch Empörung und neue Anfeindungen. Es entstehen sogenannte Anti-Xenien.

Schiller wendet sich energisch der Arbeit am »Wallenstein« zu.

Infolge seiner unsteten Gesundheit lebt er außerordentlich zurückgezogen, ist er in der Tat fast menschenscheu geworden. Er fürchtet für die Spannen Zeit, die er, zwischen seinen Anfällen, für die Arbeit braucht. Seine Krankheit, so meint er, lenke ihn bereits genug ab. Am glücklichsten ist er noch immer, wenn er sich zum Schaffen wohl genug fühlt.

So kommt es denn zwischen ihm und Jean Paul, später Schelling, Hegel, Tieck, zu keinem bleibenden Kontakt, was allerdings auch mit deren literarischer Ausrichtung zu tun hat. Denn die Romantiker liegen ihm nicht. Nur in den Wirkungen der klassischen Dichtung sieht er die Möglichkeit zur moralischen Fortentwicklung des Menschen. In seinen Ausführungen »Über die ästhetische Erziehung des Menschen« hatte er dies klar zum Ausdruck gebracht. Und weil auch Lotte all den Kräften zuneigt, die für Selbstbeherrschung und Verzicht zugunsten sittlicher Vervollkommnung streiten, ist sie eine treue Gehilfin ihres Mannes in der Abwehr romantischer Ideen.

Offensichtlich stört Lotte dieses Sicheinigeln nicht, obwohl auch ihr gesellschaftlicher Umgang darunter leiden muß. Die Treuen aber sind nach wie vor Goethe und Humboldt, der ja seit November wieder in Jena lebt.

Das zunächst fruchtbare Verhältnis zu den Brüdern Schlegel wird getrübt durch Angriffe Friedrichs auf die »Horen«. Schiller verzichtet deshalb auch auf die Mitarbeit des Bruders August Wilhelm an dieser Zeitschrift. Die »Dame Lucifer«, wie man Caroline Schlegel boshaft nennt, bildet im Kreis der Jenaer Frühromantiker einen gesellschaftlichen Mittelpunkt. Karoline ist der perfekte Gegenpol zu Lotte Schiller.

Bald nachdem der kleine Ernst das Blatternfieber überwunden hat und wieder munter und fidel ist und seitdem es draußen grünt und blüht, regt sich in Schillers doppelt stark der Wunsch, nun von dem an der Leutra gelegenen, im März des Jahres gekauften Gartengrundstück Gebrauch zu machen. Noch im Januar schrieb Schiller dem Freund nach Weimar: »... Die erste Bedingung eines glücklichen Fortgangs meiner Arbeit ist eine leichtere Luft, und Bewegung, ich bin daher entschlossen, mit den ersten Regungen des Frühjahrs den Ort zu verändern und mir, wo möglich in Weimar, ein Gartenhaus, wo heizbare Zimmer sind, auszusuchen...«

Er hatte auch bei Goethe angefragt, ob er ihm nicht sein Gartenhaus vermieten wolle; da es nicht heizbar war, kam es nicht in Frage.

Anfang Mai ist es dann soweit. Der sogenannte Schmidtsche Garten, den Schiller mit Cottas Vorschüssen gekauft hat, samt kleinem Gartenhaus, willkommenes Refugium für die ganze Familie. Man atmet auf in der freien Natur, und man wundert sich, wie gut Schiller Regen und Wind verträgt. Wenn es ihm nur einigermaßen gutgeht, ist er täglich draußen. Goethe zeigt er mit Stolz seinen Besitz; zum ersten Mal lebt er ja auf eigenem Grund und Boden.

So werden es auch hier wieder die Abende, die Nächte, in denen er nun vor allem die Arbeiten am »Wallenstein« fortsetzt.

Fast einen ganzen Monat bleibt Goethe in Jena. Gespräche über Balladendichtung führen zu Werken wie »Der Taucher«, »Der Ring des Polykrates«, »Der Handschuh«.

Seit Wilhelm von Wolzogen mit seiner Frau Karoline als Kammerrat in Weimar lebt, erneuert sich der Verkehr zwischen beiden Familien. Wilhelms Nähe lohnt sich in zweifacher Hinsicht: Einmal ist er Übersetzer der »Denkwürdigkeiten aus dem Leben des Marschalls von Vieilleville«, die Schiller für die »Horen« übernimmt, zweitens kann er seinen Schwager beim Umbau des Gartenhauses fachmännisch beraten.

Kurz vor seiner Abreise in die Schweiz hat Goethe Schiller wieder für eine Woche bei sich zu Gast in Weimar. An einem warmen Juliabend kommt es, vor der Herzogin Luise und Charlotte von Stein, zu einer Lesung von »Wallensteins Lager« und einiger Balladen.

Zurück in Jena, gibt es ein stürmisches Wiedersehen mit der Familie. Karl und selbst dem erst gut einjährigen Ernst behagt das Leben im Freien, das Klettern auf schrägem Rasenhang zwischen Blumen und Obstbäumen, Büschen und Hecken, das Steigen über frisch angelegte, gezupfte und geharkte Beete und das Spielen zwischen den Ruinen, hinter den zerbrochenen Fenstern einer alten Gartenhütte.

Lotte hat diesen Herbst noch ein Spargelbeet anlegen lassen; nächstes Jahr soll weiteres Gemüse folgen. Ein paar Pflaumenbäume tragen Früchte. Schiller schüttelt, Karl erntet. Wenn ihm eine Pflaume auf den Kopf fällt, will er sich halb totlachen.

»Unser Gartenhaus«, berichtet Lotte dem ›Brüderchen‹ Fritz von Stein nach Breslau, wo er, auf Wunsch des Herzogs Karl August, seit 1795 Staatsökonomie studiert, um sich das Zeug zum weimarischen Kammer-

Gartenwohnung der Schillers in Jena in den Jahren 1797 bis 1799

präsidenten anzueignen, »hat eine wunderschöne Aussicht hin nach der Saale und ins Leutratal, wo ich mich beim Mondenschein sehr ergötze, die großen Massen von Licht und Schatten zu sehen, die an dem Abhang und am weißen Sandfels entstehen...« Der Baumbestand auf dem Grundstück soll noch verbessert werden, auch muß man ihn noch schneiden, stützen. Arbeiten, an denen Lotte teilnehmen, die sie überwachen will. Mitte Oktober wird es Zeit zum Rückzug in die Stadtwohnung bei Griesbachs. Und einen Monat später sind auch Goethe und H. Meyer (von seiner Italienreise) aus der Schweiz wieder heimgekehrt. Schillers Befinden verschlechtert sich.

»Gewöhnlich muß ich einen Tag der glücklichen Stimmung mit fünf oder sechs Tagen des Drucks und des Leidens büßen«, klagt er, »...das Wetter macht alle meine Übel rege, so daß selbst die Arbeit mich nicht erfreut.«

Zu Weihnachten schickt Chère mère ihrem Schwiegersohn eine Weste und ein Silbergeschenk nach Jena. Überrascht und erfreut dankt Schiller postwendend: »...Das silberne Geschenk hat mich ordentlich erschreckt, denn es ist sehr kostbar, und was haben wir, Chère mère, um auch Ihnen wieder eine Freude zu machen...«

Schon im Februar des folgenden Jahres geht es an die Renovierung und Erweiterung des Gartenhauses. Es wird um ein Stockwerk erhöht, und es wird ein Bad eingebaut. Auf der anderen Seite des Grundstücks war noch im Jahr vorher an die Stelle einer verfallenen Hütte das massive Küchenhäuschen gesetzt worden, denn für diese wichtige Einrichtung hatte man plötzlich im »Haupthaus« keinen Platz mehr gefunden.

Zum Bestreiten der Kosten muß zunächst Cotta wieder einen Vorschuß von fünfhundert Reichstalern schicken.

Auch Goethe hat sich zum Kauf des Oberroßlaer Freiguts entschlossen. Nach Jena schreibt er: »Übrigens habe ich einen ganz *reinen* Kauf getan, wie er wohl selten geschieht, denn ich habe das Gut und die Gebäude bis auf den heutigen Tag nicht gesehen und werde es morgen zum ersten Mal in Augenschein nehmen...«

Während sich der Meister sein erworbenes Gut erst nach Abschluß des Kaufvertrages ansieht, widerfährt Schillern die urkundliche Bestätigung einer Ehrung, die bereits vor fünf Jahren ausgesprochen war: Er erhält das Bürgerdiplom von Paris. Es hatte fünf Jahre gelegen, ausgefertigt und mit Begleitschreiben versehen von Roland, unterschrieben von Danton und Clavière, und war über den General Custine bis Straßburg gelangt. In der Tat, eine Botschaft aus dem Reich der Toten, denn keiner der Beteiligten hatte die glorreiche Revolution überlebt.

Noch etwas geschieht, was Schiller freilich ebensowenig hilft: Er wird zum ordentlichen Honorarprofessor ernannt; damit verbunden ist weder ein Besoldungsanspruch noch ein anderer Vorteil. Trotzdem freut er sich über die Ehrung, denn die die Universität erhaltenden Höfe wußten ja, daß Schiller seit Jahren nicht mehr las.

Obwohl das Wetter noch recht wechselhaft ist, drängt Schiller nun, Anfang Mai, zum Aufbruch ins Gartenhaus.

Die beiden guten Hausgeister, die Magd Christine Wenzel – die Lotte aus Ludwigsburg mitgebracht hatte – und der Diener Gottfried Rudolph – den Schiller auch zu Schreibarbeiten brauchen konnte –, werden vorausgeschickt. Die stickig-feuchten Räume des Gartenhauses sind zu lüften, die Fenster zu putzen, die Stuben zu wischen, die schmalen Wege zu harken. Ist alles vorbereitet, fährt Rudolph den gesamten notwendigen Hausrat an, neben ihm auf dem Bock der wilde Karl, peitscheschwingend, die Pferde anspornend, dem Kutscher in die Zügel greifend. Der kleine Mann ist außer Rand und Band; Lotte hat Mühe, ihn im Zaum zu halten. »Karl ist groß, als wäre er zwei Jahre älter«, läßt sie Fritz von Stein wissen, »Ernst hat sich ganz erholt und wird stark und groß. Ich habe schon recht zu tun mit den beiden gewalttätigen Knaben und muß oft recht ernsthaft erscheinen und Frieden stiften.«

Als draußen auf dem Grundstück alles vorbereitet war, sagte man der Stadtwohnung ade und zog ins Grüne, um sich dort auf die drei Stockwerke des Gartenhauses zu verteilen. Der Haushalt bestand ja inzwischen aus sieben Personen. Ins Parterre zogen die Hausangestellten zusammen mit den Kindern, im ersten Stock belegte Lotte zwei Räume, und ganz oben richtete sich Schiller in einem größeren Mansardenzimmer, flankiert von zwei kleinen Kammern, ein. Der zweistöckige strohgedeckte Pavillon, am Ende des Gartens, war noch im Bau. Dort hatte man dann auch das eingerichtete Bad zur Verfügung.

Und in Weimar gab es bauliche Veränderungen, die Schillers interessieren mußten – nämlich im Theater. Unter Goethes Leitung wurde das Innere umgebaut; und während seines fünftägigen Besuchs konnte auch Schiller den Fortgang der Arbeiten begutachten.

So wie Schiller seinen Freund zur Wiederaufnahme der Arbeiten am »Faust« ermuntert, drängt Goethe auf konsequente Fortführung des »Wallenstein«, den er zur Wiedereröffnung des Theaters aufführen möchte. Nachdem Schiller sich zur Dreiteilung dieses Dramas entschlossen hat, rückt die rechtzeitige Fertigstellung des ersten Teils, »Wallensteins Lager«, in greifbare Nähe.

Erst im Juni 1798 war das zwölfte Heft der »Horen« des Jahrgangs 1797 erschienen – mit großer Verspätung also. Der Stamm der Abonnenten war mehr und mehr zusammengeschmolzen, der Verkauf hatte insgesamt stark nachgelassen, und weder Schiller noch Cotta verspürten große Lust weiterzumachen. Das bedeutete das Ende dieser anspruchsvollen Monatsschrift.

Ähnlich wird es dem »Musenalmanach« gehen.

Schiller weiß, daß ihn die Arbeit an diesem Periodikum auf die Dauer von dem, was ihn eigentlich treibt, was ihn beschäftigt, beflügelt, abhält. Gut gerechnet, kann er bestenfalls die Hälfte seiner Zeit arbeitend nutzen. Immer wieder muß Lotte ja versuchen, ihm mit Umschlägen, Tees, Medikamenten aufzuhelfen; was manchmal gelingt, ein andermal völlig wirkungslos bleibt. So gelangt er zu dem Entschluß, auch den »Musenalmanach« mit Erscheinen des übernächsten Jahrgangs (1800) einzustellen.

Lotte fühlt, daß sie Schiller jetzt besonders helfen muß.

Er möchte Goethe den ersten Teil seines »Wallenstein« rechtzeitig zur Neueröffnung des Weimarer Theaters abliefern. Doch wie so oft, wenn er sich gedrängt fühlt, will es nicht klappen. Seine Reizbarkeit, durch erhöhte

Anfälligkeit verstärkt, macht ihn zu einem Nervenbündel. Lotte strahlt Ruhe aus. Er werde es schaffen, und sie werde alles richten, wie er's brauche. Sie glaube überhaupt, daß mit dem »Wallenstein« sein bisher bedeutendstes Werk entstehe. Für solch zuversichtliche Äußerungen ist er dankbar. Sie beide, Lotte und Goethe sind es, deren Zuhörerschaft, deren Teilnahme an allen Arbeiten er braucht; ja, nur wenn er sie und Goethe, der ihm schier unentbehrlich geworden ist, um sich wisse, glaube er, alles schaffen zu können.

Für die Fertigstellung von »Wallensteins Lager«, des ersten Teils der Wallenstein-Trilogie, sind dieser Abend und die folgende Nacht gewiß von besonderer Bedeutung gewesen.

So oder ähnlich könnte sich der Ablauf dieser nun folgenden schöpferisch-fruchtbaren Stunden ergeben haben:

Im oberen Geschoß des strohgedeckten Pavillons, der gerade fertig geworden ist, geht Schiller unruhig hin und her. Lotte sitzt in einem der zum Schreibtisch gerückten »Besucherstühle«. Auf dem Tablett hat sie Kannen mit Weinschokolade und Kaffee gebracht, zum Warmhalten mit gestrickten Hauben überdeckt. Lotte ist ein bißchen außer Atem. Vom Küchenhäuschen aus hat sie den halben Garten durchquert und mit ihrer Last die steile Holzstiege erklommen. Sie ärgert sich über ihre Kurzatmigkeit, doch sie weiß, sie ist nicht mehr die mädchenhaft-schlanke Charlotte von Lengefeld, sie ist eine fraulich-runde Lotte geworden, Mutter von zwei Kindern.

Schiller schiebt den karmesinroten Vorhang zurück, schaut gedankenverloren hinaus. Es ist schon dunkel draußen. Von ferne hört man Stimmen. Gesangsfetzen – ein Studentenlied.

Ob ihm seine kleine »Maus« auch die Tabaksdose gefüllt habe, fragt er Lotte. Natürlich, und an die faulen Äpfel für die Schreibtischschublade hatte sie auch gedacht.

Er brauchte den Geruch dieses fauligen Obstes als Agens, als Stimulans. Er trug ihn fort in die gewünschten Gefilde seiner Phantasie, belebte den Flug seiner Gedanken, führte ihm die Feder.

Sie wolle ihn jetzt allein lassen, aber er solle es doch nicht wieder übertreiben, nicht allzulange arbeiten.

Schiller schaut zu ihr hinüber, blickt sie an – und sieht sie doch nicht. Er sieht etwas anderes. Eine Lichtung, ein Feuer, Zelte, Soldaten, Uniformen, Würfelspieler, Marketenderinnen ... Wallensteins Lager? ...

Lotte steht auf; es ist Zeit, denkt sie, wenn ihn die richtige Stimmung packt, wird er vorwärtskommen und glücklich sein.

Sie umarmt ihn und geht.

Die Stimmen draußen werden lauter. Schiller öffnet ein Fenster; das Rauschen der Leutra vermischt sich mit dem Gesang der Männer, die über die Brücke zurück in die Stadt ziehen. Das süffige »Lichtenhainer« hat ihnen die Kehlen geölt, jenes weißbierartige Getränk, das, im nahen Lichtenhain ausgeschenkt, aus braunen Holzkannen getrunken wird. Nachtluft mischt sich mit dem Duft abbrennender Wachskerzen. Schiller atmet tief, es geht ihm einigermaßen, er braucht keine Kompressen, heute. Er schließt das Fenster, verharrt vor dem in kleine Karos geteilten Fensterrahmen, der käfigähnlich, wie das Gitter eines Gefängnisses, die Sicht stückelt. Wehmut beschleicht ihn. Ist er noch so frei wie die da draußen? Hat er sich nicht längst den Zwängen gebeugt, den Notwendigkeiten, die Familie, Stand, Professorentum, Gelderwerb oktroyieren? Nein, er wird ihnen weiter trotzen, allen, er wird eine Art Tramp bleiben, schreiben, was ihn bewegt, wovon er träumt, was ihn beflügelt.

Das Studentenlied klingt ihm im Ohr – der Kaffee tut gut. Jetzt spürt er, wie's ihn packt, wie sich die Bilder beleben. Bunte Röcke, Trompeten, Ulanen, Jäger... schon sitzt er und schreibt – und die Feder fliegt übers Papier...

»... Das Mädchen ist kein übler Bissen!
Und die Muhme! Beim Element!
Was haben die Herrn vom Regiment
Sich um das niedliche Lärvchen gerissen! –
Was man nicht alles für Leute kennt!
Und wie die Zeit von dannen rennt. –
Was werd ich noch alles erleben müssen!...«

Es ist weit nach Mitternacht. Noch immer klingt es in ihm, noch immer hat er sie im Blick, im Visier, die sich formierenden Gruppen, die Szenen, die schemenhaften Gestalten, die unter seiner Hand zu handelnden Personen reifen, Vollstrecker eines von ihm bestimmten Schicksals werden.

Die Kanne ist leer. Her mit der Weinschokolade!

Inmitten einer Wolke kalten Tabakrauchs liegt er mehr, als er sitzt, über dem Bogen Papier, über das seine Feder hastet, rast. Es muß ihm gelingen, er wird's schaffen!

»... Drum frisch, Kameraden, den Rappen gezäumt,
Die Brust im Gefechte gelüftet.

Die Jugend brauset, das Leben schäumt,
Frisch auf! eh' der Geist noch verdüftet,
Und setzet ihr nicht das Leben ein,
Nie wird euch das Leben gewonnen sein.«

(Der Vorhang fällt, ehe der Chor ganz ausgesungen.)

Erst kurz vor der auf den 12. Oktober 1798, zur Neueröffnung des Weimarer Theaters, angesetzten Aufführung von »Wallensteins Lager« hatte Schiller den Prolog zur »Wallenstein«-Trilogie geliefert. Goethe war so begeistert davon, daß er ihn am liebsten selbst vor dem Publikum gesprochen hätte. Den Vortrag übernahm dann Voß im Kostüm des Max Piccolomini.

Die Vorbereitungen zur Hauptprobe, am 11. Oktober, liefen auf vollen Touren. Boten, Eilboten im besonderen Auftrag, wechselten zwischen Jena und Weimar. Von einem bevorstehenden Erfolg war Goethe überzeugt. Schiller schrieb er: »... Übrigens ist eine Vorrezension der Aufführung, sowie des Effekts, den das Stück gemacht hat, schematisiert und kann in einigen guten Stunden fertig werden. Da ich mich einmal auf das Element der Unverschämtheit begeben habe, so wollen wir sehen, wer es mit uns aufnimmt...«

In Gegenwart Schillers, seiner Frau und der Wolzogens fand die Generalprobe statt. Die Schauspieler schon kostümiert, was sonst nicht üblich war. Die Uraufführung am Tag darauf wurde dann, wie erwartet, mit viel Beifall aufgenommen. Während des der Vorstellung folgenden Banketts mit den Schauspielern im »Elephanten« deklamierte Schiller, in bester Stimmung, die Kapuzinerpredigt – freilich mit echt schwäbischem Akzent.

Anfang November ziehen Schillers wieder in die Stadtwohnung im Griesbachschen Haus. Die Gartenhäuser sind noch nicht auf die kalte Jahreszeit eingerichtet. Dort jetzt schon zu überwintern, könnte für Schiller allzu gefährlich werden.

Goethe drängt auf Fertigstellung des zweiten Teils, der »Piccolomini«, die er zum Geburtstag der Herzogin Luise, am 30. Januar, in Weimar aufführen möchte. Schiller schafft den Abschluß dieses zweiten Teils des »Wallensteins« – ausgenommen die Szenen im astrologischen Zimmer – am späten Abend des 24. Dezember.

»... So ist aber auch schwerlich ein heiliger Abend auf dreißig Meilen in der Runde verbracht worden, so gehetzt nämlich und qualvoll über der Angst, nicht fertig zu werden...«

Das sogenannte Thouretsche Quartier im Weimarer Schloß war, nach Schillers Wunsch, im Auftrag Goethes vorbereitet und möbliert worden. Anfang Januar bis 7. Februar wohnte er dort mit seiner ganzen Familie und dem notwendigen Personal. Es galt nun, den zweiten Teil der Wallenstein-Trilogie einzurichten, Lese- und Spielproben zu veranstalten. Schiller hatte, trotz jahreszeitlicher Erschwernis, einen überraschend beschwerdefreien Monat und konnte sich mit der bewährten, fürsorglichen Unterstützung Lottes ganz den Vorbereitungen zur Aufführung des Stückes widmen. So war dann der Uraufführungserfolg, am 30. Januar 1799, im Grunde keine Überraschung. Der Name des Autors, Neugier und Vorfreude hatten die maßgeblichen Kreise der Weimarer, Jenaer und Erfurter Gesellschaft ins Theater gelockt, wo sie sich am Spiel der Besten unter den zur Verfügung stehenden weimarischen Schauspielern ergötzen konnten. Die Zuschauer mußten freilich – was für damalige Verhältnisse durchaus keine Seltenheit war – etwas über vier Stunden ausharren. Man hatte halb sechs Uhr am Spätnachmittag begonnen und endete gegen zehn Uhr abends.

Herausragend als Thekla: Karoline Jagemann; als Max: Voß.

Mehrere Einladungen beim Herzog folgten; und am 2. Februar gab es – bei noch größerem Andrang und gesteigertem Interesse des Publikums eine Wiederholung der »Piccolomini«.

Dieser kalte, schneereiche Februar ließ eine Rückkehr der Familie Schiller nach Jena nur im Schlitten zu.

Am Beispiel des Baumeisters Hölzel aus Mannheim, der ihm vor vierzehn Jahren aus einer gefährlichen Zahlungsklemme geholfen hatte, beweist Schiller jetzt aufs neue, daß er an einmal geschlossenen Freundschaften sein Leben lang festhält: Auf einen Hilferuf der alten Frau Hölzel läßt er durch Cotta Geldbeträge nach Mannheim schicken; einen sofort, einen weiteren per September.

Inzwischen sind durch Iffland auch in Berlin die »Piccolomini« mit gutem Ergebnis aufgeführt worden.

Zu dem überragenden, außerordentlichen Erfolg kommt Schiller dann am 20. April im Weimarer Hoftheater, als »Wallensteins Tod« – damals noch »Wallenstein« – uraufgeführt wird, wobei die Anteile Goethes und auch Meyers, der für die Dekorationen und Kostüme gesorgt hatte, nicht unterschätzt werden dürfen.

Noch mit Lotte in der Hofloge kann Schiller die enthusiastischen Glückwünsche des Herzogs entgegennehmen; er legt ihm nahe, doch nach Weimar zu ziehen. Diese Idee wird in ihm lebendig bleiben, und er wird sie verwirklichen; in erster Linie wohl, um Goethe und dem Theaterleben näher zu sein.

Aus der Weimarer Bibliothek entleiht Schiller, einen Tag vor seiner Rückreise nach Jena, Camdens »Annales rerum anglicarum« als Quelle zur »Maria Stuart«, damit beginnt die Arbeit an seinem nächsten Stück.

Zurück in Jena, berichtet Lotte ihrer Schwägerin Christophine Reinwald über die Wallenstein-Aufführung nach Meiningen: »Es schluchzte alles im Theater; selbst die Schauspieler mußten weinen... Aber mir dünkt, auch ich kenne nichts, was mehr rührte unter allen Tragödien. Mich selbst hat die Vorstellung so gerührt, daß ich mich nicht zu fassen wußte; ... ob ich gleich alles kannte und Schiller es mir mehr wie einmal gelesen hatte... In mir selbst hatte es eine Art Stolz erweckt, daß ich sah, wie alle Menschen Schiller Beifall geben mußten. Menschen, die sonst keiner Rührung fähig sind, hat es ergriffen...«

Noch einmal einen gesellschaftlichen Höhepunkt für das Theater Weimars gab es im Sommer des Jahres. »Wallensteins Tod« wurde für das preußische Königspaar, also für Friedrich Wilhelm III. und Königin Luise, aufgeführt. Auch Schiller war anwesend und mußte sich dem Paar präsentieren. Die Berliner Aufführung hatte man nicht sehen wollen, war also gewissermaßen zur »Quelle« gereist.

In diesen Monaten muß Schiller weitgehend auf die gewohnte, liebgewordene, ihm so notwendige Gesellschaft Goethes in Jena verzichten, weil dessen Anwesenheit während des Neubaus des Schlosses, der – mit Unterbrechungen – seit zehn Jahren betrieben wird, dort zur Zeit dringend erforderlich ist. Wohl auch, weil ihm Goethe dieses Mal besonders fehlt und er sich nach Theaterluft sehnt, gelangt er zu dem Entschluß, nun doch recht bald und endgültig nach Weimar zu ziehen.

In Jena sagte man ihm nach, er lebe über seine Verhältnisse, was gewiß nicht ganz unberechtigt war, denn noch immer forderte er hohe Vorschüsse, die freilich in letzter Zeit schneller durch auflaufende Honorare getilgt wurden. Im teuren Weimar, so sagte man ihm voraus, müßte er sich einschränken, was ihn, bei ohnehin und insgesamt bescheidenerem Lebenswandel, wenig kümmerte. Es war Lottes Aufgabe, mit dem Vorhandenen zurechtzukommen. Und Lotte war ja, weiß Gott, nicht ans Verschwenden gewöhnt. Sie hatte schon als eine Lengefeld gelernt, sich einzurichten.

Trotzdem, auch der Herzog wünschte sich ja Schiller nach Weimar, und so schien ihm der Zeitpunkt günstig, um eine Erhöhung seines Gehalts zu bitten. Das Jenaer Gartengrundstück, das ihm gehörte, wollte er

Herzog Karl August von Sachsen-Weimar

behalten; das heißt, daß er den Sommer in Jena, Winter in Weimar zu verbringen gedachte, was zweifache Haushaltsführung bedeutete, bzw. zweifache Möblierung.

Der Herzog gewährte denn auch eine Verdoppelung seines Gehalts, was nach großzügiger Regelung klingt, bei bisher zweihundert Talern (seit 1790), aber lediglich vierhundert ausmachte. Schiller jedoch, der seine Zahlenspiele noch immer euphorisch überhöhte, rechnete Körner gegenüber so: »Obgleich Weimar ein teurerer Ort ist als Jena, so kann ich von dem, was mich der dortige Aufenthalt auf sechs Monate jährlich mehr kostet, doch alles abrechnen, was mich in Jena kostet, ein kleines Haus zu machen. Denn da ich nicht ausgehe, so sah ich alles bei mir und mußte oft bewirten. Dies fällt in Weimar weg, und ich gewinne mithin die zugelegten zweihundert Taler ganz.«

Goethe fand schnell eine für die Familie Schiller geeignete Wohnung in Weimar, in der Windischengasse, im Hause des Perückenmachers Müller. Die Räume waren vorher von den Kalbs bewohnt worden, man fand sie »sehr geräumig und hübsch«. Goethe mietet, zu einem Zins von 122 Reichstalern, auf ein Jahr. Per Ende November ist der Umzug in die neue Behausung geplant.

Während eines Besuchs im heimatlichen Rudolstadt, an dem die ganze Familie teilnimmt (Schiller war seit der Scheidung seiner Schwägerin Karoline von Beulwitz – jetzt Wolzogen – noch nicht wieder dort gewesen), führen die Weimarer Schauspieler in Anwesenheit des Schwarzburg-Rudolstädter Fürstenhauses »Die Räuber«, »Wallensteins Lager« und Jüngers Lustspiel »Eveline« auf. Später, in Weimar, schenkt Herzogin Luise den Schillers, Dank und Anerkennung für den »Wallenstein«, ein silbernes Kaffeeservice.

Inzwischen muß sich Lotte auf eine neue Niederkunft vorbereiten. Man rechnet Mitte Oktober. Schon am 11., nachts gegen 11.00 Uhr, wird Karoline Friederike Luise geboren. Natürlich trifft Chère mère drei Tage später in Jena ein, um am folgenden Tag an der Taufe teilzunehmen und um ihr Lolochen pflegen zu helfen.

Als Paten werden dieses Mal ins Kirchenbuch eingetragen: Goethe, Frau von Lengefeld, Frau von Gleichen.

Zunächst verläuft alles glatt. Das Baby entwickelt sich normal. Lotte, sehr geschwächt durch starken Blutverlust, beginnt sich langsam zu erholen. Die Erfahrung mit Ernstchen hatte gelehrt, sich frühzeitig um eine gute Amme zu bemühen. Sie tut nun ihren Dienst.

Als man Lotte bereits auf dem Wege der Genesung, der Kräftigung wähnt, kommt der Rückschlag. Sie beginnt zu fiebern, in schweren Träumen zu phantasieren. Mitten in der Nacht muß Dr. Stark kommen. In überwacher Schlaflosigkeit fängt sie an, irre zu reden. Der Arzt verordnet Chinarinde.

In den folgenden Tagen und Nächten dasselbe Bild. Dr. Stark spricht von einem heftigen Nervenfieber, das zu diesen Anfällen, Beängstigungen, Wahnvorstellungen führt. Lotte ist nicht bei Besinnung. Ständig muß jemand bei ihr sein, sie beobachten, sie halten, betten. Da sie in ihrem gestörten Zustand niemand anders um sich duldet als Schiller und ihre Mutter, lösen sich beide am Bett der Kranken ab. Es ist nur die Kirchenrätin Griesbach, die sie, quasi im Hintergrund, wirken läßt, die sich bis zur Erschöpfung hilfsbereit zeigt.

Der Arzt versucht es mit Opium, Kampfer, Moschus, traktiert den geplagten Kopf mit aromatischen Ölen, macht Senfumschläge, tupft den Angstschweiß von der Stirn, verabreicht Belladonna.

Nach einer Woche ununterbrochener Tag- und Nachtwachen ist sie noch immer ohne Bewußtsein, doch scheint das Fieber langsam zu weichen. Aber nach gut vierzehn Tagen gibt es noch einmal einen Rückschlag, der Chère mère und Schiller in neue Ängste versetzt. Erst etwa zehn Tage später wird eine langsame, stetig anhaltende Besserung erkennbar. Lotte zeigt sich nach einer Zeit völliger Teilnahmslosigkeit, in der sie stumm und geistesabwesend vor sich hinbrütete, ein klein wenig ansprechbar, wenn auch von einer Rückkehr ins Normale noch längst nicht gesprochen werden kann. Denn immer wieder quälen sie Traumbilder, beängstigende Vorstellungen, Phantasien. Und als sie schließlich zu sprechen beginnt, Anzeichen wiederkehrender geistiger Aufnahmebereitschaft zeigt, sind vier Wochen vergangen. Doch Lotte fängt nun an, sich zu erholen. Ihr Interesse an der Umwelt wächst.

Einen ersten Brief schreibt sie ihrer Schwester – Zeugnis hoffnungsloser Traurigkeit. Noch leidet sie unter Depressionen. Wenigstens weist sie nicht mehr jeden Besuch zurück.

Die Patin kommt nach Jena. Wenige Worte werden gewechselt. Frau von Stein erschrickt. Der Anblick ihrer lieben Lotte berührt sie zutiefst. Da sitzt nicht mehr die fröhliche, rundliche, zufriedene Lolo vor ihr; ein bleiches, mageres, verstört wirkendes Wesen reagiert mit müden, kraftlosen Gesten.

Wenn man nun bald nach Weimar ziehe, so müsse sie selbstverständlich die erste Zeit bei ihr wohnen, bis im neuen Heim alles geregelt sei. Lotte nickt, versucht dankbar zu lächeln.

Es waren schlimme Wochen, und eine Zeitlang hatte es so ausgesehen, als müßte man den Umzug nach Weimar auf lange verschieben.

Es geht schneller. Anfang Dezember ziehen Schiller und Ernstchen mit den Dienstboten in die Windischengasse. Lotte mit Karl und dem Baby Karoline zu Frau von Stein. Die Fahrt nach Weimar, in Begleitung Chère mères, übersteht Lotte erstaunlich gut. Man schöpft neue Hoffnung. Der beruhigte Zustand Lottes gestattet Frau von Lengefeld nun, nach Rudolstadt zurückzukehren.

Inzwischen wird die Wohnung in der Windischengasse, von der aus Schiller täglich Briefe und Grüße ins Haus an der »Ackerwand« schickt, neu hergerichtet. Nach knapp vierzehn Tagen kann auch Lotte mit Karl und Karoline in die neue Wohnung nachkommen.

Die veränderte Umgebung belebte Schiller, wie stets nach einem

Wechsel spürte er Auftrieb. Und als Dr. Stark, der öfter nach Weimar kam, die Überzeugung geäußert hatte, nun werde mit Lotte alles gutgehen, stürzte er sich in die Weiterarbeit an »Maria Stuart«.

»Goethen sehe ich alle Tage«, schreibt er nach Dresden, »... Jena war kein Platz mehr für mich, nichts war dort, was mich aufregen konnte ...« Jena hatte ihm lange genügt, und schließlich besaß er dort ein Eigentum. Die Nähe Goethes und die begehrte Theaterluft wogen ihm dies doppelt auf.

Es ist die Zeit, in der sich die Verbindung zu den Wolzogens wieder festigt. Man wohnt jetzt nahe beieinander; das Zwischenspiel um die Trennung von Beulwitz ist vergessen. Schiller und Wolzogen finden zurück zu altem brüderlich-freundschaftlichem Verstehen, Lotte und Karoline sind nur allzu froh, einander wieder genießen zu können. Und der nun beamtete Kammerrat und seine Frau finden auch in Goethe einen wohlwollenden Freund, denn Wilhelm gewinnt durch klugen und gewissenhaften Einsatz seiner Kompetenzen sowohl dessen Anerkennung als auch die Achtung und das Vertrauen des Herzogs.

Karoline bringt das Leben in Weimar in mancher Hinsicht die Erfüllung ihrer Wünsche. Die einst unglücklich verheiratete, leidenschaftliche, zu stürmischem Schwärmertum Neigende, hat im Fahrwasser ihrer zweiten Ehe Beruhigung gefunden. Zwar kann Wilhelm ihren Traum von der großen Liebe nicht verwirklichen, doch empfindet sie im Zusammenleben mit ihm eine Art behaglichen Glücks, das sie zufrieden macht, wozu nicht zuletzt die ihr Selbstbewußtsein stärkende Mutterschaft beiträgt. Und schließlich ist das Weimar jener Jahre ein für sie geradezu maßgeschneidertes Betätigungsfeld zur Ausübung ihrer künstlerischen Neigungen, zur Pflege geistiger, gesellschaftlicher Kontakte, in deren weiblichem Mittelpunkt sie sich neben der Nichte Frau von Steins, Amalie von Imhoffs, und der Frau des Jenaer Professors Mereau, Sophie Mereaus, findet.

Während die feinsinnige Frau Mereau, die auch Mitarbeiterin an Schillers »Musenalmanach« ist, mit Gedichten, kleineren Schriften, Übersetzungen und zwei Romanen hervortritt und sich damit in der Literaturgeschichte verewigt (1803 heiratet sie Clemens Brentano, mit dem sie später in Marburg und Heidelberg lebt; sie stirbt schon 1806 an den Folgen einer Geburt), bringt es Amalie zu wenig mehr als den »Schwestern von Lesbos«, die ihr zu kurzem literarischem Ruhm verhelfen.

Karoline schreibt auch für Cottas »Taschenbuch für Damen« und ist durch den Roman »Agnes von Lilien« bereits zu einiger Berühmtheit gelangt. Weitere Arbeiten von ihr, zwei Bände Erzählungen, »Schillers Leben«, der Roman »Cordelia« – um nur das Wichtigste zu nennen –, erscheinen erst später, lange nach Wilhelms, ihres Mannes Tod.

»In den geselligen Verhältnissen in Weimar herrschte die schönste geistige Freiheit«, schreibt Karoline, »... Der Herzog wußte gastfreundlich den Genius zu bewirten, in dem er ihm ungestörten Selbstgenuß vergönnte... und unter seinem Schutze tanzten die Musen in ihrem eigenen Rhythmus ungestört dahin...«

In ihrer Erinnerung idealisieren sich gewiß die Verhältnisse. Doch trotz des natürlich auch hier zu registrierenden Hangs zu Klatsch, Mißgunst, Eifersüchteleien, Intrigen wehte durch Weimar der Atem von Anmut und Geist, der die Kunst in allen ihren Formen zur Entfaltung brachte. Und vielleicht waren es die Frauen von Weimar, die den Männern die Inspiration gaben. Konnten sie sich doch frei von hauswirtschaftlichen Arbeiten – die ihr Stand nicht zuließ – der Lust, der Freude an Kunst, Literatur und Wissenschaft hingeben. Waren sie doch einfach da als der Faktor Liebreiz, Intelligenz, der in kulturfördernder Geselligkeit seinen Einfluß ausübte.

Weimar ist auch zu einem für interessierte und wohlhabende Europäer reizvollen Reiseziel geworden. Die kleine, noch halb ländliche Residenz zieht vor allem Engländer, Dänen, Franzosen und natürlich Deutsche aus allen Gegenden an. Unter Karl August wird sich »Weimar, das wie ein Nest aussieht und eine Hauptstadt spielen will« zum »Zentrum eines vom Geist des aufgeklärten Absolutismus regierten Musterstaates« mausern. Während des ganzen 18. Jahrhunderts hatte zum Beispiel die Einwohnerzahl der Stadt konstant bei etwa vier- bis sechstausend gelegen. Als Karl August im Jahre 1828 starb, gab es schon zehntausend Weimaraner. Der einst von Wieland erzogene Herzog beeinflußte auch den Stil der neu entstehenden Bürgerhäuser. Der in den Straßen der Altstadt noch heute vorherrschende klassizistische Charakter der Bauten geht auf seine Regierungszeit zurück.

»Ich sehe mehr Menschen«, schwärmt Schiller, »und die, welche mir lieb sind, habe ich näher...« In seinen Lebensgewohnheiten änderte sich jedoch kaum etwas; abgesehen davon, daß er seinerseits nun Goethe besuchte, was in Jena umgekehrt war. Der andere Kreis, der seinen Lebensinhalt ausmachte, die Familie, rangierte auch hier an gleicher Stelle. Hinzu kam allerdings der häufigere und damit nähere Kontakt zum Theater und zu den Schauspielern. Dies tat ihm offensichtlich gut.

Mit dem Jahrgang 1800 war im Oktober 1799 der letzte »Musenalmanach« erschienen. Er enthielt unter anderem »Das Lied von der Glocke«, das im Kreis der Jenaer Romantiker ausschließlich Heiterkeit erregte. In die Literaturgeschichte ist es verdientermaßen – zusammen mit Goethes »Hermann und Dorothea« – als ein großes Epos, die deutsche Bürgerlichkeit charakterisierend, eingegangen.

Was Schiller in seiner Weimarer Zeit in den kommenden fünf Jahren leistete, grenzt ans Übermenschliche, vor allem, wenn man seine ständig wiederkehrenden Anfälle, die häufig auftretenden, länger anhaltenden fiebrösen Erkrankungen, rechnet. Es scheint, als habe er, einer nur mehr begrenzten Lebensspanne bewußt, alle Kraft zusammengenommen, um das äußerst Erreichbare zu schaffen. Noch bevor die Weimarer Uraufführung seiner »Maria Stuart« stattfand, konnte man dort den von ihm bearbeiteten »Macbeth« sehen. Neben der Beschäftigung mit der »Jungfrau von Orleans«, die bald in Leipzig eine triumphale Uraufführung erlebt, läßt er den zweiten und dritten Teil der »Kleineren prosaischen Schriften« erscheinen. Inzwischen hat er Gozzis »Turandot« für die Bühne bearbeitet und den vierten Teil der »Kleinen prosaischen Schriften« herausgebracht. Es folgt die »Braut von Messina«, Uraufführung wieder in Weimar. Dann widmet er sich der Übersetzung der beiden Stücke des französischen Komödienautors Louis-Benoit Picard, »Der Neffe als Onkel« und »Der Parasit«. Schließlich beginnt er den längst geplanten, entworfenen »Wilhelm Tell«, dessen Uraufführung in Weimar im März 1804 stattfindet. Im Herbst 1804 wendet er sich der Arbeit an seinem letzten Stück, dem »Demetrius«, zu, der unvollendet bleibt. Aber die Bearbeitung von Racines »Phaedra« folgt noch deren Uraufführung. Alles in allem eine ungeheure, geradezu beispiellose Leistung.

Mit Cotta hatte sich im Laufe der Jahre ein Vertrauensverhältnis ergeben, wie es für beide Seiten verläßlicher nicht sein konnte. Der großzügige, verständnisvolle und weitblickende Verleger und Buchhändler hätte am liebsten alles, was Schiller schrieb, verlegt. Der aber, der einmal geschlossene Verbindungen nicht leicht aufgab, überließ auch weiterhin Crusius, Göschen und neuerdings Unger in Berlin Druck und Veröffentlichung eines Teils seiner Arbeiten. Freilich übertrug er Cotta ab 1793/1794, nachdem er ihn auf seiner Reise in die Heimat kennengelernt hatte, den Großteil der von da ab entstandenen Werke zur Herausgabe. Man hatte einander schätzengelernt. Das ging von Cottas Seite so weit, daß er, der natürlich mit den Schillerschen Stücken auch gutes Geld verdiente, dem berühmten Autor die volle Verfügungsgewalt über seine Mittel einräumte. Dies muß auf Schiller, der ja die längste Zeit seines

Lebens unter Geldnot gelitten hatte, außerordentlich befreiend gewirkt haben. Trotzdem machte er keinen vollen Gebrauch von Cottas Großzügigkeit; er beschränkte sich auf das Notwendige. Fest steht, daß sich mit der Aufnahme der Verbindung zu diesem Tübinger Verleger seine finanziellen Verhältnisse zu entspannen begannen, was sich ja auch im Erwerb des Grundstücks an der Leutra ausdrückte.

Übrigens hatte auch Lotte schriftstellerischen Ehrgeiz.

Neben Gedichten, den »Erinnerungen aus den Kinderjahren« und tagebuchartigen Aufzeichnungen, gab es von ihr später einen kleinen Schwank, betitelt »Der verunglückte 5. März« (1802), in dem es um den mißlungenen Plan Kotzebues geht, mit einem Fest im Weimarer Rathaus Schiller durch gespielte Ausschnitte aus seinen Werken zu ehren. Mit diesem, auf den 5. März angesetzten Spektakel, an dessen Vorbereitungen die Weimarer Gesellschaft großen Anteil nahm, wollte sich Kotzebue an Goethe rächen.

Man hatte ihn nämlich in das alle vierzehn Tage bei Goethe stattfindende »Mittwochskränzchen« nicht aufgenommen – ja, er blieb trotz hartnäckiger Bemühungen ausgeschlossen –, weil er in den Augen Goethes und Schillers ein eitler, oberflächlicher Effekthascher war. Über das Kränzchen berichtet Schiller nach Dresden: »... Goethe hat eine Anzahl harmonierender Freunde zu einem Klub oder Kränzchen vereinigt, das alle vierzehn Tage zusammenkommt und soupiert. Es geht recht vergnügt dabei zu, obgleich die Gäste zum Teil sehr heterogen sind, denn der Herzog selbst und die fürstlichen Kinder werden auch eingeladen. Wir lassen uns nicht stören, es wird fleißig gesungen und pokuliert. Auch soll dieser Anlaß allerlei lyrische Kleinigkeiten erzeugen, zu denen ich sonst bei meinen größeren Arbeiten niemals kommen würde ...«

Neben Schiller, Goethe, Wolzogen und Meyer gehörten Damen der Gesellschaft zum Zirkel, wie die Göchhausen, die Wolfskehl, Amalie von Imhoff, Lotte Schiller, Karoline von Wolzogen, Gräfin Egloffstein und andere. Es ging also munter zu an diesen Abenden, und das wäre auch ganz nach dem Geschmack Kotzebues gewesen. Statt dessen blieb er ausgeschlossen.

Was übrigens den Erfolg beim Publikum anlangte, so konnten sich, wie bereits erwähnt, weder Schiller noch Goethe mit Kotzebue messen. Zusammen mit Iffland dominierte er damals als Unterhaltungsdramatiker; sein sicheres Gefühl für bühnenwirksame Verarbeitung populärer Stoffe verhalf ihm mit seinen immerhin insgesamt zweihundertelf Stücken zu vielen Triumphen. Nebenbei gab es von ihm noch eine Reihe »leichtfertiger, schlüpfriger« Romane, wie Fulda vermerkt.

Platen urteilte:

»Er schmierte wie man Stiefel schmiert.
Vergebt mir diese Trope
Und war ein Held an Fruchtbarkeit
Wie Calderon und Lope.«

Diesen Tort, den ihm Goethe antat, wollte er also rächen; der 5. März sollte Schiller als den strahlenden Stern am Weimarer Musenhimmel zeigen, Goethe in den Hintergrund drängen. Doch die Sache mißlang auf klägliche Weise. Der Bürgermeister stellte den Saal des Stadthauses nicht zur Verfügung.

Auch Schiller war froh, daß Kotzebues Plan, der ja im Grunde nur darauf hinauslief, sein gutes Einvernehmen mit Goethe zu stören, unausgeführt blieb. Er schrieb dazu: »Der 5. März ist mir glücklicher vorübergegangen als dem Cäsar der 15.«

Im »Journal der Romane« und in der »Flora« erschienen Lottes, von Schiller redigierte, Erzählungen wie »Autun und Manon« (eine Übersetzung), »Die neue Pamela«, »Der Prozeß«, »Die Brüder«. In ihrem Nachlaß fand man die »Fragmente über Schiller«, die in erster Linie ihren Kindern ein Bild des Vaters vermitteln sollten, sich allerdings auch gegen Veröffentlichungen richteten, die, ihrer Meinung nach, Schiller falsch darstellten.

Sie wußte allerdings auch – vielleicht spürte sie es mehr –, daß Schiller schriftstellerische Bemühungen bei Frauen im allgemeinen nicht sehr schätzte. Er fand, daß die Hauptaufgabe der Frau in der Führung des Haushalts und der Aufzucht der Kinder zu liegen habe. Unter anderen Voraussetzungen, etwa bei alleinstehenden Damen, urteilte er nachsichtiger. Frau von Stein bestärkte Lotte in ihrer Ansicht, stets und zuallererst für Mann, Haushalt und Kinder dasein zu sollen, obwohl sie oft genug Lottes übertriebenes Eingespanntsein in die häuslichen Verpflichtungen beklagte.

Während Schiller mit dem Diener Rudolph gut vierzehn Tage im Jagdschloß Ettersburg, anderthalb Stunden nördlich von Weimar, verbringt, um in ruhiger, konzentrierter Arbeit seine »Maria Stuart« zu vollenden, pflegt Lotte intensiven Verkehr mit Frau von Stein. Für sie und die Kinder gibt es dieses Jahr keinen Jenaer Garten, kein besinnliches Sichergehen unter den Bäumen, am Hang, auf der Wiese an der Leutra. Man sucht ein wenig Ruhe im Weimarer Park; auch die Kinder spielen dort. Aber eigentlich hat man Sehnsucht nach dem Grundstück, das diesen Sommer, für fünfzig Taler Miete, der Professor Hufeland nutzen darf.

Langsam bessert sich der Zustand der kranken Familie Wolzogen, so daß Lotte auch wieder mehr mit ihrer Schwester zusammen sein kann. Das Söhnchen Adolf, Karl Schiller und Goethes August sind inzwischen gute Spielkameraden geworden.

Wilhelm, der im Auftrag des Herzogs eine erste Erkundungsreise in geheimer Mission nach Rußland unternommen hatte, war erst vor kurzem zurückgekehrt. Er hatte beim Zaren Paul sondieren müssen, ob eventuell Neigung bestünde zur Verheiratung einer der Töchter des Zaren – etwa der Prinzessin Maria Pawlowna – mit dem Weimarer Erbprinzen Karl Friedrich. Und da man sich jetzt wieder verstärkt um den Neuaufbau des Schlosses kümmerte – in das man schließlich am 1. August 1803 einzog –, liegt die Vermutung nahe, der Zar habe Wolzogen zumindest keinen negativen Bescheid mitgegeben.

Während Lotte dann im Sommer mit Ernstchen vierzehn Tage bei Chère mère in Rudolstadt verbringt, wird es Schiller in Weimar recht einsam, weil auch das Theater außerhalb, in Lauchstädt, gastiert.

Der August in der Stadt ist heiß, drückend und laut. Schiller flieht nach Oberweimar, wo er, der Ruhe sucht, ausgerechnet Zeuge einer in der unmittelbaren Nachbarschaft stattfindenden, lärmenden »Hochzeit auf dem Lande« werden muß. Spazierfahrten mit Goethe, in dessen bequemer Equipage, entschädigen ihn, bieten angenehme Unterbrechung bei anregender Unterhaltung.

Goethe und Schiller planen zu Beginn des neuen Jahrhunderts mehrtägige Festlichkeiten, in die auch Iffland einbezogen werden soll. Überraschend, zwei Wochen vorher, sagt jedoch der Herzog alles ab, wahrscheinlich aus Kostengründen. Statt dessen findet am letzten Tag des Jahres bei Hofe eine Silvestermaskerade statt, zur Feier der Jahrhundertwende.

Für Goethe fängt das neue Jahr schlecht an. Er erkrankt an einer Gesichtsrose; Schiller muß für die Dauer der Behandlung die Leitung der Probenarbeit am Theater übernehmen. Und fast täglich, über eine Zeitspanne von annähernd sechs Wochen, macht Schiller Krankenbesuche bei dem Freund.

Schon Anfang März dieses Jahres zieht es Schiller nach Jena; so sehr locken Garten und Häuschen.

»Ich bin in den letzten Tagen ganz ungestört geblieben«, schreibt er

Lotte, »und dadurch auch in meiner Arbeit gefördert worden. Gegen das Tumultuarische in Weimar ist mein Aufenthalt im Garten doch ohne Vergleich ruhiger und der Arbeit günstiger.«

Nach vier Wochen an der Leutra ist die »Jungfrau von Orleans« fast vollendet.

In diesen Tagen, während der Abwesenheit Schillers, gab es in Weimar einen formidablen Krach zwischen den Schauspielerinnen Karoline Jagemann und Margarethe Voß; angeblich war beiden die Rolle der Thekla im »Wallenstein« versprochen worden. In Wirklichkeit sollte die Jagemann sie in Weimar spielen, war jedoch, als herzogliche Kammersängerin, nicht verpflichtet, der Truppe zu den Sommergastspielen nach Lauchstädt und Rudolstadt zu folgen. Dort sollte Frau Voß als zweite Besetzung zur Verfügung stehen, was ihr aber nicht genügte. Ja, sie bestand nun darauf, die Thekla auch in Weimar spielen zu dürfen. So gab es ein wildes Gerangel hinter den Kulissen. Die Herzogin, Goethe, Frau von Wolzogen, Lotte Schiller und schließlich Hofkammerrat Kirms, der die wirtschaftliche Leitung der Bühne innehatte und eng mit Goethe zusammenarbeitete, schalteten sich ein, versuchten ihre Vorstellungen durchzudrücken.

»Es ist hier eine große Gärung über die Thekla«, berichtet Lotte ihrem Mann nach Jena. »... Wer alles mit hinein schwatzt, weiß der Himmel, denn vorhin war die ›Frau‹ (Schwester Karoline) bei mir und sagte mir im Vertrauen, daß man auch der Herzogin hatte Glauben machen, Du wolltest lieber der Voß die Rolle geben...« Für die Aufführungen Mitte März jedenfalls hatte sich schließlich Madame Voß die Thekla erkämpft – wahrscheinlich mit Unterstützung Goethes.

Natürlich wurde auch in Weimar intrigiert und gegängelt. Ein weiteres Beispiel dafür liefern die Begleiterscheinungen um die Uraufführung der »Jungfrau von Orleans«. Seit Schiller in Jena begonnen hatte, waren alle bisher entstandenen Stücke von ihm in Weimar uraufgeführt worden, und man hielt es für selbstverständlich, daß dies auch bei der »Jungfrau« der Fall sein werde.

Eines Tages, im späten Frühjahr, erbat sich der Herzog, der vom Entstehen des Stückes wußte, über Karoline von Wolzogen das Manuskript zur »Jungfrau von Orleans«. Natürlich mußte Schiller es hergeben. Wie überrascht aber war Karoline, als Karl August sie in einem langen Schreiben bat, sie möge Schiller bewegen, das Drama, bevor er es der Bühne übergebe, erst drucken zu lassen: »Möchte doch Schiller sich entschließen«, schrieb er, »sein schönes und so wertes Werk erst drucken zu las-

Karoline Jagemann, Sängerin und Schauspielerin; hier, nach einem Gemälde von Heinrich Kolbe, als Sappho. Um 1818

sen, ehe er es der Bühne einverleiben ließ, bei dieser Gelegenheit könnte er noch einem oder dem andern Vers nachhelfen, einige Ausdrücke mildern, etliche Zäsuren verbessern und sich darnach auch wohl von uns überzeugen, daß wir gern es auf dem Theater sehen möchten, aber daß wir es lieber für die feinsten Augenblicke der Einsamkeit oder einer geschlossenen gebildeten Gesellschaft aufheben möchten ...«

Und warum dieses gequälte Bemühen um eine Verhinderung der Aufführung am Weimarer Hoftheater? Es sind privateste Gründe, die Karl August zu diesem ungewöhnlichen Schritt veranlassen. In Weimar kommen nämlich für die Rolle der Jungfrau nur zwei Schauspielerinnen in Frage: des Herzogs Geliebte, Karoline Jagemann, und Helene Malcolmi, die Frau des Schauspielers Malcolmi.

Der höchst peinliche Zufall will es nun, daß beide Damen schwanger sind – die Jagemann von des Herzogs Gnaden, die Malcolmi jedenfalls nicht von ihrem eigenen Mann. Also mußte der Herzog, um seine Aktricen vor Lächerlichkeit im Gewande der »Jungfrau« zu bewahren und um sich selbst der Schußlinie der Weimarer Klatschprominenz zu entziehen, diesen ungewöhnlichen Schritt tun.

Mit seinem im Brief an Karoline geäußerten Zweifel: »... Ob uns auch die Wohltat dieses reinen Genusses bliebe, wenn Schillers dialogisiertes Poem als Theaterstück die Bühne betreten müßte ...?« will er Zeit gewinnen. Freilich hätte er, entsprechend Schillers ausdrücklich geäußertem Wunsch, die Unzelmann aus Berlin holen können. Doch das riskierte er nicht, eben mit Rücksicht auf seine Hoftheater-Damen.

Karoline von Wolzogen gelingt es, Schiller den Wunsch des Herzogs plausibel zu machen. Er fügt sich, wenn auch widerstrebend.

Die sehr erfolgreiche Uraufführung der »Jungfrau von Orleans« im September in Leipzig erlebt Schiller zwar nicht selbst, wird aber sechs Tage später, als das Stück zum dritten Mal in Leipzig gegeben wird, vom Publikum stürmisch gefeiert. Man läßt Schiller hochleben; von seiner Loge aus bedankt er sich gerührt. Nach der Vorstellung bilden Theaterbesucher und Hinzugekommene Spalier bis zum Ranstädter Tor.

Die Reise, die zu Aufenthalten in Dresden und Leipzig, zu Körners und auch zu einem Wiedersehen mit Fritz von Stein führte, sollte ursprünglich ins Ostseebad Doberan gehen. Es sollte eine Bade-, eine Erholungsreise werden. Aber Schillers Gesundheitszustand zwang wieder einmal zur Änderung des Plans. Die Entfernung bis zur Ostsee wäre zu groß, die Strapazen wären zu gefährlich für ihn geworden. Immerhin überstand er die insgesamt sechs Wochen währende Fahrt – mit einem Abstecher nach Loschwitz, wo man in Erinnerungen an die Jahre 1785 bis 1787 schwelgte – erstaunlich gut. Allerdings kümmerten sich gleich zwei Begleiterinnen um sein Wohl: Lotte und Schwägerin Karoline von Wolzogen, deren Mann zu einer weiteren Mission im Auftrage des Herzogs in Rußland weilte. Es war übrigens die letzte Begegnung Körners mit Schiller vor dessen Tod im Jahre 1805. Sie sahen sich nicht wieder.

Ja, Wilhelm von Wolzogen verdiente sich dieses Mal ein besonderes Lob des Herzogs, der seine Anerkennung in der Ernennung Wolzogens zum Geheimen Rat ausdrückte. Damit war er Minister geworden. Und womit hatte er diese Beförderung erreicht? Er konnte seinem Herrn mitteilen, daß der gerade gekrönte Zar Alexander I., Sohn des ermordeten Zaren Paul I., gegen eine Verlobung der Großfürstin Maria Paulowna mit dem Erbprinzen Karl Friedrich von Weimar nichts einzuwenden habe. Und dieses glatte Ergebnis seiner Bemühungen um eine vermögende Schwiegertochter aus kaiserlichem Geblüt schrieb Karl August in hohem Maße dem diplomatischen Geschick seines Abgesandten Wilhelm von Wolzogen zu.

Einen Höhepunkt erlebte die Weimarer Bühne im November des Jahres mit der Erstaufführung von Lessings »Nathan der Weise« in der Schillerschen Bearbeitung. Das Stück war 1783 in Berlin so durchgefallen, daß sich seitdem keine Bühne mehr an eine Neuaufführung gewagt hatte.

Zum 1. Januar 1802 schreibt Schiller an Goethe: »Lassen Sie uns das neue Jahr mit den alten Gesinnungen und mit guter Hoffnung eröffnen.«

Eine der Hoffnungen Schillers und Lottes war die, auch in Weimar möglichst bald zu einem eigenen Haus zu kommen. Sie erfüllte sich überraschend schnell. Joseph Charles Mellish, englischer Schriftsteller, ein Verehrer Schillers, der auch seine »Maria Stuart« übersetzt hatte, verließ Weimar und damit sein Haus an der Esplanade. Schiller kaufte es kurz entschlossen für viertausendzweihundert Reichstaler.

Der Einzug ins Neuerworbene fand just an dem Tag statt, an dem Schillers Mutter, neunundsechzigjährig, starb: am 29. April 1802. In Cleversulzbach bei ihrer Tochter Luise, die im Oktober 1799 die Frau des Pfarrers Johann Gottlieb Frankh geworden war, hatte sie ihre letzten Jahre verbracht. Mit regelmäßigen Unterstützungszahlungen des Sohnes und mit der Fürsorge im Hause ihrer Tochter war Dorothea Schillers Leben in bescheidener Geborgenheit zu Ende gegangen.

Die Kaufsumme für das Haus an der Esplanade mußte Schiller sich leihen. Ein Darlehen in Höhe von zweitausendsechshundert Gulden gab die fürstliche Kammer. Schwiegermutter von Lengefeld gab sechshundert Reichstaler, der Pächter Weidner in Niederroßla gewährte eine Hypothek in Höhe von zweitausendzweihundert Talern. Im Haus sollte freilich auch vieles verändert, erneuert werden. Der vor Mellish von der Gräfin Bachof bewohnte Besitz lag, ganz nach dem Geschmack der Schillers, außerhalb der Mauern der Stadt – sie begann sich auszudehnen – im Grünen. Nun konnte er wieder, mit dem Blick auf Gärten, Äcker, Wiesen, Bäume und Sträucher, seinen Inspirationen nachhelfen.

Erst gegen Ende August sind die Bauarbeiten am Haus abgeschlossen. Die Kinder können wieder draußen spielen, ähnlich wie in Jena an der Leutra. Dem Malhüpfen, Kreiseln und Ballwerfen sieht Lotte nun von der Bank vor dem Haus aus zu. Ihren seit längerer Zeit wehen, angegriffenen Augen tut der Blick ins Grüne gut.

Wenn nur Schiller einigermaßen durchhielte. Manchmal wirkte er verhältnismäßig gesund, ein andermal erschreckend hinfällig, gebrechlich. Und die Kinder – sie hatten eine Anzahl Krankheiten hinter sich. Letztes Jahr war's wie in einem Lazarett zugegangen. Die Masern, Keuchhusten, Schnupfen, Halsschmerzen hatten einander abgelöst. Lotte war kaum zu sich gekommen; aufatmen konnte sie, als die Buben wieder in die Schule gingen. Denn ein bißchen was nach ihrem Geschmack wollte sie doch hin und wieder tun können. Briefe schreiben, lesen und schließlich diese Übersetzungen für die »Flora«, die ihr besonderen Spaß machten.

Freilich mußte sie sich auch mit dem Umfang und den Kosten der Hauswirtschaft befassen. Sie sparte, wo es ging, doch die Preise stiegen – Weimar war ohnehin teurer als Jena –, zum Glück hielt auch der Strom der Einkünfte an; das Vorhandensein eines Mannes wie Cotta wirkte jedenfalls beruhigend.

Ein neues Stück brachte Schiller jetzt tausend Taler für den Erstdruck. Spielrechte wurden von den Theaterleitern erworben. Allerdings gab es massenhaft Raubdrucker, und das sollte sich ja erst ändern mit der Einführung des Urheberrechtes.

Mühe bereitete dem Bürger alljährlich das Heranschaffen des Hausbrandes. Es gab noch keine Kohle, man heizte ausschließlich mit Holz. Und da die Häuser luftig gebaut, die Öfen wenig rationell konstruiert waren, verbrauchte man viel. Im Jahre 1802 hatte Schiller der Bedarf an Eichen-, Buchen-, Fichten- und Erlenholz insgesamt hundertundsechs Taler und achtzehn Groschen gekostet.

Für Tuch zu einem Überrock mußte man fünfundzwanzig Reichstaler rechnen, dazu kam der Preis für die Anfertigung. Der Zugang zum Hof, der Verkehr bei Hofe zwang zum Tragen seidener Escarpins und seidener Westen. Für Lebensmittel zahlte man, im Verhältnis zu heute, sehr unterschiedlich. Ein Pfund Kaffee kostete nur zwölf Groschen = 1,20 Mark, ein Pfund Zucker dagegen siebeneinhalb Groschen = 0,75 Mark. Dienstleistungen waren billig. Lottes Jungfer zum Beispiel, zusammen mit der schwäbischen Magd Christine Wenzel, zweiundvierzig Taler im Jahr, bei freier Kost und freiem Wohnen, versteht sich. Der Diener Rudolph, der auch Schreibarbeiten für Schiller erledigte, verdiente vierzig Taler im Jahr. Dagegen zahlte Schiller 1802 für den Unterricht seiner Kinder nur ganze zwanzig Taler. Wein und Bier kosteten hundertfünfundzwanzig

Taler. Der Weinkeller weist, knapp zwei Jahre später, einen ansehnlichen Bestand auf:

Malaga	61 Bouteillen
Bourgogne	35 Bouteillen
Champagne	22 Bouteillen
Weißer Portwein	10 Bouteillen
Muskaten	4 Bouteillen
Leistenwein	2 Bouteillen
Ruster	17 Bouteillen
Ödenburger	6 Bouteillen
Frankenwein	34 Bouteillen
Falerner	4 halbe Bouteillen
Rum	5 Bouteillen

Dieses Jahr bringt noch eine Veränderung, die zwar Schiller selbst wenig beeindruckt, die er aber wegen ihrer Auswirkung auf Lotte und die Kinder mit einer gewissen Genugtuung zur Kenntnis nimmt: Er wird geadelt.

Im Zusammenhang mit dieser Nachricht, die er zunächst nur aus den Zeitungen erfährt (schon damals war die Presse schneller als der Amtsschimmel), schreibt er auf des nun zum Kurfürsten erhobenen Carl von Dalbergs erneuertes Hilfsangebot an ihn, seinem Freund Körner: »Notwendig brauche ich auch dieses Succours, da die kahle Ehre (die Verleihung des Adels), die mir von Wien erwiesen wird, mir künftig einen Aufwand verursacht, auf den nicht gerechnet war . . . «

Nach Erhalt des Adelsdiploms, das vom Kaiserlichen Hof in Wien auf Antrag Karl Augusts – und hier wahrscheinlich besonders auf Anregung Karoline von Wolzogens – ausgefertigt wurde, ergänzt Schiller nach Dresden, in welchen Zusammenhängen er die Verleihung des Adelstitels sieht. Bemerkenswert die schadenfrohen Seitenhiebe auf Herder und Kotzebue: ». . . Der Herzog hatte mir schon seit länger her etwas zugedacht gehabt, was mir angenehm sein könnte. Nun traf es sich zufällig, daß Herder, der in Bayern ein Gut gekauft, was er nach dem Landesgebrauch als Bürgerlicher nicht besitzen konnte, vom Kurfürsten von der Pfalz, der sich des Nobilitationsrechtes anmaßt, den Adel geschenkt bekam. Herder wollte seinen pfalzgräflichen Adel hier geltend machen, wurde aber damit abgewiesen und obendrein ausgelacht, weil ihm jedermann diese Kränkung gönnte; denn er hatte sich immer als der größte

Demokrat herausgelassen und wollte sich nun in den Adel eindrängen. Bei dieser Gelegenheit hat der Herzog gegen jemand erklärt, er wolle mir einen Adel verschaffen, der unwidersprechlich sei. Dazu kommt noch, daß sich Kotzebue, den der Hof auch nicht leiden konnte, zudringlicherweise an den Hof eindrang, welches man ihm, da er und seine Frau Ansprüche hatten, nicht verwehren konnte, obgleich man schwer genug daran ging. Dies mag den Herzog noch mehr bestärkt haben, mich adeln zu lassen. Daß mein Schwager den ersten Posten am Hof bekleidet, mag auch mitgewirkt haben; denn es hatte was Sonderbares, daß von zwei Schwestern die eine einen vorzüglichen Rang am Hofe, die andere gar keinen Zutritt zu demselben hatte, obgleich meine Frau und ich sonst viele Verhältnisse mit dem Hofe hatten. Dieses alles bringt dieser Adelsbrief nun ins Gleiche, weil meine Frau, als eine Adlige von Geburt, dadurch in ihre Rechte, die sie vor unsrer Heirat hatte, restituiert wird; denn sonst würde ihr mein Adel nichts geholfen haben. Für meine Frau hat die Sache einigen Vorteil, für meine Kinder kann sie ihn mit der Zukunft erhalten, für mich freilich ist nicht viel gewonnen. In einer kleinen Stadt indessen, wie Weimar, ist es immer ein Vorteil, daß man von nichts ausgeschlossen ist, denn das fühlt sich hier doch zuweilen unangenehm, wenn man in einer größeren Stadt davon gar nichts gewahr wird...«

Über Neujahr, bis gegen Mitte Januar, kommt Chère mère zu Besuch nach Weimar. Sie findet Lotte nervös und abgespannt. Die Kinder, neun, sechs und drei Jahre alt, wirbeln wild im Haus herum und verschlimmern mit ihrem Temperament das Durcheinander, das im Haushalt notwendig herrschen muß durch des Vaters ungeordnete Lebensweise. Es gibt bei Schiller so gut wie keine geregelte gemeinsame Essenszeit. Für die Kinder ist der Vater tagsüber meist unsichtbar. Lotte hat sich daran gewöhnt, die Hauptmahlzeit auf den Abend zu verlegen; und wenn der gutmütige Vater dann die für ihn zubereiteten Leckerbissen vor sich hat, verteilt er sie freigebig an die Kinder. Führen sich allerdings Karl und Ernst gar zu wild auf, so setzt es Ohrfeigen. Hat er sie verabreicht, in einem Anfall von Ungeduld, tun sie ihm so weh wie seinen plötzlich verstummten Trabanten. Was Lotte an der Seite dieses kranken Mannes, der durch seine Unpäßlichkeiten natürlich auch zu Launen neigt, durchsteht, mit gleichbleibender Ruhe und Fürsorgebereitschaft abwickelt, ist ihr hoch anzurechnen. Auch wenn sie Christine Wenzel, die Magd, und eine Jungfer und notfalls auch den Diener Rudolph zur Seite hat. Freilich wäre dies alles ohne ihre Liebe zu Schiller, die ihr Geduld und Rücksichtnahme gebietet, nicht möglich.

So wird denn ein Besuch der Mutter stets zu einer rechten Aufhellung ihres grauen Alltags. Chère mère ist, neben Schwester Karoline, die Vertraute, der sie sich mitteilen kann. Und natürlich sind Neuigkeiten auszutauschen, aus dem heimatlichen Rudolstadt wie aus dem geschäftigen, turbulenten Weimar. Außerdem bringt die Anwesenheit der Mutter Entlastung in der Abwicklung des Aufgabenbündels. Wenn Lotte früher einmal geglaubt hatte, sie könne in ihrer Ehe mit Schiller zu schöpferischer Ruhe, zu nachhaltiger Beschäftigung mit erbaulichen Stoffen gelangen, so weiß sie heute, daß dies nur selten und sehr eingeschränkt möglich geworden ist. Die Sorge um Schiller, seine jäh aufbrechenden Krämpfe, Husten- und Fieberanfälle, seine allgemeinen Unpäßlichkeiten, die zu völlig veränderten Tagesabläufen führen, zerren an ihren Nerven.

Einen Höhepunkt zum Abschluß des alten Jahres bringt am Silvesterabend, im Beisein Karoline von Wolzogens und Chère mères, die Lesung der in Akten fertigen »Braut von Messina«. Über die Wirkung eines offiziellen Vortrags des Stückes am Geburtstag und auf Wunsch des Herzogs von Meiningen, »in einer Gesellschaft von Freunden und Bekannten und Feinden«, schreibt Schiller an Goethe: »... Die Furcht und der Schrecken erwiesen sich in ihrer ganzen Kraft, auch die sanftere Rührung gab sich durch schöne Äußerungen kund – der Chor erfreute allgemein durch seine naiven Motive und begeisterte durch seinen lyrischen Schwung, so daß ich, bei gehöriger Anordnung, mir auch auf den Brettern eine bedeutende Wirkung von dem Chore versprechen kann ...«

Inzwischen hat sich das Jahr auch auf andere Weise gut angelassen: Carl von Dalberg überrascht Schiller mit einem Neujahrsgeschenk von 650 Reichstalern, als Beweis für die Ernsthaftigkeit früherer Versprechen. Er hielt Wort, ließ dem ersten Geldgeschenk weitere folgen. Nach dem Tode Friedrich Karl von Erthals war er endlich – freilich unter völlig veränderten Verhältnissen – Kurfürst geworden. Denn durch den Frieden von Lunéville gehörte das linke Rheinufer mit Mainz nun zu Frankreich. Dalberg übernahm sich später, als er glaubte, durch Parteinahme für Frankreich sowohl die römische Kirche als auch das Deutsche Reich retten zu können. Er wurde zum Werkzeug Napoleons.

Man war in Weimar nun auch auf dieses Geld angewiesen, denn die Haushaltsführung mußte zwangsläufig großzügiger gehandhabt werden. An die zweitausend Taler brauchten die Schillers im Jahr, und das war schon das Zehnfache dessen, was einst Vater Johann Kaspar für seine Dienste beim Herzog von Württemberg erhalten hatte.

An dem triumphalen Erfolg, den die »Braut von Messina« bei ihrer Uraufführung im Weimarer Hoftheater errang, war sogar Sohn Karl – der »Herr Karl«, wie Lotte gern sagte – beteiligt. Man hatte ihm, zum großen Vergnügen der Familie, die Rolle eines Pagen übertragen, die er mit Gelassenheit absolvierte. Zu einem ungewollten Eklat kam es, als nach Schluß der Aufführung der Sohn des Jenaer Professors Schütz ein Vivat auf Schiller ausbrachte. Derartige Ovationen waren in Weimar, besonders in Gegenwart des Hofes, nicht erwünscht. So erhielt Goethe sogar Anweisung, den jungen Schütz durch den Jenaer Stadtkommandanten verwarnen zu lassen.

Im Sommer reist Schiller für vierzehn Tage nach Lauchstädt, wo er im neuerbauten Theater den Aufführungen eigener und fremder Stücke folgt. Lotte berichtet er von dem Abend, an dem seine »Braut von Messina« während eines heftigen Gewitters gegeben wurde. Unter dem Grollen des Sommers war das Spiel eine Stunde lang zu einer Pantomime geworden, weil man kein Wort mehr hörte. »... Lustig und fürchterlich zugleich war der Effekt«, schreibt er, »wenn bei den gewaltsamen Verwünschungen des Himmels, welche die Isabelle im letzten Akt ausspricht, der Donner einfiel, und gerade bei den Worten des Chors:

›Wenn die Wolken getürmt den Himmel schwärzen,
Wenn dumpftosend der Donner hallt,
Da, da fühlen sich alle Herzen
In des furchtbaren Schicksals Gewalt,‹

fiel der wirkliche Donner mit fürchterlichem Knallen ein, so daß Graff ex tempore eine Geste dabei machte, die das ganze Publikum ergriff...«

Zu solchen Aufführungen Schillerscher Stücke strömten vor allem Studenten aus dem nahen Halle, aber auch aus Leipzig herbei. Bemerkte man die Anwesenheit des verehrten Autors, so kam es zu Ständchen vor dessen Wohnung, abends und morgens. Mit Rücksicht auf die Lauchstädter Veranstaltungen ließ man in Halle sogar Nachmittagsvorlesungen ausfallen, damit die Studenten rechtzeitig zum Beginn der Vorstellungen am Ort sein konnten.

Wichtige Ausbeute dieser Lauchstädter Tage für Schiller: neue Erkenntnisse über das Theater, über seine mögliche Wirkung, über das Publikum.

Ende August führt man in Weimar, in Gegenwart König Gustavs IV. von Schweden, »Wallensteins Tod« auf. Am Tag darauf läßt sich der König Schiller vorstellen und überreicht ihm als Dank für die, wie er findet, rühmliche Darstellung des schwedischen Parts in der »Geschichte des Dreißigjährigen Krieges«, einen Brillantring.

Davon macht Schiller auch seinem Schwager Wolzogen Mitteilung, der um diese Zeit schon wieder mit dem Erbprinzen in Petersburg weilt, wo Karl Friedrichs Verlobung mit der Großfürstin Maria Paulowna stattgefunden hat. Schiller fragt, ob nicht auch ein solcher Ring in Petersburg lockerzumachen wäre. Und wirklich, der »Alte«, wie Wilhelm im Familienkreis genannt wird, schafft das später auch noch.

Während das neue Weimarer Schloß nun für das junge Fürstenpaar zum Einzug bereitsteht, »droht die alte Universität in Jena über den Haufen zu fallen. Ein Lehrer nach dem anderen wird uns nach Halle entführt...« In der Tat war Jena in Gefahr auszubluten. Die besten Köpfe wanderten ab; Loder, Schütz, Hufeland, Paulus, der Mathematiker Stahl, Schelling waren im Begriff zu gehen. Griesbach war todkrank. Man rechnete mit seinem Ableben innerhalb der nächsten sechs Monate. Mit besonderen Angeboten des Herzogs, die, wie im Falle des Professors Paulus, über Schiller an den Adressaten gerichtet wurden, hoffte man die Fähigsten zum Bleiben zu bewegen.

Herders Tod, im Dezember 1803, kam für Weimar überraschend. Noch im September hatte sich Schiller, der im Gegensatz zu seiner Frau Lotte für den großen Kirchenmann später wenig Sympathie empfand, Körner gegenüber so geäußert: »... Deine Schilderung von Herdern stellt ihn mir ganz dar, er ist zu einem vornehmen katholischen Prälaten geboren, genialisch flach und oratorisch geschmeidig, wo er gefallen will...« Lotte vermerkt in ihrem Tagebuch: »Auch Herder mußte sterben! Seine große Kraft geht hinüber in eine andere Welt, in höhere Wirkungskreise. Diesen Trost hatte das zweifelnde Herz. Aber uns ist er verloren, und wir sehen weinend das Meteor sich in höhere Zonen aufschwingen, dessen Glut unsere Herzen nicht mehr beleben und ergötzen kann...«

In seinem Nachruf hieß es – und dies ganz gewiß mit voller Berechtigung: »... ein wahrer Verlust, nicht nur für Weimar, sondern für die ganze literarische Welt...«

Seit Sommer des Jahres ist er mit der Arbeit am »Wilhelm Tell« gut vorangekommen. Schiller erwägt eine Reise in die Schweiz. Auch Lotte könnte sich auf diese Weise ihren Wunsch nach einem Wiedersehen mit dem Land ihrer Jungmädchenträume erfüllen. Aber es wird nichts daraus.

Jedenfalls hat Schiller wieder einmal die Unruhe gepackt; wieder fühlt er sich in Weimar beengt, empfindet er die Verhältnisse als zu kleinlich, zu begrenzt. Möglich, daß der Besuch der Madame de Staël in Weimar einiges in Bewegung brachte, der französischen Philosophin, »... die unter allen lebendigen Wesen, die mir noch vorgekommen, das beweglichste, das streitfertigste und redseligste ist. Sie ist aber auch das gebildetste und geistreichste weibliche Wesen, und wenn sie nicht wirklich interessant wäre, so sollte sie mir auch ganz ruhig hier sitzen...« Von Lottes Liebenswürdigkeit ist sie beeindruckt. Dagegen vermerkt sie: »... ich mag Goethe nicht, wenn er nicht eine Bouteille Champagner getrunken hat...« Und zu Schiller sagt sie unumwunden: »Vous qui êtes aussi simple dans vos manières qu'illustre par votre genie...«

Durch sie, die statt geplanten kürzeren Aufenthalts über zwei Monate in Weimar bleibt, gerät Schiller in Zeitdruck mit der Fertigstellung des »Wilhelm Tell«. Iffland in Berlin hatte er das Stück für Ende Februar versprochen. »Wilhelm Tells« Uraufführung geht am 17. März 1804, mit bisher größtem Erfolg, über die Weimarer Bretter. Trotz einer Aufführungsdauer von immerhin fünf Stunden ist die Begeisterung im Publikum größer als je vorher bei einem anderen Stück.

Trotzdem ist Schiller unzufrieden mit seinem Leben in Weimar. Dem Schwager Wolzogen in Petersburg schreibt er: »... Auch ich verliere hier zuweilen die Geduld, es gefällt mir hier mit jedem Tag schlechter, und ich bin nicht willens, in Weimar zu sterben. Nur in der Wahl des Orts, wo ich mich hinbegeben will, kann ich mit mir noch nicht einig werden... Es ist überall besser als hier, und wenn es meine Gesundheit erlaubte, so würde ich mit Freuden nach dem Norden ziehn...«

Was und wer ihn dann doch immer wieder in Weimar festhielt, war Goethe.

Seit Monaten sind Karoline und Wilhelm von Wolzogen voneinander getrennt. Während der Oberhofmeister an der Seite des Erbprinzen im kalten Rußland ausharren muß, lebt die »Frau« bei Bekannten in Dresden, hält Verbindung zu den Körners. Der Aufenthalt im Sächsischen ist für sie eine Art Ausweichmanöver in ruhige, unabhängige Gefilde, die ihr vor allem ersparen, ständig bei Hofe zur Verfügung zu stehen. Außerdem kann sie sich dem Schreiben widmen, was noch immer an erster Stelle ihrer Interessen rangiert. Sie liefert weiterhin Beiträge zu Familienzeitschriften und Jahresalmanachen. Mit ihrem Mann hält sie, ebenso wie Schwester Lotte und Schwager Schiller, engen brieflichen Kontakt. Die Nachrichten aus Dresden und Weimar sind zur Zeit der einzige Lichtblick im Leben Wilhelms am Hofe des Zaren.

Schließlich kehrt Karoline, mit Ungeduld von Lotte erwartet, nach Weimar zurück. Chère mère, gerade zu Besuch bei Schillers, beruhigt

Königin Luise von Preußen

den Schwiegersohn Wilhelm, äußert sich, befriedigt von ihrem Wiedersehen mit Karoline und dem »Bübli« Adolf: »... ich bin am Sonnabend hier angekommen und habe mich sehr gefreut, die gute ›Frau‹ und den lieben Adolf so wohl zu finden, das ›Bübli‹ ist sehr groß und hübsch, bekommt ein dunkel Lockenköpfchen und, was das Beste, Gott lob viel gesunder...«

Im April weiß man im Hause Schiller, daß es abermals Familienzuwachs geben wird. Man rechnet mit Anfang August. Lotte, die gerade mit den Kindern zusammen einen fiebrigen Keuchhusten überwunden hat – nur Schiller blieb verschont –, wirkt angegriffen und müde. Freilich drückt ihrem Befinden und Aussehen bereits die Schwangerschaft den Stempel auf. Doch Schiller hat plötzlich Lust, mit Lotte und seinen beiden Söhnen nach Leipzig zu fahren. Zur Messe trifft er dort die Verleger Cotta, Crusius und Göschen; Gelegenheit, geschäftliche Dinge zu besprechen. Und hier faßt er einen weiteren überraschenden Entschluß. Da er sich wohl fühlt, Lotte und die Kinder bei ihm sind, reist er kurzerhand nach Berlin weiter. »... Ich war nach Leipzig gereist in Geschäften«, schreibt er am 1. Mai abends, vom »Hotel de Russie« aus in einem Billett an Iffland, der ihn seit langem gedrängt hatte, Berlin zu besuchen, »und dort fiel mir ein, daß ich Berlin um zehn Meilen näher gekommen. Die Versuchung war mir zu groß, und so entschloß ich mich, Knall und Fall einen Sprung hierher zu tun. Da bin ich nun, teurer Freund, voll herzlichen Verlangens, Sie und die Freunde zu begrüßen; ich bedarf eines neuen, eines größeren Elements, ich freue mich darauf, zu sehen und zu hören und meinen Sehkreis zu erweitern ...«

Berlin wird für ihn und Lotte ein besonderes Erlebnis. Neben anderen bedeutenden Persönlichkeiten begegnet man Bernhardi, Bethmann, Erhard, Professor Ditmar, Henriette Herz und dem Arzt Hufeland, bei dem man später wohnt. Vor allem aber kommt man mit Friedrich Zelter zusammen, der sich mit der einfühlsamen Vertonung Schillerscher Texte unsterblich machte. Man sieht auch seine Singakademie.

Schillers werden der Königin Luise vorgestellt, sie lernen Prinz Louis Ferdinand kennen und sehen König Friedrich Wilhelm III. Der »Herr Karl«, wie Lotte ihren älteren Sohn ja oft nannte, darf ein wenig mit dem fünf Jahre jüngeren Kronprinzen spielen. Man speist in Sanssouci, wo Louis Ferdinand in liebenswürdigster Weise die Bewirtung übernimmt. Natürlich reicht man sie auch in den Salons herum; die geschmeichelte Lotte, gesprächig, einfältig, plaudert heraus, was ihr einfällt. Manches ist nicht nach dem Geschmack der geschickten Frager.

Die eindrucksvollsten Erlebnisse sind freilich die Theaterabende mit ihrem Drum und Dran. Schiller zu Ehren gibt man »Die Braut von Messina«, »Die Jungfrau von Orleans« und »Wallensteins Tod«. Der Dichter wird umjubelt, stürmisch gefeiert; man erhebt sich von den Plätzen, bereitet ihm Ovationen. Auch vor seinem Hotel läßt man ihn hochleben, was Sohn Karl mit Genugtuung und Stolz zur Kenntnis nimmt, während sich sein Bruder Ernst ängstlich hinter den großen Sesseln im Vestibül versteckt.

Im Verlauf der Tage merkt Schiller, daß es ihn reizen könnte, einige Jahre in Berlin zu arbeiten; wenn gewünscht, wäre er sogar bereit, dem Kronprinzen Geschichtsunterricht zu geben. Der Geheime Kabinettsrat von Beyme erfährt davon; schon am nächsten Tag bietet man ihm eine

Pension von dreitausend Talern nebst Bereitstellung einer Equipage. Schiller bittet sich Bedenkzeit aus.

Zurück in Weimar, berichtet er Körner: »... Berlin gefällt mir und meiner Frau besser als wir erwarteten. Es ist dort eine große persönliche Freiheit und eine Ungezwungenheit im bürgerlichen Leben... Auch kann ich in Berlin eher Aussichten für meine Kinder finden... Auf der anderen Seite zerreiße ich höchst ungern alte Verhältnisse, und in neue mich zu begeben schreckt meine Bequemlichkeit... Ich habe gegen den Herzog Verbindlichkeiten und ob ich gleich mit ganz guter Art mich loszumachen hoffen kann, so würde mir's doch weh tun zu gehen...« Berlin sei außerdem wesentlich teurer als Weimar, und ohne Equipage ginge nichts, »weil jeder Besuch oder Ausgang eine kleine Reise ist...«

Lotte hatte zunächst zu ihres Mannes Plänen wenig gesagt. Gewiß hätte sie, ihm zuliebe, die Veränderung auf sich genommen, wenn auch schweren Herzens; denn die Liebe zur thüringischen Heimat, die Bindung an Mutter und Schwester und an die gewohnten Verhältnisse in Weimar bestimmten sehr ihre Einstellung. Von der »Großen Welt«, die Schiller reizte, hielt sie nichts. Später schrieb sie an Fritz von Stein, ans »Brüderchen«: »... Ich wollte und durfte nicht nein sagen, denn ich wollte Schiller seine ganze Freiheit lassen, und nichts für mich selber wünschen, da es die Existenz meiner Familie betraf, aber ich wäre recht unglücklich in Berlin gewesen. Die Natur dort hätte mich zur Verzweiflung gebracht. Sie wissen, daß es um uns herum auch nicht gerade schön ist, aber ich weinte fast, als ich die erste Bergspitze wieder erblickte. Diese Krisis hat sehr auf meine Gesundheit eingewirkt, ich hatte Fieber und Angst, ich wollte gefaßt erscheinen und Schiller durch meine Wünsche nicht beschränken...«

Schiller bot schließlich an, gegen ein Salär von zweitausend Talern, jährlich einige Monate in Berlin wirken zu wollen, was ihm und Lotte ein endgültiges Weggehen von Weimar erspart hätte. Doch die Berliner wollten ihn ganz oder gar nicht. Sie gingen nicht darauf ein.

Während man noch auf eine Nachricht aus Berlin wartete, erhöhte Karl August Schillers Pension auf achthundert Taler (mit Aussicht auf tausend), mit denen er doch, wie der Herzog es ausdrückte, nun auch in dem »kleineren Verhältnis« sorgenfrei leben könnte. Schiller begnügte sich; er werde sein neues Haus noch in diesem Jahr schuldenfrei machen, schrieb er dem Herzog, und dann hoffe er, mehr für die Zukunft seiner Kinder tun zu können. Denn darauf vor allem kam es ihm an. Schließlich wußte er, wie krank er war, und wenn er auch manchmal die Hoffnung

Carl Friedrich Zelter, Komponist, Dirigent der Berliner Singakademie, gründete 1808 die erste »Liedertafel«; vertonte u. a. Schillersche und Goethesche Texte

hegte, alles werde noch gutgehen, sein Zustand sich bessern, so führten ihm doch die wiederkehrenden Anfälle, die oft besorgniserregenden fiebrigen Katarrhe, die Schmerzen im Unterleib seine labile Verfassung schonungslos vor Augen.

Da Lotte eigentlich nur zu Dr. Stark uneingeschränktes Vertrauen hatte, wurde beschlossen, die Entbindung von ihm in Jena vornehmen zu lassen. Schillers Grundstück mit Gartenhaus war für elfhundertfünfzig Reichstaler an Professor Thibaut verkauft worden, was nun die Wahl eines anderen Quartiers für Lotte notwendig machte. Dies bot sich mit Niethammers Haus in der Leutrastraße.

Der Arzt hatte für alles Notwendige gesorgt, man sah dem Ereignis mit

Ruhe entgegen. Bei herrlichem Wetter unternahm man Spazierfahrten, an denen manchmal auch Lotte teilnehmen konnte. Lange im Gedächtnis blieb der kleine Ausflug durchs Dornburger Tal an jenem Abend des 24. Juli. Erlebnisse aus den Jahren 1791 bis 93, als man noch in der »Schrammei« zu fröhlicher Tischrunde beisammensaß, hatte man ausgetauscht. Die Scherze, die Streiche, die man einander gespielt hatte, lebten auf. Man war lustig und unbeschwert.

Wie erschrank man aber, als Schiller noch in der Nacht, kurz nach der Rückkehr ins Haus, einen schweren Kolikanfall erlitt, der ihn vor Schmerzen fast betäubte. War er zu leicht bekleidet gewesen für den kühlen Abend? Schiller schrie in seiner Qual, was dem sonst beherrscht Leidenden nie vorher passiert war.

Lotte, die unter ihm im unteren Stockwerk zu Bett lag, hörte, wie er sich quälte, doch sie konnte ihm nicht helfen, denn man erwartete schon für bald ihre eigene schwere Stunde. Möglich, daß Aufregung und Unruhe, die das ganze Haus erfaßten, das Einsetzen der Wehen, den Beginn der Geburt bei Lotte beschleunigten. Dr. Stark war schier verzweifelt. Er glaubte in dieser Nacht, Schiller werde nicht einmal mehr die nächste halbe Stunde überleben.

Doch der schafft es; nach vier Tagen hat er, dem Anschein nach, das Schlimmste überwunden. Zu Kräften aber kommt er wochenlang nicht. Nach heutigen Erkenntnissen handelte es sich wohl um eine seit langem bestehende Bauchfellentzündung, aus der sich eine irreparable Darmverschlingung ergeben hatte.

Schon am Tag nach diesem schlimmen Anfall wird Lotte leicht und glücklich von einer gesunden Tochter entbunden. Chère mère und Schwester Karoline sind bei ihr, um in bewährter Weise das Drum und Dran zu erleichtern. So kann denn am 7. August 1804 die Taufe der kleinen Emilie Henriette Luise stattfinden. Im Kirchenbuch erscheinen dieses Mal als Paten: die Fürstinnen Karoline Louise von Rudolstadt und Wilhelmine Friederike Karoline von Sondershausen, Frau von Lengefeld, Karoline von Wolzogen, Graf Geßler (der preußische Gesandte in Dresden, Freund Körners, war gerade in Jena), Johann Heinrich Voß; nachträglich noch die Prinzessin Karoline von Weimar, mit der Lotte eine besonders herzliche Freundschaft verband.

Vier Tage vor Lottes Rückkehr nach Weimar ist Schiller bereits im Haus an der Esplanade eingetroffen, um einige Änderungen zur Erleichterung der Arbeit der Hausfrau und einige Verschönerungen des Heims zu veranlassen.

Unter den hin und her gewälzten Projekten entschließt er sich im Oktober zur Weiterarbeit am »Demetrius«. Doch er kommt noch wenig zu konsequenter Arbeit. Auf Wunsch Goethes verfaßt er zum Empfang des jungen Paares – der russischen Prinzessin und des weimarischen Erbprinzen – das kleine Festspiel »Huldigung der Künste«, das, am 12. November abends aufgeführt, die Großfürstin zu Tränen rührt. Hennes schreibt dazu, Schiller wollte mit der »Huldigung der Künste« die Fürstin daran erinnern, daß sie wie in ihrem Vaterland so auch in der neuen Heimat Liebe fände und daß ihr im Tausch für die goldene Pracht der Marmorpaläste, die sie dort verlassen, hier die Schätze der Kunst und der Poesie geboten würden.

Wilhelm von Wolzogen, der im Gefolge des Fürstenpaares mit zurück nach Weimar gekommen ist und von den Seinen mit stürmischer Freude begrüßt wird, hat auch für Schiller eine Überraschung im Gepäck: einen Brillantring von der russischen Kaiserin; als Anerkennung und Dank für den »Don Carlos«, der ihr von Wilhelm im Auftrage Schillers überreicht worden war. Und Wolzogen ist es später wieder, der seinem Schwager den Ring »versilbert«; er kann mit dem Erlös seine Schulden bei Chère mère zurückzahlen.

Die russische Großfürstin, wie sie weiter genannt werden möchte, macht in Weimar schon bei ihrer Ankunft einen ausgezeichneten Eindruck. Obwohl sie eine anstrengende Reise hinter sich hat, läßt sie es sich nicht nehmen, schon nach einer Stunde der Erholung und Erfrischung den gesamten Hofstaat zu empfangen.

Auch Schiller ist sehr angetan von ihr, dürfte allerdings von Schwager Wilhelm mit Vorurteilen versorgt worden sein. An Cotta schreibt er: »... Mit unserer neuen Prinzessin ist wirklich ein guter Engel bei uns eingezogen. Sie ist im höchsten Grade liebenswürdig, verständig und gebildet, sie zeigt einen festen Charakter und weiß die Dignität ihres Standes mit dem verbindlichsten Wesen zu vereinbaren. Kurz, sie ist so, daß wenn wir die Wahl gehabt hätten, uns eine Fürstin zu verschreiben, wir sie gerade so wie sie ist und nicht anders bestellt haben würden ...«

Körner teilt er einen Tag später mit, daß sie sowohl Talente im Zeichnen als auch im Musizieren habe. »... Ihr Gesicht ist anziehend ohne schön zu sein, aber ihr Wuchs ist bezaubernd ... Schlechte Menschen, leere Schwätzer und Schwadronierer möchten schwerlich bei ihr aufkommen ...« Ist es wieder eines jener schnellen Schillerschen Urteile, die, wie manche in der Vergangenheit gefällte, später revidiert werden mußten?

Maria Paulowna erhielt sich ihr Leben lang die Sympathien aller Stände.

Auch Lotte ist begeistert. Neigt sie doch ohnehin zu eher überschwenglicher Verehrung jeglichen Fürstentums bei nicht allzu kritischer Beurteilung. Schwager Wolzogen habe »uns einen wahren Engel gebracht«, meldet sie schon bald Fritz von Stein.

Eine Reihe von Festlichkeiten und Bällen veranstaltet der Hof. Sofern es ihm einigermaßen geht, sind Schiller und Lotte neben den Wolzogens dabei. Ja, es gibt Abende, an denen Schiller vor Lebenshunger glüht, an denen er die Champagnerpfropfen knallen läßt, wo es ihm Spaß macht, Philistern eine Nase zu drehen, wo er den mahnenden Blicken Lottes ausweicht, um unbeirrt weiterzufeiern. Wenn ihn der Übermut packte, hatte er für die »Dezenz« seiner Frau nur ein dröhnendes Lachen, dann zog es ihn zu seinen jungen Verehrern, wo er im breiten Schwäbisch deklamierte, diskutierte und mit der verräucherten Stimme des starken Rauchers in die Studentenlieder der Freunde einstimmte. Sein eigener Weinkeller, in dessen Nähe man zuweilen landete, war so schnell nicht leerzutrinken, und neuerdings sorgte auch Cotta für süffigen Nachschub.

Lotte sah all dies mit gemischten Gefühlen. Nicht, daß sie ihm die Freude mißgönnte. Sie hatte Angst. Und ihre Angst war berechtigt.

Das Gratulationsbriefchen, das Goethe zu Neujahr Schiller schickte, trug den Vermerk: »Weimar, am letzten Neujahrstag«. Selbst überrascht von der doppelsinnigen Formulierung, klagte er Frau von Stein, er befürchte, dies sei in der Tat sein oder Schillers letzter Neujahrstag. Beide, Schiller und Goethe, erkrankten im Februar schwer. Beide erholten sich. Wieder war es der junge Heinrich Voß, Sohn des Dichters Johann Heinrich Voß, der Schiller in diesen schweren Stunden Beistand geleistet, bei ihm gewacht, ihn gepflegt hatte. Er konnte wieder auf sein, fühlte sich, so Voß, »unbeschreiblich wohl und kräftig«; zu anhaltender Arbeitsleistung aber reichte es noch nicht. Erstaunlich jedoch, wie er fast den ganzen März und den April über, von Störungen beinahe unbehelligt, am »Demetrius« weiterschreibt und die Bearbeitung von Racines »Phaedra«, die er auf Wunsch des Herzogs vorgenommen hatte, beendet.

10. Schillers Tod

»... Es fuhr wie ein elektrischer Schlag über seine Züge; dann sank sein Haupt zurück, und die vollkommenste Ruhe verklärte sein Antlitz...«

(Karoline von Wolzogen in ihrem Erinnerungsstück »Schillers Leben«)

In diesen Wochen widmete er sich seinen Kindern mehr als je zuvor. Es scheint, als hätte er geahnt, daß es mit ihm zu Ende ging. Die kleine Emilie, im letzten Herbst drei Wochen krank gewesen, sprudelte wieder über vor Lebenslust. Er schleppte sie auf dem Arm herum, wirbelte sie in die Luft, nur um sich an ihrem übermütigen Gequietsche zu laben. Der zwölfjährige Karl, schon ein großer kleiner Mann, lernte Latein und Griechisch. Schiller machte Proben aufs Exempel. Auch mit Ernst ließ sich schon manch Gespräch führen. »Er hat viel Anlagen zum Selbstdenken und hat Fleiß und Liebe sich zu unterrichten«, schrieb Lotte an Fischenich nach Bonn. »Er faßt leicht. Er hat am meisten Ähnlichkeit mit Schiller; nur ob er so genialisch wird, kann man noch nicht wissen... Zum Soldat bestimme ich keinen. Es würde mich sehr unglücklich machen, in der Zeit der Gefahr einen Sohn im Krieg zu wissen; und in der Zeit der Ruhe ist es ein Leben, das einen Menschen, der nicht in sich selbst eine Quelle von tätigem Leben des Geistes hat, niederdrückt; und der unendlichen Langeweile, die dieser Stand hervorbringt, unterliegen viele tätige Geister doch am Ende...«

Und die fünfjährige Karoline ist der immer fröhliche, verwöhnte Schatz der Familie. Sie lacht den ganzen Tag, läßt sich jauchzend durchs Haus treiben, zu den Mahlzeiten einfangen. Schiller füttert sie mit den besten Bissen; dafür prostet sie ihm zu mit ihrem Glas Wasser. Das »blauäugige Schätzgen« kuschelt sich in Schillers Schoß, steht auf seinen wackeligen Knien, hängt sich mit ihren Ärmchen an seinen Hals, und der Vater schleppt sie stolz durchs Zimmer. »Sie ist überhaupt freundlicher gegen die Männer als gegen die Frauen«, sagt Lotte, die das wilde, freundliche Kind schon ein wenig mit dem praktischen Leben vertraut machen möchte: Sie erteilt ihm bereits Unterricht im Nähen.

Schiller hatte sich auf Empfehlung des Arztes abermals ein Reitpferd gekauft. Wenn der Frühling endlich milderes Wetter bringt, will er sich die erwünschte Bewegung verschaffen. Doch zunächst reicht seine Kraft noch nicht aus.

Er macht sich auch Sorgen um Goethe, der zwar die schlimme Nierenkolik einigermaßen überstand, aber immer noch leidet, sich, ans Haus gefesselt, schonen muß. Heinrich Voß schildert ihr erstes Zusammentreffen nach langer Krankheit bei Goethe, wohin Schiller seinen ersten Gang machte: »Sie fielen sich um den Hals und küßten sich in einem langen, herzlichen Kusse, ehe einer von ihnen ein Wort hervorbrachte. Keiner von ihnen erwähnte weder seiner noch des anderen Krankheit, sondern beide genossen der ungemischten Freude, wieder mit heiterm Geiste vereint zu sein.« Noch in seinem letzten Brief an Körner, geschrieben am 25. April 1805, äußert sich Schiller zuversichtlich, sieht er der »besseren Jahreszeit« mit Hoffnung entgegen.

Am 1. Mai trifft er, mit Schwägerin Karoline auf dem Weg ins Schauspiel, Goethe zum letzten Mal. Der Freund wollte ihn besuchen; doch man trennt sich gleich wieder, denn Goethe ist nicht in der Laune fürs Theater. Noch auf dem Weg dorthin stellt Schiller seiner Schwägerin gegenüber fest, daß er den seit Jahren in der linken Seite gefühlten Schmerz nicht mehr spüre. Aber noch am selben Abend, nach der Vorstellung, wird er von einem heftigen Fieber geschüttelt, das ihn ins Bett zwingt. Er bleibt bettlägerig.

Bis zum 6. Mai, so berichtet Karoline von Wolzogen über seine letzten Tage, habe er einen freien Kopf gehabt, hin und wieder Freunde empfangen, sich mit ihnen unterhalten. Cottas unverhoffter Besuch bereitete ihm Freude. Mit Geschäften aber hätte es doch Zeit bis nach der Leipziger Messe, wenn Cotta zurückreise. Lotte und Karoline, sein Diener Rudolph, Heinrich Voß und manchmal auch Wolzogens Diener Michael Färber pflegen ihn, lösen einander ab. Der erfahrene Dr. Stark, der allein das volle Vertrauen Lottes und Schillers besitzt, ist ausgerechnet in diesen Tagen mit der Großfürstin in Leipzig. Dr. Huschke, sein Vertreter, verfährt nach den bekannten Rezepten Dr. Starks, und es tritt vorübergehend Milderung der Beschwerden ein. Ab 7. Mai fängt er an, zwischen klaren Sätzen zu phantasieren. Doch das beunruhigt zunächst nicht sonderlich, denn das hatte es bei früheren Anfällen auch schon gegeben. Er läßt sich die kleine Emilie bringen, liebkost sie und beginnt, wieder bei Sinnen, bitterlich zu weinen. Gegen Abend wünscht er die Sonne zu sehen. Er schläft ein, Kissen hinter dem Rücken, fast aufrecht sitzend. »Ist das eure Hölle, ist das euer Himmel?« ruft er plötzlich im Fieber.

Am Abend des 8. Mai antwortet er seiner Schwägerin auf ihre Frage, wie es ihm gehe: »Immer besser, immer heitrer.« Am nächsten Morgen verordnet der Arzt ein Bad, das er widerwillig nimmt. Das Glas Champagner trinkt er hastig, fällt zurück in die Kissen, schlummert ein. Kerzen brennen herab, werden erneuert. Lotte meint, er werde sich nun gesund schlafen. Sie glaubt nicht an ein so frühes Ende. Wie oft hat er ähnliche Anfälle hinter sich gebracht.

Sie weicht jetzt nicht von seinem Bett. Wie kalt seine Hände sind. Sie nimmt sie in ihre, möchte sie ihm wärmen; sie fühlt, wie er den Druck zu erwidern versucht, schwach, aber spürbar. Sie schöpft neue Hoffnung. Er schlägt die Augen auf, reckt sich hoch, sie neigt sich ihm zu, bis ihre Lippen sich berühren.

»Gegen drei Uhr trat vollkommene Schwäche ein«; schreibt Karoline von Wolzogen in ihren Erinnerungen »Schillers Leben«, »der Atem fing an zu stocken. Meine Schwester kniete an seinem Bette, sie sagte: ›daß er ihr noch die Hand gedrückt.‹ Ich stand mit dem Arzte am Fuße des Lagers und legte gewärmte Kissen auf die erkaltenden Füße. Es fuhr wie ein elektrischer Schlag über seine Züge; dann sank sein Haupt zurück und die vollkommenste Ruhe verklärte sein Antlitz; seine Züge waren die eines sanft Schlafenden.«

Später zeigte die Sektion die vollkommene Zerstörung des linken Lungenflügels. Allein der Zustand der Lunge hätte ihm, bei Überwindung des Fiebers, allenfalls noch ein qualvolles halbes Jahr gelassen. Weiteres Ergebnis der Öffnung des Leichnams: akute Lungenentzündung, Entartung der Herzmuskulatur, Darmverengung.

Die Beisetzung eines der größten deutschen Dichter erfolgte in der Art, wie man damals mittellose Adlige bestattete: in der Gruft des Landschaftskassen-Leichengewölbes.

Für einen ordentlichen Eichensarg war nicht genug Geld im Haus. Lotte mußte einen Tannensarg für drei Taler zimmern lassen. Und wenn der Weimarer Bürgermeister Karl Schwabe nicht ein Dutzend Künstler, Gelehrte, Verehrer Schillers als Sargträger zusammengetrommelt hätte, wären gegen Mitternacht die Schneider an der Reihe gewesen, den Leichnam in das für ihn bestimmte Massengrab zu legen, in dem bereits zehn andere Särge standen. Nach weimarischem Brauch wechselten sich nämlich die Handwerker der Stadt im Sargtragen ab.

Karoline von Wolzogen war in letzter Minute noch eingefallen, den Sarg mit dem Namen Schillers zu kennzeichnen. Man hätte sonst später gewiß noch mehr Schwierigkeiten gehabt, den richtigen herauszufinden, als im Dezember des Jahres 1827 (!) die sterblichen Überreste Schillers ihre endgültige Beisetzung in der Weimarer Fürstengruft fanden.

In der Nacht zum 12. Mai soll auch das noch beobachtet worden sein: Als gegen 24 Uhr das dünne Geläut der Totenglocke ertönt, zieht der von Fackeln beleuchtete kleine Zug mit schweren Schritten zum Kassengewölbe.

Vom Eingang zum Jakobskirchhof aus folgt ihm eine vermummte Gestalt im Reitermantel. Sie hält Abstand, gibt sich nicht zu erkennen, bleibt schließlich stehen, und nur ein aufmerksamer Beobachter hätte sehen können, wie der Unbekannte in unbeherrschtes Schluchzen ausbricht, wie er sich erschüttert und gewiß auch erschöpft von einem wilden Ritt, gegen das wacklige Friedhofsgitter lehnt. Es ist Wilhelm von Wolzogen, dem ein Kurier unterwegs die Nachricht brachte, woraufhin er, so wie er war, sein Pferd nach Weimar gejagt hatte.

Die Trauerfeier am Nachmittag des folgenden Tages fand statt in einer überfüllten Kirche. Goethe jedoch fehlte. Zunächst hatte man nicht gewagt, ihm den Tod seines Freundes zu melden. Als er es erfuhr, blieb er stumm vor Erschütterung. Gegen Abend brach es aus ihm heraus, er weinte. Doch er konnte sich nicht zeigen, brachte es nicht fertig, schloß sich ab.

Lotte nahm ihm sein seltsames Verhalten nicht übel. Wie sie im Grunde alles, was er tat, guthieß, wie sie alles an ihm verehrte, bewunderte – ausgenommen allein seine Beziehung zu Christiane Vulpius , so versuchte sie auch hier Verständnis für sein Verhalten aufzubringen. Ja, als Schwester Karoline sich über Goethes Schweigen erregte, nahm sie Partei für ihn. Er könne es eben noch nicht, man müsse ihm Zeit lassen. Wahrscheinlich ahnte sie, daß eine so frühe Begegnung mit ihm sie beide tief erschüttert hätte.

Trotz des Todes des vielleicht größten deutschen Dramatikers sollte am Abend in Weimar Theater gespielt werden – wenn das nicht an Karoline Jagemanns kategorischer Weigerung gescheitert wäre. Und sie sprach durchaus im Namen ihrer Kollegen, als sie dieses Zeichen der Trauer um Schiller verlangte.

Lotte, die weder im Glück noch im Schmerz zu stark emotionalen Äußerungen neigte, blieb auch hier eher gefaßt, beherrscht, ruhig. Freilich war sie durch die Erlebnisse der letzten Wochen so erschöpft, daß sie beinahe apathisch, teilnahmslos wirkte. Ihre Schwester Karoline, von anderem Temperament, zeigte sich hemmungslos weinend, vom Schmerz geschüttelt.

Doch was half es.

Läßt man Lottes Rolle im Leben des großen Toten Revue passieren, so darf man getrost feststellen, daß Schiller, als er das Fräulein von Lengefeld heiratete, das Glückslos seines Lebens zog. Ja, es ist anzunehmen, daß wenig von dem, was er mit und durch Lotte erreichte, eingetreten wäre ohne sie. Wenn sie sagte: »Ich habe seinen Geist, seine volle, rege Tätigkeit unterhalten, indem ich für ihn lebte. Ohne mich wäre er vielleicht nicht so lange der Welt geblieben«, dann war das Lottesche Bescheidenheit. Die Verbindung mit der Familie Lengefeld, der dadurch hergestellte Kontakt zu Goethe, brachte Schiller zunächst die Professur in Jena. Es war eine von Anfang an bestehende Sympathie Karl Augusts für Lotte, der er nach ihrer Heirat mit dem mittellosen Poeten helfen wollte. Erst in zweiter Linie, und gegenüber den Miterhaltern der Universität, brachte man Schillers Veröffentlichungen auf geschichtlichem Gebiet ins Spiel, verlieh ihm quasi damit die Qualifikation. Der ziel- und pflichtbewußte, freilich absolut fähige Schiller enttäuschte nicht. Denn im Grunde hatte er sich ja immer nur wohl gefühlt, wenn er Pläne schmieden, verwirklichen, wenn er arbeiten, tätig sein konnte. Lotte schaffte ihm die Grundlage, die Voraussetzung für all das, was nun entstand. Innerhalb der von ihr bewirkten Atmosphäre aus liebevoller Sorge, Pflege, mütterlicher Umsicht und der Verbreitung eines gesunden Optimismus war es Schiller trotz seiner hartnäckigen Krankheit möglich, die großen Werke der letzten fünfzehn Jahre zu vollbringen. Und Lottes Beitrag zum schließlich entstandenen Freundschaftsbund zwischen Schiller und Goethe war gewiß größer als gemeinhin bekannt. Ohne diese erblühende, für die beiden Großen so fruchtbare neue Partnerschaft, die den einen wie den anderen befeuerte, wäre manch großes Werk nicht geboren worden.

Daß Lotte sich gern mit Schiller in die Gefilde seiner Phantasie, seines Geistes erhoben hätte, daß sie sich vergeblich bemühte, ihm zu folgen, daß es ihr, wenn überhaupt nur selten gelang, ihn zu beflügeln in der Art etwa, wie den Dichter die Muse küßt, bedeutete für Schiller nichts Negatives. Im Gegenteil, er hatte die bürgerliche, die häusliche Existenz gewollt, sich nach einem wohltätigen Gleichgewicht gesehnt, und das hatte er bekommen. Das war es, im Gegensatz zu den Bedürfnissen manch anderen Künstlers, was ihm die Grundstimmung zur Schöpfung seiner unsterblichen Werke gab. Auch die Aufnahme in die Weimarer Gesellschaft, die ihn zu seinen schier unbeschränkten Aktivitäten im Bereich des Theaters, in Zusammenarbeit mit Goethe brachte, die ihm die Möglichkeit schaffte, in Weimar Besitz zu erwerben, wäre ohne eine Charlotte von Lengefeld kaum möglich gewesen. Höhepunkt dieses gesellschaftlichen Aufstiegs, der ihn keineswegs zu einem willfährigen Diener der herrschenden Klasse machte, ihn eher amüsierte als beeindruckte, war schließlich die Verleihung des Adelsdiploms, die im wesentlichen auf das Betreiben der Wolzogens zustande kam.

Die Verbindung zu seinem Freund Wilhelm von Wolzogen, dem Vetter Lottes, dem Sohn seiner Gönnerin Henriette von Wolzogen – die ihn mit Charlotte von Kalb bekannt machte –, dem Bruder seiner ersten großen Liebe, der damals siebzehnjährigen Charlotte von Wolzogen, hat überhaupt etwas Wunderbares. Wie wäre Schillers Lebensweg wohl verlaufen ohne diesen Freund Wilhelm? Denn auch die entscheidende Begegnung mit Lotte, im Dezember 1787 in Rudolstadt, führte ja er herbei.

Er ist es, der Schiller auch auf seinem letzten Weg in das Massengrab des Landschaftskassengewölbes begleitet.

Ja, selbst nach Schillers Tod wird sich sein Einfluß wohltätig auf das Geschick der Witwe des Freundes und ihrer Kinder auswirken. Als der von der Erbprinzessin mit der Überwachung ihrer Angelegenheiten, der Verwaltung ihrer Schatulle beauftragte Mann des Hofes, kann er eine, wenn auch bescheidene, Versorgung der Söhne Schillers erreichen. Sie erhalten bis zu dem Zeitpunkt, da Lotte sie auf die Universität schicken möchte, je zweihundert Taler pro Jahr. Nach Aufnahme eines Studiums, einer Ausbildung, je vierhundert, bis sie zwanzig Jahre alt sind.

Die Töchter Karoline und Emilie erhalten nichts. Aber das schafft Lotte mit der Unterstützung ihrer Mutter und einer kleinen Witwenrente. Außerdem springt Carl von Dalberg mit einem jährlichen Zuschuß von sechshundert Talern in die Bresche.

Dalberg, der nach seiner Ernennung zum Großherzog von Frankfurt, dort zur Interessenvertretung Napoleons geworden, sein Amt so milde wie möglich ausübt.

Und Cotta benimmt sich wie ein echter Freund der Familie.

Zunächst streicht er die durch Vorschüsse entstandenen Schulden. Dann macht er Lotte das Angebot, mit ihren Kindern bei ihm in Tübingen in seiner Familie zu leben, ihm aber zumindest die Erziehung der Söhne zu überlassen. All dies will Lotte nicht. Sie hängt an Weimar, an ihrem Verwandten- und Bekanntenkreis, an ihrem Haus – sieht darin vielleicht auch eine Art Verpflichtung dem Toten gegenüber.

Allein den Diener Rudolph nimmt Cotta zunächst mit nach Tübingen. Doch dem fällt es schwer, sich in die völlig veränderten Verhältnisse einzugewöhnen. Die Lieder Schillers, die er mit seinem neuen Herrn zusammen singt, um in für ihn fremder Welt ein bißchen Heimatstimmung zu spüren, bewirken das Gegenteil. Ihn überwältigt ein schier unstillbares Heimweh. Schließlich kann ihm Lotte, die seine heimwehkranken Briefe bewegen, zur Rückkehr nach Weimar verhelfen.

Zacharias Becker, Rat in Gotha, früher Hofmeister bei den Dacherödens, hat die Idee, einen »Nationaldank« für die Hinterbliebenen des Dichters zu gründen. Iffland nimmt die Anregung auf, und so kommt es tatsächlich im Laufe der folgenden Jahre zu Benefizvorstellungen an den großen Theatern, deren Einnahmen auf ein von Becker verwaltetes Konto zugunsten der Familie Schiller fließen. Man beabsichtigte, mit dem Geld ein Familiengut zu kaufen, auf dem eine Schiller-Gedenkstätte errichtet werden sollte. Lotte gefiel der Gedanke, sie wünschte sich durchaus einen der Familie gehörenden Ort, der sowohl Schillers Grab als auch seine gesamte Hinterlassenschaft beherbergen könnte.

Es kam nicht zu diesem Gut. Es herrschte Krieg. Napoleon brachte manches durcheinander. Trotzdem wies das Konto nach einigen Jahren achttausend Taler auf, die Wilhelm von Wolzogens Bruder, der General Ludwig von Wolzogen, in Petersburg zinsgünstig anlegte.

Das Kapital wurde sogar über die Kriegswirren hinweg gerettet. Lotte brauchte zwar keine Not zu leiden, doch ging es ihr zunächst auch nicht übermäßig gut. Der Haushalt mit vier Kindern forderte seinen Tribut. Es heißt, Karl August habe ihr eine jährliche Witwenpension in Höhe von dreihundert Talern – zahlbar in vierteljährlichen Raten à fünfundsiebzig Taler – ausgesetzt. Dies ist jedoch strittig. Jedenfalls gab es Neuauflagen Schillerscher Arbeiten, die Beträge einbrachten. Vor allem Honorare von Cotta, mit dem er einen Vertrag hatte, der noch im Jahre 1805 geschlossen worden war. Er galt für eine Zeitspanne von zwanzig Jahren. Von 1812 bis 1825 machten die an Lotte von Cotta gezahlten Beträge eine Gesamtsumme von dreißigtausend Talern aus.

11. Lotte – Die Kinder

»... Aber glauben Sie mir, meine Freunde, daß ich meine Kräfte aufbiete, nicht unter zu liegen, daß ich den Willen habe für Schillers Kinder, für sein Andenken zu leben ...«

(Aus einem Brief Lottes an Cotta)

Wie Lotte nach dem Tod ihres Mannes mit dem täglichen Leben fertig wird, ist bewundernswert.

Sie wendet sich ganz der Erziehung ihrer Kinder zu, sieht nun ihre Hauptaufgabe in der Vermittlung brauchbarer Lebensinhalte und – durch die Wahl entsprechender Hauslehrer – in der Hinführung zu den notwendigen Wissensgebieten.

Mit der ihr angeborenen praktischen Nüchternheit begreift sie, daß sie die Welt ihrer Kinder jetzt nicht durch zur Schau getragene Trauer unnötig verfinstern darf. Im Gegenteil, ihr scheint, daß sie das Andenken dieses großen, gütigen Vaters am besten dadurch wachhält, daß sie sich ihnen im Sinne eben dieses Vaters ganz widmet, Anteil nimmt an allem, was ihre Kinder bewegt.

Dabei hat sie, außer Schillers milder, liebevoller Art, auch die bestimmte, sanft-sichere, respektheischende ihres eigenen Vaters vor Augen. So herrscht im Zusammenleben der Familie, trotz des harten Schlages schon bald wieder ein froher, zuversichtlicher Ton, der allen die Bewältigung der zunächst ungewohnt schwierigen Situation erleichtert.

Trost findet Lotte auch im Gebet. Der Glaube gibt ihr Sicherheit, macht ihr Mut. Den hat sie im folgenden Jahr besonders nötig, denn im Oktober 1806 rückt den Weimarern der Krieg in allernächste Nähe. Folge der Doppelschlacht von Jena und Auerstädt, in der die preußischen und die mit ihnen verbündeten Truppen vernichtend geschlagen werden, ist, nachdem eine Besetzung der Region als Bereitstellungs- und Aufmarschgebiet schon reichlich Schaden angerichtet hatte, eine Überflutung des Landes mit plündernden, marodierenden Soldaten. Karl August selbst, als preußischer General in die Kämpfe verwickelt, ist offensichtlich irgendwo untergetaucht; niemand kennt seinen Aufenthaltsort.

In seiner Vertretung handeln der Oberhofmeister von Wolzogen und Minister von Voigt. Fast der gesamte Hof war zur Flucht bewogen worden. Zurück blieb Herzogin Luise mit ihrer Oberhofmeisterin, Frau von Wedel, der es Lotte verdankt, in letzter Minute Unterschlupf im Schloß zu finden. Mit ihren Kindern und der treuen Christine Wenzel kampiert sie in einem Flur auf dem Fußboden. Draußen randalieren, brandschatzen, stehlen die zum Teil betrunkenen Franzosen, und es erscheint Lotte wie ein Wunder, als mitten im größten Trubel und Durcheinander Schwester Karoline mit Sohn Adolf, bepackt mit den nötigsten Sachen, im Schloß auftaucht – ein wenig ramponiert, abgehetzt, aber gesund. Daß sie ihre tüchtige Hilfe, die Pfarrerstochter Wilhelmine Schwenke, als Aufsicht im Haus zurückließ, hilft ihr nichts. Sie findet bei ihrer Rückkehr ein verwüstetes, ausgeraubtes Heim vor.

Dagegen blieben die Häuser der beiden Dichterfürsten, jedenfalls im Verhältnis zu den meisten anderen, so gut wie verschont. Wenn sich auch im Hause Goethes am Frauenplan, wie Friedrich Wilhelm Riemer, seit 1803 Lehrer August von Goethes, sehr eindrucksvoll berichtet, einiges abspielte.

In das für den Marschall reservierte Quartier, in dem bereits Köche und Ordonnanzen Vorbereitungen für ein Abendessen getroffen hatten, waren nach Mitternacht zwei Schützen (Tirailleurs) eingedrungen und hatten nach ausgiebigem Essen und Trinken, unter dem Vorwand, sich schlafen zu legen, Goethe in seinem Zimmer überfallen. Sie seien »mit blanken Säbeln auf Goethe eingedrungen«, wie der Anatom Loder seinem Freund Hufeland später mitteilte, »und hätten ihn vielleicht umgebracht, wenn Christiane sich nicht auf ihn geworfen und ihn teils dadurch, teils durch einige silberne Leuchter, die sie sogleich hergab, gerettet hätte«.

Man weiß, daß Goethe, aufgrund dieser so tapferen Verhaltensweise seiner geliebten Christiane in den Tagen der kriegerischen Bedrohung Weimars, nun entschlossen war, »das stille Gelübde seines Herzens«, wie Riemer schreibt, »durch eine förmliche, öffentliche Trauung zu sanktionieren«.

Der siebenundfünfzigjährige Goethe heiratet die einundvierzigjährige Christiane bereits am 19. Oktober; in die Trauringe läßt er den 14. eingravieren, als Datum der Erinnerung an die mit Hilfe Christianes gelungene Errettung aus Lebensgefahr.

Im Schillerschen Hause, wo Lotte zwei Mägde zur »Bewachung« zurückgelassen hatte, fehlte nichts. Spricht es für die Durchschnittsbildung der Soldaten der Grande Nation, daß sie dort nichts anrührten, sondern nur sehen, schauen wollten, wo und wie der Große gelebt hatte? Dann hätte gewiß auch am Frauenplan nichts passieren dürfen. Freilich verführt ein großes, schon von außen als Haus eines reichen Patriziers erkennbares Gebäude viel eher zum Eindringen, zum Plündern. Schillers kleines Anwesen an der Esplanade, noch dazu außerhalb des Stadtkerns, lockte offenbar weniger. Und schon beim Eintreten mußte jeder unbefangene Besucher sofort den gewaltigen Unterschied zwischen beiden Wohnungen feststellen: hier luxuriöse, gediegene Ausstattung nach dem Geschmack des vermögenden Kunstfreundes und -kenners, dort einfache, auf das Notwendige ausgerichtete Einteilung und Möblierung.

Trotzdem, Lotte konnte von Glück sagen, denn die meisten Bürgerhäuser waren nicht nur ihres Hausrats, ihrer Wertsachen, sondern auch der Vorräte in den Kellern beraubt.

Karl August sendet ein Lebenszeichen aus Berlin.

Die Veränderungen in der politischen Landschaft verfügt Napoleon in Cäsarenmanier. Nach seinem Sieg über die Armee Mack in Ulm, nach der Einnahme von Wien und dem Triumph bei Austerlitz sind die Österreicher und die Russen entscheidend geschlagen. Preußen, das ursprünglich mit der Koalition gehen wollte, beugt sich nun Frankreich und erhält für die Hergabe Ansbachs Hannover.

Österreich verliert im Frieden von Preßburg Tirol, Vorderösterreich, Venetien. Damit war die Voraussetzung zur Schaffung der »Confédération du Rhin«, des »Rheinbundes«, gegeben. Sechzehn süd- und westdeutsche Fürsten erklärten ihren Austritt aus dem Reich, was, im Zusammenhang mit einer ultimativen Forderung Napoleons, die Abdankung Kaiser Franz II. zur Folge hatte. Und das war das Ende des immerhin über achthundert Jahre alten Heiligen Römischen Reiches Deutscher Nation. Nach der preußischen Niederlage bekam der Rheinbund weiteren Zulauf. Am 27. Oktober 1806 erschien Napoleon in Berlin, von wo aus er die Kontinentalsperre verhängte, die England zum Frieden zwingen sollte.

Erst nach dem Zusammenbruch der Armee Napoleons in Rußland kam es zu dem Bündnis von Kalisch am 28. Februar 1813 zwischen Rußland und Preußen und zu Friedrich Wilhelms III. »Aufruf an mein Volk«, der eine patriotische Begeisterung in Deutschland auslöste. Als sich dann die Allianz durch den Beitritt Großbritanniens, Schwedens und schließlich Österreichs verstärken konnte, gelang – nach verschiedenen Niederlagen und Rückschlägen in der Völkerschlacht bei Leipzig, vom 16. bis 19. Oktober 1813 – der entscheidende Sieg über die napoleonische Armee, die sich nur in Resten über den Rhein retten konnte.

Ende des Rheinbundes und Reinstitution Preußens und Österreichs nach dem Stande von 1805 waren die Folgen. Den Rheinbundfürsten wurde allerdings Unabhängigkeit zugestanden.

Napoleon hatte in den Verhandlungen 1807/08 in Paris, an denen für Karl August Wilhelm von Wolzogen und der spätere Kanzler von Müller teilnahmen, am Territorium des Herzogtums Sachsen-Weimar nichts geändert. Das ohnehin kleine Besitztum, nun französische Provinz, blieb unangetastet, was gewiß auch der geschickten Verhandlungsführung Wolzogens und Müllers zu verdanken war. Äußerlich blieb also alles beim alten. Im Kern wandelte sich manches.

Die Folgen der Plünderungen nach der Schlacht bei Jena und Auerstädt waren überwunden. Man hatte sich arrangiert.

Und es gab einen neuen gesellschaftlichen Mittelpunkt in Weimar: das Haus der Wolzogens.

Wilhelm hatte sich durch wirkungsvolle Entledigung seiner Aufgaben den Dank und die Anerkennung seines Herrn verdient. Er hatte die für ihn erreichbare Sprosse in der hierarchischen Ordnung des kleinen Fürstentums erklommen – allerdings hoch mit dem Verlust seiner Gesundheit dafür bezahlt. Denn das Leiden, das er sich in Rußland holte, verschlimmerte sich. Häufig auftretende Atemnot, eine Art Bronchialasthma, ließ sich auch durch Kuren nicht lindern, geschweige denn heilen. So gut sie kann, tritt seine Frau helfend für ihn ein, doch um die wirklichen Geschäfte muß er sich selbst kümmern, was ihm von Monat zu Monat schwerer fällt.

Um die Wolzogens also gruppiert sich ein neues geselliges Leben, eigentlich ganz nach dem Geschmack Karolines, die nun im Mittelpunkt dieses Kreises steht und ihre Aufgabe mit Geist, mit Witz und der sanften Gelassenheit der in ihrer Rolle sicher ruhenden Persönlichkeit abwickelt.

Als eine der ersten, die sich um die Vorbehalte der Weimarer Damen gegen das »Liebchen« Goethes, gegen Christiane Vulpius, nicht kümmerte, ist sie jetzt dabei, der allgemeinen Anerkennung Christiane von Goethes im Kreis des Hofadels zum Durchbruch zu verhelfen. Sie tut es dadurch, daß sie wie selbstverständlich im Haus am Frauenplan verkehrt, und umgekehrt, Goethe stets mit Gattin zu sich bittet. Christiane sei auch nicht langweiliger als viele »ehrenhafte« Weimarer Ehefrauen, meint sie, weshalb also diese Umstände?

Goethe weiß natürlich um ihren Einfluß, und er setzt wesentlich auf sie, in der Hoffnung, Christiane endlich an seiner Seite anerkannt zu wissen. Freilich steht Karoline – und noch viel stärker Lotte Schiller – unter dem Einfluß Charlotte von Steins; aber im Laufe der Zeit weicht auch bei den hartnäckigsten Verächterinnen dieses »ungesunden Verhältnisses« die Verteufelung einer zumindest besonneneren, gerechteren Betrachtungsweise. Selbst Frau von Stein bittet nun, dem ihr Leben lang verehrten Meister zuliebe, Christiane an ihren Tisch.

Ganz ohne Vorbehalte freilich will man im Weimar dieser Jahre Christiane nicht akzeptieren. Das weiß auch Goethe. Und daran können auch die Bemühungen der bürgerlichen Johanna Schopenhauer, die es versteht, ihrem literarischen Salon Anziehungskraft zu geben, wenig ändern. Ihre Ausstrahlung auf die maßgeblichen Kreise des Hofadels – den Schuß Originalität wußte sie geschickt mit dem zu verbinden, was wir heute public relations nennen – war, trotz aller Bemühungen, in diesen ersten Jahren ihrer Anwesenheit in Weimar, nicht so durchschlagend.

Vielleicht noch wichtiger als die Anerkennung Christianes mag Goethe die vorbehaltlose Aufnahme seines Sohnes August in den alles bestimmenden Kreis der Privilegierten erschienen sein.

Kann man sagen, daß ihm das gelang? August brachte es bis zum großherzoglich-sächsischen Geheimen Kammerrat; er starb schon einundvierzigjährig, zwei Jahre vor seinem Vater.

In Lottes Haus folgen die Hauslehrer Martens, Uckert, Gabler, Abeken einander. Sie sind durchweg auch fähige Vorleser, was Lotte, ihrer schwindenden Sehfähigkeit wegen, gern ausnutzt.

Einen ersten schweren Abschied von ihrem ältesten Sohn Karl muß Lotte hinnehmen, als sie ihn 1809 auf die Forstakademie nach Tübingen schickt. Er ist jetzt knapp siebzehn Jahre alt, ruhig, verläßlich, durchschnittlich begabt. Zur Beruhigung Lottes kann er im Hause des befreundeten Verlegers Cotta wohnen. Allerdings nur für ein Jahr, denn Cotta zieht 1810 mit seinem Verlag nach Stuttgart. Weil ihr die württembergische Metropole für Karl nicht behagt, richtet sie ihm in Heidelberg eine Bude ein. Mit Ernst, den beiden kleinen Mädchen und ihrer Hilfe Lotte Speck verbringt sie dort, an diesem »himmlischen Aufenthalt«, sechs Wochen Ferien. Und sie sieht, auf Einladung des alten Schiller-Freundes, des Bildhauers Johann Heinrich von Dannecker, die von ihm geschaf-

Karl Friedrich Ludwig Freiherr (seit 1845) von Schiller, der ältere Schiller-Sohn

fene Kolossalbüste Schillers in Stuttgart. Ihrer so verehrten Prinzessin Karoline, der jetzigen Erbgroßherzogin von Mecklenburg-Schwerin, mit der sie einen regen Briefwechsel unterhält, schreibt sie später: »Ach wie ist die Büste so einzig! Wie groß und schön über Welt und Zeit steht sie da! Dieser Eindruck soll mir noch wohltun wenn ich den Erinnerungen der Welt nach und nach Lebewohl sage. So kann aber nur ein Freund seinen Freund bilden!...«

Wilhelm von Wolzogen wurde Ende des Jahres 1809, nach monatelanger Leidenszeit, durch den Tod erlöst. Karoline, seine immer noch illusionsfreudige, empfindungsbereite Frau, gab sich ausgerechnet in dieser Zeit der Traumvorstellung einer neuen Liebe hin. Der zur Unterstützung

Ernst Friedrich Wilhelm von Schiller, der jüngere Schiller-Sohn

ihres kranken Mannes zugeteilte junge Diplomat, ein Herr von Mühlemann, weckte in ihr noch einmal den Wunsch, geliebt zu werden. Seine taktvoll-gefällige Art zu helfen und mitzuarbeiten, deutete sie als Zuneigung. Die Einsicht schließlich, der junge Mann tue nichts als seine Pflicht, muß sie hart getroffen haben.

Ernst, ihren zweiten Sohn, schickt Lotte im Frühjahr 1812 auf die Universität nach Heidelberg. Von ihm trennt sie sich noch schwerer als von Karl, vielleicht weil Ernst in allem, auch im Aussehen, Schiller am meisten ähnelte. Ja, sie gibt zu, daß sie sich, um den Kindern Gerechtigkeit widerfahren zu lassen, zwingen muß, ihn nicht als ihren Liebling zu behandeln.

Zusammen mit Adolf von Wolzogen, dem um ein Jahr älteren Vetter, soll er dort Jura studieren. Adolfs Mutter, Karoline, wünschte diese gemeinsame Studienzeit, in der Hoffnung, der strebsame Ernst werde ihren lockeren Adolf günstig beeinflussen. Es traf jedoch ein, was Lotte befürchtet hatte: Vetter Adolf trieb sich herum, dachte nicht ans Lernen. Sein Verhalten färbte auf Ernst ab. Wäre der alte Freund der Familie Schiller, Heinrich Voß, der in Heidelberg ein Auge auf Ernst hatte, nicht gewesen, so hätte die Sache übel ausgehen können. Voß sorgte jedoch, im Einvernehmen mit Lotte, dafür, daß Ernst schon bald in Jena weiterstudierte. »Daß Ernst diesen Winter juristische Kollegien in Jena hören will«, schreibt sie im Oktober 1813 ihrem alten Freund Knebel, »ist sein freier Entschluß und mir für die ganze Konstellation lieb. Er hat sich für die Rechte entschieden, und es ist mir nicht unlieb, weil der Mensch eine Basis haben muß und er als ein guter Kopf auch die gewöhnlichen Wege vermeiden wird und kann...«

Zu Beginn des Jahres war Karl, die allgemeine Begeisterung teilend, als Freiwilliger zu den sächsischen Ulanen gegangen. Lotte hatte ihn davon nicht abbringen können; sie war tief beunruhigt. Aber, wie das damals so ging, schon nach kurzer Zeit verlor er die Lust an dem eintönigen Geschäft des Soldatseins, das ihn fast ausschließlich zum Wacheschieben bestimmt hatte, und kehrte, zur Erleichterung Lottes, ins Zivilleben zurück.

Schwägerin Christophine berichtet sie im August: »... Karl hat zu meiner Beruhigung nicht das im militärischen Leben gefunden, was ihn festhalten könnte, und ich höre, er treibt sein Forstwesen recht eifrig. Ernst ist auch fleißig in Jena...«

Die alte Anhänglichkeit an Patin Stein bleibt bestehen. Lotte wird mit der um vierundzwanzig Jahre älteren, intimen Freundin bis ans Ende ihrer Tage harmonieren. Allerdings kann auch Charlotte von Stein ihren Einfluß nicht geltend machen, als es später darum geht, sowohl Karl als auch Ernst zu einer Anstellung im sachsen-weimarischen Ministerium zu verhelfen.

Beide jungen Männer sind in ihrem Fach tüchtige Kräfte. Um so mehr hielt es Lotte für selbstverständlich, daß man ihnen, auch als Schillers Söhnen, einen Platz in der Weimarer Verwaltung reservierte.

Der Forstmann Karl hatte sich nach den abgeschlossenen Studien in einer Lehre auf dem Gut Ruhla bei Rudolstadt vervollkommnet. Als sich Lotte nun direkt an den inzwischen zum Großherzog erhöhten Karl August wendet, weist man sie mit der lapidaren Bemerkung ab, es gebe zur Zeit keine freien Stellen im Forstwesen des Landes. Der Bescheid kommt vom Kanzler von Müller, in dessen Kompetenzen sich der Großherzog nicht einmischt.

Lotte muß dies hinnehmen; sie tut es schweren Herzens, denn Karl findet nun sehr schnell und ohne Mühe eine Anstellung als Oberförster in Altshausen in Württemberg, was eine schmerzliche Trennung von ihrem Ältesten für Lotte bedeutet. In der Heimat seines berühmten Vaters lernt man ihn schätzen. König Wilhelm I. erhebt ihn später in den Freiherrnstand und macht ihn zum Kammerherrn.

Seine recht anspruchsvolle, sehr zur Repräsentation neigende Frau, Luise Locher, die er im Februar 1825 heiratet, überlebt ihn, der schon 1857 stirbt, um zweiunddreißig Jahre. Beider Sohn, Friedrich Ludwig Ernst von Schiller, ist der letzte männliche Träger des Namens.

Als Ernst von Schiller sein Studium abgeschlossen und seine Examina mit summa cum laude bestanden hat, ist Lotte überzeugt, nun diesen, insgeheim ihren Lieblingssohn, im Weimarer Justizministerium unterzubringen. Es war bis dahin quasi die Regel, jungen Männern aus den bevorzugten Familien, wenn sie soweit waren, Ämter zuzuschanzen. Neuerdings sollte möglichst alles ohne Protektion vor sich gehen. Der Tüchtige sollte reüssieren können, ungeachtet seines Herkommens. Ein löblicher Vorsatz, der freilich ebenso verfälscht angewandt werden konnte wie jede andere Regelung. Kanzler von Müller hatte die Sache in der Hand und wollte nach den neuen Anweisungen verfahren. Schon bald deutete alles darauf hin, daß er es Ernst besonders schwerzumachen gedachte. Er selbst nahm die Prüfung des Jungen im Beisein eines Regierungsrates vor; sie dauerte fast einen ganzen Tag und war, abgesehen von einem hohen allgemeinen Schwierigkeitsgrad, auch mit Fragen vermischt, die nicht in den Bereich der Rechtswissenschaft gehörten. Ergebnis: knapp bestanden; Wissenschaft und Erfahrung (wo sollte sie herkommen?) noch nicht geeignet für einen verantwortungsvollen Posten. Der Bewerber könne es jedoch nach einem zweiten Staatsexamen noch einmal versuchen.

Lotte, die Mitglieder der Familie, die guten Bekannten und Freunde sind dagegen von Ernsts Befähigung überzeugt und können sich das Verhalten des Großherzogs nicht erklären.

Es gilt jedoch nun, für Ernst woanders eine Anstellung zu finden. Dies gelingt in Preußen. Derselbe Beyme, Großkanzler, der Schiller nach Berlin holen wollte, machte dessen Sohn zum Assessor in Köln. Er durchläuft später die Bahn eines Gerichtsbeamten, bis zum Appellationsgerichtsrat. Mitgeholfen hat dabei vor allem der preußische Staatsrat Wilhelm von Humboldt.

Lotte ließ die Zurückweisung ihrer beiden Söhne in Weimar keine Ruhe. Sie witterte Unrecht und beschloß, den Dingen nachzugehen. Was sie, mit Schwester Karoline von Wolzogen zusammen, herausbekommt, riecht nach Intrige. August von Goethe war, wie ganz Weimar wußte, sogar ohne Examen, nach Studienende in die Kammer berufen worden. Warum also hatte man es ihren Söhnen so schwergemacht, sie nicht gewollt? Des Rätsels Lösung liegt mit großer Sicherheit in der, freilich unbeabsichtigten, Kränkung des damals einflußreichsten Mannes in Weimar, des Kanzlers von Müller. Nach dem Tod Wilhelm von Wolzogens mußte, dem Gesetz zufolge, ein neuer Vormund für die Kinder Lottes gefunden werden. Und allem Anschein nach hatte Herr von Müller mit der ehrenvollen Übertragung dieser Vormundschaft an ihn gerechnet. Lotte aber, überzeugt, das Richtige zu tun, hatte sich, entgegen dem Vorschlag ihrer Schwester, Müller zu ernennen, für den Rat Voelkel entschieden. Sie beging außerdem bei ihren Anträgen um Aufnahme ihrer Söhne in die weimarische Verwaltung einige Ungeschicklichkeiten, die Müller offenbar zusätzlich verstimmten. So rächte er sich an der Witwe Schiller auf seine Weise. Lotte war um eine bittere Erfahrung reicher geworden.

Abgesehen von diesem Mißgeschick ist es immer wieder die nüchterne, praktische Betrachtung der Dinge, die Lotte für ihre Kinder das Richtige tun läßt. Mit dem sicheren Instinkt einer guten Mutter, die sich hütet zu verhätscheln, die mit dem kritischen Blick der Besorgten die Schwächen und Vorzüge ihrer Lieben erkennt und zu »behandeln« weiß, bringt sie das Kunststück fertig, alle vier in der jeweils geeigneten Form zu stützen und zu fördern.

Ganz anders Schwester Karoline von Wolzogen. Ihr einziger Adolf, der für sie sein Leben lang das verwöhnte, angehimmelte »Bübli« bleibt, hält sie in ständiger besorgter Unruhe. Der Junge hat es verstanden, sich jeder, wie auch immer gearteten Ausbildung zu entziehen, statt dessen der Abwechslung, der Ausschweifung, dem Vergnügen zu leben. Seine Mutter findet immer wieder einflußreiche Protektoren, die ihm über eine Zeitspanne helfen, bis er seinerseits, der aufkommenden Langeweile zu entfliehen, wieder davonzieht. In den wichtigen Jahren der entscheidenden Entwicklung mag ihm die feste, leitende Hand des Vaters, der seinem Fürsten im Ausland diente, gefehlt haben. Karoline vermochte ihn weder zu ersetzen noch kritisch für sich die notwendigen Schlüsse zu ziehen. Sie modellierte, formte sich einen Charakter, seine Anlagen nach ihrem Wunschbild, sah nicht, was not tat, um den Verwöhnten auf eine vernünftige Bahn zu bringen. Offensichtlich war sie unfähig, von den pädagogischen Überzeugungen ihrer Eltern auch nur die einfachsten Grundsätze auf ihr eigenes Kind zu übertragen. Während Schwester Lotte, in ihren Ehejahren von Schiller tatkräftig unterstützt, in Erinnerung an die heilsam-anspornende Atmosphäre des Elternhauses, und vor allem nach den erzieherischen Regeln des Vaters, die richtigen Maßnahmen traf.

Adolf von Wolzogen starb an seinem dreißigsten Geburtstag bei einem Jagdunfall, von dem man nicht weiß, ob er absichtlich herbeigeführt wurde, also als Selbstmord auszulegen ist. Er hatte angefangen, unter seiner Erfolglosigkeit und den Auswirkungen einer schweren Krankheit zu leiden.

Auf Lottes älteste Tochter Karoline hat sich der Hang zum Pädagogischen übertragen. Was Eltern und Großeltern intuitiv an ihren Kindern praktizierten, wird ihr zur erlernbaren Fähigkeit, zum Beruf. Als Jugenderzieherin kommt sie, mit Hilfe des Onkels Ludwig von Wolzogen, an den Hof des Herzogs Eugen von Württemberg in Karlsruhe / Schlesien. Lotte kann dies nur recht sein, denn Karoline ist weder reich noch besonders hübsch. Sie heiratet neununddreißigjährig, im Jahre 1838, den verwitweten Bergrat Franz Junot in Katzhütte bei Rudolstadt. Freilich erst, nachdem sie die ungewöhnlich heftige Leidenschaft zu einem um sehr viel jüngeren Hofmeister, ihrem Kollegen in Karlsruhe, durch schmerzvollen Verzicht überwunden hatte. Und nachdem sie, als heilsame Zwischentätigkeit, mit der Leitung eines Heidelberger Mädcheninternats betraut gewesen war.

Junot bringt sechs Kinder mit in die Ehe, die durchaus glücklich verläuft. Ein eigenes Kind, der Sohn Felix, stirbt bereits in jugendlichem Alter. Die Junots ziehen bald nach Rudolstadt, wo des Bergrats letzte Stunde Anfang Januar 1846 schlägt. Vier Jahre später, auf einem Besuch bei ihrer Schwester Emilie in Würzburg, folgt ihm seine Frau Karoline ins Grab.

Von Emilie, die im Jahre 1823 neunzehn ist, schwärmt Wilhelm von Humboldt – zu Besuch in Rudolstadt – im Brief an seine Frau: »... Sie hat etwas so Einfaches, so Reines, so Edles in den Zügen, etwas so durchaus Jungfräuliches, ohne im Gespräch irgend verschlossen zu sein, daß man so etwas gewiß nur äußerst selten erblickt. Sie hat mir ausnehmend gut gefallen...«

Ebenfalls in diesem Jahr beginnt Ernst von Schiller sich nun nach-

Karoline Friederike Luise, die ältere Schiller-Tochter

drücklich um die verwitwete Helena von Mastiaux, Schwester des Domänenrentmeisters Pfingsten aus Villich am Rhein, zu bemühen. Frau von Mastiaux hat schon eine elfjährige Tochter, Therese, und ist vierzehn Jahre älter als Ernst. Aber sie ist von rheinländischem Temperament, fröhlich, lebenslustig. Der Siebenundzwanzigjährige liebt diese vermögende, aus guter Familie stammende Frau, und man beschließt zu heiraten. Mit dieser Schwiegertochter ist Lotte, trotz des Altersunterschiedes, einverstanden. Ernsts Affäre mit einer schönen Jüdin während seiner Studienzeit in Jena hatte Lotte erfolgreich beenden können. Er war ihr später sogar dankbar dafür, dem Mädchen durch das Eingreifen der Mutter entgangen zu sein, denn schon bald stellte sich heraus, daß sie geisteskrank gewesen war.

Emilie Henriette Luise, die jüngere Schiller-Tochter

Lotte konnte, zu ihrem großen Bedauern, an der Hochzeit Ernsts mit Lena nicht teilnehmen, weil Chère mère in Rudolstadt erkrankt war und man Schlimmes befürchtete. Ihr Platz mußte bei der Mutter sein.

Allein ihr Ältester, Karl, fährt in ihrem Auftrag und für die Familie zur Vermählung des Bruders.

Mit Schwester Karoline zusammen pflegt Lotte die achtzigjährige Mutter, doch es geht zu Ende mit ihr. Sie stirbt am 11. Dezember des Jahres 1823.

Als einziges Kind noch im Elternhaus, geht Emilie, anfangs des übernächsten Jahres, mit Lotte auf die Reise.

Sie nehmen in Reichenberg an Karls Hochzeit mit Luise Locher teil und fahren dann, in Begleitung der unentbehrlichen Lotte Speck, nach

Köln zu Ernst, dessen Frau und Tochter sie nun kennenlernen. Sie bleiben monatelang dort, leben in einer zu diesem Zweck gemieteten, kleinen Wohnung.

Es gibt aber nun in Lottes Leben ein sich ständig verschlimmerndes, sie besonders behinderndes Leiden, das sie, abgesehen von zunehmender allgemeiner Kränklichkeit, stark belastet: Sie sieht kaum noch, kann nicht mehr lesen, ist fast blind. Notwendige Schriftwechsel geschäftlicher Art übernehmen Ernst und Karoline von Wolzogen. Bei Privatbriefen und beim Lesen muß Emilie helfen. Man sagt Lotte, daß sie durch einen operativen Eingriff zumindest einen Teil ihrer Sehfähigkeit zurückgewinnen könnte. Und man rät ihr, dies von dem berühmten Professor von Walther in Bonn machen zu lassen. Mutig und gottergeben überläßt sie sich den Händen des erfahrenen Mannes.

Es heißt, die Operation sei gelungen; nach zeitweiliger Abnahme des Verbandes habe Lotte sogar in kräftigen Umrissen sehen können. Emilie und Lotte Speck, die sich vor ihr Bett stellen mußten, habe sie erkannt.

Als sie bald danach über Kopfschmerzen klagte, habe sie Walther zur Ader gelassen, wonach sie sich wieder wohler fühlte. Walther habe daraufhin gemeint, es hätte nicht besser gehen können, sie reagiere bisher normal, sei guter Dinge, esse, schlafe viel.

Über ihre letzten Stunden wird berichtet:

In der Nacht, plötzlich wach, bittet sie um etwas zu trinken. Sie spricht von einem Schwindelgefühl. Lotte Speck holt den Oberarzt, der das Zimmer vorsichtig lüften läßt. Es könne die Hitze im Raum sein, die bei der Patientin diesen Zustand herbeiführe. Als Professor Walther kurze Zeit später hinzukommt, klagt sie über zunehmende Schwäche. Man läßt Füße und Arme mit Wein waschen, legt Senfpflaster auf, gibt Tropfen zur Anregung des Kreislaufs. Doch sie verliert die Besinnung. Walther rät Emilie, Ernst in Köln sofort einen Boten zu schicken, er möge umgehend kommen, man müsse nun doch das Schlimmste befürchten.

Als er am 9. Juli 1826, morgens gegen zwei Uhr eintrifft, erkennt sie noch seine Stimme, freut sich über sein Kommen. Aber es sind ihre letzten Minuten. Sie wird ihre Augen nicht wieder öffnen.

Lotte wollte gern an der Seite Schillers begraben werden.

Dazu ist es nicht gekommen. Sie liegt im alten Friedhof von Bonn. Doch schon fünfzehn Jahre später wurde ihr Liebling Ernst neben sie gebettet, das hatte er sich ausdrücklich gewünscht.

Ernst, der seinem Vater äußerlich wie im Charakter am stärksten ähnelte, starb an unheilbarer Tuberkulose – selbst im Krankheitsbefund mit dem Schillers vergleichbar – am 19. Mai 1841, im Alter von nur fünfundvierzig Jahren. Seine Ehe mit Lena von Mastiaux war kinderlos geblieben.

Es sind nur ein paar Wochen, die Emilie zunächst bei ihrem Bruder Ernst in Köln verbringt. Dann nimmt sich Karoline von Wolzogen, die in Jena ein kleines Haus bewohnt, der schwer getroffenen jüngsten Schiller-Tochter an.

Wahrscheinlich haben sich Karoline und Emilie gegenseitig über die schlimmste Zeit nach dem Tode Lottes hinweggeholfen.

Als die Tante sich zu einem Aufenthalt auf Gut Bösleben entschließt, reist Emilie, einer Einladung folgend, nach Berlin, wo sie ihren Zukünftigen kennenlernt. Heinrich Adalbert Freiherr von Gleichen-Rußwurm ist der Sohn Friederike von Hollebens, der einst besten Freundin der Schwestern Lotte und Karoline von Lengefeld. Ja, er ist der Patensohn Schillers, der ihn über das Taufbecken hielt. Laune des Schicksals, daß man sich, Kinder des Landes Thüringen, ausgerechnet in Berlin wiedersieht und ineinander verliebt.

Die bezaubernde Emilie macht auf Adalbert einen unauslöschlichen Eindruck. Man entschließt sich füreinander, und schon im Juli 1828 findet in Ezelbach, dem Dorf zwischen Rudolstadt und Jena, die Trauung statt.

Die Gleichen-Rußwurms machen ihren Wohnsitz, Schloß Greifenstein ob Bonnland in Franken, zu einem Mittelpunkt der Schillerstiftung. Emilie sammelt und sichtet von Schiller Hinterlassenes und gibt Beiträge zur Biographie des Vaters und ihrer Familie heraus.

Von dem einzigen Sohn weiß man, daß sich die Freude am Zeichnen von der Großmutter Lotte über die Mutter Emilie auf ihn übertrug. Ludwig von Gleichen-Rußwurm übergibt später den auf Schloß Greifenstein gesammelten Nachlaß Schillers und Lottes dem Goethe-Schiller-Archiv in Weimar.

Auch Emilie war fast blind, als sie, achtundsechzigjährig, starb.

Karoline von Wolzogen, Grande Dame der Goethe-Schiller-Zeit in Weimar, wachte wie ein guter Stern über den Kindern Schillers. Noch zu Lottes Lebzeiten hatte sie, zusammen mit ihrem Neffen, dem Juristen Ernst, begonnen, neue Verträge mit Cotta auszuhandeln, hatte manch wichtiges Zugeständnis erkämpft, das mithalf, die Zukunft der vier zu sichern. Freilich besaß die Familie, auch nach Schillers und Lottes Tod, in Verleger Cotta einen aufrichtigen Freund und einen zuverlässigen, großzügigen Geschäftspartner.

Der Liebe ihres Lebens, Schiller, setzte Karoline später mit der informativen Biographie »Schillers Leben« ein Denkmal. Die beiden Bände erschienen 1830.

Erst am 11. Januar 1847 stirbt sie, fast vierundachtzigjährig.

Wer glaubt, Karoline sei bis zuletzt von dem Gedanken gequält worden, sie habe zugunsten Lottes auf ihr Lebensglück verzichtet, unterschätzt die Dame, die durchaus nüchterner Einsicht fähig war. Bei aller Neigung zu geistigem Höhenflug, zu phantastischer Schwärmerei, verzehrender Hingabe besaß sie, wenn es darauf ankam, genügend Verstand, der Wirklichkeit ins Auge zu sehen. Als Karoline Schiller in Lauchstädt ermutigte, sich ihrer Schwester zu erklären, wußte, spürte sie, daß er als möglicher Lebensgefährte für sie selbst verloren war. Ihre Einsicht resultierte aus der Erkenntnis, daß Schiller Lotte wollte, nicht sie.

Lotte liebte mit dem Egoismus derer, die sich wiedergeliebt wissen. Sie fand ihr Glück in Schiller. Die Aufregungen, Entbehrungen, Opfer, die sie in ihrer Ehe auf sich nahm, empfand sie als eine Herausforderung, der man sich, für den Erwählten, stellen mußte.

In ihrer Liebe zu Schiller, in der Sorge um ihn und die Kinder, hat sich ihr Leben erfüllt.

Literaturangaben

Anemüller, Ernst, *Schiller und die Schwestern von Lengefeld*, Detmold 1920

Baedeker, Karl, *Baedekers Weimar und Jena*, Leipzig 1932

Bamberg, Eduard v., (Hrsg.), *Die Erinnerungen der Karoline Jagemann*, Dresden 1926

Bechstein, K., *Häuser und Gassen in Altweimar*, Weimar 1938

Berger, Karl, *Vom Weltbürgertum zum Nationalgedanken*, München 1918

Beutin, Ehlert, Emmerich u. a., *Deutsche Literaturgeschichte von den Anfängen bis zur Gegenwart*, Stuttgart 1979

Bode, Wilhelm, *Der Musenhof der Herzogin Amalie*, Berlin 1908

Bode, Wilhelm, *Damals in Weimar*, Weimar 1910

Burschell, Friedrich, *Friedrich Schiller in Selbstzeugnissen und Dokumenten*, Hamburg 1958

Dischner, Gisela, *Caroline und der Jenaer Kreis*, Berlin 1979

Düntzer, Heinrich, (Hrsg.), *Ungedruckte Briefe aus Knebels Nachlaß*, I und II, Nürnberg 1858

Ermatinger, Emil, *Deutsche Kultur im Zeitalter der Aufklärung*, Potsdam 1935

Fielitz, Wilhelm, (Hrsg.), *Schiller und Lotte*, 1788 bis 1805, Dritte, den ganzen Briefwechsel umfassende Ausgabe, Bände 1, 2, 3, Stuttgart 1879

Fulda, Karl, *Leben Charlottens von Schiller, geborenen von Lengefeld*, Berlin 1878

Geiger, Ludwig, *Aus Alt-Weimar*, Mittheilungen von Zeitgenossen nebst Skizzen und Ausführungen, Berlin 1897

Geiger, Ludwig, (Hrsg.), *Charlotte von Schiller und ihre Freunde*, Auswahl aus ihrer Korrespondenz, Berlin 1908

Gleichen-Rußwurm, Alexander von, (Hrsg.), *Schiller und Lotte*, ein Briefwechsel, Jena 1908, Band I und II,

Gleichen-Rußwurm, Alexander von, *Schiller und der Weimarer Kreis*, Baden-Baden 1947

Gleichen-Rußwurm, Emilie von, (Herausgeberin), *Schillers Calender*, Stuttgart 1865

Günter, Otto, (Hrsg.), *Marbacher Schillerbuch III*, Stuttgart und Berlin 1909

Hennes, J. H., (Hrsg.), *Andenken an Bartholomäus Fischenich*, Meist aus Briefen Friedrichs von Schiller und Charlottens von Schiller, Stuttgart und Tübingen 1841

Hering, Gerhard F., *Klassische Liebespaare*, Hamburg 1948

Jonas, Fritz, (Hrsg.), *Schillers Briefe*, Kritische Gesamtausgabe in 7 Bänden, Stuttgart 1896

Kahn-Wallerstein, Carmen, *Die Frau im Schatten*, Bern 1970

Kühn, Paul, *Die Frauen um Goethe*, Weimarer Interieurs, Band 1 und 2, Leipzig 1912

Mehring, Franz, *Gesammelte Schriften*, Band 10, Berlin 1961
Midell, Eike, *Friedrich Schiller*, Leben und Werk, Leipzig 1980
Mitteilungen aus dem Literaturarchiv in Berlin, Berlin, Jg. 1897
Morgenblatt für gebildete Leser, Stuttgart und Tübingen, Juli bis Dezember 1838
Mosapp, Hermann, *Charlotte von Schiller*, ein Lebens- und Charakterbild, Stuttgart 1905
Petersen, Julius, *Schillers Witwe*, aus ihrem Briefwechsel mit Johann Friedrich Cotta. Veröffentlichungen des schwäbischen Schillervereins, Bd. I: Marbacher Schillerbuch I, 1905
Schiller und Goethe, Briefwechsel zwischen, I und II, Jena 1905
Schillergesellschaft, Jahrbuch der Deutschen, herausgegeben von Fritz Martini, Walter Müller-Seidel, Bernhard Zeller, 10. Jahrg., 1966
Schillers Briefwechsel mit Körner, I bis IV, Berlin 1847
Sonnenfels, Amanda, *Dichterinnen und Freundinnen unserer großen Dichter*, Berlin 1907
Sydow, Anna von, (Herausgeberin), *Wilhelm und Caroline von Humboldt in ihren Briefen*, Bd. I und II, Berlin 1906, 1907
Taxis-Bordogna, Gräfin Olga, *Frauen von Weimar*, München 1950
Thorn, Eduard, *Frauen um Dichter*, Stuttgart 1933
Tornius, Valerian, *Mit Goethe durch Thüringen*, Leipzig 1927
Tornius, Valerian, *Salons*, Bilder gesellschaftlicher Kultur aus fünf Jahrhunderten, Band 2, Leipzig 1913
Tornius, Valerian, *Die gute alte Zeit*, Lübeck 1924
Ulrichs, Ludwig, (Hrsg.), *Charlotte von Schiller und ihre Freunde*, I und II, Stuttgart und Tübingen 1860, 1862
Wiese, Benno von, *Friedrich Schiller*, Stuttgart 1959
Wilpert, Gero von, *Schiller-Chronik*, Stuttgart 1958
Wittmann, Hugo, *Neue freie Presse* Nr. 4349
Neue freie Presse Nr. 4351
Neue freie Presse Nr. 4356
Neue freie Presse Nr. 4358, Wien 1876
Wolzogen, Karoline von, *Schillers Leben*, verfaßt aus Erinnerungen der Familie, seinen eigenen Briefen und den Nachrichten seines Freundes Körner, I/II, Stuttgart und Tübingen 1830
Wychgram, Jakob, *Charlotte von Schiller*, Bielefeld und Leipzig 1904
Zeller, Bernhard, *Schiller*, eine Bildbiographie, München 1958

Personenregister

Die Kurzform »Lotte« verweist auf die Titelheldin und »Schiller« auf ihren Mann, Friedrich Schiller. Soweit bekannt, werden die Lebensdaten der Personen angegeben, bei Frauen unter dem Geburtsnamen.

Karl Otto Conrady

Goethe

Leben und Werk

Erster Band: Hälfte des Lebens. Bd. 5670
Zweiter Band: Summe des Lebens. Bd. 5671

Karl Otto Conrady zeichnet in seiner Biographie alle wichtigen Stationen des Goetheschen Lebens auf dem Hintergrund der von Kriegen und der Französischen Revolution bestimmten Epoche nach. Seine Darstellung, die von einer genauen Kenntnis der Briefe und Tagebücher Goethes und seiner Zeitgenossen zeugt sowie die neueren Ergebnisse der Goethe-Forschung aufarbeitet, vermittelt ein differenziertes Bild dieser für ihre Zeit exemplarischen Persönlichkeit. Sie bietet darüber hinaus einen Einblick in das umfangreiche dichterische Werk, seine naturwissenschaftlichen Studien und seine politische Tätigkeit am Hof von Weimar.

»Conradys Goethe-Biographie ist eine bemerkenswerte wissenschaftliche und schriftstellerische Leistung, die höchste Anerkennung verdient.«
Zeitschrift für Germanistik

Eckart Kleßmann

Christiane

Goethes Geliebte und Gefährtin

Band 11886

Gegensätzlicher kann man sich eine Partnerschaft von zwei Menschen kaum vorstellen als die zwischen Goethe und seiner Frau Christiane, die von der Weimarer Gesellschaft und später von den Literaturhistorikern als »Bettschatz« und »Dummchen« tituliert wurde. Kleßmann, ausgewiesener Kenner der Goethezeit, »korrigierte die überkommenen Klischees, und er entwarf mit dem schönen Elan der Sympathie ein gerechteres Bild der jungen Frau«, die mehr war als die sinnliche Geliebte, die umsichtige Wirtschafterin und sorgende Mutter: Sie war für Goethe »die unvergleichliche Partnerin im Reich der guten Täglichkeit, deren Liebe er mit Liebe erwiderte und für deren Wärme er mit Wärme dankte, des dauerhaften Vergnügens, das sie ihm bescherte, niemals überdrüssig«. (Klaus Harprecht, *Die Zeit*)

Fischer Taschenbuch Verlag

fi 1166 / 4

Marianne Krüll

Im Netz der Zauberer

Eine andere Geschichte der Familie Mann

Band 11381

»Was für eine sonderbare Familie sind wir! Man wird später Bücher über uns - nicht nur über einzelne von uns - schreiben«, ahnte Klaus Mann bereits 1936. Jetzt, da neben den Werken auch Briefe und Tagebücher von Thomas, Heinrich, Erika und Klaus Mann vorliegen, dazu die Erinnerungen anderer Familienmitglieder, ist dieses »Später« erreicht, um ihre erlebten und Literatur gewordenen Geschichten im Vergleich mit- und zueinander kritisch zu beleuchten. Die Soziologin und Familienforscherin Marianne Krüll folgte in ihrer, auf langjährigen intensiven Forschungen basierenden Biographie der Familie Mann den Fäden des Netzes, in dem sie alle verstrickt waren. Ihr Ausgangspunkt ist der Selbstmord von Klaus Mann, den sie vor dem Hintergrund des Generationen umspannenden Gewebes von Schuld, Verzweiflung, Hoffnungslosigkeit und Tod betrachtet. Sie legt dar, wie Erfolg und Scheitern, Selbstverwirklichung und Selbstvernichtung auf unterschiedlichste Weise von den Mitgliedern dieser Familie gelebt wurden. Mit ihrer – biographische Details und Werkzitate unkonventionell zusammenführenden – Betrachtungsweise entwickelt Marianne Krüll ein faszinierendes Panorama und Psychogramm einer Familie, die für die Literatur des 20. Jahrhunderts von eminent wichtiger Bedeutung war.

Fischer Taschenbuch Verlag

fi 1314 / 6

Irmela von der Lühe

Erika Mann

Eine Biographie

Band 12598

Die erste Biographie von Katia und Thomas Manns ältester Tochter (1905 - 1969), eindringliche Schilderung eines an Widerständen und Widersprüchen, an Spielen und Überwindungen, auch an Tragik reichen Lebenslaufs, gültiges Porträt einer in Leidenschaften und Leiden starken Persönlichkeit, die bei aller Extravaganz beredte Zeugin und markante Repräsentantin ihrer Epoche war. Elternhaus, frühe schauspielerische Erfolge, gemeinsamer Weltenbummel mit dem Bruder Klaus, um den sie sich sorgte, bis zu seinem selbstbestimmten Ende. Auf den Wogen der zwanziger Jahre Bohème, Journalistisches, Reiseberichte der Autorennfahrerin. Politisches aber erst angesichts des heraufziehenden Naziunheils: das Kabarett *Die Pfeffermühle*. Exil: Schweiz, USA, Korrespondentin im Heißen, Streiterin und Verfolgte im Kalten Krieg. In seinem Alter Thomas Manns unentbehrliche Ratgeberin: Erfüllung, hinter der Eigenes (reizende Jugendbücher) zurücktrat. Noch die letzten dreizehn Jahre im Dienst des Vaters, seines Erbes und Ruhms.

Fischer Taschenbuch Verlag

fi 1061 / 3

Josyane Savigneau

Marguerite Yourcenar

Die Erfindung eines Lebens

Aus dem Französischen von Rolf und Hedda Soellner

Band 12559

Marguerite Yourcenar, 1903 geboren, wuchs in der Obhut ihres verwitweten Vaters Michel de Crayencourt auf, eines vielseitig gebildeten Mannes, der ihr Vorhaben unterstützt, Schriftstellerin zu werden. Ihr erster Roman ›*Alexis oder der vergebliche Kampf*‹, 1929 erschienen, wird von der Kritik wohlwollend aufgenommen. In den folgenden Jahren, in denen sie viel auf Reisen ist und die durch ihre Beziehung zu André Fraigneau, ihrem Lektor bei Grasset geprägt sind, macht sie durch weitere Veröffentlichungen in der Pariser Literaturszene auf sich aufmerksam. 1937 findet ihre Begegnung mit der Amerikanerin Grace Frick statt, mit der sie bis zu deren Tod zusammenleben wird. Weltweite Anerkennung wird ihr 1950 durch ihr Buch über den römischen Kaiser Hadrian ›*Ich zähmte die Wölfin*‹ zuteil. 1981 wird sie als erste Frau in die Academie Française aufgenommen.

Fischer Taschenbuch Verlag

fi 1070 / 7

Leonard Woolf

Mein Leben mit Virginia

Erinnerungen

Herausgegeben von Friederike Groth
Aus dem Englischen von Ilse Strasmann

Band 5686

Leonard und Virginia Woolf heirateten im August 1912; ihre Ehe dauerte beinahe dreißig Jahre, und in diesem Zeitraum erschienen ihre großen Romane, die Erzählungen, Kritiken und Essays. Ein authentisches Zeugnis vom Leben und Schreiben Virginia Woolfs vermittelt die Autobiographie ihres Mannes, auf der dieser Band basiert. Er beginnt mit dem Jahr 1911, als Leonard Woolf aus dem Kolonialdienst aus Ceylon zurückkehrt, und endet 1941, dem Jahr von Virginias Freitod. Leonard Woolf berichtet von ihrer Familie, ihren Freunden und der berühmten Bloomsbury Group sowie von der Gründung ihres eigenen Verlages, der Hoghart Press. Seine Erinnerungen fügen dem Bild der Schriftstellerin wichtige biographische Einzelheiten hinzu und sind das Zeugnis eines liebenswerten, klugen und mutigen Mannes, der ihr immer wieder Kraft gab, ihre Depressionen zu überwinden und ihre schriftstellerische Arbeit wieder aufnehmen zu können. Ihm gehörte ihr ganzes Vertrauen, und so schreibt sie denn auch in ihrem Abschiedsbrief: »Du weißt, daß ich alles Glück in meinem Leben nur Dir verdanke.«

Fischer Taschenbuch Verlag

fi 1537 / 5

Elsemarie Maletzke

Das Leben der Brontës

Eine Biographie

Band 10785

»Sie lebten in einer von ihnen erschaffenen, unabhängigen Welt, in die wir eintreten dürfen,« schrieb Virginia Woolf über die Geschwister Brontë, die im Pfarrhaus von Haworth aufwuchsen, heute das Ziel zahlreicher Literaturtouristen. Der Vater Patrick Brontë, der sich vom irischen Tagelöhnersohn zum Cambridge-Absolventen hochgearbeitet hatte, vermittelte seinen Kindern die Liebe zur Politik, Kunst und Literatur. Branwell, sein hochbegabter Sohn, füllte in seinem Jugendwerk *Scribblemania* Hunderte von Manuskriptseiten, und zusammen mit den Schwestern Charlotte, Emily und Anne entstanden die Geschichten von *Angria & Gondal*, mit denen sie sich eine eigene literarische Fabelwelt schufen. Branwell versucht sich später als Porträtmaler; den Schwestern bleibt nur die Möglichkeit, als Gouvernanten ihren Lebensunterhalt zu bestreiten. Aber alle drei bleiben dem Schreiben treu und haben 1845 einen Roman vollendet: *Sturmhöhe* von Emily, *Agnes Grey* von Anne und *Jane Eyre* von Charlotte Brontë werden publiziert und sind in gewisser Weise Skandalerfolge, da die von den Schwestern geschaffenen Frauenfiguren dem von Männern bestimmten viktorianischen Bild so gar nicht entsprachen. Das gemeinsame Pseudonym der Autorinnen – man hielt sie für drei Brüder – führte zudem zu wilden Spekulationen.

Fischer Taschenbuch Verlag

fi 2066 / 3

Alma Mahler-Werfel

Tagebuch-Suiten
1898–1902

Herausgegeben von Antony Beaumont
und Susanne Rode-Breymann

862 Seiten. Leinen

Alma Mahler-Werfel war, so hat es Willy Haas formuliert, »erlebnishungrig und lebenshungrig«; sie hat das Erlebte von jung auf im Tagebuch fixiert und später anhand dieser Aufzeichnungen erzählt. Schon früh wurde sie Schülerin und Freundin berühmter Männer: des Komponisten Alexander Zemlinsky, des Malers Gustav Klimt und vor allem Gustav Mahlers, den sie im März 1902 heiratete. Das Bild, das die junge Alma in diesen Notaten von sich selbst gibt, zeigt sie bei aller eingestandenen »Leichtsinnigkeit« als eine selbstbewußte junge Frau, die sich in bezug auf Kunst und Künstler durchaus ihres sicheren Instinktes bewußt ist. Ihre Lust an der Selbstdarstellung dokumentiert sich auch in den in die Niederschrift gezeichneten Skizzen. »Lese ich im Tagebuch«, schreibt Antony Beaumont, der Mitherausgeber, »so kommt's mir vor, als ob man einen Vorhang hebt, und dahinter steht das Wien der Jahrhundertwende in voller Pracht und zum Greifen nahe. Die Vitalität des täglichen Lebens, Augenzeugenberichte von historischen Ereignissen der Kunst- und Musikwelt, einmalige Einblicke in das Sozialverhalten und die Redensarten des homo austriacus – dies alles zeichnet das Buch als einmaliges Dokument aus.«